Michael Stocker
Elizabeth Hegeman

# O valor das emoções

Traduzido por
Cecília Prada

Editora Palas Athena

Título original: *Valuing Emotions*

Publicado pela Press Syndicate of the University of Cambridge


Coordenação editorial: *Emilio Moufarrige*
Revisão técnica: *Humberto Mariotti*
Revisão de provas e índices: *Adir de Lima*
Diagramação: *Maria do Carmo de Oliveira*
Capa: *Peter Cheng*
Impressão e acabamento: *Gráfica Palas Athena*

**Catalogação na fonte do Departamento Nacional do Livro**

S865

Stocker, Michael.
O valor das emoções / Michael Stocker, Elizabeth Hegeman ; traduzido por Cecília Prada . – São Paulo : Palas Athena, 2002.
416 págs. : 16 x 23cm.

ISBN 85-7242-040-1

Inclui bibliografia e índices

1. Emoções (Filosofia). 2. Razão. 3. Emoções – Aspectos sociais. 4. Emoções e cognição. I. Hegeman, Elizabeth. II. Prada, Cecília. III. Título.

CDD: 152.4



Direitos adquiridos
para a língua portuguesa por
EDITORA PALAS ATHENA
Rua Serra de Paracaina, 240 - Cambuci
01522-020 - São Paulo - SP - Brasil
fone: (11) 3209.6288 - fax: (11) 3277.8137
www.palasathena.org editora@palasathena.org

2002

A *Sidney Morgenbesser*, por ter-me mostrado a importância e as delícias da boa filosofia – desde o meu primeiro curso filosófico até agora.

A *Graeme Marshall*, por quinze anos de vida filosófica compartilhada, de interesse filosófico mantido e mantenedor.

Michael Stocker

A meus pais, *Bonnie* e *George Hegeman*, e à minha filha *Sarah Larsen*, por valiosas emoções.

Elizabeth Hegeman

# Agradecimentos

Uma versão bem inicial de parte deste trabalho foi lida no Colóquio de Filosofia da Universidade de Michigan, em 1991, ocasião que se tornou especialmente agradável pela participação do professor William Frankena, em cuja honra ocorreu o evento. Lamentavelmente ele já não está entre nós.

Outro esboço foi lido no Departamento de Filosofia da Universidade de Illinois, em Chicago, em conferência comemorativa em memória de Irving Thalberg. O professor Thalberg contribuiu de modo significativo para o estudo das emoções e foi um bom amigo. Foi uma honra considerável – embora melancólica – dar uma conferência em sua memória.

Pela discussão de partes deste trabalho, devo agradecimentos aos seguintes departamentos de filosofia: Columbia University, New York University, the University of Adelaide, La Trobe University, and the Australian National University; the Society for Ethics and Legal Philosophy; the Department of Psychiatry, Medical School, State University of New York, Upstate; the Oxford University-University of Southern California Legal Theory Institute; and the New Jersey Regional Philosophy Association. Agradeço também aos seminários de psicologia moral de 1994 e 1995, na Syracuse University, em que foram lidos e comentados grandes trechos dos primeiros esboços.

"Emotions and Ethical Knowledge: Some Naturalistic Connections", *Midwest Studies in Philosophy*, 19 (1994) 143-158, consiste numa versão anterior de parte deste livro, que agora está principalmente no Capítulo 3. Outro esboço inicial, contido especialmente no Capítulo 6, faz parte do texto "How Emotions Reveal Value and Help Cure the Schizophrenia of Modern Ethical Theories," *in* Roger Crisp (Org.). *How Should On Live?* (Oxford: Oxford University Press, 1996).

O Capítulo 1, "The Irreducibility of Affectivity," é, de um modo geral, uma versão revisada de "Psychic Feelings: Their Importance and Irreducibility," *Australasian Journal of Philosophy*, 61 (1983) 5-26. A maior parte do Capítulo 9, "Affectivity and Self-Concern," é uma versão revisada e resumida de "Affectivity and Self-Concern: The Assumed Psychology in Aristotle's Ethics," *Pacific Philosophical Quarterly*, 64 (1983) 211-229.

Sou grato aos muitos filósofos, psicanalistas e outros que tão generosamente discutiram comigo este livro. É com grande prazer que agradeço pela sua ajuda – nos locais apropriados e segundo a discussão do Capítulo 10, seção 3, "Slights, Flattery, and Recognition by Others." Peço desculpas àqueles a quem não agradeci.

Juntamente com aqueles a quem aqui agradeço, sou também grato a Lawrence Blum e Henry Richardson, por terem conversado comigo e me mostrado trabalhos não publicados. Agradeço a Jonathan Adler, Paul Bloomfield, Jeffrey Blustein, John Deigh, Chris Gowans, Daniel Haggerty, Elijah Millgram, Richard Moran, Stuart Rachels e Nancy Sherman pelos comentários sobre trechos deste livro.

Eugene Garver ajudou especialmente em relação a Aristóteles – por meio de discussões pessoais, comentários escritos e trabalhos não publicados.

É com prazer que agradeço a meus colegas da Syracuse University. A Jonathan Bennett, Robert Daly, John Robertson e Ernest Walwork, minha gratidão pela ajuda com as versões iniciais.

A Lynne MacFall, meus calorosos agracedimentos pela ajuda filosófica e estilística em uma versão inicial e também em outra, mais avançada, deste livro.

É difícil agradecer de modo adequado a meu colega Laurence Thomas. Falamos sobre estes temas durante muitos anos – caminhando em direção ao departamento de filosofia, em discussões curtas e longas e num seminário que demos juntos.

Pelas discussões antes do começo e pela ajuda com vários rascunhos, tenho o prazer de agradecer a uma das pessoas a quem dedico este livro: meu companheiro de filosofia Graeme Marshall, agora bem distante.

Meu maior débito é para com Elizabeth Hegeman. Agradeço-lhe pela ajuda ao longo deste trabalho e por ter-se juntado a mim em quatro de seus capítulos.

# Sumário

# Prefácio

Minhas atuais preocupações com a ética e a psicologia moral se referem às pessoas, seus motivos, propósitos e emoções, e ao modo como elas são doadoras e receptoras de atenção, afeto e valores. Tenho trabalhado nesses temas nos últimos vinte anos. Durante esse tempo, meu trabalho deslocou-se da preocupação com um aspecto de nossas modernas teorias éticas – a ausência das pessoas nessas teorias – para um aprofundamento na preocupação em relação à psicologia moral. Uma maneira pela qual caracterizo minha mudança de foco durante esses vinte anos é recordando que antes – a partir de 1965, quando deixei os estudos de graduação e comecei a dar aulas – eu havia concordado com a afirmativa de Moore, nos *Principia Ethica*, que dizia que "sem dúvida a conduta é, de longe e em geral, o objeto mais comum e mais interessante dos julgamentos éticos". (seção 2)

Meu artigo de 1973, "Avaliações de Atos e Agentes"[1], criticava o ponto de vista, talvez ainda predominante, de que não há conexões conceituais entre avaliações de atos e de agentes: de que, por exemplo, não há esse tipo de conexão entre o que mostra que um ato é errado e o que revela que um agente é mau. (Isso é discutido no capítulo 5, especialmente na seção 4.) Argumentei que, como teóricos da ética interessados em atos avaliadores, deveríamos estar também preocupados com os agentes desses atos. Com base nessa visão abrangente, tornei-me cada vez mais preocupado com as pessoas e interessado nelas, especialmente se entendidas da perspectiva da psicologia moral.

Essa circunstância também me levou ao interesse por Aristóteles e pela psicanálise (que discutirei adiante). Durante esse tempo, cheguei ainda à conclusão de que muitas das teorias éticas modernas são esquizofrênicas. Como estão em "Avaliações de Atos e Agentes" (1973), "A Esquizofrenia das Teorias Éticas Modernas" (1976) e em "Valores e Propósitos: Os Limites da

1. *Review of Metaphysics*, 27 (1973) 42-61.

Teleologia e os Fins da Amizade" (1981)[2] essas teorias permitem, e mesmo requerem, uma distinção entre valor e motivação, ao sustentar que as motivações são irrelevantes no que concerne ao valor do que se fez, ou mesmo se pretende.

Alguns argumentam favoravelmente à essa desconexão entre valor e motivação: ela pode ser feita *com a melhor das intenções* se os valores não compuserem nossas motivações, se não forem buscados diretamente, e porventura nem mesmo reconhecidos como tal. No plano de estrutura teórica, sustenta-se que as teorias éticas podem ser esotéricas ou auto-anuláveis, para usar as denominações de Sidgwick e Derek Parfit[3].

É bastante fácil perceber como isso poderia ser utilizado com a melhor das intenções em circunstâncias particulares, digamos, em situações nas quais se exige manipulação ou eficácia instrumental, em vez da abertura. E se estamos preocupados com a existência do valor máximo no Universo, isso poderia, em geral, ser usado com a melhor das intenções. Dessa maneira, relativamente a esse assunto, e pelas mesmas razões, poderia ser com a melhor das intenções que as pessoas jamais houvessem existido ou deixassem de existir a curto prazo. Entretanto, seja ou não com a melhor das intenções, nesse sentido nenhum dos casos é o melhor para nós. Ninguém nos diz como viver bem ou como deveríamos viver. Estejam ou não corretas essas teorias sobre o valor total do Universo, elas não são corretas a nosso respeito, nem são corretas para nós. Não são boas teorias éticas.

Tais teorias interpretam mal grandes e importantes partes da vida humana, e muitas vezes nem mesmo deixam margem a elas. Como foi argumentado em "Esquizofrenia" e em "Valores e Propósitos", elas entendem mal e muitas vezes não deixam lugar para a amizade. Falham quando não vêem o papel que muitos valores significativos desempenham em nossas vidas, incluindo a extensão até a qual guiamos e entendemos a nós mesmos à vista de nossos valores, e o modo como o que valorizamos nos torna a espécie de pessoas que somos, e as sociedades, os tipos de sociedade que elas são. Assim, essas teorias deixam de ver o tanto que nossos valores participam diretamente em nossas vidas, e o quanto eles representam para nós em face da importância moral. De todo modo, essa era a visão que eu vinha desenvolvendo.

Uma forma correlata pela qual vejo minha mudança de foco é que, começando com um interesse comprometido com teoria moral, especialmente a teoria moral preocupada com avaliação de atos, cheguei a pensar

2. *Journal of Philosophy*, 73 (1976) 453-466 e 78 (1981) 747-765.

3. *Methods of Ethics* (Indianapolis, Ind.: Hackett, 1981); e *Reasons and Persons* (Oxford: Oxford University Press, 1984).

que nossas teorias eram teóricas demais, demasiadamente orientadas por dados abstratos e certamente não preocupadas com as pessoas. A psicologia moral foi um corretivo útil. Mas ela era – para o meu gosto – preocupada demais com os aspectos teóricos em vez de voltar-se para o modo como as pessoas são, ou podem ser na realidade.

*O Valor das Emoções*, começado em 1991, é um estudo de algumas das relações existentes entre valores e emoções. Preocupa-se tanto com a teoria, quanto com a maneira como as pessoas são e podem ser. Entre as suas principais preocupações está mostrar como nossa vida, pensamento e ação estão envolvidos com as emoções e são portanto emocionais; como as emoções são importantes para o conhecimento ético; como os valores são constituídos por emoções, e para saber como várias relações entre eles são mediadas pela psicologia e pela cultura. Dada a complexidade e a magnitude dessas questões, levo em consideração apenas algumas emoções, alguns conhecimentos éticos, alguns valores e algumas das relações existentes entre eles. (No corpo da obra essa complexidade aumenta, devido à uma extensão explícita de meu interesse pelas emoções e por toda a afetividade.)

Meu tema afirmativo central é que as emoções são partes essenciais da vida, desempenhando papéis preponderantes tanto em tornar a vida boa ou má, como em fazer dela a espécie de vida que é, com o tipo de identidade que tem. Um de meus temas negativos centrais é que muitos teóricos contemporâneos da ética , juntamente com muitos filósofos atuais, perderam de vista a importância avaliadora das emoções e provavelmente até das emoções em si. Documentarei essas acusações no corpo da obra. Entretanto, quero relatar agora algumas histórias e experiências pessoais, para introduzir e dar algum apoio as minhas afirmações.

A primeira é uma mistura de muitas experiências diferentes: é só um pouco exagerado dizer que quase todas as vezes que discuti com outros filósofos o quão importante julgo as emoções, tenho sido perguntado sobre Mr. Spock – um dos principais personagens de *Star Trek*, uma série televisiva muito popular de ficção científica. Ele é um membro meio humano, meio *Vulcano*, da *nave estelar* central. Como outros *Vulcanos*, não tem emoções, e parte da história gira em torno disso. Spock é descrito como capaz de fazer quase tudo que os humanos fazem, muitas vezes melhor que estes, incluindo avaliações. Em praticamente todos os aspectos ele é exatamente como nós, exceto pela falta de emoções. Assim, sendo exatamente ou quase exatamente como nós, mas sem emoções, ele é visto como um problema sério para minhas afirmações acerca da necessidade ou mesmo da importância das emoções.

Quando levantada, a questão de Spock é sempre entendida de imediato e julgada importante. Com muita freqüência, ela é vista como decisiva: dado que Spock não precisa de emoções para ter uma boa vida, nós também não.

Acho que essa orientação de pensamento é inteiramente errônea. Não tenho objeções ao uso da ficção para investigar uma assertiva filosófica. Demasiados argumentos filosóficos, exemplos e contra-exemplos não convencem ou são problemáticos precisamente porque são abstratos demais e parciais e, dessa forma, deficientes em razão das particularidades humanas. Assim sendo, poderíamos tomar os apelos a Spock como formas precisas de dar exemplos com detalhes consideráveis e úteis. Vistos dessa maneira, esses apelos podem ser encarados como convites para investigar o que é certo ou errado, imaginando que outros seres poderiam ser exatamente como nós, possivelmente até um tanto melhores, mesmo que lhes faltem emoções, e desse modo investigar o pensamento associado de que as emoções não nos são essenciais ou importantes.

Contudo, não é dessa forma que ouço citarem Spock. Os filósofos que utilizam esse exemplo parecem convencidos de que essa personagem é realmente – isto é, humanamente – possível. No entanto, como me parece, estão convencidos sem qualquer verificação. Apenas, de um modo fácil e natural, "vêem" que Spock é possível. Não interrogam se a personagem é realmente descrita como sem emoções, ou se apenas nos dizem que ela não as tem. Tampouco questionam se há inconsistências no tocante ao que nos é mencionado a seu respeito e ao que nos mostram sobre ela, relativamente às emoções.

Como se pudéssemos estabelecer debates filosóficos dessa maneira! Poderíamos então concluir que o pensamento não requer linguagem, depois de ter visto uma personagem de ficção *convincentemente retratada* como pensando, mas não por meio de qualquer linguagem. Poderíamos concluir que não existe o problema real das outras mentes, após ter visto uma personagem ficcional *convincentemente descrita* como totalmente capaz de agir de modo inteligente, mas sem mente; que a condição humana não exige estarmos encarnados em um corpo, após ter visto uma personagem de ficção *convincentemente desenhada* como nós, mas sem um corpo; e que o argumento da Republic está errado, depois de ter visto uma personagem ficcional *convincentemente delineada* como ao mesmo tempo má e feliz.

Muitos dos filósofos que aceitam o argumento de Spock vêem como uma de suas tarefas ocupacionais o questionamento e a investigação mesmo de pontos de vista ordinários. Mas, como foi citado, quando pensam a respeito de Spock e das emoções, parecem aceitar essas conclusões sem verificá-las, precisamente porque essa personagem é tão convincente e parece tão real e plausível. É quase como se pensassem a respeito de Spock: "Bem, até que enfim aqui está algo que não precisamos investigar, mas apenas aceitar". Isso pode ser muito desagradável. Talvez sua aceitação e uso de Spock devesse ser vista especialmente como uma expressão do ideal de não-emocionalidade, um ideal que eles mantêm para si mesmos ou encontram na filosofia.

Seja como for, devemos perguntar por que Spock tem um apelo tão fácil e convence a tantos filósofos. O uso corriqueiro dessa personagem sugere uma visão profundamente arraigada, um ponto de vista que não pode resistir ao exame, mas do qual se pensa que, de alguma forma, não precisa de verificação. Em termos psicanalíticos isso é, ou chega perto de ser, uma idealização da razão e uma distinção correlata e demonização das emoções.[4] (Voltarei a esse tema.)

A segunda história fala de apenas um filósofo. Acho melhor não identificá-lo, apenas dizer que (na hipótese de ser um homem) é um filósofo respeitado que trabalhou de modo considerável com emoções. Em 1985, escrevi-lhe e mandei um exemplar de meu *Sensações Psíquicas* (que agora corresponde ao capítulo 1 deste livro), em resposta a um artigo de sua autoria que argumentava não serem os sentimentos importantes para as emoções e para uma boa vida. Ele respondeu que não era capaz de ver por que eu argumentava em favor da importância dos sentimentos; e defendeu seu ponto de vista alegando que ele, e muitos de seus vizinhos, viviam bem, ainda que de modo rotineiro. Brincavam com seus filhos, faziam amor, participavam de atividades da vizinhança, iam ao trabalho; e faziam tudo isso sem sentimentos. Suas vidas – disse – eram boas, tornaram-se boas por meio dessas atividades sem sentimentos; portanto, estes não são necessários para uma vida satisfatória.

Perguntei-lhe se ele queria dizer que essas pessoas agiam sem sentimentos significativos, acaso sem sensações de grande êxtase. Ele respondeu que estava falando não apenas de grandes sensações, mas de todas elas. Escrevi de volta que duvidava da exatidão de sua afirmativa, ao falar de completa falta de sentimentos. Quem sabe ele simplesmente não se desse conta dos sentimentos nos outros ou em si próprio. Escrevi também que, até o ponto em que aceitava aquela afirmação, eu não poderia concordar com a sua avaliação de que aquelas pessoas viviam boas vidas, muito menos boas vidas comuns.

Minha razão para mencionar essa série de cartas é que achei estranho, na melhor das hipóteses, que qualquer pessoa pudesse julgar comum e

4. Sobre a noção psicanalítica de idealização e distinção, uma fonte clássica é a obra de Melanie Klein *Love, Guilt and Reparation, and Other Works*, 1921-1945 (Nova York: Delta Books, 1977) e *Envy and Gratitude and Other Works* 1946-1963 (Nova York: Delta Books, 1977). Ver também Heinz Kohut, *The Restoration of the Self* (Nova York: International Universities Press, 1977), e Jay Greenberg e Stephen Mitchell, orgs., *Object Relations in Psychoanalytic Theory* (Cambridge, Mass.: Harvard University Press, 1983).

incontestável que ela e seus vizinhos pudessem viver sem quaisquer sentimentos. Também achei estranho, na verdade fora de qualquer compreensão, que um indivíduo pudesse pensar que tais pessoas fossem capazes de viver bem.

Devo acrescentar que ao conhecer esse filósofo, vários anos após, percebi que ele era uma pessoa comum, amigável e na verdade um indivíduo apresentável e expansivo. De nenhuma forma eu o julguei pouco afetivo ou emocionalmente deficiente. Ao contrário. Assim, a questão surge por si mesma: como poderia uma pessoa tão afetivamente viva e participante, que era também um filósofo competente, argumentar e acreditar no que ele havia citado? Para mim, pelo menos, isso sugere um ponto de vista profundamente arraigado, uma idealização inarticulada que não pode resistir a exame, mas que é vista como não necessitada de verificação.

As próximas histórias referem-se a encontros que tive com dois amigos psicanalistas que me ajudaram neste trabalho. Quando a obra estava ainda bem no início, perguntei a um deles, Elizabeth Hegeman, que também estava em treinamento em psicologia clínica e antropologia, sobre a maneira como a falta de afeto repercutia no que concerne a capacidade avaliadora – se, por exemplo, poderia recorrer a seus casos para ilustrar a forma como a falta de afeto estaria ligada a erros de avaliação. Ela começou discutindo alguns modos pelos quais modelos neuróticos envolvem um complexo jogo de distorções avaliadoras e emocionais, além de outros quadros. Mas eu queria que ela me dissesse algo sobre a falta de afeto, não sobre distorções afetivas. Quando a pressionei a esse respeito, ela levou um tempo considerável para perceber que eu realmente estava falando em falta de afetos, não apenas em um déficit ou distorção afetiva.

Seus princípios benevolentes de interpretação impediram-na de pensar que eu realmente queria dizer *sem afeto*. Quando se deu conta disso, respondeu com firmeza e exasperação, observando que ela, ou alguém que conhecia, no âmbito da psicanálise e da antropologia, jamais havia encontrado pessoas desprovidas de afeto; e que para ser dessa maneira, como eu sugeria, seria bem mais simples não ser uma pessoa. Continuei, entretanto, a pedir-lhe que me acompanhasse num experimento filosófico de imaginar, ainda que em benefício da filosofia, a existência de uma pessoa assim. Ela se declarou incapaz de fazer isso e continuou sugerindo, de novo com firmeza e exasperação, que duvidava que eu e outros filósofos pudéssemos realmente imaginar essa pessoa, ou mesmo pretender que pudéssemos imaginá-la.

Reconhecendo a necessidade de ajuda, encorajei Hegeman a juntar-se a mim na tarefa de escrever sobre o assunto. A princípio objetou, alegando não ter conhecimentos de filosofia. Respondi que ela era tão qualificada em assuntos filosóficos quanto eu próprio em psicanálise, e que aquilo não me faria desistir. Depois de alguma insistência, ela concordou em colaborar comigo no que fosse cabível. Os capítulos 3, 7, 8 e 10 são produtos dessa colaboração. Além disso, sua ajuda no restante do livro foi considerável.

A segunda psicanalista, Sandra Buechler, que havia desenvolvido um trabalho importante no doutorado e pós-doutorado em psicologia das emoções, fez muitas sugestões úteis sobre uma versão inicial da obra. No fim de nossa discussão ela perguntou, diplomática e amigavelmente, por que eu argumentava em favor da importância da afetividade e das emoções. No seu modo de entender, tanto nas emoções, quanto nas áreas acadêmicas a elas voltadas, não havia necessidade de argumentos sobre sua importância. Este era, na melhor das hipóteses, um ponto de partida que em geral se ultrapassava logo de início. Em resumo, a importância das emoções era bastante óbvia para qualquer um, a menos que, como ela estava começando a suspeitar, não o fosse para os filósofos.[5]

Ela então prosseguiu, perguntando não apenas a meu respeito e por que eu estava dedicando meu tempo a essas questões, mas também sobre aquelas a respeito das quais eu estava escrevendo. Imaginava que, se realmente precisávamos ser esclarecidos sobre o que eu estava dizendo, deveríamos estar preparados para ouvi-lo.

No que diz respeito a esta última posição, não estou bem certo. Para indicar por que, ofereço esta história final, que fala de alguns eventos que ocorreram bem antes de quaisquer dos outros atrás mencionados. Por volta de 1977, eu assistia a uma palestra sobre Espinosa, um dos grandes teóricos das emoções. O palestrante criticava, e até mesmo denunciava, seus colegas que escreviam sobre Espinosa por sua preguiça, seu pensamento de baixa qualidade, sua falta de imaginação, timidez e preocupação com a reputação. Um pouco mais tarde, naquele mesmo dia, fui com o palestrante a outra conferência, dessa vez sobre a ética, as emoções e as virtudes da crença. Ele me disse que tinha um argumento rápido, mas a seu ver decisivo, contra a existência desses temas: ou seja, contra a existência de quaisquer emoções, virtudes ou crenças éticas. O núcleo do argumento era que não atribuímos às crenças, convicções ou outros "produtos" intelectuais quaisquer termos avaliadores ou descritivos referentes à emoção, à virtude ou aos valores.

Perguntei-lhe o que pensava que fazia algumas horas antes. Ele logo concordou que havia, na verdade, feito exatamente tais atribuições.

---

5. Como sugerem a carreira de Silvan Tomkins e um artigo de Robert Zajonc, ela pode ter superestimado a abertura da psicologia acadêmica e dos psicólogos relativamente as emoções e a afetividade. No que se refere a Tomkins, ver "The Quest for Primary Motives: Biography and Autobiography of an Idea", *Journal of Personality and Social Psychology*, 41 (1981) 306-329. Em relação a Zajonc, ver "Feeling and Thinking", *American Psychologist*, 35 (1980) 151-175.

Tudo isso, por si mesmo, percorre um longo caminho ao encontro do meu ponto de vista da *invisibilidade* das emoções, nesse caso, emoções relativas a assuntos intelectuais e cognitivos. Essa circunstância pode ser usada para pôr a questão da segunda psicanalista: como pôde acontecer que aquele filósofo não ouviu a si mesmo e ao seu poderoso uso das emoções e à avaliação das emoções dos outros? O que havia no tocante aos trabalhos desse e de outros filósofos, que de alguma forma os colocava fora do âmbito em que poderiam perceber as emoções e o emocional?

Há um último ponto a respeito do ouvir que também pode ajudar-nos a perceber a força dessas últimas questões. Um dia ou dois após a palestra sobre Espinosa, aquele filósofo mais uma vez, e sem se dar conta disso, alegava que não atribuímos emoções e avaliações às crenças e convicções.

O encontro com o especialista em Espinosa pode ter sido a primeira vez em que fui atingido pelo estranho modo como muitos dos filósofos lidam com as emoções. Afinal de contas, estou ao lado de muitos outros pensadores quando imagino que vários dos pontos de vista de nossos colegas são estranhos, para não dizer errôneos. Em lugar disso, o que me atingiu foram as formas estranhas pelas quais muitos filósofos pensam a respeito das emoções: como eles acham estranhamente fácil não reconhecê-las, seja em outras pessoas, seja em si mesmos, e o quão estranhamente difícil é para eles lembrar-se de seus encontros com as suas e as emoções alheias.

Essa estranheza é o que deveríamos esperar se a filosofia e os filósofos idealizassem a razão e demonizassem as emoções. Como ficou claro nesse encontro, a refutação de um ponto de vista idealizado freqüentemente não resulta em sua rejeição, ou mesmo em seu questionamento ou em sua suspensão. A pessoa que mantém esse ponto de vista pode *esquecer* rapidamente que sua posição foi refutada. E assim sua visão idealizada pode reaparecer, algumas vezes de modo rápido, outras após um intervalo razoável. (Há, é claro, outras possibilidades. Por exemplo, o ponto de vista pode ser descartado, mas apenas em favor de outro, mesmo que este seja uma idealização negativa: o *deus que falha* pode, com facilidade, tornar-se um demônio.)

Ao mesmo tempo que eu era atingido pela estranheza dos filósofos a respeito das emoções, fui também impactado e estimulado pela explosão de trabalhos sobre o tema e a respeito da psicologia moral. Muitos desses trabalhos também argumentavam contra esse estranho tratamento, ou falta de tratamento das emoções.[6]

6. Sou grato pela continuidade dessa explosão. Relacionarei aqui apenas os trabalhos recentes, mencionados neste livro, que surgiram por volta de 1980: William Alston,

Naquela época, meus pensamentos – incluindo o fato de ter sido atingido e estar intrigado pelo estranho tratamento dado às emoções pelos filósofos – expressavam e também alimentavam meu interesse crescente pela psicologia moral, tema de minhas publicações subseqüentes.[7] *O Valor das Emoções* apresenta minhas idéias mais recentes sobre essas questões.

Muito do que está neste livro e nessas publicações é dedicado a mostrar como a ética contemporânea ignora as emoções, ou pensa que elas são eticamente sem importância. Pretende revelar também por que tais posições são errôneas. Parte disso tudo tem a ver com o porquê de a ética contemporânea estar tão preocupada – do meu ponto de vista, superpreocupada – com o dever, aqui entendido na forma de atos que devemos ou não praticar;

---

"Feelings", *Philosophical Review*, 78 (1969) 3-34; Errol Bedford, "Emotions", *Aristotelian Society Proceedings*, 57 (1956-1957) 281-304; Lawrence Blum, *Friendship, Altruism, and Morality* (Londres: Routledge and Kegan Paul, 1980), *"Compassion", in* Amélie O. Rorty, org., *Explaining Emotions* (Berkeley: University of California Press, 1980); Ronald DeSousa, "The Rationality of Emotions", *Dialogue*, 18 (1979) 41-63, e in Rorty, *Explaining Emotions*; William Gean, "Emotion, Emotional Feeling and Passive Bodily Change", *Journal for the Theory of Social Behavior*, 9 (1979) 39-51; Reynold Lawrie, "Passion", *Philosophy and Phenomenological Research*, 41 (1980) 106-126; Graeme Marshall, "On Being Affected", *Mind*, 77 (1968) 243-259; Iris Murdoch, *The Sovereignty of Good*, (Londres: Routledge and Kegan Paul, 1970); Jerome Neu, "Jealous Thoughts", in Rorty, Explaining Emotions; Moreland Perkins, "Emotion and Feeling", Philosophical Review, 75 (1966) 139-160; George Pitcher, "Emotion", Mind, 74 (1965) 326-346; Georges Rey, "Functionalism and Emotions", in Rorty, Explaining Emotions; Amélie O. Rorty, "Explaining Emotions", *Journal of Philosophy*, 75 (1978) 139-161, *Explaining Emotions and Mind in Action* (Boston: Beacon Press, 1988); David Sachs, "Wittgenstein on Emotion", *Acta Philosophica Fennica*, 28 (1976) 250-285; Robert Solomon, "Emotions and Choice", *Review of Metaphysics*, 27 (1973) 20-41, e, numa versão aumentada em Rorty, *Explaining Emotions, e The Passions* (Nova York: Doubleday, 1976); Peter Strawson, "Freedom and Resentment", *Proceedings of the British Academy*, 48 (1962) 187-211; Gabriele Taylor, "Justifying the Emotions", *Mind*, 84 (1975) 390-402. Há ainda o trabalho fundamental de Elizabeth Anscombe "Modern Moral Philosophy", *Philosophy*, 33 (1958) 1-19. Esse trabalho não trata diretamente das emoções, mas deve ser mencionado porque mostrou a psicologia moral em si mesma e também a necessidade que a ética tem dela. John Rawls, em *A Theory of Justice* (Cambridge, Mass.: Harvard University Press, 1971) também leva seriamente em consideração as emoções e estimulou muitos outros a procederem da mesma maneira.

7. "The Schizophrenia of Modern Ethical Theories"; "Desiring the Bad", *Journal of Philosophy*, 76 (1979) 738-753; "Intellectual Desire, Emotion, and Action", in Rorty, *Explaining Emotions*; "Values and Purposes: the Limits of Teleology and the Ends of Friendship"; "Responsibility, Especially for Beliefs", *Mind*, 91 (1982) 398-417; "Psychic Feelings: their Importance and Irreducibility", *Australasian Journal of Philosophy*, 61 (1983) 5-26; "Affectivity and Self-Concern: the Assumed Psychology in Aristotle's Ethics", *Pacific Philosophical Quarterly*, 64 (1983) 211-229; "Emotional Thoughts", *American Philosophical Quarterly*, 24 (1987) 59-69.

e por que, concomitantemente, há pouco interesse com o caráter e com as emoções. Algumas dessas primeiras publicações dão conta disso. *O Valor das Emoções*, contudo, dedica bem pouco tempo a isso, exceto para mostrar que, como consta da ética contemporânea, preocupação com o dever e com os atos, associada a uma falta de interesse pelo caráter e pelas emoções, é moralmente perigosa, enganosa e incorreta.

*O Valor das Emoções* compartilha algumas das inquietações de *Plural and Conflicting Values (Valores Plurais e Conflitantes)*,[8] um trabalho desenvolvido sobretudo entre 1985 e 1989. No entanto, penso que esse livro está menos preocupado com a psicologia moral que com a moderna teoria ética. O equilíbrio é revertido em *O Valor das Emoções*. Mas, como argumento lá e aqui, não penso que a teoria ética pode ser bem feita sem a psicologia moral, ou que esta se possa fazer bem com a ausência da teoria ética, daí minha preocupação conjunta e continuada com ambas.

Não acho que *O Valor das Emoções* vá chegar a quaisquer verdades ou doutrinas finais e de grande amplitude sobre a teoria moral, a psicologia moral, ou mesmo a respeito das emoções, com exceção, provavelmente, destes três pontos metodológicos. Em primeiro lugar, muitas das "verdades simples" contidas em nossas teorias são mais simples do que verdades. A complexidade é a regra, não a exceção. Em segundo lugar, devemos ter em mente que a teoria moral e a psicologia moral dizem respeito a nós, e que nossa preocupação sobre como somos deveria ser pelo menos tão grande quanto o nosso interesse por nossas teorias. Em terceiro lugar, um estudo filosófico que dê atenção às emoções que os filósofos põem ou não em seus trabalhos, implícita ou explicitamente, pode nos mostrar muito da importância da ética, das emoções, da filosofia e de nós mesmos.

Mais alguns comentários preliminares sobre este livro podem ser úteis. Este trabalho aborda temas afirmativos e temas mais negativos e críticos. Os primeiros constituem o seu núcleo e podem ser colocados de modo resumido: mostrar, abstrata e concretamente, de maneira geral, teórica e particular, muitas das formas pelas quais as emoções são importantes para a ética e para várias outras áreas da filosofia.

Os temas negativos são, geralmente, ligados à crítica de outros filósofos e seus pontos de vista, ou falta deles, a respeito das emoções e sua importância em relação aos valores. Estou particularmente interessado em mostrar como o equívoco, ou simplesmente a falta de focalização das emoções, está profundamente implicado em erros sérios e difusos na ética e em outras áreas da filosofia. Tais críticas são importantes para a filosofia e para *O Valor*

8. Oxford: Oxford University Press, 1990.

*das Emoções*. Por isso, seu papel principal é antecipar os temas afirmativos deste trabalho, especialmente para ajudar-nos a perceber a importância das emoções para a ética e outras áreas do trabalho filosófico.

Interpretemos de modo positivo as partes negativas desta obra. Alguns leitores têm sugerido uma interpretação mais negativa, sustentando que a importância das emoções vem sendo reconhecida pela maioria dos filósofos, ainda que apenas implicitamente, ou que os filósofos a reconheceriam se instados a isso; e concluem que os temas negativos de *O Valor das Emoções* se voltam contra posições sem importância. Já indiquei algumas das razões pelas quais rejeito essa acusação e voltarei a dar-lhe atenção no corpo deste trabalho. Contudo, algumas breves considerações serão úteis neste momento.

Para começar, eu estaria satisfeito se essas considerações mais otimistas e favoráveis sobre os pontos de vista dos filósofos em relação às emoções estivessem corretas. Se assim fosse, poderíamos ser poupados da necessidade – ou do que vejo como tal – de esclarecermos equívocos. No entanto, como mostrarei, os filósofos têm oferecido relatos, completos ou suficientemente completos, sobre a vida e os valores humanos. Tais explicações de algum modo omitem as emoções e sua importância. Os filósofos têm também oferecido pontos de vista que só são plausíveis se as emoções não forem importantes. Por fim, alguns pensadores têm explicitamente negado a importância das emoções para a vida e seus valores. Para ser correto, muitos deles, se perguntados sobre as emoções e sua importância, diriam que é claro que as acham importantes. Mas, como sugere a história do erudito em Espinosa, após ter mencionado isso, muitos sem dúvida retomariam rápida e facilmente suas discussões anteriores, nas quais mais uma vez não falariam delas. Com freqüência, o que eles dizem deixa pouco ou nenhum espaço para as emoções e sua importância. Em vez de sustentar que os filósofos pensam, de modo explícito ou implícito, que as emoções são importantes, com freqüência pode ser mais exato dizer que eles apenas acham que pensam isso.

De fato, isso me leva a suspeitar que a alegação de que estou defendendo uma posição sem importância pode, por si própria, ser uma boa ilustração do auto-engano em que os filósofos incorrem a respeito das emoções e de seu recente tratamento filosófico. Estou, é claro, ciente da possibilidade de estar tornando minhas posições irrefutáveis, ao tomar qualquer desafio como sintoma de doença. Tomarei, portanto, bastante cuidado para substanciar minhas acusações de que muitos filósofos se equivocam, entendem mal e vacilam tanto acerca das emoções, quanto sobre o que eles próprios mantêm a respeito delas.

As discrepâncias entre o que eles acham que pensam a respeito das emoções, e o que seus trabalhos sugerem, mostram muito tanto sobre as emoções, quanto a respeito das atitudes dos filósofos em relação à sua abordagem. Para mencionar apenas um ponto, há muitas formas pelas quais achamos que a disciplina filosófica é não-emocional, e pensamos bem dela porque a julgamos assim. Essa atitude é própria dos filósofos que não pensam sobre as emoções e acham que é adequado agir desse modo.

Há mais uma razão metodológica para que eu rejeite o argumento de estar atacando uma posição sem importância. Essa razão envolve também uma suspeita. Penso que todos concordarão que muitos teóricos da ética contemporâneos, bem como outros filósofos, não empregam muito, ou mesmo nenhum tempo, para discutir a importância das emoções. No entanto, somos informados de que eles reconhecem implicitamente essa importância, ou a reconheceriam se questionados. Gostaria de saber, e não apenas para ajudar a rebater essa acusação, por que eles não discutem isso explicitamente. Essa questão se tornou mais urgente uma vez que eles discutem tantas coisas mais – quase "tudo mais" – sobre esse tema.

Tudo isso alimenta a minha suspeita de que essa falta de discussão é explicada e motivada pelo que poderia ser trazido à tona em uma discussão explícita. Penso que esses filósofos teriam dificuldade em reconciliar o que discutem explicitamente com o que poderia emergir. Porque muitas de suas conclusões sobre ética e demais questões da filosofia sugerem, ou mesmo requerem, que as emoções não sejam importantes. Se seus pontos de vista silenciados a respeito das emoções – aqueles implícitos, ou aqueles que poderiam expressar, se questionados – dizem que as emoções realmente são importantes, então esses dois conjuntos de pontos de vista guardam uma grave tensão entre si. Seria difícil e perturbador não pensar neles em conjunto. Não pensar sobre um deles ajudaria a evitar essa dificuldade, e também ajudaria a evitar o reconhecimento da necessidade de resolver a tensão.

Da minha perspectiva, *O Valor das Emoções* não critica uma posição sem importância quando argumenta que os filósofos, em geral, não reconheceram que as emoções são importantes para estabelecer valores. Penso, contudo, que é possível debater essa questão de modo que desvie a atenção do ponto principal, o âmago deste livro: *como* as emoções são importantes.

Não acho que possa haver dúvida real sobre o fato de *como* as emoções são importantes não ter recebido muita atenção na ética e na filosofia contemporâneas. Isso é verdadeiro tanto no geral quanto nos detalhes, tanto no abstrato quanto no concreto. Para explicar essa falta de atenção, terei de mostrar por que os filósofos contemporâneos não têm se preocupado muito com esse *como*. Para resumir: *O Valor das Emoções* preocupa-se em mostrar que os filósofos contemporâneos têm ignorado, freqüentemente negado, ou apenas aceitado de modo equívoco e vacilante, a importância das emoções. Essa parte negativa do trabalho às vezes é apresentada com mais efeitos positivos do que ocorre nas partes mais afirmativas e poderia, assim, ser vista como o foco principal. Mas não é. *O Valor das Emoções* preocupa-se em mostrar que as emoções não receberam o que lhes é devido. Está bem mais preocupado com o porquê disso ter acontecido. Está preocupado ainda em verificar *como* as emoções são importantes. Eis o seu âmago.

*Michael Stocker*

Esta colaboração com Michael Stocker é a principal conseqüência de certos temas centrais em minha vida intelectual e acadêmica, como é para ele. Em nossas respectivas áreas, percebemos que existe um interesse muito pequeno em pessoas e na subjetividade. Esses interesses seguiram em paralelo a alguns dos progressos intelectuais que aconteceram ao nosso redor: um aumento do interesse e do sentimento da importância da subjetividade e do *self*, e da vida interior deste como influência sobre o conhecimento e como um tópico importante em si mesmo. A postura interna do observador, bem como sua situação e perspectiva social, acabaram sendo vistas como fontes valiosas de conhecimento em si mesmas, nas ciências sociais e na psicanálise, e não apenas como fontes de erro ou distorção, como foram freqüentemente consideradas há trinta anos. Hoje, a contratransferência é uma importante fonte de informação, não apenas a respeito do analista, mas acerca do mundo objetal do paciente tal como reproduzido no microcosmo do ambiente analítico.

O primeiro trabalho antropológico de campo que fiz, em 1962, e que foi meu trabalho de crédito no Radcliff College, dividiu-se em duas partes: a primeira consistiu num estudo de dois bairros pobres em áreas devolutas da periferia de Bogotá, Colômbia, e a segunda foi uma pesquisa sobre minhas próprias motivações e tendenciosidades ao escolher os locais descritos, com especial atenção para como minha situação social afetou minhas percepções das comunidades, o processo e escolha do objeto de estudo e as conclusões às quais cheguei. Embora agora tudo isso pareça ser uma parte natural e mesmo necessária de qualquer trabalho de campo, naquela época era considerado radical e embaraçosamente autocentrado. O departamento de antropologia de Harvard rejeitou a tese com base no argumento de que o estudo ocorreu em um local, em uma cidade e cultura demasiadamente relacionadas às minhas próprias, e por isso eu não poderia ser suficientemente objetiva. (Felizmente para mim, Leon Bramson, então chefe do departamento de relações sociais, pensou melhor sobre o trabalho e mostrou-se propenso a aceitá-lo.)

Em 1965, ao terminar o curso e o trabalho de campo requeridos para o doutorado em antropologia, deixei essa disciplina com um profundo sentimento de que os elementos mais cruciais para a formatação do entendimento da ciência social haviam sido deixados de fora: a percepção da situação e a subjetividade do observador como ingrediente essencial do processo de observação e documentação. Tendo ajudado o Dr. Oscar Lewis em trabalhos de campo em Porto Rico, em 1963, e após trabalhar num projeto habitacional em Cali, Colômbia, em 1964 (com uma bolsa do Instituto Latino-americano da Universidade de Columbia, financiada pela Fundação Ford), eu me convencera da centralidade da experiência subjetiva do observador e de seu envolvimento pessoal na determinação da substância de qualquer estudo.[9]

Estava especialmente convencida da importância da relação do pesquisador de campo com os objetos de estudo (naquela época chamados de *informantes*), para determinar os resultados de quaisquer desses trabalhos, quanto ao conteúdo, perspectiva e formatação de conclusões sobre o que é importante e como se deve avaliá-lo. Acabei percebendo cada vez mais que mesmo os dados *brutos*, como genealogias, censos familiares e histórias de trabalho de residentes – referenciais básicos nos quais os antropólogos tanto confiam –, transformavam-se à medida que meus relacionamentos com os informantes progrediam. Sem reconhecê-los como tal, tropecei no que a psicanálise já conhecia como transferência-contratransferência e a importância do campo interpessoal. Não mais pude escrever ou pensar como se fosse um observador impessoal, não-envolvido, que simplesmente registrava fatos.

Também concluí que era impossível permanecer não-envolvida e não fazer algo para atenuar a situação daqueles que estava estudando, os quais, eles próprios, sofriam e criavam seus filhos na mais horrenda pobreza. Abster-me teria sido participar, numa terrível e irônica extensão, da relação econômica colonial, mas naquela época tive de esconder meus esforços. Hoje existe a antropologia de *defesa*, mas em 1965 ela não era aceita como um papel apropriado.

Após terminar meu doutorado em psicologia clínica na New York University, fui orientada para a psicanálise interpessoal como um meio de investigar mais a influência do *self* interior sobre o campo intersubjetivo. Nos últimos trinta anos, a psicologia e a psicanálise progrediram em sua valorização do *self* subjetivo do analista, bem como do analisando. Isso se verifica pela mudança de significados sofrida pela palavra *contratransferência*: antes ela era um resíduo emocional discutível do analista, e se acreditava

9. Discutido em Hegeman, "The Development of a Worker Elite in a Cali Barrio", in Hegeman and Leonard Kooperman, orgs., *Anthropology and Community Action* (Nova York: Doubleday Anchor Press, 1974).

que interferia na exatidão da percepção da real dinâmica do paciente. Costumava-se pensar que ela devia ser descartada, tão inteiramente e tão rapidamente quanto possível. Desde os trabalhos de Heinrich Racker e outros[10], a contratransferência se modificou, e o uso da autopercepção da subjetividade do analista é hoje um dos instrumentos mais valiosos para o entendimento do verdadeiro estado emocional do paciente. Este livro transpõe esse paralelo para outro tema: o que costumava ser considerado *interferência*, ou dados errôneos que interferiam com o tipo de verdade que se buscava, hoje é compreendido como parte dessa verdade, e de fato talvez até mesmo uma verdade mais essencial e indicativa do que o tema básico em si! Essa mudança de paradigma na psicanálise foi prenunciada por Harry Stack Sullivan que, em 1936, pediu aos psiquiatras e assistentes sociais que se tornassem observadores que observassem o seu observar.[11]

Como faz parte da tradição intelectual do Ocidente, a filosofia não aprecia muito os aspectos não-racionais da experiência, porque atua dentro de um modelo altamente idealizado de *self*, modelo esse que exclui estados que são inaceitáveis ou repugnantes para a maioria dos adultos, como as situações de extremo desamparo, vergonha ou dor. O *self*, que é livre para teorizar ou criar hipóteses, discursar, para juntar-se ou desligar-se livremente de outros seres humanos, como faziam os cidadãos atenienses – *homens brancos livres* –, representa apenas um setor da sociedade, que tem o privilégio do lazer, ou a espécie de trabalho que lhes permitam livrar-se das atividades manuais, ou alimentar-se, ou limpar o corpo de modo adequado.

Os excluídos dessa condição não são apenas lembretes desagradáveis de uma realidade repugnante: podem até mesmo ser incompatíveis com a realidade *normal* dos eruditos da tradição ocidental. Visto que muito de tal realidade esconde uma outra: a de que nossos privilégios repousam sobre a exploração, ou pelo menos sobre o não poder dirigir as próprias vidas. Essa é a condição de muitos seres humanos. E podemos, pelo menos no momento, não estar fazendo absolutamente nada a não ser ignorá-la. Pode ser que eu afirme isso tão vigorosamente por causa de meu trabalho psicanalítico com pessoas traumatizadas, que se sentem marginalizadas e alienadas

---

10. Para Racker, ver *Transference and Countertransference* (Nova York: International Universities Press, 1968). Ver também Donald W. Winnicott, "Countertransference", *British Journal of Medical Psychology*, 31 (1960) 17-21, reimpresso em seu *The Maturational Processes and the Facilitating Environment* (Londres: Hogarth Press, 1965); e Michael Gorkin, *The Uses of Countertransference* (Northvale, N. J.: Jason Aronson, 1987). A contratransferência é discutida no capítulo 3, seção 3, e no capítulo 7, seção 1.

11. "A Note on the Implications of Psychiatry The Study of Interpersonal Relations, for Investigations in the Social Sciences" em *The Fusion of Psychiatry and Social Science* (Nova York: Norton, 1964).

porque acreditam (em geral com alguma razão) que os outros não podem compartilhar suas horríveis ou insuportáveis experiências.

A dissociação, por exemplo – pelo menos nesta cultura –, é a melhor acomodação, ainda que dolorosa e inadequada, que as pessoas traumatizadas podem fazer diante da vida em um mundo no qual ninguém quer saber de traumas. Tentar fazer vir à tona o desamparo e a dor, quase que invariavelmente leva a mais traumas. Falar sobre eles pode até mesmo constituir-se numa ameaça à vida, e aqueles que experimentarem registrar experiências que contradigam as idéias dominantes podem ser consideravelmente discriminados, em especial pelas autoridades.

A dissociação é apenas uma forma de auto-experiência que se tornou marginalizada, porque não se encaixa no que nossas ideologias acham que uma pessoa deve ser. Contudo, eu argumentaria que nossas noções sobre o que é um indivíduo são extremamente frágeis. São elaborações tênues, parecem-se mais uma definição cultural e temporal do que uma pessoa deveria ser, ou do modo como gostaríamos de viver, ou ainda da forma como gostaríamos de pensar que estamos vivendo, do que traduções da real extensão da experiência humana.

Assim, essa alegação vai além da simples crítica de que as disciplinas acadêmicas, do modo como são conduzidas atualmente, excluem a experiência de muitos dos componentes de nossa própria cultura. Sustento que embora tomemos isso como certo, o modelo de pessoa, em si mesmo, adotado por nosso sistema ideológico – e possivelmente em qualquer cultura – é baseado em muitas formas de negação da experiência individual e coletiva que são exigidas por nosso sistema cultural, e não apenas pela negação ou exclusão dos sentimentos irracionais. Embora o objetivo deste livro seja valorizar as emoções, há muitas outras maneiras pelas quais a vida acadêmica – tanto quanto todas as demais profissões e instituições culturais – repousa sobre algumas premissas imperfeitas a respeito da natureza humana, que têm a ver com a formatação e a seletividade exercidas pelo processo de socialização de cada cultura. Essa limitação poderia aplicar-se a qualquer cultura cujas nuanças e contradições internas estejamos considerando.

Para ilustrar: teóricos transculturais como Richard Shweder, George Devereux e Colin Ross[12] observam que, quando comparada a outras culturas, a sociedade ocidental contemporânea valoriza um *self* com limites estreitos, que é visto como separável e separado dos outros e sob acentuado

12. Shweder, *Thinking through Cultures: Expeditions in Cultural Psychology* (Cambridge, Mass.: Harvard University Press, 1991); Devereux, *Basic Problems of Ethnopsychiatry* (Chicago: University of Chicago Press, 1980); Ross, *Multiple Personality Disorder* (Nova York: John Wiley and Sons, 1989).

controle da vontade. Esse tema poderá ser facilmente reconhecível nas várias doutrinas baseadas no valor e na responsabilidade do indivíduo, do Capitalismo à Carta dos Direitos.

Outro exemplo: o *self* ocidental é também descrito como controlador final da natureza e não o contrário. Essa forma de negação nos levou a uma rota de colisão com o ambiente natural, como notou Dorothy Dinerstein em *The Mermaid and the Minotaur: Sexual Arrangements and Human Malaise*[13] *(A Sereia e o Minotauro: Acordos Sexuais e o Mal-estar Humano)* e, desde então, por muitos ecologistas e teóricos do feminismo. A crítica feminista da busca científica do progresso sugere que ela pode ser peculiar à cultura ocidental, e resulta de relações distorcidas entre os sexos, que deixam as crianças ao cuidado exclusivo das mulheres, para negar a interdependência dos seres humanos entre si e no que concerne ao meio ambiente. Como poderíamos não esperar que algumas dessas distorções pudessem ser encontradas em nosso trabalho acadêmico? Com esse intuito, nosso esforço aqui não é apenas voltar o foco para alguns aspectos desvalorizados, ou omitidos da teoria filosófica, mas também alinhar nosso pensamento com o feminista no sentido mais amplo.

Uma nota sobre a natureza de nossa colaboração: Stocker está interessado em filosofia e psicanálise e tem familiaridade com ambas. O mesmo acontece comigo em relação à antropologia e à psicanálise. O trabalho surgiu valendo-se de sua percepção das implicações filosóficas de certas questões psicanalíticas, tal como as discutimos. Em outras oportunidades, nossa colaboração fez com que se tornasse impossível distinguir quem de nós era o responsável por qual parte.

Embora Stocker pareça ser conhecido entre os filósofos por sua aversão pela teoria em filosofia, percebemos que em nossas discussões eu pedia constantemente exemplos do que ele queria dizer, e de fato não era capaz de entender seus pontos de vista sem eles. Como psicanalista e antropóloga, percebi-me incapaz de compreender qualquer situação humana sem uma descrição detalhada, uma descrição tão minuciosa que pareceria enlouquecedoramente densa para aqueles que possuem inclinações mais generalistas.

Stocker acabou percebendo que minha concretude representa o comprometimento que ambos temos com a crença de que as interações entre os seres humanos só podem ser entendidas num contexto o mais completo possível, que inclui as relações internas com o *self* e com outras lealdades

13. *The Mermaid and the Minotaur: Sexual Arrangements and Human Malaise.* Nova York: Harper & Row, 1976.

e atitudes internas, e as relações sociais externas, que tão profundamente afetam a avaliação.

A percepção de que nosso esboço de pressupostos disciplinares não é universalmente aplicável a todos os seres humanos em todas as culturas, não me parece diminuir o valor do que estamos fazendo, porque não acredito que minha ênfase geral no que foi deixado de fora, ou não incluído em nossas interpretações culturais, diminua o que a filosofia já fez e ainda pode fazer. Damos valor à cultura em que vivemos, à academia na qual lecionamos e trabalhamos, bem como às relações com a família, os colegas e os concidadãos, que fazem com que possamos viver de modo a nos preocuparmos o bastante ou querer aprofundar ou aclarar, em vez de corrigir, a natureza desses pressupostos que subjazem tão extensamente à nossa cultura, e não apenas à filosofia.

*Elizabeth Hegeman*

# Introdução

Em que medida são importantes as emoções para a ética? Desde muito cedo, em nossa tradição, a perspectiva dominante era de que as emoções têm uma importância avaliadora central. Por exemplo: Aristóteles achava que para ser uma boa pessoa um indivíduo deveria sentir as emoções certas. Isso inclui, mas vai muito além, sustentar que as emoções ajudam a tornar boa a vida por causa do prazer ou da dor que elas envolvem, e pelo modo como elas nos motivam a fazer o que é bom. O filósofo também achava que sentir as emoções corretas é parte integrante da virtude e da condição de ser uma boa pessoa, e é importante para que se saiba o que fazer e como viver. Contudo, durante os últimos cem anos, ou algo assim, os filósofos em geral têm imaginado que as emoções não são importantes para a ética.

Apóio um ponto de vista mais tradicional. Para mostrar por que, argumentarei com dois temas inter-relacionados: que há conexões estruturais importantes entre as emoções e os valores, e que há conexões epistemológicas importantes entre eles. Para comprovar essas ligações, mostro como as emoções poderiam dar a impressão de serem externas aos valores: *indicando-as* a eles, sendo-lhes úteis, ou considerando-as algo que floresce quando a eles somado. Concluo revelando como as emoções são internas aos valores, na verdade tão internas que são inseparáveis deles, ou mesmo expressão deles. Para mostrar as conexões epistemológicas, explico inicialmente como as emoções proporcionam provas de valor ou são sintomas dele. Concluindo, demonstro como as emoções são expressão, ou mesmo a própria essência, do conhecimento avaliador.

Uma preocupação central deste livro é mostrar o grande valor humano e a importância da afetividade e das emoções. Ao dizer isso reconheço que algumas emoções, como o rancor, e algumas configurações emocionais, como o narcisismo, são más. No entanto, da maneira como detalharei adiante, a afetividade e as emoções têm um inestimável valor humano e uma importância avaliadora: para resumir, sem elas é impossível viver uma vida boa e humana, e pode ser também impossível viver sequer uma vida humana, ou seja, ser uma pessoa. A ausência ou deficiência de afeto é uma característica de muitas neuroses, condições limítrofes e psicoses, bem como de outras patologias do espírito, como a falta de um sentido para a vida, o vazio, o tédio, a frouxidão, a debilidade e o cansaço espirituais. Nessa direção, é também importante dizer que relatos de indivíduos omitindo o fato de que somos seres afetivos, não são relatos saudáveis, feitos por pessoas que possam viver uma vida verdadeiramente humana. Qualquer teoria de pessoa que negue, omita, ou compreenda mal a afetividade e as emoções será portanto inadequada, tanto do ponto de vista descritivo, quanto do valorativo.

Este não é o momento de revelar quais filósofos pensam dessa maneira; além disso, como observei no prefácio, estou mais preocupado em mostrar como as emoções são importantes para a ética, do que discutir quem não foi capaz de perceber esse fato. Assim, em vez de analisar os filósofos que deixaram de conferir às emoções importância valorativa, poderíamos observar que nem todos os pensadores vêem isso como uma falha, e por uma série de razões.

Para a primeira delas, podemos voltar-nos para Steven Luper-Foy, que escreve: "Há tradições inteiras – epicurismo, estoicismo, budismo, etc. – que sugerem que o não-emocionalismo é crucial para a felicidade"[1]. Nem entrarei em discussões a respeito de nossa cultura, exceto para dizer que ela abraça de muitas formas esses ideais. Esse, no fim das contas, era um dos principais alvos de Nietzsche. Do mesmo modo, é um dos principais alvos de *O Valor das Emoções*.

Deve ficar claro, contudo, que não estou interessado nesses ideais como tal, sejam eles nossos ou de outros. Até onde estou preocupado com ideais, minha consideração é com aqueles vividos e seguidos, e com a espécie de vidas que resultam disso. Além do mais, limito minha atenção às vidas reais e às reais possibilidades das pessoas em nossa (s) cultura (s). (Quem somos, tornar-se-á claro logo mais.) Entender apenas a nós mesmos já é suficientemente difícil e complexo. Se puder ajudar a mostrar como as emoções participam de nossas vidas, e como são ligadas apenas aos nossos valores, já me darei por satisfeito. É inteiramente suficiente, para meus objetivos, que

1. Resenha de *Morality and the Emotions*, de Justin Oakley, *Philosophy and Phenomenological Research*, 54 (1994) 725-728, pág. 726. Devo observar que tive o prazer de ser um dos orientadores da tese de doutoramento de Oakley – escrita na La Trobe University (Melbourne, Austrália) – que foi a base do seu livro. Em outra tese de doutoramento que tive o prazer de orientar – "The Joy of Torture: The Happiness of Stoic Stages" (Syracuse University, 1995) – Joseph Waligore contesta o ponto de vista habitual de que a doutrina estoicista sustentava que a falta de emoções é necessária, ou mesmo importante, para a felicidade.

os afetos e as emoções sejam necessários para vidas felizes e satisfatórias de pessoas como nós, que vivem nas sociedades e culturas em que vivemos: que vivem, em suma, o tipo de vida que vivemos e ao qual aspiramos.

Não dedicarei muito tempo a criticar diretamente essa primeira objeção ao meu argumento de que vidas satisfatórias requerem emoções. Minhas críticas mais indiretas – explicadas em discussões sobre como bens diversos e vidas satisfatórias implicam emoções, e sobre como males diversos e vidas insatisfatórias se ressentem das más emoções ou mesmo da falta delas – farão tudo o que acho que deva ser feito a esse respeito. No entanto, dedicarei bastante tempo a várias outras *razões*, que acham que as emoções não são importantes para os valores e para fazer valorações.

Entre as principais razões consideradas – e rejeitadas – por *O Valor das Emoções* está o conglomerado de opiniões que reconhece as emoções, mas as rebaixam a um *status* auxiliar ou instrumental. Aqui nos defrontamos com o argumento de que as emoções apenas floreiam e embelezam a ética e a vida ética. Que, por exemplo, são um toque atraente acrescentado quando se cumpre um dever, e se está também motivado pelo zelo. Encontraremos também a percepção de que as emoções podem ser motivacionalmente importantes como causas, e incentivos ou não-incentivos, para ações morais ou imorais. Por exemplo, a raiva leva a ações irrefletidas e desatenciosas.

Falemos agora de preocupações mais epistemológicas. Aqui também encontraremos a conclusão de que as emoções fornecem evidências para aquilo a que se dá valor. Explicando: sua culpa por não pagar seus impostos indica que você acha que deve pagá-los. Com efeito, as emoções e outras formas de afetividade desempenham esses papéis. Contudo, pode-se argumentar que elas também desempenham papéis bem mais importantes, que se situam no âmago do valor e da valoração.

Outro dos alvos principais de *O Valor das Emoções* já foi mencionado no prefácio. É o ponto de vista que reúne as seguintes considerações: os atos constituem a primeira preocupação da ética; não há conexões conceituais significativas entre as avaliações dos atos e dos agentes; o principal, ou único, lugar das emoções deveria ser o de sua importância valorativa em relação à valoração dos agentes; e, por conseguinte, não há razões de peso para que a ética se preocupe com as emoções. Este livro argumenta que os agentes, o caráter e as vidas estão entre as preocupações primárias da ética, e que as emoções são cruciais para seus valores, bem como para os valores das próprias ações.

Uma razão correlata para achar que as emoções não são importantes para os valores e para a valoração, origina-se da idéia de que a ética está em especial preocupada com a justiça e a política, e é por elas modelada, em especial da perspectiva do liberalismo, que concentra a atenção avaliadora no que é *externo (superficial)*, afastando-se do que é *interno (profundo)*. Distancia-se até mesmo dos valores e desejos que constituem o que é externo.

No meu modo de entender, a concentração sobre os atos e em relação ao que é externo é de alguma forma estimulada pela idéia de que nossa moralidade é fundada na culpa, não em vergonha. De algum modo, a culpa não é compreendida como forma de emoções, mas apenas significando deveres, os quais por sua vez são entendidos na forma de atos e do que é externo, e estes, finalmente, são vistos como as principais preocupações da ética. A moralidade da vergonha, por outro lado, é vista como preocupada com o caráter e as emoções e, em última análise, com sentimentos em relação ao *self*, que é o objeto primário da vergonha. Tudo isso é, por seu turno, ligado ao liberalismo. Como escreve a psicanalista Helen Block Lewis, em *Shame and Guilt in Neurosis* (*Vergonha e Culpa na Neurose*), "o conceito de motivação culposa como uma ordem mais alta na moralidade do que a motivação pela vergonha, é especialmente adequado a uma sociedade industrial baseada na autonomia ou independência pessoal de seus membros"(Tawney, 1926).[2]

Infelizmente, examinar essas questões históricas e culturais nos desviaria muito de nosso rumo. Terei de contentar-me com simplesmente alegar que, sejam quais forem as suas origens e explicações, tanto a superconcentração dos teóricos da ética no dever e nos atos, quanto a sua concomitante falta de concentração no caráter e nas emoções, são erros sérios. Argumentarei ainda, de modo mais indireto e mais breve, que o contraste entre as moralidades da culpa e da vergonha é superinflado, tal como a alegação de que nossa moralidade é uma moralidade culposa. Esses argumentos mostrarão também que estamos bastante e propriamente preocupados com o caráter e com os sentimentos a seu respeito.

Em suas diferentes formas estas últimas considerações destacam a importância valorativa dos atos e podem, assim, parecer concordar com o raciocínio de Moore em *Principia Ethica*, de que "sem dúvida a conduta é de longe o objeto mais comum e mais geralmente interessante dos julgamentos éticos" (sec. 2). Rebato esse ponto de vista de duas maneiras: primeiro, mostrando como as emoções também têm considerável importância valorativa. E segundo, considerando que esse ponto de vista incorpora uma

2. Nova York: International Universities Press, 1971, pág. 66. Ela se refere à obra de R.H. Tawney *Religion and the Rise of Capitalism* (Nova York: Harcourt, Brace, 1926). Ver também Bernard Williams, *Shame and Necessity* (Berkeley: University of California Press, 1993).

concepção especialmente estreita da natureza e do valor dos atos: que o que eles são, e, ainda mais importante, seu valor está inteiramente no fato de que *contribuem* para o mundo. Reside também naquilo que eles são e que lhes permite fazer ou conseguir. Argumento, contrariamente, que as emoções são elementos constitutivos dos atos, do que é externo, e até mesmo dos deveres, e que elas ajudam a conferir-lhes valor. Assim, por exemplo, tanto em relação ao que são os atos, quanto do seu valor, um ato de amizade e outro de cumprir uma promessa podem ser bastante diferentes, mesmo que ambos produzam ou constituam a mesma parte do mesmo mundo: o fato de você encontrar Smith no lugar e hora combinados.

A não ser que a noção de conduta seja vista como incluindo as emoções e outros elementos moral-psicológicos, ela é estéril e desinteressante para a ética, em vez de ser *o objeto mais comum e mais geralmente interessante dos julgamentos éticos*. Discussões nessa direção constituem o foco de muitos de meus trabalhos.[3] Essa tarefa continua em *O Valor das Emoções*, ora por meio de argumentos explícitos, ora por meio de exemplos.

Outra razão pela qual os teóricos da ética têm ignorado as emoções, ou achado que elas são sem importância dos pontos de vista valorativo e ético, origina-se em determinadas perspectivas sobre as emoções e seu lugar em nossas vidas. Por exemplo, alguns as vêem como eventos anormais, até raros, freqüentemente de considerável culminância ou profundidade. Encaradas desse modo, elas são naturalmente vistas como enganosas, fragmentadoras ou mesmo esmagadoras para nós. Por outro lado, elas são também pensadas como apenas corporal, e por isso carentes de conexões seguras com a razão, a racionalidade e os valores.

Posso ser dominado pelo medo de uma pessoa mascarada que subitamente aparece na janela de minha sala de estar. Esse medo pode apoderar-se

3. Incluo aqui "Intentions and Act Evaluation", *Journal of Philosophy*, 67 (1970) 589-602, "'Ought' and 'Can'", *Australian Journal of Philosophy*, 49 (1971) 303-316, "Act and Agent Evaluations", *Review of Metaphysics*, 27 (1973) 42-61, "The Schizophrenia of Modern Ethical Theories", *Journal of Philosophy*, 73 (1976) 453-466, "Values and Purposes: The Limits of Teleology and the Ends of Friendship," *Journal of Philosophy*, 78 (1981) 747-765, *Plural and Conflicting Values* (Oxford: Oxford University Press, 1990), "Self-Other Asymmetries and Virtue Theory", *Philosophy and Phenomenological Research*, 54 (1994) 689-694, and "Abstract and Concrete Value: Plurality, Conflict, and Maximization", em Ruth Chang, org., *Incommensurability, Comparability, and Practical Reasoning* (Cambridge, Mass.: Harvard University Press, 1997). Minhas idéias sobre esse tema foram aguçadas quando estive numa mesa redonda com Henry Richardson e David Velleman, discutindo o livro de Richardson *Practical Reasoning about Final Ends* (Cambridge: Cambridge University Press, 1994), nas reuniões de 1995 das Divisões Leste da American Philosophical Association.

totalmente de minha atenção e paralisar-me, impedindo-me até mesmo de gritar por ajuda. Ele pode também ter um início e um fim bem definidos, começando quando vejo essa pessoa e durando pouco mais além do momento em que a reconheço como um amigo fazendo uma brincadeira. Na medida em que as emoções são assim, seria melhor que elas fossem raras e anormais. Uma vida na qual elas fossem comuns seria uma vida de pesadelos, demência e psicose.

Se as emoções forem vistas como montanhas e desfiladeiros emocionais, é natural que sejam consideradas anormais, esmagadoras, enganosas e fragmentadoras, e certamente carentes de conexões seguras e respeitáveis com os valores. Pensar nelas como corpóreas, também ajuda a imaginá-las deficientes dessas conexões. Assim, mostrar que há ligações seguras e respeitáveis entre as emoções e os valores ser-me-á importante para revelar que elas não precisam ser fragmentadoras e que podem ser normais, inteiramente comuns e ubíquas, não se limitando simplesmente ao corpo.

Não estou sozinho ao afirmar isso. Muitos filósofos contemporâneos também sustentam a respeitabilidade das emoções, ao mostrar que elas têm um conteúdo cognitivo, valorativo e desiderativo. Contudo, como será mostrado no capítulo 1, muitos desses filósofos se esquecem, ignoram, ou mesmo negam a afetividade das emoções. Ao argumentar em favor da respeitabilidade das emoções, eles oferecem uma avaliação deficiente delas. É uma postura que apresenta as emoções como se elas pudessem carecer de afetividade e emocionalidade.

Neste livro, preocupo-me em normalizar e recuperar as emoções, e em mostrar que elas desfrutam de conexões seguras e respeitáveis com os valores, em parte por causa de seu conteúdo cognitivo, avaliador e desiderativo. No entanto, estou também interessado em destacar a afetividade das emoções e das pessoas. Argumentarei em favor da normalização, da respeitabilidade e da importância das emoções, ao mesmo tempo em que reconheço e utilizo o reconhecimento de sua afetividade. Tudo isso implica revelar como sua afetividade faz parte tanto de seus valores, quanto do conhecimento que deles temos.

Quero ainda mostrar a complexidade das emoções. Isso inclui, mas ultrapassa, revelar que elas envolvem conteúdos cognitivos, avaliadores e desiderativos, e são também afetivas. Compreende mostrar sua complexidade psicológica: revelar como elas pressupõem e podem ser entendidas apenas em face de vários estados de ânimo e estruturas psíquicas, como tipos de caráter, formações neuróticas, posturas ou visões de mundo, para mencionar apenas alguns. Abrange também demonstrar a forma como as emoções são interpessoal e socialmente complexas. Por exemplo: para compreendê-las é preciso entender também as relações sociológicas e interpessoais dos indivíduos com elas, e o modo como a compreensão dessas relações requer entender as emoções em si mesmas; e ainda a maneira como, num plano mais elevado de generalidade e complexidade, as emoções podem ser compreendidas apenas se entendermos os mundos das pessoas que as sentem, e que a compreensão de tais mundos demanda o entendimento de seu universo emocional.[4] Com freqüência, minhas discussões serão apresentadas mais por exemplos do que por meio de argumentos discursivos. Esses exemplos serão amiúde mostrados com a ajuda de Aristóteles, bem como, em especial de psicanalistas contemporâneos. Espero que fique claro que podemos aprender muito a respeito da vida, das emoções e dos valores, não apenas em Aristóteles e nos psicanalistas, mas estudando-os em si mesmos.

O uso de Aristóteles e dos psicanalistas pode ser julgado controverso. Tentarei contornar essa inquietação. Neste ponto do livro, é suficiente dizer que estarei basicamente interessado em utilizar, não em defender, esses pontos de vista. Além disso, no uso que faço deles, tento tornar minhas idéias aceitáveis e úteis para teóricos da ética, filósofos e muitas outras diferentes escolas.

Posto de um modo muito breve, uso Aristóteles e os psicanalistas porque eles oferecem explicações úteis e detalhadas, bem como estudos de caso que versam sobre emoções e tratam do mais abstrato ao mais específico. Esses relatos e estudos também ajudam a estabelecer um dos temas centrais de *O Valor das Emoções*: o que estabelece que elas, em particular, e a emocionalidade, em geral, só podem ser compreendidas filosoficamente com a ajuda de outras disciplinas, como a psicanálise, a psicologia, a sociologia e antropologia; além disso, sustento que para essas disciplinas serem bem sucedidas, devem lidar com as emoções.

Detenho-me em Aristóteles em razão da centralidade das emoções afetivas, para usar um pleonasmo, e pela centralidade das preocupações psicológicas de suas visões éticas. Uso a psicanálise porque a afetividade e as emoções

---

4. Argumentar em favor desses vários pontos, dirigindo-se em especial a seus colegas de profissão, constituiu o trabalho da vida inteira do psicólogo Silvan Tomkins. Ver seu trabalho "The Quest for Primary Motives: Biography and Autobiography of an Idea", *Journal of Personality and Social Psychology*, 41 (1981) 306-329. Para um projeto um tanto similar, desenvolvido por e para psicanalistas, ver, de Ernest Schachtel, *Metamorphosis* (Nova York: Da Capo Press, 1984), e também, de Charles Spezzano, *Affect in Psychoanalysis* (Hillsdale, N. J.: Analytic Press, 1993). De modo semelhante, Amélie O. Rorty desenvolveu um trabalho importante e balizador para filósofos, ao escrever e editar textos sobre as emoções. Ver, dessa autora, *Explaining Emotions* (Berkeley: University of California Press, 1980), uma antologia inicial, que inclui também textos de outros autores. Ver também seu livro *Mind in Action* (Boston: Beacon Press, 1988), uma reunião de trabalhos de sua autoria sobre as emoções.

estão no centro de sua teoria e prática. Essa utilização também me permite apresentar exemplos tirados da vida, e não, digamos, da literatura. Com isso, evito o perigo sobre o qual nos adverte Bernard Williams: "O que os filósofos colocam diante de si mesmos e de seus leitores como uma alternativa à literatura, não será a vida, mas má literatura".[5]

Acho que vale a pena dizer que vejo e uso a psicanálise como um empreendimento em marcha que é ao mesmo tempo prático e teórico, com grande ênfase na prática. Além do mais, uso notadamente relatos psicanalíticos orientados para a prática, e não seus pontos de vista teóricos, em especial os altamente teóricos. Levo seriamente em conta a opinião de Nancy Chodorow, uma teórica da sociologia e da psicanálise que sustenta:

> a teoria psicanalítica, como grande parte da psicologia acadêmica, e virtualmente toda a literatura comum sobre psicologia, tem a tendência de supergeneralizar e universalizar. Por exemplo: opor todos os homens a todas as mulheres e presumir que a masculinidade e a feminilidade (assim como suas formas de expressão) são únicas e não múltiplas. Essa é uma tendência peculiar, numa área cujos dados são, por necessidade, tão resoluta e intratavelmente ideográficos, tão individuais e baseados em casos.[6]

Além de não ver a psicanálise primariamente como uma teoria, muito menos como uma teoria estabelecida, não a vejo como uma teologia ou como uma demonologia. Em especial, não a considero uma freudologia, ou seja, uma religião ou culto ao trabalho de Freud, como uma escritura sagrada ou profana que os seguidores aceitam com veneração, nas partes e no todo, sem retificá-la; e cujas raízes e galhos, partes e totalidade, são atacados pelos críticos para mostrar suas falhas. Alguns defensores e muitos críticos da psicanálise pensam nela dessa maneira. Na minha visão, porém, só poderíamos avaliar a psicanálise julgando Freud, se fosse possível julgar a medicina contemporânea a partir das sanguessugas usadas pelos médicos antigos[7], ou avaliar a física pelos trabalhos de Newton.

Comentários sobre os afetos e a afetividade, feitos por três psicanalistas – Ernest Schachtel, Henry Krystal e David Rapaport – são importantes para os interesses gerais de *O Valor das Emoções*, e também pelo modo como ajudam a ilustrar de que maneira este trabalho utilizará a psicanálise. Tais comentários sugerem apenas como as emoções são comuns; por que elas

5. Shame and Necessity, pág. 13.
6. *Femininities, Masculinities, Sexualities* (Lexington: University of Kentucky Press, 1994), pág. 71.
7. Tomado dos psicanalistas Richard Gartner, Dodi Goldman et al, numa carta ao New York Review of Books, 42, nº 1 (1995) 42-43, pág. 43.

não precisam ser eventuais ou momentâneas; como há muito mais emoções em nossa vida do que montanhas e desfiladeiros; e por que as emoções podem ser difusas, penetrantes e muito duradouras na composição de nosso segundo plano, da mesma forma que dão o tom, a cor, o gosto afetivo, o sentir das atividades, as relações e as experiências. Além de serem difusas, penetrantes e duradouras, as emoções e a emocionalidade constituem a regra, não a exceção.

Como escreve Schachtel, em *Metamorfose*:

> não há ação sem afeto; é certo que nem sempre ele é intenso, dramático, como numa ação de raiva impulsiva; freqüentemente surge como um estado de ânimo total, algumas vezes bastante distinto, outras vezes muito sutil e quase imperceptível, mas que no entanto constitui o substrato essencial de toda ação. (p. 20)

Um argumento bem mais amplo, em favor da ação e dos afetos, é introduzido por Krystal:

> os afetos são conhecidos de todos. São parte de nossas experiências, tão comuns que os igualamos à própria condição humana... Contudo, sua própria universalidade, e presença constante ao longo de nossa vida, os tornam tão não-indentificáveis quanto a prosa de nossa linguagem.[8]

Se esses argumentos estão corretos, como acho que estão, vemos o quanto as emoções e os afetos são comuns. Para mostrar isso, e também sua variedade e complexidade, reproduzo a seguinte passagem, com as notas de rodapé de Rapaport, do livro *Sobre a Teoria Psicanalítica dos Afetos:*

> Seu papel central em terapia, porém, não esgota a significação clínica dos afetos. Rotulamos assim uma ampla variedade de fenômenos. Esse é um termo que, tanto no trabalho de diagnóstico, quanto no terapêutico, pode levar-nos a enganos, dado que carecemos de uma visão sistemática das relações de todos os fenômenos aos quais o aplicamos.[ii] Um breve exame mostrará a complexidade da situação.

---

8. *Integration and Self-Healing: Affect, Trauma, and Alexithymia* (Hillsdale, N.J.: Analytic Press, 1988), pág. xi. Um olhar semelhante é também oferecido pelo neurologista contemporâneo Antonio R. Damasio em *Descartes' Error: Emotion, Reason, and the Human Brain* (Nova York: G.P. Putnam's Sons, 1994) sob a rubrica de "sentimentos latentes", págs. 150-151.

ii: Embora todos os fenômenos discutidos abaixo tenham relação com os afetos, e são de vez em quando a eles referenciados na literatura, ao listá-los aqui não quero pressupor que são corretamente rotulados como afetos, nem que a teoria dos afetos por si só dê conta de todos eles. Com efeito, alguns dos fenômenos a serem relacionados aqui são mais complexos, e é preciso mais que a teoria dos afetos para explicá-los. Ao discriminá-los, quero dizer é que eles constituem um importante problema também para a teoria dos afetos.

Chamamos de afeto não apenas a raiva infantil (mais tarde encontrada nas explosões de fúria e nos acessos destrutivos de alguns catatônicos) e a ira do adulto, acompanhada dos movimentos expressivos que lhe correspondem, bem como de outras concomitâncias psicológicas, mas também aos sentimentos subjetivos dos adultos bem controlados que exibem pouca ou nenhuma expressão afetiva, e também a cólera de pessoas compulsivas supercontroladoras, que simplesmente *sabem* que *poderiam estar* ou *deveriam estar* com raiva. Também chamamos de afeto àquelas exibições que impressionam ao espectador como histrionismos ou artificialidades, e que certos tipos de personalidade são propensos a produzir, seja pelo exagero de afetos que experimentaram, seja como substitutos de afetos que não experimentaram. Não está muito claro como estes se relacionam ao *como se* fosse afeto daquelas personalidades esquizóides descritas por Helene Deutsch (1942, pág. 123).[iii] Nem essa relação é clara para os esquizofrênicos em estágio inicial, instáveis e supersensíveis que parecem chafurdar em seus afetos, os quais, ao exame mais detido, revelam-se produtos de reparação, subseqüentes a uma total supressão das catexias objetais.[iv] Esses pacientes são movidos afetivamente por qualquer coisa que pareça prometer-lhes a experiência dos afetos, porque ela lhes revela que ainda são capazes de sentir.[v] Também não há clareza acerca da relação destes dois últimos tipos com aqueles fenômenos afetivos esquizofrênicos, mais cruamente óbvios chamados *afetos diretos*, ou *afetos inadequados*.

---

iii: "...na aparência, ele conduz sua vida como se possuísse uma total capacidade sensitiva e emocional. Para ele, não há diferença entre suas formas vazias e o que os outros realmente experienciam... [isso] já não é um ato de repressão, mas uma perda real da catexia em relação aos objetos".

iv: Aqui, a experiência subjetiva de falta de afeto na despersonalização (Schilder, 1924; Fenichel, 1945) e em certas síndromes relativas à etiologia orgânica (Bürger-Prinz e Kaila, 1930; Schilder, 1924) também é relevante.

v. Comparar com Federn, em relação ao afeto narcisístico (1936, pág. 336)[9]

9. *International Journal of Psycho-Analysis*, 34 (1953) 177-198; reimpresso em Robert P. Knight e Cyrus Friedman, eds., *Psychoanalytic Psychiatry and Psychology: Clinical and Theoretic Papers*, Austen Riggs Center, volume 1 (Nova York: International Universities Press, 1954); e em *The Collected Papers of David Rapaport*, ed. Merton M. Gill (Nova York: Basic Books, 1967), de onde esta citação foi retirada, págs. 478-479). Os trabalhos aos quais Rapaport se refere são: Franz Alexander, "Fundamental Concepts of Psychosomatic Research: Psychogenesis, Conversion, Specificity", *Psychosomatic* Medicine, 5 (1943) 205-210; E. Bibring, "The Mechanism of Depression", em P. Greenacre, org., *Affective Disorders* (Nova York: International Universities Press, 1953); M. Brenman, "On Teasing and Being Teased: And the Problem of 'Moral Masochism' ", *Psychoanalytic Study of the Child*, 7 (1952) 264-285; H. Bürger-Prinz e M. Kaila, "On the Structure of the Amnesic Syndrome", em David Rapaport, org., *Organization and Pathology of Thoughts* (Nova York: Columbia University Press, 1951); Helene Deutsch, "Some Forms of Emotional Disturbance and Their Relationship to Schizophrenia", *Yearbook of Psychoanalysis*, 1 (1942) 121-136 (Nova York: International Universities Press, 1945);

Não precisamos nos aprofundar nos afetos deslocados, nos equivalentes afetivos somáticos sem experiência consciente, ou na relação destes com sintomas conversivos e perturbações psicossomáticas, bem como todo o resto, ligado ao capítulo das *emoções inconscientes*; tudo isso já foi extensamente discutido (Fenichel, 1945; Alexander, 1943; Rapaport, 1942). Contudo, devemos mencionar os fenômenos correlatos aos *afetos congelados* que encontram expressão – sem a experiência afetiva consciente – em posturas estereotipadas, expressões faciais, tons de voz, movimentos, etc., para os quais Reich (1933) chamou atenção. Além disso, devemos observar afetos como ansiedade, culpa, exaltação, depressão, que – em contraste com os afetos momentâneos até agora mencionados – podem assumir formas patológicas crônicas; ainda mais importante, eles podem assumir formas características crônicas, como ocorre nas pessoas ansiosas, nos gays, nos indivíduos melancólicos, retraídos, etc. (Landauer, 1938). Além disso, devemos mencionar um grupo especial de afetos, aqueles que se juntam em torno das experiências de comicidade, da perspicácia, do humor, etc. que estão em aparente relação com um tipo específico de economia de dispêndio *catéxico*, e não com qualquer espécie de tensão *catéxica*. É digno de nota que uma tendência para evocar e/ou experimentar tais afetos pode também assumir um modelo crônico e se estruturar em forma de traço de caráter (Brenman, 1952). Por fim, devemos mencionar estados afetivos específicos e complexos como a apatia, a nostalgia, o tédio, etc., os quais também são, de modo relativo, formações afetivas crônicas (Bibring, 1953).

Para tornar ainda mais fulgurante a complexidade do que uma teoria dos afetos tem de explicar, poderíamos acrescentar que por um lado, a inibição neurótica e a limitação do ego reduzem a gama de intensidade e variabilidade das experiências afetivas; de outra parte, os processos regressivos trazem para o primeiro plano ataques afetivos nos quais, ao passo que a intensidade é terrível, a gama e a variabilidade são mínimas.

(Antes de continuar, gostaria de chamar a atenção para o fato de que Rapaport usa, como também usarei, os termos *esquizóide* e *esquizofrênico* para designar condições diferentes, embora relacionadas. Para outras finalidades, basta dizer que uma forma de distúrbio de pensamento é central na esquizofrenia, e que ser tão desconectado a ponto de ser emocionalmente inflexível é uma característica central da condição esquizóide.)

---

P. Federn, "On the Distinction between Healthy and Pathological Narcissism", 1929, em *Ego Psychology and the Psychoses* (Nova York: Basic Books, 1952); Otto Fenichel, *The Psychoanalytic Theory of Neurosis* (Nova York: Norton, 1954); K. Landauer, "Affects, Passions and Temperament", *International Journal of Psychoanalysis*, 19 (1938) 388-415; David Rapaport, *Emotions and Memory*, 2nd unaltered edition (Nova York: International Universities Press, 1942); Wilhelm Reich, *Characteranalyse* (Vienna: Selbsteverlag des Verfassers, 1933); Paul Schilder, *Medical Psychology*, 1924, traduzido e editado em David Rapaport (Nova York: International Universities Press, 1953).

Os argumentos de Schachtel, Krystal e Rapaport se contrapõem às percepções que sustentam ser as emoções sempre momentosas, raras e inteiramente corporais. Ao questionar a alegação de raridade, eles também argumentam contra o ponto de vista de que as emoções são sempre, ou geralmente, fragmentadoras. Já que essa visão só seria plausível se as emoções fossem raras, ou se a vida comum fosse fragmentada.

Isso pode responder, ou ajudar a responder, a uma argumentação discordante que diz que as emoções são fragmentadoras. Estou interessado em responder a esse argumento. No entanto, estou ainda mais interessado em estabelecer uma análise oposta e afirmativa: de que as emoções não são apenas características da vida cotidiana saudável e satisfatória, mas também que ajudam a torná-la assim.

Ainda que a importância das emoções para a vida não seja reconhecida pelos filósofos contemporâneos e por alguns psicólogos, ela é reconhecida por muitos outros. Uma profunda verdade sobre nossa vida é sustentada por Roger Angell:

> Mesmo aqueles que, dentre nós, não foram estragados pela... satisfação das expectativas rebeldes de nossa primeira juventude, estão conscientes de uma rotina, de uma qualidade crepuscular de nossos feitos na idade madura, por mais que eles tenham sido bem sucedidos. Há uma perda da leveza, da desenvoltura e da alegria precoce, e então buscamos outros modelos – mentores e filósofos ... – para apoiarnos nessa perda[10].

Não fica claro quais filósofos, ao menos quais dos filósofos modernos, que Angell tinha em mente. Mas o que é evidente é a importância das emoções e sensações de leveza, desenvoltura e alegria precoces, bem como os de monotonia e penumbra.

Vemos, assim, que pelo menos algumas emoções podem ser valiosas, úteis e capacitadoras. Poderíamos considerar aqui as emoções que são descritas como interessadas em, queridas por, e sentindo-se em casa em relação a pessoas, atividades e lugares. É óbvio que nos interessa que aqueles que amamos, e por quem temos cuidado, estejam interessados no que fazem, e nas inquietações que têm pelos que vivem e trabalham com eles. Preocupanos também que mantenham seus valores e ajam sobre eles com desvelo, solicitude e interesse. (Alguns filósofos têm questionado meu apelo pelo interesse em relação às emoções. Trato disso no capítulo 2, seção 3, e no capítulo 4, em especial na seção 1.) Assim, considero valioso, útil e capacitador estar interessado em minhas atividades profissionais, ser reconfortado pela atenção e amizade de meus colegas e sentir-me em casa em minha

10. "The Sporting Scene – Distance", *New Yorker*, 56 (September, 22, 1980) 83-127, p. 127.

universidade. Analogamente, fico triste com os que perderam o interesse pela disciplina, que mantêm relações frias com os alunos e com os colegas, e que se sentem deslocados em seu ambiente acadêmico.

Como tudo isso sugere, e como será argumentado, as emoções são essenciais para muitas espécies de vida, tanto boas quanto más. Qualquer teoria de pessoa ou de psique que negue, omita ou se engane a respeito das emoções será inadequada, tanto do ponto de vista descritivo, quanto do avaliador. Um dos objetivos primários de *O Valor das Emoções* é mostrar muitas formas pelas quais as emoções são importantes para a vida, para os valores e para as avaliações. A estrutura deste livro é a seguinte. Os capítulos 1 e 2, que formam a parte 1, expõem várias questões preliminares de interesse ao longo do texto. O capítulo 1 argumenta em favor da importância e da irredutibilidade da afetividade. Em especial, põe-se contra as tentativas contemporâneas de entender a afetividade em face do desejo e razão. Mostra como são falhos esses argumentos, seja por que são circulares, seja por que nos falam de emoções e afetos vazios. O capítulo 2 demonstra como as emoções contêm e revelam valores, e como podemos aprender com nossas emoções e valores. Levanta a dúvida de que porventura as emoções sejam apenas externas aos valores: em especial, de que são apenas instrumentalmente valiosas para indicar valores. Discute algumas maneiras segundo as quais meus argumentos epistemológicos sobre as emoções estão relacionados com o emotivismo e com o naturalismo. Argumenta também como a preocupação de que o único papel valorativo das emoções seja revelar valores se encaixa nos relatos vazios de afetos e emoções discutidos no capítulo 1.

A parte 2 consiste dos capítulos 3 a 7. Preocupa-se em mostrar de que maneira as emoções e os valores estão profundamente inter-relacionados, tanto epistemologicamente, quanto constitucionalmente. O capítulo 3 – escrito em colaboração com Elizabeth Hegeman – mostra por que as emoções são importantes para o conhecimento valorativo: como, tanto para o entendimento psicanalítico, como para a compreensão mais comum, não ter emoções, ou não ter as emoções certas, está profundamente ligado a erros de avaliação. Este capítulo preocupa-se também em apontar como a divisão filosófica das emoções em elementos afetivos e sem afeto corre o sério risco de retratá-las de uma forma que só é exata para pessoas com graves problemas psicológicos. O capítulo 4 examina e rejeita várias inquietações para esclarecer que, embora elas constituam a espécie de conexões mostradas no capítulo 3, não são na verdade ligadas a emoções, mas apenas a vários estados não-emocionais, ou que não se ligam a valores, mas apenas a pessoas como valorativas.

O capítulo 5 argumenta que as emoções são internas em relação aos valores. A maneira como faz isso é examinando vários casos de atividades e modos de vida importantes que dependem das emoções. O capítulo 6 toma emprestado de Aristóteles duas explicações do prazer – o prazer é atividade e o prazer a aperfeiçoa – para mostrar duas formas pelas quais as emoções são internas em relação aos valores. Algumas coisas boas, como o jogo, são as atividades que são, e são boas por causa das emoções que implicam. Outras, como várias formas de trabalho, tornam-se melhores pelas emoções que as *acompanham*. O capítulo 7 – também escrito em colaboração com Elizabeth Hegeman – retoma as relações epistemológicas entre as emoções e os valores, para revelar de que modo elas podem ser essenciais para a atividade valorativa prática e para o conhecimento, em especial em relação aos valores discutidos nos primeiros capítulos.

A parte 3 inclui os capítulos 8 a 10. Trata de alguns dos temas abordados nos capítulos iniciais. Os primeiros sete capítulos defendem a importância moral da afetividade em geral e das emoções em particular. Sustentam, ainda, que as emoções só podem ser compreendidas com a ajuda de uma psicologia complexa e de uma psicologia moral, apoiadas pela psicanálise, pela antropologia, pela sociologia e por muitas outras disciplinas. Os capítulos 8 a 10 são estudos de caso relativos a esses argumentos, e destinam-se a ilustrá-los e a dar-lhes apoio.

O capítulo 8 – escrito em colaboração com Hegeman – é um estudo de visões filosóficas atuais a respeito do assassinato, da empatia, da vergonha e de emoções dolorosas. O capítulo 9 é um estudo sobre Aristóteles, em relação à afetividade e ao auto-interesse. Discute a significação da ausência de doenças do espírito, tais como depressão, na psicologia e na psicologia moral que Aristóteles admite e desenvolve, e a razão, portanto, dessa psicologia e dessa psicologia moral nos dizerem tão pouco. O capítulo 10 – também escrito em colaboração com Hegeman – discute a *orgē* – a raiva – em especial na forma que é apresentada na *Retórica* e também na *Nicomachean Ethics (Ética a Nicômaco)*. Uma de suas principais preocupações é mostrar que a *orgē* é entendida proveitosamente, como expressão e parte constituinte do narcisismo dos homens de Aristóteles: o narcisismo como o entende a psicanálise.

Para concluir esta Introdução, quero repetir um ponto exposto no Prefácio, a respeito das preocupações centrais de *O Valor das Emoções*, e outro aqui colocado em relação a seu foco. Este livro não se dedica apenas, ou mesmo especialmente, a mostrar que os filósofos deixaram de dar às emoções seu merecido valor. Nem se volta apenas a revelar, ou mesmo em especial a exortar-nos a corrigir nossos hábitos. Seu objetivo é fazer as duas coisas. Mas busca também vários outros objetivos: expor os resultados de não dar às emoções a atenção devida; revelar a miríade de maneiras pelas quais elas são importantes, em todos os níveis, para a ética e para os valores; e, por fim, mostrar, ou começar a mostrar, sua importância para a ética, para grande parte da filosofia e para nós.

PARTE 1

# *Material preliminar*

# 1

# A irredutibilidade da afetividade

Este capítulo* e o próximo consistem em material preliminar. Três argumentos inter-relacionados são centrais neste trabalho. Primeiro, a ausência e a deficiência de afetos e emoções são quadros característicos da dissociação, da despersonalização e de várias neuroses, condições limítrofes e psicoses. Segundo, sem afetividade é impossível viver uma vida humana e satisfatória, e pode até mesmo ser impossível viver uma vida humana, sequer ser uma pessoa. Terceiro, relatos que negam ou omitem o fato de que as pessoas são seres afetivos, não falam de pessoas saudáveis, que podem viver e vivem vidas humanas e satisfatórias. Tudo considerado, aceitar tais relatos é aceitar exposições de seres que são, quando muito, doentios, enfermiços, e que podem nem mesmo ser pessoas

Neste capítulo, preocupo-me em mostrar como, e se possível por que, escritos filosóficos recentes sobre pessoas e mesmo sobre emoções têm sua afetividade ignorada. Muito do que digo a respeito desses escritos implica questões que estão de certo modo afastadas em relação às preocupações valorativas centrais deste trabalho. Volto a elas nos capítulos seguintes, e os leitores interessados apenas nessas valorações podem dirigir-se diretamente ao capítulo 2. No entanto, acho que para entender tais questões é útil enveredar por essas outras.

O antropólogo Richard Shweder escreve: "Pessoas com três anos de idade, habitantes das ilhas Ifaluk e psicanalistas (em outras palavras, quase

---

* Esta é uma ampla e revisada versão de "Psychic Feelings: Their Importance and Irreducibility", Australasian Journal of Philosophy, 61 (1983) 5-26. Agradecimentos especiais a Kent Bach e Michael Bratman por muitas discussões oferecidas. Gostaria também de agradecer a Annette ... John Taurek, e a um crítico anônimo do Australasian Journal Of Philosophy. Versões do artigo foram lidas em vários seminários do Departamento de Filosofia. Pela ajuda com a revisão do artigo, meus agradecimentos para Jonathan Adler e Elijah Millgram. Pontos de vista similares são encontrados em Graeme Marshall, "On Being Affected", Mind, 77 (1968) 243-259, e Stephen Leighton, "A New View of Emotion", American Philosophical Quarterly, 22 (1985) 133-141.

todo o mundo, com a provável exceção dos positivistas mais empedernidos) reconhecem que as emoções são sensações."[1] Sejam ou não os filósofos dados ao positivismo, seu tratamento das sensações é notável. Quando estas chegam a ser discutidas, são com freqüência radicalmente mal compreendidas. O que é pelo menos tão digno de nota é sua ausência como temas sérios na psicologia filosófica, ou mesmo na psicologia moral. Com freqüência, elas não são nem mesmo abordadas como tópicos sem importância: são completamente ignoradas.

Há, naturalmente, algumas exceções.[2] Contudo, é preciso destacar que são exceções à forma pela qual os sentimentos e a afetividade são abordados – ou seja, em geral não são abordados – pelos filósofos contemporâneos. Os sentimentos e a afetividade desfrutam da mesma desimportância e falta de atenção na psicologia cognitiva, uma área da psicologia estreitamente ligada a várias correntes filosóficas contemporâneas. Como escreve o pesquisador e psicólogo Robert Zajonc: "A psicologia cognitiva atual simplesmente ignora os afetos. As palavras afeto, atitude, emoção e sentimentos não aparecem nos índices de quaisquer dos principais trabalhos sobre cognição..."[3]

1. Thinking through Cultures: Expeditions in Cultural Psychology (Cambridge, Mass.: Harvard University Press, 1991), cap. 6, "Menstrual Pollution, Soul Loss, and the Comparative Study of Emotions", pág. 241.
2. Entre elas, encontramos Max Scheler, em Formalism in Ethics and Nonformal Ethics of Values (Evanston, Ill.: Northwestern University Press, 1973), em especial nas págs. 256-264 e 332-344; Stephen Strasser, Phenomenology of Feeling (Pittsburgh: Duquesne University Press, 1980); William Alston, "Feelings", Philosophical Review 78 (1969) 3-34; Amélie O.Rorty, "Explaining Emotions", Journal of Philosophy, 75 (1978) 139-161, reimpresso em seu Explaining Emotions (Berkeley: University of California Press, 1980) e em Mind in Action (Boston: Beacon Press, 1988); Georges Rey, "Functionalism and Emotions", em Rorty, Explaining Emotions, especialmente as págs. 176-180, sob o título "o qualitativo"; John Haugeland, "Understanding Natural Language", Journal of Philosophy, 76 (1979) 619-632, especialmente a seção 5; R. Lawrie, "Passion", Philosophy and Phenomenological Research, 41 (1980) 106-126; Graeme Marshall, "On Being Affected", Mind, 77 (1968) 241-259; Iris Murdoch, The Sovereignty of Good (Londres: Routledge and Kegan Paul, 1970); Jerome Neu, "Jealous Thoughts" em Rorty, Explaining Emotions; Moreland Perkins, "Emotions and Feeling", Philosophical Review, 75 (1966) 139-160; George Pitcher, "Emotion", Mind, 74 (1965) 326-346; Robert Solomon, "Emotions and Choice", Review of Metaphysics, 27 (1973) 20-41, e, numa versão aumentada, em Rorty, Explaining Emotions e em seu The Passions (Nova York: Doubleday, 1976); Peter Strawson, "Freedom and Resentment", Proceedings of the British Academy, 48 (1962) 187-211; Gabriele Taylor, "Justifying the Emotions", Mind, 84 (1975) 390-402.
3. "Feeling and Thinking", American Psychologist, 35 (1980) 151-175, pág. 152, n. 3. Ele relaciona muitos trabalhos que ignoram os afetos e vários que os mencionam e os discutem. Os psicólogos acadêmicos Rainer Reisenzein e Wolfgang Schönpflug discutem essas questões em "Stumpf's Cognitive-Evaluative Theory of Emotion", Americam Psychologist, 47 (1992) 34-45.

Antes de examinar alguns dos pressupostos atuais sobre as emoções e a afetividade, devo explicar que considero a afetividade como psíquica, e não apenas corporal. Explico ainda por que falo sobre sentimentos junto com as emoções, humores, atitudes e interesses.

*Psíquico, não-corporal.* Minha principal explicação sobre por que ponho a afetividade na psique e não, ou não apenas, no corpo, é satisfatoriamente colocada por Descartes. Falando sobre emoções ou paixões, ele escreve: "Nós as sentimos como se elas estivessem na própria alma".[4] Esse argumento se destina a apontar o contraste desses sentimentos com os corporais que, como ele diz, "relacionamos com nosso corpo ou com algumas de suas partes.... que percebemos como se estivessem em nossos membros". Tudo isso, é claro, precisa ser detalhado para esclarecer melhor os diferentes sentimentos, de maneira que possamos entender seu conteúdo e sua gênese, ou a atividade que lhes dá origem.

Há, sem dúvida, muitas conexões entre os sentimentos psíquicos e os corporais. Algumas emoções e sentimentos são mais naturalmente, e quem sabe mesmo necessariamente, expressos por meio do corpo. Além disso, vários sentimentos parecem, de imediato, corporais ou psíquicos: por exemplo, sentimentos ligados ao desejo e à atividade sexual, à exultação de escalar um rochedo íngreme e certas formas de desorientação e tensão. Por outro lado, vários sentimentos não parecem necessitar do corpo ou de qualquer expressão corporal: por exemplo, estar interessado em um problema filosófico em que se está trabalhando, ou excitado por um filme a que se está assistindo.[5] (No capítulo 2, seção 3, argumento que o interesse intelectual pode ser uma emoção ou algo similar.)

A despeito das relações algumas vezes importantes entre os sentimentos corporais e os psíquicos, concentrar-me-ei nestes últimos. Uma razão para isso é opor-me à sustentação de muitos filósofos que todos os sentimentos

4. The Passions of the Soul, I.25, tradução de E. S. Haldane e G. R. T. Ross, em The Philosophical Works of Descartes (Nova York: Dover, 1931). A citação seguinte foi tirada de I.24. Ver também I.27-29.

5. Discussões sobre se o corpo ou as sensações corporais são essenciais para as emoções encontram-se em trabalhos filosóficos da antigüidade, da idade média e em textos contemporâneos. Ver, por exemplo, Aristóteles, De Anima I.1, e Nicomachean Ethics III.10; Tomás de Aquino, Summa Theologica 1-2, Q. 22; John Dewey, "The Theory of Emotion", The Early Works (1882-98), volume 4 (Carbondale: Southern Illinois University Press, 1971), em especial págs. 152-188, originalmente publicado na Psychological Review, 1 (1894) 553-569 e 2 (1895) 13-32; Perkins, "Emotion and Feeling"; e William Gean, "Emotion, Emotional Feeling and Passive Bodily Change", Journal for the Theory of Social Behaviour, 9 (1979) 39-51. Ver também Nicholas J.H. Dent, "Varieties of Desire", Aristotelian Society Proceedings, volume suplementar 50 (1976) 152-176, e J. Benson, "Varieties of Desire", Aristotelian Society Proceedings, volume suplementar 50 (1976) 177-192.

não deixam de ser, ou pelo menos sempre implicam, a corporeidade. Essas afirmativas, em especial a primeira, podem explicar um tema encontrado em vários dos filósofos aqui discutidos: o de que, sendo as sensações corporais conceitualmente irrelevantes para as emoções, os sentimentos são, do mesmo modo, irrelevantes para elas. Entendo que essa premissa é verdadeira para algumas emoções, mas a conclusão é falsa.

*Sentimentos, não apenas emoções, humores, interesses e atitudes*: volto agora ao motivo pelo qual falo sobre sentimentos, não apenas emoções, humores, interesses e atitudes. (Doravante, quando escrever *sentimento*, quero dizer sentimento psíquico, salvo disposição em contrário.) Isso porque facilita as referências feitas por Platão e por outros à parte média da alma: *thumos*, espírito, e a distingue da razão e do desejo. Falemos agora de outra tríade. É também útil ter um termo para designar algo que é comum às seguintes classes (se assim posso chamá-las) de sentimentos: os sentimentos em relação à pessoa, tais como estar muito interessado; os sentimentos em relação ao mundo, como estar interessado em alguma coisa em particular; e os sentimentos no mundo, tais como achar que uma determinada coisa é interessante.[6] Não acho que *emoções*, *humores*, *interesses*, ou *atitudes*, ou qualquer combinação deles, seja adequado para isso.

Dessa forma, é também útil ter uma expressão comum para a afetividade ligada às emoções, humores, interesses e atitudes. Uma razão a mais para distinguir sentimentos de emoções, humores, interesses e atitudes está relacionada com a intensidade. Uma vez que ela é um dos fatores diferenciais importantes entre ira e raiva, entre medo e terror e entre muitas outras emoções. É também uma das determinantes de importância em relação à modulação entre elas.

No restante deste livro, não sou tão cuidadoso quanto poderia na distinção entre emoções, humores, interesses e atitudes, nem na sua distinção com os sentimentos. Meus argumentos são, em geral, apresentados em face de *emoções*, mas também são ou podem ser facilmente transformados em argumentos sobre sentimentos, humores, atitudes e interesses. Algo do que digo a respeito das emoções, incluindo alguns exemplos, poderia sem dúvida ser mais bem colocado com outras denominações, como sentimentos, humores, interesses e atitudes. Será, pois, freqüentemente útil ler *emoções* como *sentimentos*, *emoções*, *humores*, *interesses* ou *atitudes*.

Meu uso excessivo do termo *emoção* pode ser perturbador. Contudo, fora disso não acho que seja prejudicial. Concentro-me nas emoções por

6. Sou grato ao trabalho de Scheler, Formalism in Ethics and Nonformal Ethics, em especial as págs. 256-264 e 332-344.

muitas razões estratégicas: elas são proeminentes, tanto na vida, como na literatura. Além disso, os filósofos pensam nelas como problemáticas ou sem importância para os valores e para a valoração, sobretudo por que elas são afetivas – e o são do mesmo modo que os sentimentos, os humores, os interesses e as atitudes. Assim, se se incomodam com as emoções, os filósofos deveriam também se incomodar, e pelas mesmas razões, com os sentimentos, os humores, os interesses e as atitudes.

Faço uma consideração adicional sobre o que entendi por sentimento e afetividade. Com freqüência, afirma-se que parte do *ser* da afetividade é *conhecer*: que os sentimentos devem ser sentidos, e que parte do que deve ser sentido implica a percepção do sentimento. Muitos filósofos acham que esse é o pon-to de vista de Freud. Na verdade, ele pensava assim no começo de sua carreira. Falando sobre a teoria freudiana do afeto como *pura liberação*, tal como se encontra em seu trabalho de 1915, *O Inconsciente*, David Rapaport escreve:

> Quando reprimidas – isto é, quando sua catexia é retirada, ou quando sofrem contracatexias –, as idéias persistem como atualidades (ou traços de memória), à medida que os afetos, quando reprimidos (isto é, quando sofrem contracatexias ou se suprimem as suas catexias), persistem apenas como potencialidades.[7]

Mas, como Rapaport também nota, isso era problemático mesmo para o primeiro Freud:

> Acredito que aqui Freud ainda carecia das observações que poderiam ter-lhe indicado (como o fizeram, e também a Brierley e a Jacobson, posteriormente) que os limiares de liberação das propensões e dos afetos são conceitos indispensáveis em uma teoria dos afetos. No entanto, tais limiares aumentavam (presumivelmente por meio de contracatexias) para permitir que a repressão dos afetos tornasse a *carga afetiva* reprimida tão real como os traços de memória se transformam em idéias inconscientes. Aqui, a concepção de Freud mostra as limitações de uma teoria de pura liberação de afetos que não inclui estruturas limiares.[8]

7. "On the Psychoanalytic Theory of Affects", International Journal of Psycho-Analysis, 34 (1953), 177-198; reimpresso em Robert P. Knight e Cyrus Friedman, orgs., Psychoanalytic Psychiatry and Psychology: Clinical and Theoretic Papers, Austen Riggs Center, volume 1 (Nova York: International Universities Press, 1954); e em The Collected Papers of David Rapaport, ed. Merton M. Gill (Nova York: Basic Books, 1967), de onde esta e a seguinte citações foram retiradas. Esta vem da pág. 484.
8. P. 484. Rapaport refere-se ao trabalho de M. Brierley, "Affects in Theory and Practice", International Journal of Psycho-Analysis, 18 (1937) 256-268, e a um ou a ambos de Edith Jacobson, "The Psychoanalytyc Theory of Affects", 1951, manuscrito não publicado, e "The Affects and Their Pleasure-Unpleasure Qualities in Relation to the Psychic Discharge Processes", em R. M. Lowenstein, org., Drives, Affects, Behavior (Nova York: International Universities Press, 1953).

Como Rapaport indicou "como o fizeram... *posteriormente*", Freud acabou desistindo de sua conclusão de que os afetos requerem percepção, e terminou reconhecendo a existência de afetos inconscientes, tal como faz a maioria, se não todos os psicanalistas contemporâneos e escolas psicanalíticas.[9]

Assinalo que essa não é a única ocasião na qual os filósofos pensaram a teoria freudiana, e na verdade a teoria psicanalítica em geral, nos termos do primeiro Freud. Em *O Ser e o Nada*, o relato de Sartre sobre a repressão implica uma tríade de pontos de vista mutuamente inconsistentes, todos eles endossados por Freud: a repressão envolve processos do ego; todos estes são conscientes; a repressão e aquilo que é reprimido não são conscientes. Em seus primeiros trabalhos, Freud não afirmava que os processos egóicos são inteiramente conscientes. Contudo, posteriormente ele acabou sustentando o que agora se toma como implícito na teoria e na prática psicanalíticas: que muitos dos processos do ego não são conscientes, mas sim inconscientes ou pré-conscientes.

Concordo com os trabalhos posteriores de Freud, e com os psicanalistas contemporâneos, a respeito da *localização* ou *natureza* dos sentimentos. Não creio que devemos ter consciência dos sentimentos que temos, ou mesmo que devamos estar conscientes de tê-los. Considero que a percepção dos sentimentos pode ir desde uma percepção atenta e total, passando por uma percepção indistinta e confusa, até chegar à não-percepção total ou quase total, que implica o que em termos psicanalíticos se diz que é pré-consciente, ou mesmo inconsciente. Entretanto, para mostrar a irredutibilidade dos sentimentos, e ao menos revelar muitas das importantes conexões entre os valores e as emoções, essas questões não precisam estar resolvidas; nem mesmo é necessário admitir que possamos estar menos que inteiramente cônscios de nossos sentimentos.

Todavia, é útil fazer breves comentários sobre essas questões. Pode-se sentir vergonha sem ter idéia de que se está sentindo vergonha. Além disso, pode-se estar envergonhado sem que se seja capaz de identificar esse estado emocional. Como escreve Helen Block Lewis, em *Vergonha e Culpa na Neurose*,

> Embora o nível de vergonha possa freqüentemente ser bastante alto, os pacientes não identificam por si mesmos seu estado psicológico como tal. Em vez disso, dizem sentir-se *deprimidos*, *repugnantes* ou *vazios*. Tenho, tentativamente, chamado esse fenômeno de *vergonha pública não-identificada* e tenho rastreado seqüências

---

9. Ver, por exemplo, Henry Krystal, Integration and Self-Healing: Affect, Trauma, and Alexithymia (Hillsdale, N. J.: Analytic Press, 1988); Joyce McDougall, Theaters of the Mind: Illusion and Truth on the Psychoanalytic Stage (Nova York: Brunner Mazel, 1991); e Charles Spezzano, Affect in Psychoanalysis (Hillsdale, N. J.: Analytic Press, 1993).

que vão dele à depressão, à ansiedade difusa e a ruminações obsessivas sobre eventos vergonhosos, bem como sobre a culpa.[10]

Assim, alguém pode também sentir raiva de algo sem reconhecer o objeto de sua raiva. Posso reconhecer que estou com raiva, sem conseguir perceber do que. Posso perceber que estou com raiva, mas não conseguir identificar que tenho raiva de você, ou de você porque me insultou. Posso até mesmo sentir raiva sem me dar conta desse fato. Posso, em vez disso, classificar erroneamente meu estado emocional e pensar que estou ansioso ou aborrecido. Ou posso, enganosamente, achar que não estou tendo emoção alguma.

Muito disso vale para muitas outras emoções. (Digo *muitas* simplesmente para evitar discutir se vale para todas.) Acredito que tudo o que se segue pode perfeitamente fazer sentido e ser verdadeiro: "Durante muitos anos, não percebi que estava ressentido, muito menos que estava ressentido com você"; "por muitos anos, não me dei conta de que a amava"; "pelo espaço de muitos anos, não percebi que estava deprimido". Uma prova convincente dessa possibilidade ocorre quando identificamos as emoções que vínhamos sentindo sem perceber. Nesses casos, com freqüência aprendemos por que sentíamos o que pensávamos serem pensamentos e fantasias inapropriados e imotivados, bem como tensão e ansiedade sem explicação.

Alguns teóricos – provavelmente por sustentarem que o *ser* das emoções é *conhecer* – nos dizem que esses fenômenos são disposicionais, não ocorrentes. Alguns afirmam que eles são atitudes e humores, não emoções. Discordo de ambos.

Antes de mostrar por que, quero destacar que aqui, como freqüentemente ocorre, a diferença entre o ocorrente e o disposicional é importante. Para mencionar apenas um ponto, essa diferença proporciona uma das categorias explanatórias e classificatórias para várias tendências e propensões. Exemplificando: minha propensão para ficar com raiva de você com muito mais facilidade do que me enraiveço com outros. Também quero realçar que essa raiva prolongada pode ser puramente disposicional. Mesmo que eu tenha essa propensão, é possível que até você me provocar eu esteja inteira e diretamente calmo, e num humor totalmente uniforme. Poderíamos, assim, concordar com Antonio R. Damasio, em seu livro *Descartes' Error: Emotion, Reason, and the Human Brain (O Erro de Descartes: Emoção, Razão e o Cérebro Humano)*, e pensar essas fases de serenidade como períodos *entre emoções*, como oportunidades nas quais elas são apenas *sentimentos de fundo*.[11]

10. Nova York: International Universities Press, 1971, pág. 53.
11. Nova York: G.P. Putnam's Sons, 1994, pág. 150.

Não quero questionar se estamos sempre em um ou outro estado emocional, ou se há fases entre as emoções, e o quão longas são elas. No entanto, continuando com a história há pouco apresentada, destaco um terceiro ponto: mesmo entre fases em que não lhe tenho raiva, posso ainda sentir raiva de você quando essa ira não é meramente disposicional. Minha raiva pode vir à tona de modo apenas ocasional. Quando isso acontece, ela pode não estar inteiramente estruturada como raiva de você, ou mesmo totalmente como raiva. Pode ser sentida simplesmente como um azedume mais amplo, ou mais particularmente dirigido a você. E, quando está abaixo da superfície, ela pode estar fervilhando, agitando as águas. Pode fazer parte de minha condição emocional fixa e freqüentemente inatingível, mas sem deixar de constituir uma parte de meu mundo.

Tudo isso torna dois pontos particularmente importantes para nós. Primeiro: pode haver, entre as emoções, fases mais raras e menos duradouras do que se pensa. Em todo caso, o que se define como muito tempo é, e será certamente, uma questão de circunstâncias particulares e de diferenças individuais e sociais. Por exemplo: o quanto uma pessoa ou um grupo são dados à emocionalidade. Segundo: essas formas de ira são, de outra maneira, completamente diferentes da raiva e não podem ser compreendidas como raiva disposicional, ou outras emoções dessa espécie. Estão lá de modo ocorrente.

O que acabei de alegar a respeito das emoções é lugar-comum no que diz respeito a crenças e modos de pensar, nos quais distinguimos entre o ocorrente e o disposicional, entre o primeiro plano e o fundo, entre o que é usado e o que se presencia; e nos quais também fazemos a distinção entre diferentes graus de clareza ou rudimentaridade; e nos quais questionamos o quão freqüentes e duradouros somos, ou mesmo se podemos existir entre todas as nossas crenças ou pontos de vista. Essas, portanto, são algumas razões por que não podemos dividir as emoções entre aquelas que estão inteiramente presentes para nós e aquelas que são apenas disposicionais. São razões segundo as quais não podemos entender como disposicionais muitas emoções que não percebemos como totalmente presentes. Tais razões podem ser facilmente modificadas, e muitas nem precisam de modificações, para mostrar por que é também um erro pensar que todas essas *sensações* não são sensações, mas apenas humores, atitudes ou interesses.

## 1. Emoções e afetividade

Poderíamos esperar que os filósofos atentos às emoções façam o mesmo em relação à afetividade. Essa expectativa, contudo, com freqüência não se justifica. Muitos filósofos contemporâneos acham que, nos velhos e maus-dias, os teóricos sustentavam que as emoções não passavam mais ou menos do que sensações corporais, algo assim como uma dor de estômago, ou uma azia.

Esse modo de contar a história é mais fantasioso do que real. Um dos primeiros teóricos das emoções, Aristóteles, dá ênfase a seu conteúdo cognitivo. Para tomar um exemplo que aparece muitas vezes em sua obra, na *Retórica* II.2, ele caracteriza a ira, *orgē*, à vista do irracional, do volitivo e também do afetivo: "A ira [*orgē*] pode ser definida como um desejo acompanhado pela dor, uma evidente vingança, um manifesto menosprezo de homens que não têm motivos para menosprezar a si próprios ou a seus amigos" (II.2, 1378a31 ss. Trad. Roberts).[12] Para possuir essa ira devo ter certos pensamentos, incluindo pensamentos valorativos, devo sentir certos desejos e também experimentar a dor: devo ser afligido pelo pensamento de um evidente menosprezo e ter a intenção de retaliar.

Saltando sobre mais de dois milênios, William James sustentava que as emoções são sensações corporais, ou a percepção delas. Contudo, mesmo assim, dava considerável importância aos pensamentos, desejos e valores, ou, concomitantemente, às emoções. Essa questão levanta um sério problema para os que afirmam que James achava que as emoções eram *apenas* sensações corporais: que papel, na sua visão, podem desempenhar esses pensamentos, desejos e valores? Eles não são simplesmente as causas das sensações corporais – se ser *simplesmente* uma causa é ser, *como acontece*, uma causa que não desempenha um papel conceitual mais extenso. Segundo minha leitura de James, esses pensamentos, desejos e valores podem causar essas sensações, mas os sentimentos não apenas, como ocorre, têm tais causas. Em vez disso, é conceitual para esses sentimentos, quando eles são emoções, que tenham tais causas.[13]

---

12. Neste texto, de modo geral, me referirei à Ética e à Retórica de Aristóteles como acabo de fazer. Os números de página de Bekker são geralmente calculados baseados em traduções inglesas. Para a Retórica (Rht), utilizo as traduções de John Henry Freese (Loeb Library, Londres: Heinemann, 1926) e de W. Rhys Roberts, em Jonathan Barnes ed., The Complete Works of Aristotle, volume 2 (Princeton: Princeton University Press, 1984). Para a Nichomachean Ethics (NE), utilizo as traduções de W. D. Ross (Londres: Oxford University Press, 1925), de Harris Rackham (Loeb Library, Cambridge, Mass: Harvard University Press, 1947), e de W. D. Ross e J. O. Urmson, em Barnes, org., The Complete Works of Aristotle, volume 2. Outras traduções são utilizadas, sobretudo porque nem sempre as tenho à mão. Faço observações no texto, quando uma ou outra tradução é utilizada. As alterações de uma tradução para outra são anotadas na referência.
13. Para entender essa questão, ver Donald Davidson, "Hume's Cognitive Theory of Pride", Journal of Philosophy, 73 (1976) 733-757, reimpresso em Essays on Action and Events (Oxford: Oxford University Press, 1980). Para problemas correlatos, ver Annette Baier, "Hume's Analysis of Pride, Journal of Philosophy, 75 (1978) 27-40.

Um dos melhores relatos sobre James e essas questões foi escrito recentemente por Charles Young.[14] Ele argumenta que James não ignora ou descarta os pensamentos, desejos e os valores. Em vez disso, vê-os como necessários mas insuficientes para as emoções: uma insuficiência tornada boa pela presença e consciência desses *quases*. Segundo Young, James não afirma que as emoções são simplesmente sensações corporais, mas apenas que tais sensações são uma característica diferenciadora das emoções. E assim, elas fazem com que as emoções se tornem emocionais. Para resumir: as razões de James sustentam, em primeiro lugar, que podemos ter exatamente os mesmos pensamentos, desejos e valores quando não sentimos emoções e quando as sentimos; em segundo lugar, que a percepção do agente desses *quases* fisiológicos é que faz a diferença entre um complexo sem afetos e a emoção que lhe corresponde.

Não concordo com James quanto ao segundo ponto: que todas as emoções se diferenciam de seus complexos não-afetivos correspondentes pela consciência dos *quase* fisiológicos ou sentimentos corporais. Nem acho que seja conceitualmente verdadeiro que as emoções envolvam sensações *corporais*. Mas estou de acordo com ele em relação ao primeiro ponto: sem sentimentos não há ultraje, ou mesmo raiva, mas apenas "algumas sentenças judiciais frias e desapaixonadas, totalmente confinadas ao domínio intelectual, com o objetivo de que uma determinada pessoa ou pessoas merecem castigo por seus pecados".[15] Também concordo com ele quando sustenta que há bem mais do que o simplesmente corporal nas emoções, e que esse *mais* envolve pensamentos, desejos e valores ou valorações. Talvez em *Language, Truth, and Logic* (*Linguagem, Verdade e Lógica*), A. J. Ayer descreva as emoções como sentimentos sem conteúdo, e mesmo como sensações corporais. (E há boas razões para que os emotivistas confiem nessa concepção de emoção, para que suas explicações dos valores em face das emoções não passem pela circularidade. Mas nem todos os emotivistas levam em consideração essa razão, como se pode ver no argumento de William Alston de que o emotivismo de Charles Stevenson era precisamente circular, por causa do papel da *aprovação* – isto é, do pensar *bem* a respeito – da emoção redutora.)[16]

14. Em sua resenha de *Etics with Aristotle*, de Sarah Broadie, *Journal of the History of Philosophy*, 31 (1993) 625-627, pág. 625. Agradeço a Young pela discussão dessa questão e de outras correlatas. Agradeço também a John Deigh pelo mesmo motivo. Para um trabalho recente, e ao mesmo tempo crítico, mas favorável, ver um relato mais padronizado de James, em Damasio, *Descartes' Error: Emotion, Reason, and the Human Brain*.
15. "What is an emotion?", em K. Dunlap, org., *The Emotions* (Nova York: Hafner, 1967), pág. 17, originalmente publicado em *Mind*, 9 (1884) 188-205. Ver também a pág. 103 de *The Emotions*, para uma passagem importante do capítulo 25 da obra de James *The Principles of Psychology* (Nova York: Holt, 1896).
16. "Moral Attitudes and Moral Judgments", *Nous*, 2 (1968) 1-23.

## 2. A explicação do conteúdo

Durante os anos 50, até certo ponto e de diferentes modos por inspiração de Wittgenstein, Ryle, Heidegger e Sartre, emergiu o que foi anunciado como uma nova teoria das emoções, que chamarei de explicação do *conteúdo* das emoções. Esses esclarecimentos foram além de uma redescoberta do que era de modo geral mantido desde Platão e, acredito, até James: que as emoções têm, e na verdade são em parte constituídas por um conteúdo cognitivo, desiderativo e valorativo. Com esses primeiros filósofos, sustentava-se que o conteúdo é de central importância para as emoções, e que esse conteúdo é que as distingue de outros estados. Mas foi-se mais adiante, e sustentou-se que as emoções não são nada além desse conteúdo desprovido de afetos.

Os teóricos do conteúdo, assim, afirmavam que se as questões sobre o conteúdo estavam resolvidas, não havia mais questões sobre a afetividade, precisamente porque ela *é* esse conteúdo. Não apenas esse conteúdo é necessário e suficiente para a afetividade: ele é tudo que a ela se refere. Como argumentarei, a explicação do conteúdo não consegue explicar a afetividade. Ela termina como começa: sem afetividade. Nem mesmo consegue distinguir entre o que é, e o que não é afetivo. Suas condições não são suficientes para a afetividade, quanto mais para explicá-la.

Não tenho certeza do motivo que levou os teóricos do conteúdo além da visão tradicional de que ele ajuda a constituir as emoções, para afirmar que elas não são senão conteúdo. Possivelmente tenham achado que a afetividade é difícil ou mesmo inaceitável, acaso por que foram incapazes de entendê-la, explicá-la ou, quem sabe, pensaram nela como simples sensação corporal. Se qualquer dessas especulações estiver certa, poderemos perceber por que esses teóricos não puderam aceitar o ponto de vista tradicional de que as emoções são só em parte constituídas por conteúdo. Porque se o conteúdo é apenas uma parte delas, elas são mais que conteúdo. A afetividade é um óbvio candidato a tudo mais que seja preciso. E isso, se minhas especulações estiverem corretas, é inaceitável para os teóricos do conteúdo.

Tais teóricos se defrontam com um problema de certo modo similar e possivelmente menor, quando sustentam que *somente algumas* emoções são redutíveis ao conteúdo sem afetos. Eles teriam, então, de nos dizer a que emoções se referem seu argumento e a quais delas ele não se refere. Mais uma vez, teriam de fazer isso sem evocar a afetividade, que de novo parece ser a característica mais natural das emoções, que explica por que elas não são redutíveis a conteúdos desprovidos de afetos.

De todo modo, acho que esses teóricos têm de nos esclarecer em quais emoções e formas de afetividade estão interessados. Seria maravilhoso e incrível se houvesse exatamente uma explicação para todas as emoções, ou para todas as formas de afetividade, que incluísse todas as complexas e variadas formas de afetividade mencionadas por Rapaport na Introdução. Como espero que se torne claro, *O Valor das Emoções* não afirma que há uma única espécie de afetividade, ou somente uma caracterização, ou explicação para ela. Como acabei de dizer, isso seria maravilhoso e incrível. Seria bem mais maravilhoso e ainda mais incrível se essa explicação única pudesse ser dada segundo os elementos não afetivos do seu conteúdo.

Um tema central deste capítulo é que as sensações psíquicas não podem ser compreendidas apenas do ponto de vista do desejo e razão, ao menos não nos modos desprovidos de afeto como o desejo e a razão são comumente entendidos. O capítulo esboçará também algumas razões para se pensar que ao menos algumas formas importantes de desejo e razão, por si mesmas, implicam sentimentos.

Meu objetivo não é simplesmente refutar outros pontos de vista equivocados. É também, por meio dessas outras visões, mostrar por que os filósofos têm tido tantos problemas e talvez relutância em relação à afetividade. Considerarei, em primeiro lugar, algumas tentativas simples de entender os sentimentos em face de desejo e razão. Como reduções, na seção 3, dos sentimentos aos desejos; e, na seção 4, dos sentimentos à razão. Elas falham em uma de duas maneiras. Primeiro, por não proporcionar uma explicação das emoções garantindo que elas contêm afetos. Assim, mesmo quando suas condições são satisfeitas, as explicações ainda podem não conter emoções, a menos que, como não quero fazer, aprovemos as *emoções sem afetos*. Por outro lado, essas explicações falham ao evocar os sentimentos tentando explicá-los, por exemplo, lembrando, de modo alternativo, o desejo afetivamente carregado ou a razão impregnada de afetos.

## 3. Irredutibilidade ao desejo

Voltemo-nos agora para as tentativas de entender a afetividade como desejo que está intimamente ligado aos sentimentos e às emoções. Uma maneira de reconhecer isso é notar que as emoções freqüentemente figuram, e provavelmente estejam, no todo ou em parte, incluídas nos motivos e nas motivações. Com efeito, em seu recente livro *Inteligência Emocional*, Daniel Goleman, psicólogo e autor de temas ligados às ciências do cérebro e do comportamento, escreve que "todas as emoções são, em essência, impulsos para ação".[17] As emoções são freqüentemente assim. Por exemplo:

17. Nova York: Bantam Books, 1995, pág. 6. O livro de Goleman foi publicado demasiadamente tarde para que eu pudesse anotar partes com as quais concordamos ou

amar e preocupar-se com alguém acarreta tipicamente o desejo de estar com essa pessoa e beneficiá-la. Temer algo inerentemente implica um desejo de evitá-lo. Desse modo, também algumas formas de sentimentos sem objeto poderiam ser compreendidas em modo de desejo. A vivacidade e a excitação poderiam ser aceitas sob o aspecto da quantidade e qualidade de desejos, como uma forte vontade de ser ativo, de estar em movimento, de fazer alguma coisa. Seria possível pensar numa excitação especial, como o desejo de fazer algo em particular.

Pode-se também pensar no desejo para entrar em muitas emoções de uma maneira diferente, por meio do prazer e da dor. Muitas emoções, se não a maioria – ou mesmo, segundo Aristóteles, todas elas (*NE* II.5, 1105b21 ff.) – implicam prazer ou dor. O prazer e a dor poderiam, por sua vez, ser caracterizados como desejo: por exemplo, naquilo que desejamos conseguir ou evitar, ou com o sentido de evitação ou consecução. Dessa maneira, a afetividade dos aspectos hedonistas das emoções poderia ser pensada como redutível, ao menos em parte, para esses desejos. Discutirei essa espécie de desejo no fim desta seção.

Desde o início de nossa tradição, os filósofos descreveram as emoções reconhecendo que algumas delas implicam desejos e outras não, e que algumas ajudam e outras não ajudam a constituir motivos. Aqui, poderíamos olhar para a forma como são caracterizadas as emoções na retórica de Aristóteles, livro II, capítulos 2-11.[18] O desejo (*orexis*) e o querer (*boulesis*) *não* figuram nessa caracterização do medo que "pode ser definido como uma dor, ou perturbação, devida à imaginação de algum mal destrutivo ou doloroso no futuro". (II.4, 138a22 ss.) Nem são encontrados na caracterização da vergonha e de sua falta (cap. 6), ou da compaixão (cap. 8), ou da indignação, ou inveja.

Pode-se sugerir que é possível explicar essa ausência do desejo, notando que a *Retórica* se interessa pelas emoções apenas até o ponto em que

---

discordamos. Para outros relatos desse ponto de vista, discutidos no trabalho de Rainer Reisenzein "Emotional Action Generation" em Wolfgang Battmann e Stephan Dutke, orgs., Processes of *Molar Action Regulation*, a ser publicado, ver Magda Arnold, *Emotion and Personality* (Nova York: Columbia University Press, 1960), N.H. Fridja, *The Emotions* (Cambridge: Cambridge University Press, 1986), W. McDougall, *Am Outline of Phychology* (Londres: Methuen, 1923), R. S. Lazarus, *Emotion and Adaptation* (Nova York: Oxford University Press, 1991), e Lazarus, A. D. Kanner e S. Folkman, "Emotions: A Cognitive-Phenomenological Perspective", em R. Plutchik e H. Kellerman, orgs., *Emotion: Theory, Research and Experience* (Nova York: Academic Press, 1980).

18. Agradeço à discussão de Gisela Striker sobre o tratamento das emoções na *Retórica*, em seu trabalho "Emotions in Context", apresentado no painel "The Emotions in Greek and Hellenistic Ethics", Pacific Division of the American Philosophical Association, 1995.

elas são úteis para a persuasão, em especial nas reuniões públicas. Como escreve Aristóteles no capítulo de abertura do livro II da Retórica: "As emoções são aquelas coisas que mudam as pessoas, modificando seus julgamentos, e são acompanhadas de prazer e dor". (1378a20 ss.) À luz de tais preocupações, o que é importante mencionar acerca das emoções é que elas podem – e podem ser usadas para – mudar ou manter as convicções das pessoas. Assim, seria possível pensar que é simplesmente não mencionado, mas não negado, que as emoções também implicam desejo.

Não estou convencido disso. Para chamar atenção apenas para um ponto, o desejo ou vontade não figura na caracterização de algumas outras emoções também discutidas na *Retórica*. Como já vimos, trata-se de uma característica da *orgē*: "A raiva pode ser definida como um desejo..." Tornando-se calma, discutida em II.3, é caracterizada como raiva propriamente dita, ou como desejo. O desejo é também encontrado nas caracterizações da amizade e da inimizade (cap. 4) e, acho, da gentileza (cap. 7) e da rivalidade (cap. 11).

Não deveríamos ter problemas para perceber que algumas de nossas emoções também *carecem* de desejo. Considerem o seguinte exemplo, do que poderíamos chamar de *interesse intelectual* ou *estético*. Uma tarde, durante meu último ano de faculdade, eu caminhava pela Broadway, no Upper West Side de Manhattan, com uma artista de quem gostava muito (deixo em aberto a relativa importância de ela ser uma artista e o afeto que eu sentia por ela). A rua me era absolutamente familiar; eu a percorria a pé todos os dias. Era também a costumeira rua urbana em torno de um campus universitário, com as costumeiras bancas de frutas e vegetais, roupas, lojas de ferragens e papelarias, restaurantes e bares. Seguindo os comentários dela sobre o que via, e suas *instruções* sobre como ver a rua, eu a percebi e senti de uma nova maneira. Ela agora era intensa, estimulante e viva, com cores maravilhosas, proporções, variedades e formas. Vi e senti emocionalmente a rua, e com emoções que não eram constituídas pelo desejo.

Neste ponto, poderíamos também considerar a explicação de relações objetais de vergonha apresentadas pelo psicanalista Andrew Morrison:

> uma orientação de relações objetais introduz preocupações com representações introjetadas e de distinção do objeto, além de limites eu-outro instáveis. O *self* (ou ego) propenso à vergonha é visto como instável, arcaico e indiferenciado diante dos objetos, mantendo relações simbióticas, artificiais ou indiferenciadas. Assim, a vergonha é vista como uma manifestação de autonomia e identidade dolorosas e incompletas, refletidas numa vulnerabilidade a objetos hostis e repulsivos (internos e externos).[19]

19. *Shame: The Underside of Narcissism* (Hillsdale, N. J.: Analytic Press, 1989), pág. 46.

Tal vergonha não precisa implicar qualquer desejo, nem mesmo o desejo de esconder, ou de livrar-se da vulnerabilidade de alguém, ou de ser protegida, ou mais forte. Ela pode simplesmente ser uma forma de experimentar o mundo em si mesmo, uma maneira de viver a vulnerabilidade que se sente.

Para estarmos seguros, podemos facilmente imaginar por que eu poderia querer continuar a ver e sentir a cena urbana daquela tarde: exatamente por ser intensa e estimulante. E podemos com facilidade imaginar como o fato de ela ser intensa e estimulante poderá fazer parte dos motivos para que eu continuasse a vê-la. O mesmo se aplica à evitação do sentimento da vergonha. No entanto, o desejo não precisa fazer parte de uma cena, para que ela seja intensa e estimulante, ou para que seja vista e sentida como intensa; nem fazer parte do sentimento da vergonha. Assim, pelo menos estas emoções, e as que Aristóteles discute, não devem ser entendidas como implicando o desejo, muito menos constituídas por ele.

A existência desses dois tipos de emoção – que implicam e não implicam desejo – levanta muitas questões. Pode a mesma emoção se apresentar de ambos os modos, uma com e outra sem desejo? As emoções são meios essenciais de ver e sentir, e o desejo um acréscimo ocasional, não-essencial? As emoções sem desejo são de algum modo deficitárias e empobrecidas?

Não estou certo de como responder a essas questões, seja no geral, ou em relação aos muitos casos particulares. Também não tenho certeza se estaríamos lidando com a mesma espécie de, digamos, interesse, ou se apenas de modo estreitamente relacionado, no caso em que alguém meramente vê e sente uma situação como interessante, ou no caso *mais próximo*, no qual a pessoa também quer continuar a vê-la em nome do interesse que sente. Talvez sejam exemplos de emoções diferentes; ou, quem sabe, as diferenças não mostrem emoções diversas, mas somente revelem se a pessoa é mais passiva ou mais ativa. (As noções de atividade e passividade são examinadas adiante, em especial no capítulo 9.)

Não precisamos prosseguir com essas questões. Basta termos visto que alguns exemplos de emoções, e possivelmente também certos tipos de emoção, não implicam desejo e são meramente modos de ver e sentir. Devemos, contudo, considerar – se é que devemos – como a existência de duas espécies de emoção, em especial aquelas desprovidas de desejo, afetam o conteúdo da argumentação. Tais emoções mostram claramente que a afetividade das emoções nem sempre pode ser reduzida ao desejo, isto é, se o desejo redutor deve fazer parte de seu conteúdo. Entretanto, pode ainda ser possível reduzir a afetividade ao conteúdo; se, para essas emoções desprovidas de desejo, a afetividade puder ser reduzida à razão, ou a valores, ou às espécies de desejo ligadas ao prazer e à dor.

Mesmo se alguns exemplos de afetividade não puderem ser reduzidos ao desejo, porque as emoções carecem dele, pode ser possível reduzir outras instâncias ao desejo. Assim, seria possível sustentar que o medo implica um desejo – por exemplo, o desejo de fugir – e que a afetividade do medo não é nada mais do que esse desejo. Para se admitir que a afetividade do medo pode, pelo menos em parte, vir também de seu lado mais cognitivo, poderíamos fazer uma alegação mais modesta: a de que somente parte da afetividade do medo não passa de desejo. Uma vez percebida a importância do desejo em outras áreas da vida mental e da ação humana – por exemplo, nas psicologias do desejo e da crença –, alguns avanços redutivistas poderiam parecer irresistíveis, e não apenas atrativos.

Contudo, não importando quão atrativos possam parecer tais avanços, eles não prosperam. Como agora posso querer argumentar, sempre que o desejo proporcionar, no todo ou em parte, a afetividade de uma emoção, ele é em si mesmo afetivo. Assim, qualquer tentativa de reduzir a afetividade ao desejo ou simplesmente fracassa, ou falha por ser circular. Para mostrar isso, darei uma visão geral, corrente, sobre o desejo. Argumentarei que precisamente por que ela não sustenta que o sentimento é um elemento irredutível do desejo, não podemos entendê-lo nos termos desse desejo. Como também afirmarei que essa visão do desejo pode muito bem ser inadequada como compreensão do desejo em si, de novo, precisamente por que ela não mantém que o sentimento é parte irredutível do desejo.

Chamo a isso de explicação *funcional* ou *explanatório-teórica* do desejo. Ela entende o desejo exatamente como aquilo que, juntamente com a crença, expõe ou direciona a energia para a ação.[20] Ao voltar o foco para as explicações funcionais e explanatórias do desejo, não pretendo sugerir que meus argumentos sejam dirigidos apenas contra as interpretações funcionalistas contemporâneas da mente, ou que minhas razões em favor da irredutibilidade da afetividade sejam apenas mais algumas entre as já existentes, em favor da existência dos *qualia*.[21] Para mencionar apenas um ponto, não acho que o *ser* da afetividade seja *conhecer*.

20. Entre os teóricos que propõem ou usam essa explicação de desejo, encontramos Hilary Putnam, em "The Mental Life of Some Machines", *Mind, Language, and Reality* (Cambridge: Cambridge University Press, 1975), volume 2, págs. 410-411); David Armstrong, em *A Materialist Theory of the Mind* (Nova York: Routledge and Kegan Paul, 1968), pág. 152; Donald Davidson, em "Belief and the Basis of Meaning", *Synthése*, 27 (1974) 309-323, págs. 313-314; e Bruce Aune em *Reason and Action* (Dordrecht: Reidel, 1977), págs. 57-58.

21. Ver, por exemplo, de Ned Block, "Troubles with Functionalism", em Wade Savage, org., *Minnesota Studies in the Philosophy of Science*, volume 9, (Minneapolis: University of Minnesota, 1979).

Nem sei se meus argumentos devem ser tomados como relatos críticos das justificações crença-desejo da ação. Porque nem mesmo sei se a afetividade figura na explanação da ação. Além disso, os relatos que compreendem a ação em modos de crenças-desejo podem ser limitados apenas ao que é necessário para explicar a ação. Eles não precisam preocupar-se em proporcionar explicações completas da mente. Dessa maneira, até o ponto em que essas manifestações não sustentam que a afetividade é relevante para explicar as ações, elas podem permitir, com consistência, ou ser pelo menos neutras, em relação à existência e a importância dessa afetividade.

Dessa maneira, meu alvo é esse relato funcional ou explanatório do desejo. Para mostrar que essa significação do desejo é inadequada, tanto para um entendimento do sentimento quanto para uma compreensão do próprio desejo, focalizarei um caso especial que chamo de argumento *biológico-funcional*. Ele pode ser mais facilmente compreendido como se afirmasse que temos de entender o desejo nos termos de sua função biológica. Várias dessas interpretações têm sido oferecidas pelos teóricos contemporâneos. Mas elas serão úteis – ainda que só para mostrar que não apenas nós, modernos, erramos em relação ao desejo – para usar o ponto de vista de Espinosa. Na *Ética*, ele escreve que a mente

> se esforça para persistir por si mesma e, por um tempo indefinido... Esse esforço, quando se referir apenas à mente se chama vontade, quando se referir à mente e ao corpo se denomina apetite... Além disso... o desejo em geral se aplica aos homens até o ponto em que eles estão cônscios de seus apetites, e assim pode ser definido deste modo: O desejo é o apetite do qual se tem consciência. (III.ix, tr. R.H.M. Elwes, grifo no original.)

O motivo pelo qual chamo esse argumento de explicação biológico-funcional deve estar suficientemente claro. Para resumir: por necessidade natural as pessoas desejam sua autopreservação ou perfeição. Com efeito, isso poderia parecer explicar tanto o que é o desejo, quanto o porquê de o sentirmos. As conexões entre sentimentos e autopreservação e perfeição parecem óbvias. O que se poderia sentir como mais importante, mais tocante, mais digno de preocupação e mais interessante para as pessoas do que sua própria existência e bem-estar? O que poderia ser mais intenso do que aquilo que conduz, ou que alguém faz conduzir, à sua própria existência ou bem-estar?

Concordo que há tais conexões. Mas elas não são dadas pela explicação biológico-funcional do desejo, nem compreensíveis por seu intermédio, pois parece que podemos facilmente conceber pessoas que não se importam, nem pensam em sua própria existência e bem-estar, que não encontram objetos, nem atividades que preservem ou melhorem seu interesse pela vida, ou mesmo que não a ponham entre seus objetos de interesse, preocupação ou desejo.

Pode ser argumentado que essas pessoas não são realmente concebíveis, ou que elas podem apenas ser concebíveis como terrivelmente doentias ou deformadas, como monstros ou seres patológicos. E, exatamente por que é pouco provável que possamos aprender sobre a natureza dos alimentos ao examinar a natureza de alimentos venenosos, ou mesmo alimentos simplesmente insalubres, danosos à saúde, também não é claro que possamos aprender sobre a natureza das pessoas examinando indivíduos doentios ou deformados. Esse é um ponto importante, mas não está disponível para aqueles que pretendem reduzir sentimento a desejo. Como se argumenta ao longo deste livro, a noção pertinente de saúde é, em si mesma, carregada de sentimento. Para ser uma pessoa sadia, é preciso ter sentimentos.

Aqueles que propõem a redução dos sentimentos ao desejo têm outra maneira de objetar à minha alegação de imaginabilidade. Observam que mesmo que ela esteja correta, tudo o que mostra é que a autopreservação e a autoperfeição não precisam interessar a uma pessoa, não precisam ser o objeto de um desejo ou evocá-lo. Por tudo isso, eles podem salientar que o interesse em algo poderia ainda ser simplesmente um desejo, na medida em que é outro desejo. Contudo, essa alegação é também errônea. Um ser pode buscar coisas, seu bem-estar e existência, sem senti-los. Ele não precisa estar interessado, nem motivado, nem se importar ou preocupar-se com a coisa que procura, nem com o fato de buscá-la.

Para evitar uma sugestão de contradição, meu argumento poderia ser mais bem colocado desta maneira: simplesmente buscar o próprio bem-estar poderia ser visto, em si, como um tipo de preocupação e interesse. Máquinas como tornos mecânicos, que cuidam de si mesmas, monitorando e cuidando de seu abastecimento de óleo lubrificante, poderiam ser, nesse sentido, chamadas de auto-cuidadoras, preocupadas com seu próprio bem-estar. No entanto, podemos – e penso que devemos – sustentar que tais máquinas não são permeadas por cuidado, preocupação e interesse. Podemos afirmar que elas servem a seus interesses com grande sucesso e aplicação, mas que no entanto seus interesses não as interessam. Assim, da mesma maneira, pode-se dizer que animais inferiores, como os protozoários, cuidam de si mesmos, tendo em vista que procuram alimento, evitam o que pode lhe ser danoso e assim por diante. Mas não precisamos atribuir-lhe interesses permeados por sentimentos, cuidados ou preocupações. Se isso é correto, não podemos entender os sentimentos em modos desses "desejos" funcionalmente caracterizados.

Não estou interessado em questionar se é possível dizer, com propriedade, se os estados ou atividades dessas máquinas e animais inferiores implicam cuidado, preocupação e interesse. Afinal de contas, são noções muito elásticas. *Importar-se* pode ser utilizado onde quer que haja afetividade, como nos estados emocionais bem caracterizados como o amor. Essa expressão pode também abranger atividades de ajuda que traduzam tais emoções. Pode ainda abranger atividades rotineiras e institucionalizadas, até mesmo desprovidas de sentimentos, como são sugeridas pelos termos *profissões de ajuda* ou *tratamento-dia.* Dessa maneira, é perfeitamente aceitável atribuir alguma forma de cuidado, interesse e preocupação àquelas máquinas e animais inferiores.[22]

Longe de prejudicar meu argumento, tudo isso o auxilia. Mostra que há exemplos de modos de cuidado, preocupação e interesse desprovidos de sentimentos e permeados por ele. Entretanto, a explicação biológico-funcional não pode distinguir entre eles. Não pode estabelecer a diferença entre o interesse, o cuidado e a preocupação permeados de sentimento do amor, e as mesmas circunstâncias atribuíveis às máquinas e às formas muito inferiores de vida. Dessa maneira, vemos que elas proporcionam uma caracterização radicalmente inadequada dos sentimentos.

Poderia ser objetado que esses exemplos trabalham a meu favor apenas por que são destituídos de percepção. A idéia aqui é que se, acaso *per impossible*, uma máquina ou um animal inferior fossem capazes de buscar seu próprio destaque ou aperfeiçoamento, a busca, ou o complexo busca e percepção da busca poderiam ser permeados por sentimentos. Não vejo razão para aceitar esse argumento, e não apenas por causa da dificuldade de avaliar tal contra-impossibilidade

Voltemos, portanto, às pessoas. Neste ponto, poderíamos ser solicitados a lembrar a caracterização que Espinosa faz do desejo, significando percepção de autopreservação, ou sua explicação do prazer e da dor como transições de maior ou menor perfeição e sua percepção (*Ética*, III. xi). Mais uma vez, não vejo razão para pensar que aquele desejo – entendido à vista do funcional ou do teórico-explanatório, agora complementado por sua percepção disso – seja suficiente para a afetividade e muito menos idêntico a ela. As pessoas podem buscar seu próprio aperfeiçoamento e preservação, estar conscientes de que estão fazendo isso, e mesmo assim estarem desprovidas de sentimentos. De um modo mais forte, a expectativa, a busca e a consecução de seu próprio aperfeiçoamento e preservação, mesmo que inteiramente percebidas, podem ser destituídas de sentimentos.

Meu último argumento parece contradizer Schachtel, Krystal e outros psicanalistas citados que sustentam ser a vida humana afetiva o tempo todo.

22. Agradeço a Jenny Teichman por essa discussão.

Se esses teóricos estão certos, então todas as pessoas deveriam ter sentimentos, de um modo bastante geral, também a respeito das atividades que aperfeiçoam suas vidas.

Estou inclinado a concordar com esses teóricos a respeito da natureza em geral afetiva da vida humana. E, na verdade, por muitas das mesmas razões pelas quais me inclino a fazer isso, rejeito a explicação biológico-funcional da afetividade. Se há uma contradição aqui, ela está no fato de os reducionistas usarem a teoria psicanalítica contra minha argumentação. Na medida em que a teoria psicanalítica sustenta que mesmo as pessoas aparentemente desprovidas de sentimentos na verdade os têm – sentimentos dos quais não estão completamente ou mesmo parcialmente conscientes –, ela também afirmará que essas pessoas, digamos, bloquearam e reprimiram esses sentimentos, dissociando-se deles. Mas os reducionistas serão também incapazes de oferecer qualquer argumento para distinguir entre as formas de cuidado, preocupação e interesse dessas pessoas e as maneiras de cuidado, preocupação e interesse das pessoas sadias.

Além disso, se os teóricos da psicanálise sustentam que a atividade auto-aperfeiçoadora sem sentimentos é impossível, não defendem isso porque acham que os sentimentos devem ser entendidos como busca daquilo que conduz ao auto-aperfeiçoamento. Eles assumem essa posição porque vêem as pessoas, e toda a atividade humana, como essencialmente afetivas. Mais ainda, vêem essa afetividade como *sui generis* e irredutível.

Assim, se os proponentes dessas explicações redutoras do desejo invocam tais teorias psicanalíticas, para contestar meu argumento de que essa atividade pode ser desprovida de sentimentos, já abandonaram suas alegações redutivistas.

Voltemo-nos agora para outro modo de perceber que o sentimento não é redutível ao desejo: a citação de *The Sporting Scene - Distance (A Cena Divertida: Distância)*, de Roger Angell:

> Mesmo aqueles que não foram estragados ... pela realização das impetuosas expectativas de nossa primeira juventude, têm consciência de uma qualidade enfadonha, crepuscular de nossas ações na meia-idade, não importa o quão bem sucedidas elas se mostrem. Há uma perda da antiga alegria leve e desenvolta, e procuramos outros modelos – mentores e filósofos... – para nos amparar nessa perda.[23]

Por que se poderia reduzir sentimento a desejo, não haveria razão para pensar que as pessoas de meia idade de que fala Angeli não tenham mais, não exatamente igual, os desejos e objetivos que tinham quando jovens.

23. *New Yorker* 56 (22 de setembro de 1980) 83-127, pág. 127.

Contudo, é claro que mesmo que elas ainda tenham os mesmos objetivos e desejos, têm-nos de modo bastante diferente. Os desejos se alteraram em seus sentimentos, provavelmente mesmo até o ponto de não haver sentimentos neles, ou em relação aos objetos desejados. Não consigo perceber nenhuma forma coerente de colocar esses pontos vitais de acordo com as explicações biológico-funcionais, ou explanatório-teóricas do desejo e do sentimento.

Em síntese, argumentei que os desejos podem ser sentidos com um número variável de sentimentos, ou mesmo sem sentimento algum. Dessa maneira, as reduções pretendidas de sentimento a desejo fracassam, ainda que se dê a extensão suficiente para os sentimentos.

Além disso, tais explicações sobre desejo são inadequadas, mesmo se relativas apenas a muitas de suas formas, em particular aquelas que poderíamos chamar de vigorosas e carregadas de sentimento, de realmente querer algo.[24] A importância avaliadora desse desejo é similar à dos sentimentos. Como ocorre com eles, o mesmo se dá com o desejo: preocupamo-nos para que as pessoas que merecem nossos cuidados tenham esse desejo, que suas atividades o evoquem e o mereçam, que elas mantenham e ponham em prática seus valores com ele. Qualquer teoria adequada do desejo deve reconhecer um desejo assim. Se ela também deve reconhecer o desejo sem sentimentos, não é uma questão que investigaremos aqui.

Voltemo-nos agora brevemente para as conexões, já mencionadas, que existem entre o prazer, a dor, o desejo e afetividade. Essa atitude permitirá extender o argumento de irredutibilidade a determinados sentimentos, não apenas aos sentimentos em geral. Também ajudará a mostrar que há vários sentimentos mutuamente irredutíveis.

A justificação de Espinosa para o prazer não me impressiona, mesmo como explanação conceitual, menos ainda como explicação exata. Com freqüência, podemos ter prazer ao notar que fizemos a transição para um estado melhor. É não apenas conceitualmente possível, mas psicologicamente provável não sentir prazer com isso.

Falemos agora de algumas explicações modernas. Richard Warner oferece uma em *Deleite*, ao sustentar que uma pessoa obtém prazer ou desfruta de algo – uma experiência ou atividade "S", digamos – se, e apenas se, ela deseja ou faz "S" para seu próprio bem, e certas condições de crença e

24. Ver Karl Duncker, "On Pleasure, Emotion, and Striving", *Philosophy and Phenomenological Research*, 1 (1940) 391-430. (Duncker é também importante para as explicações do hedonístico, discutidas adiante), Ver também Brian O' Shaughnessy, *The Will* (Cambridge: Cambridge University Press, 1980), em "ato-desejo", por exemplo, volume 1, pág. li. Agradeço a Graeme Marshall por ter discutido comigo essa noção do desejo, e muito mais, em referência a este capítulo.

percepção são satisfeitas.[25] Em segundo lugar, alguns prazeres ou deleites poderiam ser caracterizados pela satisfação do desejo. Terceiro, poderiam ser caracterizados como um efeito, especialmente o efeito ou afeto psíquico, de satisfazer o desejo ou a percepção de satisfazê-lo. Quarto, eles poderiam ser caracterizados em razão do que se busca ao procurar tais satisfações. Estas quatro explicações não se excluem mutuamente, e uma explanação posterior que empregue duas, três, ou todas elas poderia ser a melhor de todas.

O argumento de que o sentimento não pode ser compreendido como desejos desprovidos de sentimentos, pode ser facilmente modificado para mostrar que o prazer e a dor também não podem ser assim entendidos. Aqui, poderíamos centrar-nos no desejo sem sentimentos, ou no ser com determinado desejo. As considerações que nos permitam sustentar que pode haver tal desejo, ou esse ser, deveriam também permitir-nos sustentar que a satisfação desse determinado desejo não precisa implicar nenhuma espécie de sentimento, muito menos o sentimento hedonístico.

Se esse esboço-argumento extremamente sumário for bem entendido, veremos que as explicações do hedonismo à vista do volitivo devem utilizar uma noção de desejo permeado de sentimentos. Esta não precisa ser circular, pois há outros sentimentos além do prazer, do deleite e semelhantes.

Contudo, dada a heterogeneidade do sentimento, a explicação tem probabilidades de ser inadequada, a menos que seja circular. Para resumir: essa heterogeneidade mostra que, para ser capaz de entender o hedonismo com o intuito de desejo, este não pode ser permeado de qualquer sentimento. Por exemplo, o interesse e a fascinação, ou os sentimentos que eles envolvem, muitas vezes não têm a medida certa. As pessoas podem estar interessadas, ou mesmo morbidamente fascinadas pelo que acham repulsivo, nojento, horrível ou mau, precisamente por causa daquilo que o fez assim. Considerem a história da *República*, de Platão (439), a respeito do desejo de Leôncio, ou seus olhos desejarem ver cadáveres. Ou levemos em conta como algumas deformidades físicas atraem a atenção. Quaisquer dessas circunstâncias podem nos proporcionar um desejo permeado de sentimentos. Mesmo, creio, o desejo de ver ou continuar a ver algo pelo simples fato de ver. Mas não precisa haver prazer ou deleite em ver, ou no que está sendo

25. *Philosophical Review*, 89 (1980) 507-526. Sua formulação exata é expressa na pág. 518. Seu tratamento desses temas requer desejos sentidos. Ver seu trabalho *Freedom, Enjoyment and Happiness* (Ithaca, N. Y.: Cornell University Press, 1987) págs. 82 e 131-136. Isso evita o problema da falta de afetos, mas pode haver dificuldades em relação ao problema da heterogeneidade dos prazeres e dos desejos, discutido vários parágrafos abaixo. Agradeço a Warner pela discussão desses assuntos.

visto. Assim, também se pode, sem qualquer deleite ou prazer, mas com interesse, querer fazer, e fazer em seu próprio benefício, o que se acredita ser um dever, como cuidar de feridos.

Os argumentos de que se há desejo deve haver prazer ou deleite parecem, então, ser expressões de hedonismo psicológico e dogmático. O que também ocorre, é claro, com a sugestão de que seja o que for que achemos prazeroso ou deleitoso deve motivar-nos a buscá-lo ou mantê-lo.[26]

Sem continuar o argumento, quero simplesmente sugerir que considerações semelhantes podem mostrar que se ter ou satisfazer tal desejo permeado de sentimento é suficiente para o prazer ou para o deleite. Prazer ou deleite que pode precisar ser o sentimento permeador. Contudo, mesmo se o desejo estiver carregado de prazer ou deleite, ainda haverá problemas. Por exemplo: pode-se esperar com prazer por aquilo que acaba sendo cinzas na boca. Portanto, talvez seja melhor concluir esta seção resumindo seus argumentos em dois: primeiro, os sentimentos, inclusive os hedonísticos, são irredutíveis ao desejo; segundo, há vários sentimentos mutuamente irredutíveis.[27]

## 4. Irredutibilidade à razão

Voltemo-nos agora para as tentativas de entender os sentimentos na ótica da razão. Examinarei duas espécies de tentativas inter-relacionadas. A primeira, toma os sentimentos como compreensíveis no modo como vemos e entendemos o mundo. A segunda, encara-os como julgamentos, questões, cenas imaginadas e coisas semelhantes. Argumentarei que essas tentativas de redução simplesmente fracassam ou, ao invocarem conceitos carregados de sentimentos, são circulares.

Quando se argumenta que as emoções implicam um conteúdo cognitivo e a ele são redutíveis, provavelmente em companhia do desejo, qual é a natureza desse conteúdo? Já sugeri que não precisa ser um conteúdo de que nos damos conta. Mas isso ainda deixa quase inteiramente em aberto de que conteúdo se trata. As *crenças* são o conteúdo cognitivo favorecido por muitos teóricos. Dessa maneira, eles sustentam que para ter medo de uma cobra que lá está, devo *acreditar* em algo que me diga que essa cobra está realmente lá e que é perigosa.

26. Para esses argumentos, bem como para uma discussão do exemplo de ajudar os feridos, ver Justin Gosling, *Pleasure and Desire* (Oxford: Oxford University Press, 1969), cap. 5, em especial págs. 70-71. Ver também Duncker, "On Pleasure, Emotion, and Striving".

27. Agradeço a Kent Bach por esta discussão.

Mas nem todos os teóricos das emoções exigem a crença. Aristóteles, para citar um deles, não o faz. Para ter *orgē*, não é necessário que eu tenha desfeiteado; para sentir medo, não preciso acreditar que estou em perigo. O que é bastante, sustenta ele, é que eu tenha a *phantasia* relevante, por meio de imagens mentais. Nossa compreensão da *phantasia* deve ser mais voltada para a imaginação e para a aceitação, do que meramente para o entretenimento. Portanto, para que eu tenha medo de que o avião caia, preciso não acreditar que ele não irá cair. Eu teria de saber que isso é altamente improvável, e desejar apostar, com grande margem de vantagem, que ele não cairá. Poderíamos notar que a queda do avião é, para mim, um objeto tão ficcional quanto a morte de Ana Karenina, que, mesmo sendo inteiramente ficcional, me entristece.[28]

Poderíamos dizer que tudo o que é necessário é eu estar amedrontado pelo pensamento de que o avião poderia cair. Mas, *o pensamento* não pode referir-se apenas ao conteúdo como objeto Meinongiano, *a queda do avião.* Isso não produz medo. Ele pode até mesmo ser do tipo ontológico errado, para revelar-se amedrontador ou reconfortante. Mas, para mim, é insuficiente tomá-lo e sustentá-lo de um único modo. Preciso ser apanhado por ele e levá-lo a sério e com medo.[29]

Uma forma ainda mais fraca, ou pelo menos muito diferente, das emoções revelarem conteúdo cognitivo, consiste em modos de experimentar e sentir o mundo ou a si mesmo. Já lemos algo ao longo destas linhas, na explicação psicanalítica das relações objetais da vergonha apresentada por Andrew Morrison em *Shame: The Underside of Narcissism (Vergonha: o Lado de Baixo do Narcisismo)*:

---

28. Sobre emoções ligadas a objetos ficcionais, ver, de Richard Moran: "The Expression of Feelings in Imagination", *Philosophical Review*, 103 (1994) 75-106.

29. Sobre o argumento de que somente os pensamentos, e não as crenças, são necessários para as emoções, ver Patricia S. Greenspan: "A Case of Mixed Feelings: Ambivalence and the Logic of Emotion", em Rorty, *Explaining Emotions* e em seu trabalho *Emotions and Reasons* (Nova York: Routledge, 1988), em especial o cap. 2, "Emotions Without Essences" (apresentado, em versão anterior, no Colóquio Filosófico, Universidade de Cincinati, março, 1985); e em meu trabalho "Emotional Thoughts", *American Philosophical Quarterly*, 24 (1987) 59-69 (também apresentado naquele colóquio). Para o argumento de que nem mesmo pensamentos são necessários, ver John Deigh, "Cognitivism and the Theory of Emotions", Ethics, 104 (1994) 824-854, e Jenefer Robinson, "Startle", Journal of Philosophy, 92 (1995) 53-74. Sobre o entendimento de *phantasia* em Aristóteles, ver Franz Brentano, *The Psychology of Aristotle* (Berkeley: University of California Press, 1977); Kimon Lycos, "Aristotle and Plato on 'Appearing'", *Mind*, 73 (1964) 496-514; e Martha Nussbaum, *Aristotle's de Motu Animalium* (Princeton: Princeton University Press, 1978), ensaio 5.

uma orientação de relações objetais introduz preocupações com representações introjetadas e de distinção de objeto, além de limites eu-outro instáveis. O ego propenso à vergonha é visto como instável, arcaico e indiferenciado diante dos objetos, mantendo com eles relações simbióticas, afetadas, indiferentes ou insatisfatórias. Assim, a vergonha é vista como manifestação de uma autonomia e identidade dolorosas e incompletas, refletidas numa vulnerabilidade a objetos (internos e externos) hostis e repulsivos. (pág. 46)

Entendo com isso que as emoções ligadas à vergonha podem deixar patentes aqueles estados desprovidos de crenças e pensamentos, como: "fiz algo de mau ou vergonhoso". O indivíduo pode simplesmente experimentar, ver e sentir o mundo ou a si mesmo, com vergonha.

Muito mais precisa ser citado sobre a exata natureza dos elementos cognitivos das emoções – quer sejam elas crenças, pensamentos, imagens, modos de experimentar o mundo ou a si próprio – e, na verdade (como será discutido no próximo capítulo) se algumas carecem mesmo do menor desses elementos. Contudo, voltemos agora a nossa atenção para os casos nos quais os sentimentos implicam crenças e seus correspondentes.

Esse envolvimento mostra, em primeiro lugar, que os sentimentos psíquicos não precisam ser totalmente não-racionais, do modo que, digamos, é uma dor muscular. Em segundo lugar, ele mostra que os sentimentos não precisam ser simplesmente uma questão de desejo. Dessa maneira, concordo com a argumentação de que eles são conexões importantes entre o sentimento e a razão. No entanto, a questão à mão não é se há conexões, nem mesmo como são elas. É se o sentimento é redutível à razão.

Para examinar essa questão, consideremos alguns casos. Quando alguém se preocupa em chegar rapidamente a algum lugar, dúzias de motoristas lentos parecem competir uns com os outros para bloquear o caminho. Quando estamos de mau-humor, muitas coisas normalmente despercebidas vêm ao primeiro plano e nos incomodam insistentemente. Quando alguém está interessado em algo, sua presença ou ausência pode ser especialmente intensa: numa festa, o olhar de quem está com fome pode ser atraído pela comida, o colecionador busca as antiguidades, o lúbrico é atraído pelas possibilidades de sexo. E, para alguém possuído por um entusiasmo universal, como ocorre de vez em quando com os místicos e com as crianças, tudo pode ser visto com intensidade e pode atrair a atenção e a imaginação. Em suma, a atenção e o interesse têm interconexões conceituais muito fortes.[30]

30. Ver Alan R. White, "The Notion of Interest", *Philosophical Quarterly*, 14 (1964) 319-327, pág. 320. Ver também Aristóteles, *On Dreams*, I.2, 460b 1, para uma explicação disso em relação a engano causado pelo interesse.

Alguns teóricos, como S. Alexander, chegam a identificar o interesse com a atenção.[31] Ele argumenta que o sentimento é não apenas "não-independente da volição" (pág. 242), mas que "se o termo 'atenção' for preferido em lugar de volição, nada tenho a objetar" (pág. 243). Frederick Olafson, escreve: "Como observa Husserl, a atenção, como uma característica especial do caráter, ao se desviar exprime os interesses do ego de um modo incomparavelmente direto".[32] Igualmente, pode-se considerar que Gabrielle Taylor sugere que a atenção – sua "concentração do pensamento" – é interesse, cuidado ou preocupação.[33]

Além disso, como argumentam Heidegger, Sartre e outros, várias características que vemos no mundo são *criadas* por nossos interesses. Dessa maneira, uma montanha é, ou é vista como, um *obstáculo* apenas por alguém que quer ir além dela. Para quem aprecia a paisagem, ela pode ser apenas um objeto de magnificente beleza. Um pedaço de metal é uma chave de fenda porque tem essa utilidade. E os usos têm grande relação com os interesses.

A explicação geral de Sartre sobre as emoções em sua obra *Sketch for a Theory of the Emotions (Esboço Para uma Teoria das Emoções)*[34] e também em *Being and Nothingness (O Ser e o Nada)*, argumenta que o mundo pode ser visto de várias formas. Por exemplo, a depressão é caracterizada por uma percepção de que o mundo *não é para você*, não *está disponível*. O ciúme implica interpretar os incidentes ciumentamente. Sartre também caracteriza as emoções e a emocionalidade em geral como modos de ver o mundo. Ele os caracteriza como mágicos, em contraste com a visão científico-causal.

Vários filósofos modernos têm sustentado que o sentimento das emoções, bem como as emoções em si, devem ser entendidas como formas mais discursivas ou proposicionais da razão. Em vários trechos de seu *Esboço*, Sartre sugere isso. O que também faz Bedford em *Emotions (Emoções)*[35], Pitcher em *Emotion* [*Emoção*], Solomon em *Emotions and Choice (Emoções e Escolha)* e Neu em *Jealous Thoughts (Pensamentos Ciumentos)*.

---

31. Ver seu trabalho "Foundations and Sketch-Plan of a Conational Psychology", *British Journal of Psychology* (1911).
32. "Consciousness and Intentionality in Heidegger's Thought", *American Philosophical* Quarterly, 12 (1975) 91-103, pág. 92, onde se discute o trabalho *Ideas,* de Husserl (Nova York: Humanities Press, 1967), parte 3, cap. 9 da edição inglesa.
33. "Justifying the Emotions", *Mind,* 84 (1975) 390-402. Pode-se também considerar que ela sugere que a atenção é apenas uma pré-condição para as emoções ou um sinal delas.
34. Londres: Methuen, 1971. As referências de página que se seguem são dessa edição.
35. *Aristotelian Society Proceedings,* 57 (1956-57) 281-304.

Bedford nega a importância – na verdade o papel – dos sentimentos nas emoções. Argumenta que estas devem, em vez disso, ser entendidas como complexos de crenças, avaliações e ações.

Pitcher argumenta de modo semelhante. Nega explicitamente que as emoções requerem, ou mesmo muitas vezes têm, sentimentos, ou sensações, como ele denomina as sensações físicas ou mentais. Oferecendo uma explicação esperançosa, ele escreve:

> Se P espera que ela chegue hoje, simplesmente acredita que ela poderia vir e considera que sua vinda poderia ser algo bom. Ele também pode experimentar uma ou mais sensações, mas não precisa fazer isso; mesmo que o faça, é duvidoso que elas possam surgir de sua esperança. (pág. 338, grifo no original).

Solomon argumenta que "minha raiva (por John ter roubado meu carro) *é* meu julgamento" de que John me causou danos (pág. 57, grifo no original).

Neu faz uma observação semelhante sobre o ciúme, e escreve que "o ciúme não é uma sensação, uma dor de cabeça; é, em essência, um conjunto de pensamentos e questões, dúvidas e medos" (pág. 432). Isso é precedido de sua afirmação de que "o namorado de uma paciente de um psicanalista pode levantar as questões: 'O que está faltando?', 'O que o analista está fornecendo que eu não posso', 'Há coisas que minha namorada pode dizer a seu analista, que não pode dizer a mim?', e assim por diante. Desse modo, ele acrescenta aquilo que neste ponto é importante para nós: "Imaginar a eliminação do ciúme, é imaginar a extinção da possibilidade dessas questões, porque elas *são* o ciúme" (págs. 431-432, grifo no original).

Concordo que fazer certos julgamentos, formular algumas questões, ter determinados pensamentos, ver o mundo de certas maneiras, tudo isso é conectado, de modo importante, com vários sentimentos, emoções, estados de humor e atitudes. Com efeito, aqui as conexões são constitutivas. Assim, essas explicações estão certamente corretas ao afirmar que as emoções têm um conteúdo cognitivo em sua constituição, bem como um conteúdo avaliador e desiderativo. Contudo, estão erradas uma vez que restringem sua explicação sobre as emoções a tais conteúdos. Estão erradas precisamente porque, ao fazer isso, descartam o afeto: dessa maneira, dão explicações a respeito das emoções nas quais falta a emocionalidade. Por outro lado, essas explicações são circulares, pois suas formas de raciocínio são, em si mesmas, carregadas de sentimento. Mostrarei isso examinando, em seqüência, Sartre, Pitcher, Solomon e Neu.

Sartre caracteriza as emoções e a emocionalidade vendo o mundo, ou suas partes relevantes, como magia, em oposição a percebê-lo como instrumental, causal e científico. No entanto, pode-se ver o mundo como mágico, sem ter emoções ou sentimentos por isso. A magia poderia ser tão lugar-comum, ou a pessoa poderia ser tão fleumática e impassível, ou tão deslocada que não se comovesse de modo algum com aquilo que vê como mágico. De modo similar, o mundo percebido como instrumental poderia ser encarado ou visto como possuidor de várias espécies de emoções e sentimentos associados. Ele pode ser visto com um sentimento de solidão, estupefação ou como duro e desumano.

Convém fazer mais algumas observações sobre Sartre. A primeira é mais a respeito dele como pessoa e filósofo, do que sobre sua filosofia. Seu tratamento problemático e inadequado da afetividade é especialmente digno de nota, se não surpreendente, em face dos importantes papéis desempenhados pelas emoções em sues escritos, e a emocionalidade neles contida.[36]

A segunda observação é sobre o conteúdo da filosofia sartreana. Apenas posso especular por que ele fracassou em perceber o fosso que existe entre a razão e o sentimento; como o mágico poderia não ser emocional, e como o causal pode ser emocional: é que ele pensa nessas questões em vista de um tipo específico de pessoas. Como as imagino, elas são modernas, racionais, bem educadas, pessoas que serão persuadidas de maneira apropriada pela magia. São pessoas que se sentem em casa diante de um modo de vida moderno e técnico. Para elas, a magia pode muito bem ser tocante, quem sabe amedrontadora, ou mesmo aterrorizante. Contudo, para aqueles cuja cultura é mais *tradicional* ou animista, a magia pode ser usual e não despertará emoções. Com efeito, o mundo em que se associam o instrumental, o causal e o científico pode ser emocional, ao menos para experimentar e provocar sentimentos de alheamento, distância, solidão e inacessibilidade.

Poderia ser argumentado em favor de Sartre, e contra mim, que sua explicação da afetividade é posta em formas não apenas racionais, mas também nos modos de *viver um mundo*, o qual teria, ou sobre o qual projetaríamos, significados afetivos (ver págs. 77-78 de seu *Esboço*). Entretanto, ele freqüentemente tenta caracterizar a emocionalidade e os significados afetivos não levando em consideração o sentimento. Além disso, extensões óbvias de meus argumentos mostram que para a noção de *viver um mundo* ser adequada à afetividade, ela deve, em si mesma, ser carregada de sentimentos. Visto que, como revelam meus argumentos, há vários modos, desprovidos de sentimento ou carregados deles, de viver um mundo – o mesmo mundo –, seja ou não ele próprio carregado de sentimentos ou desprovido deles.

36. Agradeço a Max Deutscher por esta discussão.

Este último argumento, a respeito desse mundo, poderia ser contestado ao se afirmar que o mundo, ou a visão que se tem dele, da perspectiva da pessoa que julga, é diferente da visão do indivíduo que não julga: igualmente vale para o mundo do otimista e do pessimista; e assim por diante. Poderia caber o argumento de que tais mundos não podem ser adequadamente descritos apenas em virtude de fatos e julgamentos emocional e afetivamente neutros, ou algo semelhante. No entanto, na verdade, tal argumento fala a meu favor. Ajuda a mostrar que a afetividade não pode ser descartada por meio de explicações, não pode ser explicada nem descrita em modos de mundos e julgamentos não-afetivos. Embora Sartre não tenha citado que é isso o que ele fazia, e ainda que muito do que ele disse sugere que ele poderia negar estar tentando fazê-lo, não vejo outra maneira de interpretar seus argumentos de que as emoções e os afetos são maneiras – exatamente como qualquer forma interpretativa – de ver o mundo.

Ao contrário do que ele alegou, uma coisa é ser visto como tendo uma qualidade afetiva ou permitindo um afeto, outra é sentir esse afeto: podemos, por exemplo, perceber que alguma coisa é interessante sem estar interessado nela, e podemos estar interessados em algo mesmo que percebamos que não é interessante. Os significados afetivos estão e devem estar em nós, não apenas no mundo. Podemos deixar de ter interesse em um mundo percebido como interessante. O interesse no mundo requer que estejamos interessados nele, seja ou não interessante o que vemos como tal.

Voltemo-nos agora para Pitcher. Esse autor sustenta que acreditar em algo que surgisse poderia ser bom é – exatamente – esperar que venha a sê-lo. Começarei meu argumento contra sua explicação de expectativa com um exemplo diferente. Uma empresa de uma cidade distante me manda um pacote embrulhado em seu jornal local. Ele descreve um casamento iminente naquela cidade, sugerindo que será bom em si mesmo e para todos os nele interessados. Eu poderia achar estranho que me digam, mais ainda que me digam na forma como verdade conceitual, que, se acredito na notícia do jornal, devo esperar que essas pessoas de fato se casarão.

Seria possível responder que não preciso esperar por isso, visto que não me preocupo com essas pessoas, e de que não estou de modo algum comprometido com elas. Seria uma boa resposta, mas ela não está à disposição de Pitcher. Ele pretendeu reduzir esperança àquilo que é desprovido de afetos.

Suponhamos que podemos, de algum modo, contornar essa questão: ou simplesmente consideremos outro caso, no qual eu me preocupo com as pessoas e estou comprometido com elas. Imaginemos que eu acredito que meus amigos Jane e Jim se casarão, ou poderão casar-se, e também que isso seria algo bom. Mesmo assim não vejo razão por que – e muito menos por que, como uma questão de verdade conceitual – eu precise esperar que eles se casem um com o outro. Eu poderia esperar que, se eles se casassem entre si, ou com outras pessoas, seu casamento ou casamentos fossem bons. Mas, deixando de lado essa preocupação e outras semelhantes, não preciso me preocupar com quem eles vão se casar, ou mesmo se vão se casar. Não posso considerar como uma questão minha comprometer-me emocionalmente com suas vidas e interesses mais íntimos. Poderia, na verdade, achar que o pensamento – de que poderia ser bom se eles se casassem um com o outro – é invasivo demais e não é da minha conta.

Para garantir que acho bom seu casamento iminente, e que por isso espero que eles se casem, é preciso, no fim das contas, acrescentar algo mais. Um dos acréscimos mais prováveis é que tenho um envolvimento pessoal ou emocional com um deles, ou com os dois. Mas não vejo como esse envolvimento, ou outra condição semelhante, possa ser entendido em modos não-afetivos.

De modo semelhante, uma pessoa poderia aceitar que os julgamentos feitos por Pitcher são suficientes para a esperança – "se P espera que ela chegue hoje, simplesmente acredita que ela poderia vir e considera que sua vinda poderia ser algo bom" –, mas ainda não são a esperança. Assim, a pessoa P poderia fazer esses julgamentos, mas por que P não se preocupa se ela vem, nem tem esperança que ela venha. P poderia ser um pai, contemplando serenamente a chegada de um amigo de seu filho. Não pode ser objetado em favor de Pitcher que a esperança também implica avaliações como *a sua vinda poderia ser algo bom*, e que avaliações são carregadas de sentimentos. Porque isso, em vez de proteger sua explicação, poderia mostrar claramente que a esperança não pode ser caracterizada não-afetivamente. Até onde posso ver, a explicação de Pitcher em relação à esperança falha, porque deixa de fora a afetividade dela, ou até mesmo por que vê esperança como afetiva.

Voltemo-nos agora para Solomon. Eu poderia ver que John me prejudicou ao roubar meu carro, mas não ter raiva dele. Talvez por que recebo essas ofensas com vergonha, ou mesmo por que não me incomodo com o fato dele ter-me prejudicado. Em qualquer dos casos, é necessário afeto, não apenas julgamento. Se não tenho afeto, não posso sentir raiva de John mas, como disse William James, quando muito "alguma sentença judicial fria e desapaixonada, confinada inteiramente no plano intelectual, que leve alguma pessoa ou pessoas a merecer punição por seus pecados".

Solomon se dá conta desse problema. No apêndice a *Emoções e Escolha* ele escreve:

> Seria possível fazer um julgamento – e até mesmo um conjunto deles – de modo impessoal e isento, sem preocupações sejam quais forem. Contudo, um julgamento emocional (ou um conjunto deles) é necessariamente pessoal e comprometido.

Comparem "o que ele me disse foi ofensivo" (mas não me preocupo com o que ele pensa) com "ele me ofendeu!". Só o último caso implica raiva (... em parte, é um julgamento a respeito de minha auto-estima).(pág. 276)

Se isso diz que as emoções implicam julgamentos permeados de sentimento, então concordo. No entanto, tomo-o como dizendo algo mais: possivelmente por que, ao conjugar julgamentos sem sentimentos – provavelmente o *conjunto inteiro* de julgamentos –, a emoção fique garantida. Ou, quem sabe, por que diga que há certos julgamentos, como *ele me ofendeu!* que devem ser pessoais e comprometidos, e que por isso garantam a emoção.

Acho que o último caso é a interpretação mais provável. Também penso que não há necessidade de entrar nisso, porque nenhuma das interpretações ajuda Solomon. Ambas podem ser tomadas de modo que não garantem a afetividade. Afinal de contas, eu poderia muito bem observar que minha auto-estima está sob ataque, mas não me importar com isso. Assim, entende-se que o julgamento não precisa ser carregado de sentimentos ou falar de um deles. Para ter certeza, esse julgamento também pode ser visto como demonstrando que *senti* o ataque, que ele me golpeou e que minha auto-estima foi ferida. Acho que é isso que Solomon exige. Mas, seja ele carregado de sentimentos em si mesmo, ou não, trata-se de um relato de meu estado afetivo, de como me sinto. Portanto, ele não pode ajudar a explicar a emocionalidade de um modo como julgamentos desprovidos de afetos.

Além disso, seja ele ou não afetivamente carregado, ou, de outras maneiras, suficiente para a afetividade, resulta insuficiente para produzir raiva. Posso não me preocupar com o fato de ser ferido dessa maneira, da mesma forma como posso não me importar por sofrer um ferimento físico. Portanto, para que o julgamento *ele me ofendeu!* chegue perto o suficiente para garantir a raiva – o que é bem menos que constituí-la – deve expressar que, de modos adequados e carregados de sentimentos, eu me importo com o que me fizeram.

Falemos agora de Neu. O namorado da paciente do analista poderia formular aquelas perguntas meramente para obter informação, porventura acerca das diferenças entre o que é compartilhado numa relação amorosa e o que é dividido numa relação analítica, ou talvez motivado por uma curiosidade inerte, originalmente produzida pelo ciúme. Isso significa que uma pessoa pode fazer o julgamento *fui traído*, ou formular a questão *fui traído?* ou ter uma visão clara da traição em sua mente, mas ainda assim ser vaidoso. Cada uma desses impulsos cognitivos é compatível com não se importar e também com o não estar preocupado, ou interessado em ser traído.

Para estarmos certos, questões e cenas podem ser tomadas como essencialmente envolvendo sentimentos. Pode-se fazer julgamentos, formular questões, imaginar cenas, com ou sem preocupação, e com e a partir do ciúme, esperança ou raiva. Só quando carregados de sentimento esses julgamentos, questões e cenas chegam perto de ser ciúme, esperança ou raiva.

Por tais razões associadas, acho então que esses teóricos de conteúdo estão equivocados. Digo isso ao mesmo tempo em que concordo que suas explicações são corretas a respeito de muitos dos constituintes das emoções, e no mesmo momento em que também concordo que esses constituintes, ou o fato de eles serem sustentados de maneiras apropriadas, tipicamente explicam o fato de existir a emoção. Contudo, essas relações entre conteúdo e emoções não são identidade, nem o são o vínculo entre eles, nem tampouco garantem a emoção. O conteúdo simplesmente não é tudo na afetividade, e nem mesmo é suficiente para que ela exista.

Podemos também mostrar, de modos não-ligados a esses filósofos específicos, por que fracassam as reduções de sentimentos à razão. Para fazer isso, será útil lembrar as três espécies de sentimentos psíquicos antes mencionados: sentimentos da pessoa, como ser pleno de interesse; sentimentos a respeito do mundo, como estar interessado em algo em particular; e sentimentos no mundo, como achar interessante algo em particular. Concentro-me no segundo e no terceiro, pois o primeiro é menos provável de ser entendido racionalmente.

O segundo e o terceiro são naturalmente ligados a diferentes formas de razão. Colocados como maneiras de visão, os sentimentos a respeito do mundo são naturalmente ligados às formas de vê-lo, como vê-lo com interesse. Os sentimentos no mundo são naturalmente ligados aos modos em que ele é visto, como ser interessante vê-lo. Entretanto, dado que estou igualmente interessado em ambas as espécies de sentimento, não há necessidade de fazer distinção entre eles, ou entre aquelas formas de razão.

Comecemos com algumas relações entre interesse e atenção, como se verifica na atenção de uma pessoa supostamente faminta e sua intensa visão da comida. É certo que se uma pessoa não percebeu a comida ou, tendo-a percebido, não lhe deu atenção, isso poderia levantar a presunção refutável de que ela não está com fome ou, por outras razões, não tem interesse em comida.

Contudo, o sentimento não é redutível à razão sem sentimento. Posso dar atenção a algo, que na verdade pode preencher todo o meu campo de atenção, sem que esteja interessado nele. Aqui, poderíamos pensar no que alguém pode fazer quando está entediado. Por exemplo, matar o tempo assistindo a um programa de televisão pífio ou desinteressante, que apenas serve para afastar sua mente do pensamento de que tudo é tão entediante. Entretanto, uma pessoa também pode se tornar inteiramente ocupada com detalhes de um determinado trabalho, ou seja o que for, de maneira que dê mérito ao envolvimento e aos detalhes meramente mecânicos ou habituais. Os detalhes podem muito bem preencher a atenção de uma pessoa, sem que ela esteja interessada neles, ou no que eles se referem. Provavelmente foram interessantes antes, e possivelmente isso explique o fato de que ocupem a atenção de alguém. Mas agora, tudo o que resta é o fato de que eles atraiam essa atenção.

Esse ponto pode também ser colocado de maneira que destaque as *categorias* de entendimento, em vez de crenças e objetos de atenção. Uma pessoa pode continuar a usar categorias, compreensão e percepção, mesmo depois que o interesse, o cuidado e a preocupação tenham passado. Estetas cansados, agora interessados em questões de gosto e beleza, ainda podem notar as coisas que notavam antes, e ainda podem ver, categorizar e entender o mundo da maneira como o entendiam quando apaixonadamente interessados e arrebatados pela estética. Uma forma natural de colocar isso é que embora eles ainda vejam as mesmas coisas, e das mesmas maneiras, já não estão tocados ou comovidos por elas, não mais estão abertos a elas. Antes de eu escorregar no gelo, acreditava que era perigoso caminhar nele e queria evitar esse perigo. Contudo, o que eu tinha era uma apreciação apenas intelectual desses riscos, e um desejo *pro forma* de evitá-los. Após ter escorregado, e sem qualquer mudança de crenças ou desejos, sinto medo. Não se pode sustentar que tenho novas crenças, tais como "eu poderia *realmente* escorregar; isso poderia acontecer *comigo* agora", porque eu já acreditava nisso. Para chegar a crer nessa possibilidade, não precisei encará-la seriamente, com o intuito de adotá-la como medo. Porém esse é exatamente o meu ponto. Essa mudança de não sentir medo para senti-lo, não foi proporcionada por uma modificação de crenças, mas por uma alteração das formas emocionais pelas quais essas crenças foram consideradas. Quando estou com medo, as crenças estão emocionalmente presentes, impregnadas de emoção e carregadas de sentimentos; quando não estão, é por que não estou com medo.

Além da mudança entre a emoção e o que não o é, há modificações entre emoções. Alterando a história, podemos supor que antes de escorregar no gelo eu sentisse apenas uma cautela geral, e possivelmente uma preocupação comum a respeito dos perigos que as pessoas enfrentam ao andar por calçadas congeladas. Imediatamente após escorregar, eu sentia medo de caminhar sobre o gelo. Um instante mais tarde, já não sentia medo, mas, de novo, estava um tanto cauteloso e, no geral, preocupado. De toda forma, minhas crenças, e também meus desejos e valores, continuavam os mesmos. De maneira muito parecida, as questões *ciumentas*, cenas e detalhes imaginados podem ajudar a constituir o ciúme, ou apenas a tristeza em relação ao cônjuge instável de alguém. (Em capítulos posteriores, trataremos de alguns fatores que podem explicar se tal conteúdo produz ciúme ou tristeza.)

Deveríamos observar que este último ponto mostra que não é suficiente, para ter medo de escorregar no gelo, que uma pessoa tenha crenças, desejos e valores relevantes e os encare seriamente: por exemplo, com medo; ou como uma questão de preocupação intelectual ou pessoal séria, que denuncie um desejo de saber por que ela se sente tão facilmente *assombrada* por essas coisas; ou mesmo de modo divertido.

Pode parecer estranho dizer que ao me divertir com essas questões, eu as levo a sério. Mas isso simplesmente ajuda a esclarecer as coisas. De modo natural, entendemos a gravidade de escorregar seriamente como a gravidade do medo. Mas, como foi mostrado pelo contraste entre divertir-se ou não quando se reconhece uma boa piada, vemos que a seriedade *solene*, como revelada quando se tem medo, não é a única espécie de seriedade mostrada pelas emoções.

Estes últimos comentários podem sugerir que, da minha percepção, as crenças, os desejos e os valores engendram o medo (ou alguma outra emoção) apenas se a pessoa é de certa forma dada a ele, provavelmente por ser propensa a ser medrosa. Isso poderia levar rapidamente a uma acusação de circularidade, ou pelo menos de desinformação: de eu sustentar que determinado conteúdo produz medo apenas em alguém destinado a ser medroso.

Veremos adiante que essa especificidade pode de fato ser exigida, em especial na discussão dos extensos detalhes necessários ao entendimento das emoções. (Ver, por exemplo, o capítulo 2, seção 2, sobre simpatia e empatia; o capítulo 8, seção 3, sobre a vergonha; o capítulo 9, seção 2, sobre o orgulho; e o capítulo 10, sobre aquilo que Aristóteles discutiu sob a rubrica de *orgē*, raiva.) Aqui, farei duas alegações relacionadas: primeiro, como se verá, tal especificidade é altamente informativa; segundo, dado que não estou tentando algo como uma explicação redutivista dessas emoções, qualquer circularidade, seja real, seja aparente, não é problema para mim. Embora seja grave para aqueles que entendem as emoções apenas da perspectiva de seu conteúdo.

Ao dizer isso, não nego a importância das crenças, desejos e valores para as emoções, nem refuto a relevância das mudanças de crenças, desejos e valores nas emoções e em suas modificações. (Nego algo semelhante a isso no capítulo 2, seção 3.) Sustento apenas que são insuficientes para explicar as emoções, as mudanças sofridas por elas e muito menos para constituí-las.

Meus argumentos nessa direção, mesmo se aceitos, poderiam ser criticados por empregar uma explicação demasiadamente *árida* do entendimento; uma explanação dada apenas à vista do intelecto e, em particular, daquilo que o agente sustenta ser verdadeiro, ou provável, as implicações vistas e aceitas e coisas semelhantes.

Discutirei brevemente duas variedades dessa objeção. Primeiro, alguns filósofos argumentaram que se alguém *realmente* compreende, se tem um entendimento *real*, então, em certos casos, agirá da maneira apropriada. Assim, alega-se que se você realmente entende o que isso significa, especialmente o que significa para você, o fato de sua esposa estar-lhe enganando, se você realmente a vê na cama, ou mesmo nos braços de um rival, você terá ciúmes; se você realmente entende o que significa para os outros sentir dor, você sentirá por eles e será motivado a ajudá-los; se você realmente vê que uma dada ação está correta, você será motivado a buscá-la.[37]

Tenho dúvidas a respeito desses argumentos. Vejo, certamente, por que o fato de que uma pessoa enganada, e sabedora do engano, não sente ciúmes, sugere, ou mesmo mostra, uma falta de emocionalidade. Mas não vejo por que isso vá, de qualquer modo, mostrar, ou mesmo sugerir, uma falta de compreensão intelectual. Provavelmente isso apenas mostre que endosso a conhecida visão filosófica de que a compreensão intelectual é, nesse sentido, estéril.

Não interessando o quão importante seja essa questão a respeito do entendimento, não acho que devamos prosseguir com ela. Essas teorias sobre compreensão não-estéril apressam o estabelecimento da diferença entre a compreensão intelectual e a emocional, ou pelo menos do que, popularmente, se chama de entendimento emocional.[38]

Entretanto, os argumentos desenvolvidos para mostrar que o entendimento – incluindo o conhecimento, a crença e o julgamento – deveria ser compreendido como afetivamente carregado, são muito semelhantes as minhas deduções de que os sentimentos – e também as emoções, atitudes, interesses e disposições – devem ser entendidos como repletos de afetividade. De todo modo, os argumentos de que o conteúdo cognitivo das emoções

37. Agradeço a Elijah Millgram por esta discussão. Ver, por exemplo, Richard M. Hare, "What Makes Choices Rational?", Review of Metaphysics, 32 (1979) 623-637, Thimothy Sprigge, "Metaphysics, Physicalism, and Animal Rights", *Inquiry*, 22 (1979) 101-143; John McDowell, "Are Moral Requirements Hypothetical Imperatives?" *Aristotelian Society Proceedings*, 52 (1978) 13-29, e também "Virtue and Reason", *Monist*, 62 (1979) 331-350, em especial suas objeções ao não-cognitivismo nas seções 3, 6, e 7.

38. Agradeço a Joseph Waligore por argumentar que a compreensão dos Estóicos em relação a crença e ao julgamento era dessa espécie não-estéril – em sua tese de doutoramento na Syracuse University, 1995, "The Joy of Torture: The Happiness of Stoic Sages". Entre os principais citados nesse contexto, Waligore fala de Sêneca, *De Ira*, II.5-6; Epicteto, Discourses, I:28; Cícero, Tusculam Disputations, III.74-75; Antony C. Lloyd, "Emotion and Decision in the Stoic Philosophy", em John Rist, org., *The Stoics* (Berkeley: University of California Press, 1978); e Martha Nussbaum, *The Therapy of Desire* (Princeton: Princeton University Press, 1994).

não é estéril, e sim permeado de afetos, não são alegações em favor da teoria do conteúdo. São argumentos contra ela.

A segunda objeção à concepção estéril da compreensão pode ser posta do seguinte modo (que é semelhante à observação que acaba de ser feita sobre a seriedade): poderíamos dizer que ao centrar-se na razão, portanto diferenciando-se do desejo, a teoria do conteúdo identifica as emoções e os sentimentos com o conteúdo proposicional. Entretanto, dizer isso não é dizer o bastante. O conteúdo proposicional *deve* ser mantido pela pessoa em questão. No entanto, há diferentes modos pelos quais o conteúdo pode ser sustentado. Por exemplo: com certeza, com dúvida, ou como uma hipótese. Somente alguns desses modos têm alguma possibilidade de permitir que a teoria do conteúdo seja plausível. Para tomar um caso extremado: meu pensamento de que não há possibilidade real de que haja uma cobra na moita é, contudo, compatível com meu temor de que haja uma. Mas não chega sequer à condição de ser um candidato extremamente fraco de redução para aquele medo.

Dessa maneira, os teóricos de conteúdo nos devem uma explicação, uma caracterização ou pelo menos a enumeração das formas possíveis de sustentar o conteúdo proposicional: modos que permitam a sua redução. Eles também devem mostrar-nos que há maneiras não-afetivas e não-emocionais de caracterizar essas afirmações.

Como essa última observação esclarece, ainda preciso ser convencido de que podemos caracterizar *crenças* como *verdades*, sem precisar, além disso, de um conceito como *fé*. Também ainda preciso ser convencido de que podemos caracterizar seja *verdade*, seja *fé*, de modos não-afetivos e não-emocionais. Pelo menos muitos casos ou sentidos do acreditar *que* e fé são emocionais ou afetivos, e compartilham, de fato, alguns aspectos emocionais ou afetivos do acreditar *em*.

Neste ponto, vêm à mente Hume e os problemas da distinção entre divertir e acreditar. O mesmo ocorre com muitas questões sobre a possibilidade de caracterizações não-afetivas do conhecimento, como a diferença entre ver uma árvore, e assim saber que ela está lá, e saber por meios não-perceptivos que ela lá está; ou as diferenças entre perceber o verdor das folhas, e assim ver e saber que ela tem folhas dessa cor por meios não-perceptivos; ou as diferenças entre ver o verdor e saber com o que ele se parece, e (se isso é possível) saber disso por meios não-perceptivos, mas também de modos não-afetivos.

Da mesma forma, há questões sobre a possibilidade de caracterizações não-afetivas da *presença* e outras diferenças entre ver algo e apenas ouvir um relato *completo e com detalhes* a respeito. Aqui, poderíamos também pensar nas diferenças entre o que é mostrado, e o que é pressuposto. Poderíamos concordar com o argumento de Aristóteles de que faz diferença "se ações ilegais e terríveis são pressupostas numa tragédia, ou realizadas no palco". (*NE* I.11, 1101a32 ss.)

Acho que essas são tentativas sérias de compreender o entendimento, a crença e coisas semelhantes de maneiras áridas e não-afetivas.[39] Contudo, em muito do que se segue escrevo como se houvesse essas maneiras de caracterizá-las: como forma de apenas sustentar, de modo *neutro* e não-afetivo, o conteúdo pertinente. Não estou certo de que essa neutralidade possa existir. Citado de outro modo, não estou certo de que sustentar de modo árido é simplesmente fazê-lo sem qualquer afeto, ou, em vez disso, se implica um tipo especial de afeto

Entretanto, para os propósitos do momento, não há necessidade de entrar nessa discussão. Se existe esse modo não-afetivo de afirmar, ele é inadequado para o entendimento da emoção e do afeto. E, se todas as formas de sustentar um conteúdo forem afetivas, os teóricos de conteúdo serão incapazes até mesmo de iniciar seus argumentos. Eles simplesmente não terão meios de declarar seus argumentos conteudísticos de modo coerente o bastante para permitir que eles sejam examinados e aceitos ou, o que acho bem mais provável, rejeitados.

## 5. A irredutibilidade por meio de explicações mais complexas

Meus argumentos têm sido dirigidos contra explicações reducionistas do sentimento, simples e resumidamente esboçadas. Uma questão natural, sobre o que foi argumentado até agora, é se explicações mais completas e mais complexas poderiam permitir o reducionismo. Como é lugar comum, em parte graças aos psicanalistas, para entender as emoções e os sentimentos devemos estudar a história daqueles que as têm. De modo semelhante, podemos formular boas hipóteses sobre os sentimentos e as emoções das pessoas, e mesmo percebê-los e entendê-los por meio da observação de *uma fatia suficientemente grande* de seus desejos, crenças e avaliações, em especial quando conjugados com seus atos corporais e comportamentais.

Dado que as explicações mais complexas – até aquelas que poderiam fazer uso da história ou de descrições em larga escala de pessoas – ainda têm de ser propostas, é difícil avaliá-las. Assim, as que se seguem devem ser

39. Sobre esse tema, ver William Charlton, "Force, Form, and Content in Linguistic Expression", *Aristotelian Society Proceedings*, 84 (1983-1984), e Weakness of Will (Oxford: Blackwell, 1998), em especial pág. 55.

tomadas apenas como algumas razões segundo as quais penso que meus argumentos, ou leves modificações deles, poderiam também falar contra tentativas reducionistas mais complexas (no capítulo 9, I, discuto uma explicação mais aprofundada das emoções com o sentido de relações cognitivo-estruturais, mostrando que ela fracassa precisamente porque é não-afetiva).

Reconheço que, digamos, as análises psicanalíticas das emoções e dos sentimentos utilizam muito a infância e outros precursores distantes, mesmo cenas ou cenários infantis e arquetípicos. Mas, por boas razões, isso não configura a totalidade dessas explicações. Essas teorias também sustentam que essas emoções e sentimentos, tais como tidas por adultos, são tipicamente afetivas, opondo-se à dissociação e similares, e também que suas origens infantis eram afetivas. Dessa maneira, mesmo que um ciúme de adulto seja explicado por suas semelhanças, ou pelo fato de ser um descendente de alguma emoção pregressa – seja o ciúme inteiramente configurado, o protociúme ou outra emoção qualquer – ainda precisamos de uma explicação do que é – seja para o ciúme adulto, seja para a emoção mais remota – ser permeado por sentimentos e ter uma "carga" emocional.[40]

Igualmente, concordo que podemos discernir os sentimentos das pessoas observando uma fatia suficientemente grande de suas vidas, mesmo se as descrições e similares sejam desprovidas de sentimentos. Também concordo que é difícil imaginar uma pessoa sem sentimentos, ou com sentimentos bastante diferentes dos nossos, se essa pessoa tem, ou é vista como tendo, as mesmas miríades de crenças, desejos, avaliações, valores e ações corporais e comportamentais entrelaçados, como temos.

Além disso, concordo que pode ser difícil imaginar como alguém sem certos sentimentos e emoções poderia ter exatamente as mesmas miríades de crenças, desejos e coisas semelhantes que temos, quando experimentamos esses sentimentos e emoções. Por exemplo, acho difícil imaginar que alguém que *não* esteja com raiva – mas que constantemente busque e encontre sinais de desrespeito, e esteja bem preparado para retaliar ao que acredita ser uma ofensa – entre o tempo todo em discussões, disputas e brigas.

Concordo que este mundo poderia ser muito difícil de entender. No entanto, não acho que isso sustente, de qualquer modo, a possibilidade de uma redução. Atribuímos esses sentimentos, nessas bases, a essa pessoa porque entendemos que ela é um ser afetivo com sentimentos psíquicos. É possível que isso seja uma parte de nossa compreensão das pessoas à vista

40. Não creio que muitos filósofos estejam adequadamente atentos a esse ponto, como, por exemplo, Neu, em "Jealous Thoughts"; e Ronald DeSousa, em "The Rationality of Emotions", *Dialogue*, 18 (1979) 41-63, e Rorty, em *Explaining Emotions*.

de uma teoria psicológica que as vê como seres afetivos. Contudo, baseado ou não em algo como uma teoria, sugiro que pensemos que exatamente em virtude de ser uma pessoa, esse indivíduo tem sentimentos; e que por causa disso ele tem esses sentimentos. É por algumas dessas razões que acho difícil, se não impossível, imaginar que a pessoa há pouco descrita não está com raiva. Mas essa dificuldade de modo algum sugere, e muito menos sustenta, a possibilidade de uma redução àquilo que é não-afetivo. Porque todo esse encadeamento de idéias se refere às pessoas como seres afetivos.

Uma maneira similar de colocar este ponto é dizer que nossa compreensão – e o entendimento dessas teorias – das pessoas sadias é vê-las como seres afetivos. Além disso, nossa concepção de saúde implica tomar emocionalmente os desejos, crenças e valores propostos pelos teóricos de conteúdo sobre o que são as emoções. No limite, isso significa dizer que é conceitual, em relação às pessoas sadias – pelo menos tipicamente, e em certas condições –, que se elas têm esse conteúdo terão emoções. Entretanto, mesmo que isso seja correto, não serve de apoio para a teoria do conteúdo, pois ela se refere àquilo que é conceitual para esse conteúdo, e não ao que é conceitual para ela quando diz respeito às pessoas sadias e afetivas; ou seja, seres que são afetivamente sadios e sadiamente afetivos.

Em segundo lugar, não acho que complexidade é o que está faltando nas explicações simples e desprovidas de sentimentos. Não penso que essa falta poderia ser remediada acrescentando ainda outros estados e ações desprovidos de sentimentos. Acho que isso pode ser percebido se considerarmos o conceito de *interesse em um dado objeto*. Ao menos certas formas desse interesse são modos proeminentes de desejar esse objeto. Aqui, poderíamos pensar no interesse de uma pessoa faminta por comida. A razão, o comportamento, os estados funcionais e corporais são relativamente sem importância quando comparados ao desejo, embora eles mesmos estejam ligados a esse interesse.

Assim, se minha teoria de irredutibilidade está errada em relação a esse interesse – isto é, interesse amplamente entendido como desejo –, uma redução de desejo desprovido de sentimentos deveria chegar perto de funcionar. Contudo, se meus argumentos estiverem corretos, essa redução não apenas fracassa, ela fracassa desgraçadamente.

Meu argumento poderia ser criticado por usar uma compreensão demasiadamente simples do desejo. Seria possível afirmar que os desejos pertinentes são, ou implicam, hierarquias do desejo e acerca dele. Dessa maneira, seria possível manter que para estar interessado em um dado objeto $O_1$, alguém deve desejar ter $O_1$, mas, além disso, deve também desejar ter esse desejo, deve ver seu próprio desejo em relação a $O_1$ sob uma certa luz e assim por diante.

Não acho que precisemos investigar a plausibilidade dessa afirmação como uma afirmação sobre o desejo. Uma vez que um desejo sem sentimentos por $O_1$, nem mesmo chega perto de proporcionar um entendimento correto do interesse por $O_1$. Não vejo como se possa fazer qualquer progresso ampliando esse desejo desprovido de sentimentos com ou sobre as hierarquias dos desejos sem sentimentos. Por exemplo, por meio de um desejo sem sentimentos que alguém tenha por $O_1$, e um modo desprovido de sentimentos de perceber com o que esse desejo se parece.

Seria útil entender o que é ter tal interesse por $O_1$, pondo esse entendimento na condição de desejar com interesse, ou porventura com prazer, o desejo de alguém por $O_1$, ou vendo com interesse ou prazer que alguém deseja $O_1$. Entretanto, esses elementos de ordem superior são carregados de sentimento. E, se podemos recorrer a eles, não deve haver razão para não começar com eles desde a base. Por exemplo: desejar $O_1$ com interesse ou prazer.

## 6. Sentimentos raramente são apenas sentimentos

Os argumentos, que acabam de ser expostos, são claramente insuficientes para assentar todas as dúvidas a respeito de explicações redutoras mais complexas. Por isso, possivelmente seja útil esboçar uma consideração que possa inclinar as pessoas a pensar que alguma explicação redutora possa ser possível. Suponhamos que se concorde que não podemos chegar a uma explicação de cuidado ou interesse baseada em desejo e razão. No entanto, seria possível questionar como essas explicações, ou considerações semelhantes, poderiam ser melhoradas, e muito menos bem-sucedidas, acrescendo-lhes o sentimento. De que modo o acréscimo de uma dor interna, digamos assim, melhoraria a explicação? A idéia aqui é a de que os sentimentos são fenômenos demasiadamente internos, e demasiadamente pobres, para apoiar explicações relativas a cuidado, preocupação e interesse.

Uma variante dessa idéia tem aplicação imediata em minhas afirmações de que, por serem afetivas, ao menos algumas emoções têm um mérito valorativo importante, e mesmo importância moral. Como, perguntarão, podem os sentimentos – meros sentimentos, angústias internas ou outros fenômenos interiores conceitualmente pobres – ter tal importância moral e avaliadora?[41]

41. Agradeço a Richard Moran por esta discussão.

Uma resposta completa implicaria uma explicação da natureza dos sentimentos psíquicos, e especialmente de como, a exemplo de outros elementos psíquicos, eles são ligados com um interior e com o exterior. Aqui, deve ser suficiente notar o que se segue. Sem dúvida, alguns sentimentos psíquicos são semelhantes a dores. Uma picada momentânea de tensão psíquica ou excitação pode parecer uma dor. Eu poderia também fornecer um exemplo de ações inteiramente internas. O fato de serem semelhantes a dores ou inteiramente internas pode ser interessante, mas não para nossas preocupações atuais. Na verdade, para os presentes objetivos a atual contraposição está fora de questão e é mal orientada.

Deve ser lembrado que os sentimentos psíquicos, com os quais tenho estado interessado – cuidado, preocupação e interesse –, foram mostrados como tendo complexidade conceitual. Basta considerar suas relações com razões e objetos permeados de conteúdo. Além disso, esses sentimentos psíquicos com freqüência devem ser pensados como não meramente ligados à ação, à razão ou ao desejo, mas como *modos* seus. Por exemplo: uma pessoa pode agir, ver ou desejar *com* interesse. Esses sentimentos psíquicos não são conceitualmente empobrecidos, da mesma maneira que se supõem que as dores o sejam. Nem são mais questionavelmente internos do que o desejo e a razão.[42]

Em outros capítulos, veremos que os sentimentos são complexos, intra e interpessoais, sociais, e que também são avaliadoramente e moralmente importantes. Ao preocupar-se com as emoções, um indivíduo está preocupando-se com o que é complexo, intra e interpessoal, social e valioso, e também afetivo. Em suma, os sentimentos não são apenas sentimentos, não são tão simples assim; e isso ajuda a explicar como aquilo que é erroneamente imaginado como meros sentimentos pode ser de uma importância vital, tanto da perspectiva moral, quanto do ângulo avaliador.

## 7. Considerações finais

Neste capítulo, argumentei que as emoções implicam afetividade, que elas são afetivas. Ponderei que isso está ao menos muito perto de ser uma tautologia, e das mais superficiais. Se for necessária uma desculpa para discutir essa alegação, é provável que ela possa ser encontrada no fato de que

42. Para uma discussão das questões relativas às naturezas interna e externa desses sentimentos, ver Gareth Matthews, "Ritual and Religious Feelings", em Rorty, *Explaining Emotions*, e, numa versão anterior, "Bodily Motions and Religious Feelings", *Canadian Journal of Philosophy*, 1 (1971) 75-86.

meus argumentos em favor da afetividade das emoções pendam bem menos para o lado da afetividade das emoções, do que se fossem dirigidos para a irredutibilidade dessa afetividade.

A seguir, argumentarei em favor da importância avaliadora e na verdade moral das emoções, pelo menos em parte por causa de sua afetividade. Não argumentarei em favor da importância avaliadora e moral apenas das emoções. Isso poderia ser discutido mostrando que as emoções têm tal importância em virtude de seu conteúdo não-afetivo, e não por causa de sua afetividade. O que quero defender é que pelo menos parte da importância moral e avaliadora das emoções tem, precisamente, a ver com sua afetividade.

Para resumir, argumentarei que os sentimentos psíquicos têm uma vital importância avaliadora e moral. Para tomar um ponto mencionado na seção anterior, alguns filósofos poderiam achar essa afirmação perturbadora, se não provocadora, precisamente por que ela é colocada na forma de sentimentos. Embora eles possam, acaso, perceber como as emoções, os estados de humor e as atitudes têm importância avaliadora, também poderiam estranhar como meros sentimentos possam ter a mesma importância.

Minha principal resposta é dada no corpo deste livro. Contudo, um importante início já foi registrado neste capítulo. Minha afirmação pode soar perturbadora e provocativa, especialmente para aqueles que pensam a afetividade e os sentimentos psíquicos do ângulo de meros sentimentos, em especial nos pontos em que estes são compreendidos como semelhantes a dores, muitas vezes corporais. Mas não é assim que entendo os sentimentos.

Alguns poderiam pensar que seria melhor colocar minha meta em níveis mais aceitáveis. Em vez de argumentar em favor da importância avaliadora e moral dos sentimentos, eu poderia defender o mérito avaliador e moral das emoções, dos estados de humor, das atitudes e dos interesses. Mas, se tivesse posto as coisas desse modo, teria, para evitar equívocos, de acrescentar que atribuo ao menos parte da importância das emoções, estados de humor, atitudes e interesses, não apenas a seu conteúdo não-afetivo, mas também à sua afetividade: ou seja, aos sentimentos.

# 2

# Como as emoções revelam valor

Este capítulo continua a apresentar material preliminar, agora de natureza mais avaliadora. Centra-se em como os estados e entidades afetivas, como emoções, estados de humor, interesses e atitudes revelam valor. A seção 1 mostra como eles revelam valor. A seção 2 questiona os tipos de valor que denotam. A seção 3 discute se todos eles os revelam. A seção 4 indica por que o fato de eles mostrarem valor, não sustenta nem o emotivismo, nem o naturalismo. A seção 5 suscita a preocupação de que possivelmente esses estados afetivos sejam valiosos, mas apenas de modo instrumental. A seção 6 assinala como essa preocupação está estreitamente ligada à explicação de conteúdo da afetividade, apreciada no capítulo 1.

## 1. Introdução a algumas questões

Durante os últimos cem anos, muitos filósofos e outros teóricos nivelaram os sentimentos psíquicos – inclusive as emoções e outras entidades e estados afetivos – isentando-os de qualquer complexidade e conteúdo conceitual (concentro-me nas emoções, mas muito do que digo vale para estados de humor, atitudes, interesses e outras entidades e estados afetivos). Entretanto, como hoje em geral se reconhece, eles têm uma considerável complexidade e conteúdo, em parte constituído por valores. Por exemplo, parte do que significa orgulhar-se de algo, é pensá-lo como bom. As emoções podem também *revelar* os valores: que elas contêm, e que ajudam a estruturá-las. Meu orgulho a respeito do que fiz denota que o acho bom.

Citando outros exemplos, começo com um caso que não implica valores sérios. Descobri que ainda era fã de um time, e não apenas interessado em assistir a um jogo de futebol, quando me vi aborrecido por suas derrotas e satisfeito com suas vitórias. Falando de um assunto sério, notei que parte do que considerava muito ruim a respeito do início de uma guerra recente, era por que eu me percebia muito contrariado e entristecido ao ouvir que ela havia começado. Antes de saber de sua deflagração, e de reagir emocionalmente a ela, eu pensava ver a guerra simplesmente como mais uma dessas ocorrências geopolíticas, um incidente internacional desastroso, mas nada de realmente sério, nada verdadeiramente terrível. Em seguida a ficar sabendo do início dos bombardeios e reagindo como reagi, já não tinha essa mesma visão.

A explicação da raiva, na *Retórica* de Aristóteles, proporciona outra ilustração da forma como as emoções podem ajudar na descoberta de valores: "A raiva (*orgē*) pode ser definida como um desejo acompanhado de dor, de vingança conspícua por uma ofensa conspícua, ao alcance de homens que não têm por que chamar a ofensa para si mesmos, ou para seus amigos" (*Ret.*II.2.1378a31 ss. Trad. Roberts). Assim, a *orgē* implica valor ou avaliação, de pelo menos três modos. Sua causa ou base tem de ser percebida e avaliada como uma ofensa conspícua. A ofensa deve ser percebida e avaliada como algo importuno. E seu alvo, seja próprio ou de amigos, precisa ser causa de preocupação. Desse modo, se alguém nem mesmo admite sua presença, e esse comportamento causa *orgē* em mim, ou o chamou de pedante e pomposo e despertou-me a *orgē*, isso pode denotar que interpreto essa atitude como ofensa, que a tomo como grave ou injusta e preocupo-me com você.

Tudo isso pode revelar esses acontecimentos avaliadores, mesmo se antes de experimentar o episódio de *orgē* eu não os tivesse tomado como fatos. De antemão, eu poderia ter pensado que não tomaria essa atitude como uma ofensa; ou apenas como uma ofensa menor; e que não me preocuparia com isso.

Até agora, sugeri que as emoções podem revelar o valor que contêm. Mas, além disso, o caráter e os valores das pessoas podem ser mostrados pelas emoções. A diferença do que foi discutido até o momento é que se você tem tal *orgē* – ainda mais, se você é dado a ela, e especialmente se se qualifica como uma pessoa raivosa ou cheia de *orgē* (como será discutido no capítulo 10) – pode mostrar a si mesmo que é uma pessoa preocupada com honra e posição; e as valoriza especialmente. Poderíamos chamar esses valores de gerais e caracteriológicos, porque eles são *próprios* e ajudam a estruturar o caráter de uma pessoa, e isso é refletido pela emoção, mesmo que eles não estejam nela.

A seguir, mostrarei ainda outras maneiras pelas quais as emoções revelam valores. Indicarei também que nem todas as emoções têm as mesmas relações com os valores; revelando não apenas valores e avaliações, mas muito de nosso mundo interior e exterior, e que essas diversas relações são com freqüência muito complexas.

Nota-se ainda que as emoções refletem bem mais do que valores e avaliações. Elas também podem mostrar seus outros *componentes*. Se estou com raiva de você porque diz que meu país explora aqueles países que alega ajudar, minha raiva pode indicar que, ao contrário do que pensei, não mantenho pontos de vista inflexíveis, tipo *Realpolitik* sobre as relações internacionais. De maneira similar, se estou aborrecido porque John levou meu carro emprestado sem minha permissão, isso pode mostrar meu engano ao pensar que agora aceito seja o que for que meus amigos me façam.

As emoções também podem desempenhar vários papéis reveladores na psicanálise. Aqui – como em muitos outros campos –, já é lugar-comum dizer que mudanças nos afetos podem indicar muitas outras alterações, e para descobrir a verdade deve-se confiar e seguir os afetos. Muitos exemplos disso ocorrem quando se trabalha pacientes com material dissociado, em razão de traumas. Esse material poderia ser recuperado, ou reconstruído, apenas por meio de atuações emocionais ou reatuações de natureza altamente carregada; reatuações que fazem desmoronar o presente e o passado como se o trauma estivesse acontecendo lá. Os psicanalistas Ethel Spector Person e Howard Klar discutem um caso no qual o analista deixou cair uma caneta e curvou-se para apanhá-la, ao que o paciente antes cordato disse: "Se você me tocar eu o matarei". Não é preciso dizer que, para o paciente, esse evento *deflagrador* – esse *sinal de perigo* que o faz reviver o passado como se ele fosse o presente – era, ou tornou-se instantaneamente, emocional.[1]

## 2. Questões problemáticas acerca dos valores revelados pelas emoções

Apresentarei agora algumas questões sobre o valor presente nas emoções, ou que pode ser revelado por elas. Nesta seção, considerarei os valores mostrados pelas emoções; seu estado *ontológico*; se todas as emoções expõem valores; e alguns dos papéis epistemológicos desempenhados pelas emoções.

Começarei com a questão sobre *quais são os valores revelados pelas emoções*. Pode ser difícil conhecê-los. Minha raiva, em relação às ofensas mencionadas, não precisa mostrar que eu me importo com você, com minha nacionalidade, ou religião. Ela pode, ao contrário, mostrar que eu me

1. Agradeço a Elizabeth Hegeman por esta discussão. O exemplo foi tirado do trabalho de Ethel Spector Person e Howard Klar, "Establishing Trauma: The Difficulty Distinguishing between Memories and Fantasies", *Journal of the American Psychoanalytic Association*, 42 (1994) 1055-1081.

importo comigo, ou com minha posição diante dos outros. Eu poderia ficar com raiva pelo fato de os outros terem um juízo tão ínfimo a meu respeito que os faça sentirem-se livres para dizer seja o que for diante de mim, sem nenhuma necessidade de se preocupar com o que eu poderia sentir.

Essa dificuldade em descobrir os valores contidos nas emoções pode contrapor a argumentos de que elas possam conter, ou revelar valores, e que possam ajudar-nos a descobrir aquilo que valorizamos. Ou, como acredito, pode apenas mostrar a necessidade de atenção mais precisa às nossas emoções. (Retornarei a este assunto.)

Voltemo-nos agora para algumas questões sobre *a natureza "ontológica" dos valores revelados pelas emoções.* Elas podem mostrar o ato de *valorizar*, em vez dos valores: como uma pessoa valoriza algo, não o valor que alguma coisa tem ou que ela pensa ter. Às vezes, as pessoas dispõem de emoções que contêm e revelam valorações, não valores; e às vezes elas possuem emoções que denotam falta de valoração, mesmo diante de um valor reconhecido.

Para falar do primeiro caso, usaremos um exemplo que põe em questão o argumento filosófico de que as emoções contêm e revelam valores, e que isso é também muito inquietante pelo que mostra sobre os perigos do mundo, incluindo o mundo das emoções. Sartre escreve que os anti-semitas muitas vezes pensam e dizem coisas como: "veja, deve haver *algo* com os judeus; eles me perturbam fisicamente." E continua: "Esse argumento, que ouvi uma centena de vezes, merece ser examinado. Em primeiro lugar, ele deriva da lógica da paixão. Na verdade, será possível imaginar alguém dizendo seriamente: 'Há algo com os tomates, porque tenho horror a comê-los?'[2]"

As questões filosóficas levantadas pelo exemplo são suficientemente claras. Ele nos força a perguntar se as emoções dos anti-semitas e, naturalmente, o horror a comer tomates revelam valores ou apenas valorações. Com efeito, será que as emoções podem expor valores que não sejam apenas valorações?

Os teóricos, apreciadores do emotivismo, poderiam tomar os exemplos de Sartre e dizer que eles mostram que as valorações têm primazia sobre os valores, ou ao menos que as emoções evidenciam somente valorações e não valores. Mas outros poderiam pedir-nos para verificar o que está acontecendo aqui, dada a semelhança ao que ocorre em relação às crenças: pois o fato de possuirmos crenças falsas, perniciosas e ridículas não é objeção ao argumento de que elas se referem ao verdadeiro, nem significa que o objeto de crença é somente o que se acredita ser verdadeiro. (Esta questão será retomada de diferentes modos, em especial nos últimos capítulos.)

2. *Anti-Semite and Jew* (Nova York: Schocken Books, 1976), pág. 10, grifo no original.

Trataremos agora do segundo modo em que as emoções apresentam apenas valorações, e não valores. Posso não valorizar, ou valorizar muito pouco, o que sei que tem um grande valor. Por exemplo: não valorizar, ou valorizar muito pouco, uma dada escola musical, mesmo sabendo – por mim mesmo, não apenas por ouvir dizer – que ela tem um valor dos mais elevados. Caso não soubesse que valorizo pouco a música, poderia descobrir isso ao surpreender-me sem vontade de assistir a concertos daquele gênero, ficando entediado e inquieto quando a ouço ser tocada. Mais uma vez, a generalização é clara: será que as emoções podem revelar valores ou a falta deles, ou elas simplesmente manifestam valorações?

Acabamos de considerar alguns exemplos de emoções, com relações questionáveis entre valorações e valores. Tratarei a seguir de algumas outras emoções que implicam valorações, e talvez também valores, que o agente não constrói ou sustenta.

Certas emoções envolvem o que chamarei de valorações de *fantasia*; e, inspirado pelas valorações *falsas* do *Philebus*, denominarei de emoções correlatas de fantasias, ou emoções falsas.[3] Eis um exemplo: alguns amigos, recém-chegados da Espanha, me deliciaram com histórias de suas viagens, que incluíram a intensidade do sol, o azul do céu, a vivacidade das touradas. Suas emoções demonstraram o quanto gostaram e valorizaram a viagem e as características daquele país. Fui levado por seu entusiasmo, e comecei a fantasiar e imaginar-me de volta à Espanha, divertindo-me muito, emocionando-me com as touradas. Minhas emoções foram muito semelhantes às de meus amigos, indicando – se as emoções revelam valorações e valores – que eu também valorizava aqueles aspectos da Espanha. Depois que meus amigos saíram, meu entusiasmo se dissipou e recuperei o equilíbrio. Lembrei-me apenas de como detestei o calor, as multidões e, especialmente, as touradas. E, com certa tristeza, percebi que se tivesse de voltar à Espanha, sem dúvida ainda não gostaria de nada disso, mesmo se fosse com meus amigos. Concluí que na verdade não valorizo o que minhas emoções *mostraram* que valorizo. Fui de algum modo influenciado, entrei no entusiasmo de meus amigos e, por um momento, imaginei e fantasiei estar deleitando-me com o que não me deleita, nem um pouco.

Seria possível sustentar que mesmo não dando valor ao fato de ter estado na Espanha, eu deveria, na verdade, valorizar a identificação com meus

3. Os próximos parágrafos recapitulam um argumento de "Emotional Thoughts", *American Philosophical Quarterly*, 24 (1987) 59-69, e levam em conta algumas objeções feitas por Joseph Waligore àquele argumento. Ver também R. Jay Wallace, *Responsibility and the Moral Sentiments* (Cambridge, Mass.: Harvard University Press, 1994), seção 2.4, "Irrational Guilt", especialmente as págs. 45-46.

amigos, ou ser levado por seu entusiasmo. Não concordo. Contudo, mesmo se estiver errado, isso apenas poderia forçar uma modificação, não um recuo, em meu argumento sobre a possibilidade de emoções falsas ou fantasiosas e, correlativamente, de valores e valorações falsos e fantasiosos. Eu estaria errado quanto à forma do argumento: isto é, em relação ao significado literal de que algumas emoções não revelam, de modo algum, valores ou valorações reais. No entanto, eu ainda poderia sustentar algo muito próximo do espírito desse argumento: que podemos, seriamente, identificar de modo errôneo nossas emoções, e os valores e valorações que elas revelam.

Com efeito, já vimos isso. Como foi assinalado, eu poderia achar que estava com raiva de você pela maneira como foi tratado, quando, na verdade, minha raiva se devia apenas por que as pessoas que o maltrataram, o fizeram sem levar em conta a minha presença. Neste caso, em vez de valorizar *o que* meus amigos fizeram, diz-se que valorizo o que meus *amigos* fizeram. Ao valorizar a visita à Espanha, a visão das luzes, a freqüência às touradas, dou valor ao fato de ser como meus amigos. Provavelmente eu valorize a idéia de ser como eles, não o valor que dão à sua visita a Espanha. Mas, ao ser como eles, valorizo bem mais tudo aquilo que eles poderiam ser. Pondo a questão no plano de desejo: não quero visitar a Espanha, de certa forma, quero desejar visitar esse país, ou ser uma pessoa que quer visitá-lo, ou ser como meus amigos.

Os casos apresentados de emoções falsas ou fantasiosas são exemplos de emoções passageiras. Por algum tempo, provavelmente por um tempo muito curto, a pessoa é apanhada por uma emoção que em seguida a deixa. Há outros casos de emoções, e também de estados de humor, interesses e atitudes, que são bastante similares a essas emoções, mas são de longa duração. Entre estes, focalizarei um que é especial: as emoções em que alguém mais foi apanhado, mantém e leva consigo. A elas darei o nome de emoções *induzidas pelos outros*.[4] Um bom exemplo, é a tristeza do filho de uma mãe deprimida, a tristeza em que ele se encontra de tempos em tempos, mas de um modo estranho: uma maneira que, do jeito que ele sente, não é realmente a sua. Como poderíamos dizer, ele está nesse momento vivendo, não apenas experienciando, a tristeza de sua mãe: ele desliza para dentro dela ou a toma para si. Não é uma tristeza sua.

Tomo agora o caso de uma inimizade familiar, que se mantém sobretudo por meio de insultos ao tio Jack, especialmente em festas de dias santificados, das quais ele é ostensivamente excluído. Por algum tempo, sempre que Jack era mencionado, Jill se juntava ao resto da família nos insultos. Mas

4. Agradeço ao Dr. Lleni Pach, psiquiatra, por esta discussão.

agora ela chegou à conclusão de que durante muito tempo não se achava *realmente lá*, não estava de fato unida aos outros nas ofensas. Reconheceu também que durante um longo tempo, bem antes dessa conclusão, não tinha na verdade pensado mal dele, mas que de fato gostava do tio e o admirava; o que tinha, no fundo, eram apenas censuras e um aborrecimento inarticulado, e por isso passou a ver a inimizade de família como insignificante, sem fundamento e ridícula. Ao se dar conta disso, ela poderia reconhecer que os sentimentos que experimentara e aceitara não eram realmente seus, mas apenas recebidos do resto da família, ou por ela instigados.

Tais casos de emoções induzidas são semelhantes aos de desempenho de papéis. Mas apenas de certo modo. Elas são, também, um pouco semelhante ao meu embarque no entusiasmo de meus amigos pela Espanha. Mas, de novo, são apenas um tanto parecidas. Uma diferença significativa é que elas são mais constitutivas da pessoa que as outras emoções. No entanto, ainda que sejam mais uma parte dessa pessoa, elas não são *realmente* parte – ou podem não ser uma parte real – dela. Esses casos levantam questões a respeito da autenticidade, agora se centrando nos sentimentos e em sua veracidade.

Na medida em que achemos que grandes porções de uma vida, ou mesmo uma vida inteira, podem ser inautênticas, teríamos pouca dificuldade em reconhecer que emoções falsas ou fantasiosas possam ser mais penetrantes, e afetar mais de uma pessoa, por maiores períodos de tempo e de mais maneiras, do que nesses últimos casos. Acho que isso é uma forma de entender o *desassossego* de Ivan Illich em relação a toda sua vida, e sobre a verdade ou falsidade de seus valores e emoções dominantes.[5]

Em suas diferentes maneiras, portanto, todos esses estados afetivos, sejam eles emoções, estados de humor, interesses ou atitudes levantam sérias questões sobre o *status* dos valores e valorações que mostram, ou mesmo se essas emoções, e outros estados afetivos, contêm e revelam valores e valorações. Há ainda outros tipos de emoção e estados afetivos que levantam muitas dessas questões. Mencionarei apenas dois, que chamo de emoções *valorativamente* equivocadas e *emoções remanescentes.*

Todos temos familiaridade com emoções fatualmente equivocadas, emoções que implicam fatos ou crenças falsas. Por exemplo: acho, erroneamente, que John roubou meu carro e estou com raiva dele por isso, até que descubro que ele não o roubou. De modo semelhante, as emoções podem implicar valores que as pessoas equivocadamente, pensam que detêm. Servem como exemplo as questões sobre as emoções falsas ou fantasiosas.

5. Aqui, agradeço a Pauline Chazan, em "Self-Esteem, Self-Respect, and Love of Self: Ways of Valuing the Self", a sair em *Philosophia*.

Há outra maneira, porventura mais simples e menos controversa, de ilustrar essas emoções valorativamente equivocadas: alegando enganos no raciocínio avaliador das emoções. Suponha que sustento um certo princípio de justiça, $J_1$, e que, incorretamente, ache que por esse fato estou comprometido com a manutenção do princípio, $J_2$. Presuma além disso que eu, corretamente, ache que você violou $J_2$, causando-me indignação. Ou imagine que aceito a autoridade de uma determinada religião e, equivocadamente, pense que ela desaprova um certo tipo de ato que você cometeu, deixando-me revoltado.

Nesses casos, e em muito outros semelhantes, há uma questão real a esclarecer. Se eu realmente mantenho esses valores e se, na verdade, faço avaliações em relação às emoções. No mínimo, há alguma razão para pensar que essas emoções revelam minha adesão ao primeiro princípio de justiça, ou à autoridade daquela religião, em vez do segundo princípio, ou da condenação daquele ato por minha religião.

Para descrever as *emoções remanescentes*, farei uso do trabalho de Helen Block Lewis, *Vergonha e Culpa na Neurose.*[6] Ela sugere que devemos entender tanto a culpa quanto a vergonha como se originando do superego*, mas de *partes* diferentes dele. (*Sua caracterização do superego parece fora de moda, mas pode ser facilmente remodelada de modos mais contemporâneos.) A culpa é apresentada como oriunda do medo de que a pessoa tenha fracassado na obediência às exigências e proibições internalizadas, que são sentidas como emitidas por figuras autoritárias, em especial pessoas amadas, como os pais. Por outro lado, a vergonha é apresentada como originada do medo que a pessoa tem de ter deixado de viver segundo os ideais do ego, que são, tipicamente, "imagos**" internalizados de pessoas amadas e protetoras, como os pais. (***Imagos* são *retratos* ou *compreensões* um tanto incipientes, não totalmente formados, de idealizações, em especial de pessoas queridas.)

As pessoas podem sentir-se culpadas por não corresponder às exigências que já não aceitam, ou mesmo rejeitam. Na verdade elas não aceitam precisamente por causa dos valores nelas contidos e por elas mantidos. Da mesma forma, as pessoas podem sentir vergonha por não viver em conformidade com os ideais de ego e *imagos* que já não aceitam ou mesmo rejeitam, novamente por causa dos valores envolvidos. Chamo essas emoções e seus valores de *valores remanescentes.*

6. Nova York: International Universities Press, 1971. Ver, em especial, os caps. 1 e 2. Ver também, de Wallace, *Responsibility and the Moral Sentiments,* seção 2.4, "Irrational Guilt".

É possível sustentar que pessoas com tais emoções ainda aceitam, mesmo que apenas em parte, esses valores restantes, e a autoridade dessas exigências e ideais remanescentes. Também é possível afirmar que, ainda que os valores remanescentes contidos ou sustentados pelas exigências e ideais já não sejam aceitos, o valor ou a autoridade *deles*, ou que está *por trás* deles foi, de algum modo, mantido. Se essas pessoas agora sentem culpa ou vergonha, não significa violar essas exigências e ideais, mas transgride as exigências e ideais de seus pais, ou mesmo desobedece a eles, ou os desaponta.

Por motivos já esboçados, esta última posição pode ser suficiente para manter pelo menos o espírito do argumento de que há sérias questões relacionadas a como algumas emoções revelam valores ou valorações. Inclino-me a sustentar que há algumas emoções absolutamente não-reveladoras de valores ou valorações. Mas não vejo motivo para argumentar em favor disso.

Com efeito, há algumas razões para *não* fazê-lo. Entendo que muito da dificuldade que podemos ter para assentar essa questão está vinculado às dificuldades independentes e mais gerais que temos para saber o que é, real e verdadeiramente, possuir ou aceitar um valor, ou comprometer-se com uma valoração, em contraste a fazer isso de uma maneira falsa, fantasiosa, valorativamente equivocada ou remanescente.

Há muitos casos de obscuridade variável. Eu me baseio em parte, porém, no que parece ser também verdadeiro, de modo geral: as obscuridades a respeito de valores reais e verdadeiros, e de valorações, correspondem às obscuridades sobre as emoções reais e verdadeiras, e variam com elas. Onde tivermos nitidamente emoções reais, teremos claramente valores reais ou valorações, ou ambos, e onde existirem emoções nitidamente falsas, fantasiosas, erroneamente avaliadas ou remanescentes, teremos claramente valores, ou valorações, ou ambos, falsos, fantasiosos, avaliados erroneamente ou remanescentes.

Vamos agora examinar *alguns papéis epistemológicos das emoções na revelação de valores*. A oposição entre a *razão fria* e as crenças estudadas, de um lado, e as emoções do outro, é bastante comum. No capítulo 3 será demonstrado como essa oposição é problemática, errônea e capaz de induzir em erro. No entanto, pode ser usada agora para se começar a estabelecer uma proposição fundamental sobre o papel epistemológico das emoções na revelação de valores.

O que aprendemos sobre valor e valoração com nosso frio raciocínio e as crenças estudadas, freqüentemente entra em conflito com o que aprendemos com as emoções. Os valores reivindicados pelos primeiros não são requeridos, e nem mesmo podem ser aceitos, pelas últimas. Antes que a guerra fosse iniciada, eu acreditava firmemente que não a acharia tão ruim;

e antes de ouvir que você tinha sido maltratado, eu pensava que não gostava mais tanto assim de você.

No que se refere a valor e conhecimento avaliador, a filosofia tem geralmente privilegiado o raciocínio frio e as crenças estudadas, ao passo que rejeita, ou pelo menos desconfia, das emoções. Nos confrontos típicos entre crença e emoção – por exemplo, expresso pelo muito discutido "eu sei que deveria fazer (isto), mas não consigo deixar de sentir que não posso" – aprendemos que o respeito pela verdade ou a epistemologia exige que nos alinhemos com a crença e a razão, e contra as emoções. Mas, como quis demonstrar com meus exemplos, e como este livro mostrará de várias outras maneiras, as nossas emoções podem revelar informações valorativas que devem ser tomadas a sério. As emoções podem ser valorativamente acuradas e informativas, e na verdade mais acuradas e informativas do que a razão e a crença, como no caso da guerra. Como será demonstrado, isso se processa graças a razões profundas, sistemáticas e epistemologicamente imperativas.

Não estou absolutamente dizendo que as emoções sempre devam ser mais confiáveis do que as crenças e a razão. Não é preciso dizer que crença e razão podem ser acuradas; que as emoções podem ser não acuradas e indutoras de erro; e que a crença e a razão podem ser mais dignas de confiança e mais acuradas do que as emoções. Assim também, naturalmente, só se pode atingir uma posição verdadeira descobrindo e suplantando as distorções e outros erros, de ambos os lados. Isso pode levar a um compromisso, ou a alguma posição inteiramente nova. Poderíamos dizer que esta última hipótese leva a sério a informação valorativa dada pelas emoções originais, mesmo que necessite de correção. Além disso, a visão valorativa corrigida poderia ser demonstrada pelas emoções a que chegamos somente após descobrir e suplantar os erros, tanto nas próprias crenças antigas e na razão, como nas nossas próprias emoções primitivas.

Além disso, não estou dizendo que ter emoções seja necessário para se descobrir os próprios valores, em todos os casos. Não vejo razão alguma para pensar que me era, em princípio, impossível ter descoberto meus valores sobre o time ou a guerra, por meio de maneiras não emocionais. Afinal, freqüentemente conheço ou descubro algo que valorizo, apenas me perguntando: *O que é que valorizo nisto?*, ou: *Será que valorizo isto?*, ou pensando sobre o que de fato quero e faço. Pode não haver necessidade de se examinar as emoções. Mas no caso do time e da guerra, aconteceu realmente que aprendi sobre as coisas que valorizava por meio de minhas emoções. É possível que, naqueles casos e naquela época, não houvesse outras maneiras acessíveis para mim, e até que eu soubesse como me posicionar para descobrir esses valores. Assim, mesmo se em princípio a necessidade é menos do que necessidade, as emoções podem ser necessárias para um conhecimento valorativo.

## 3. Se todas as emoções contêm ou revelam valores, com ênfase sobre o interesse e as emoções intelectuais

Será que todos os estados afetivos revelam valores? Examinarei este tópico por meio de perguntas mais específicas. Todas as *emoções* denotam valor? A *orgē* contém e ao mesmo tempo mostra valor: somente quando assumo que indiscutivelmente você foi maltratado, é que posso ter uma *orgē* por causa da maneira como você foi tratado. Alguns desejos são também assim: eu posso querer comer esta banana porque penso que contém potássio, que concluo ser bom para mim. Um *gourmet* pode querer degustar um prato específico, porque ele foi preparado com perfeição. Tudo isso contrasta com a criança que quer leite, não na base de uma valoração, mas *naturalmente*, por uma questão de apetite natural.

A valoração desempenha papel fundamental nos casos de *orgē*: o meu desejo pela banana, o desejo do *gourmet* por determinado prato. Isso é o que se espera, pelo menos entre adultos. Faz parte da maturidade chegar a ter, agir e sentir em virtude de valorações, e não somente por apetite direto e natural. Isso também inclui aprender a estabelecer valorações corretas, e agir e sentir de modo adequado a elas. A maturidade compreende então a aquisição de um repertório de desejos apoiados na valoração, e a substituição de alguns desejos baseados no apetite, por desejos fundamentados na valoração. Dessa forma, a maturidade inclui aprender a ser bom.[7]

Ela não requer substituir todos os desejos baseados em apetites, por desejos que contenham ou dependam de valorações. Nem requer que os desejos sejam dirigidos para o bem na proporção da sua bondade. Menciono essas duas coisas que a maturação não requer por várias razões, tanto filosóficas como psicanalíticas.

A razão filosófica é que o fundamento de pelo menos dois argumentos filosóficos sobre conflito é justamente o que eu acho que a maturação não requer. Um desses argumentos é o de que a fraqueza da vontade é problemática, até mesmo inaceitável: porque o bem deve atrair na proporção do quanto seja um bem, ou assuma-se que seja. O segundo argumento é o de que o conflito e a não-maximização requerem valores plurais, uma vez que se houver somente um valor, e sempre se quiser o bem, não haverá nenhum objetivo não-maximizador a se alcançar. Já argumentei, em outro lugar, que o conflito requer somente objetivos plurais, e não valores plurais; que é um erro sério pensar que o desejo seja sempre igual ao bem, e muito menos

7. A este respeito, ver Myles Burnyeat, "Aristotle on Learning to be Good", in Amélie O. Rorty, org., *Essays on Aristotle's Ethics* (Berkeley: University of California Press, 1980).

sempre proporcional a quanto é um bem; e que esses erros acarretam e explicam os erros do ângulo da fraqueza da vontade, do conflito e da não-maximização.[8]

Volto-me agora à razão psicanalítica de se rejeitar a afirmação, ou algo muito parecido com ela, de que o desejo, ou os desejos, das pessoas maduras e racionais sempre visa o bem e é proporcional a ele. Há pessoas que vivem e pensam que devem viver dessa forma, procurando somente o bem e na proporção de quanto isso seja bom. Elas decidem o que fazer e deliberam sem recorrer nunca a seus desejos, ou pelo menos a nada que reconheçam como desejos. Mas, como reconhece a psicanálise, este é um sinal fundamental e característico de rigidez e de compulsividade, e dos compulsivos-obsessivos. Os que sofrem dessas deformações neuróticas estão *sempre* preocupados com o que devem fazer, o que é exigido que façam, ou o que é melhor, e não com o que querem fazer.[9]

Se os desejos, pelo menos dos adultos racionais e maduros, sempre contêm ou dependem de valorações, um desejo de comer alguma espécie de alimento deveria sempre estar relacionado, digamos, com o fato dele ter sido bem preparado, de ser saudável, ou de que comê-lo é uma exigência da polidez. Portanto, o desejo sexual também deveria estar assentado como *ter relações sexuais é bom para mim*, ou *esta pessoa satisfaz a minha idéia de um ótimo parceiro sexual.* Se as considerações valorativas importantes fossem de ordem moral, os desejos funcionariam na base, ou talvez em função, do que é direito e bom. Essas pessoas somente quereriam alimento, bebida, sexo, ou o que quer que fosse, por essas coisas serem boas ou certas. Nunca desejariam algo somente por gostarem.[10]

Mas, como penso ter deixado claro, até mesmo muitas pessoas maduras, racionais e boas têm desejos que são muito frouxamente apoiados em

---

8. Quanto à necessidade de o desejo ser bom ou voltado ao bem ver "The Schizophrenia of Modern Ethical Theories", *Journal of Philosophy*, 73 (1976) 473-466, e "Values and Purposes: "The Limits of Teleology and the Ends of Friendship", *Journal of Philosophy,* 78 (1981)747-765. Com relação ao dever ser sempre um bem, proporcionalmente a quão bom ele é, ver "Desiring the Bad", *Journal of Philosophy,* 76 (1979) 738-753. Sobre o conflito e a não-maximização requererem valores plurais, ver *Plural and Conflicting Values* (Oxford: Oxford University Press, 1990), especialmente o cap. 7, "Akrasia: The Unity of the Good, Commensurability and Comparability", e o cap. 8, "Monism, Pluralism, and Conflict".

9. Ver, por exemplo, David Shapiro, *Neurotic Styles* (Nova Iorque: Basic Books, 1965), *Autonomy and Rigid Character* (Nova Iorque: Basic Books, 1981), e *Psychotherapy of Neurotic Character* (Nova Iorque: Basic Books, 1989), em 'obsessive'.

10. Ver David Wiggins, "Truth, Invention and the Meaning of Life", e "A Sensible Subjectivism?", in *Needs, Values and Truth* (Oxford: Blackwell, 1991), de sua autoria. Aqui e em outras partes, eu me beneficiei desses trabalhos.

valores e valorações. E, em segundo lugar, muitas dessas pessoas experimentam desejos baseados em seus gostos. Podemos tomar qualquer uma dessas proposições, especialmente a segunda, como indicadora de que nas pessoas maduras e boas alguns desejos, e algumas emoções com eles relacionadas, não estão constituídos sobre valores.

No entanto, até mesmo os desejos e emoções podem revelar valor: valores gerais e caracterológicos, como dissemos antes. Podemos afirmar, como Aristóteles, que as pessoas boas não se deixarão levar por atos ou desejos se pensarem que estes são maus ou inaceitáveis. Que terão superado e extirpado certos desejos apetitivos e que não serão, ou deixarão ser, impropriamente afetadas por desejos apetitivos *não aprovados*. (Vide, por exemplo, NE III.11,1119a12 ss.)

Os valores podem desempenhar muitos desses papéis nas pessoas que não são tão boas. Os glutões, e outras pessoas auto-indulgentes, podem ter desejos e experimentar emoções sobre excesso de alimentação, que não contenham valorações. Ao menos não no que está sinalizado como *este alimento, nesta quantidade, é bom*.

Há quem diga que todos os desejos, ou pelo menos todos os desejos dos adultos, mostram esses valores mantidos caractereologicamente: valores localizados no caráter, que ajudam a formar ou ao menos a filtrar todos os desejos. Essa afirmação, porém, corre o risco de simplificar, admitindo que os desejos sempre mostram valor; provavelmente assumindo que o processo de maturidade é tão profundo e que os valores representam um papel tão grande nela que ao atingi-la, todos os nossos desejos terão sido ponderados e, se foram definidos como incompletos, foram reformados ou extirpados. Assim, não se considera que, por exemplo, em vez de os valores extirparem ou corrigirem certos desejos, estes enfraqueçam ou eliminem esses valores, substituindo-os possivelmente por valores mais cômodos ou simplesmente por nenhum valor.

É possível que essa afirmação, em lugar de questionar, estabeleça os resultados antecipados de um programa de pesquisa, realizado para examinar o que acontece na maturidade. Ou acaso ela não se refira somente aos valores da pessoa em questão, mas aos que essa pessoa, e outras, podem usar em uma avaliação. Portanto, pode-se dizer que um adulto, ao mostrar desejos selvagens e desvairados – que sejam simplesmente tomados como naturais, e por isso satisfeitos –, pode ser considerado selvagem e irresponsável.

Mesmo os que concordam comigo sobre a demora demasiada nesta questão, podem-se perguntar sobre a utilidade, ou mesmo a fundamentação, da distinção entre desejos e emoções que simultaneamente contêm e revelam valor, e os que somente revelam valores; entre desejos e emoções que contêm valor em si e mostram também os valores do caráter que expressam, e os que não contêm valores, mas mostram valores do caráter. Poderia ser sugerido que essas distinções mencionadas entre *conter e revelar* e somente *revelar*, não são melhores do que as estabelecidas entre o que é explícito e o que é implícito, ou entre o que ficou para trás e o que está por vir. Poderiam pedir-nos para considerar que conhecedores de arte apreciadores de Rembrandt não observam, ou dizem para si mesmos: *isto é bom.* Certamente vão afirmar-nos que em razão dessas pessoas gostarem de Rembrandt, ao exercerem o seu conhecimento, ele estará tão carregado de valores que será como se explicitamente dissessem: *isto é bom.*

De minha parte, contudo, penso que distinções como as estabelecidas entre o que é explícito e o que é implícito, ou o que está no fundo e o que vem à tona, são úteis e freqüentemente importantes. Neste caso, elas nos permitem afirmar que mesmo se considerarmos que todas as emoções que revelam valor também o contenham, deve-se fazer distinção entre os valores que uma *emoção* contém e o que se mostra na avaliação sobre uma *pessoa* que tenha essa emoção, ou seja, quais os valores que essa pessoa dispõe. Isto é assim, mesmo que tudo o que se demonstre sobre a pessoa é que ela defende os valores contidos na emoção. O que não é uma coisa trivial, contanto que, como penso, haja mais coisas para se descobrir a respeito desses valores do que simplesmente ter emoções que os contenham e revelem.

Até agora somente aludi à possibilidade de existência de desejos, emoções e outros estados afetivos que não contenham ou revelem valores. Agora, quero mostrar que esses podem existir, e existem. Começarei com alguns valores encontrados em bebês e em animais, que simplesmente dizem respeito ao que é bom, e ao que é mau. Uso bebês e animais porque é implausível dotá-los de pensamentos ou de maneiras valorativas de conhecimento.

Como exemplo de emoções – ou ocasionalmente estados de humor, ou simplesmente estados afetivos – que não se baseiem em valores e valorações, poderíamos considerar a raiva, mostrada por crianças muito pequenas, quando estão com alguma dor, ou com fome. Para atribuir-lhes raiva, não temos de reconhecer nelas também pensamentos do tipo *isto é uma dor*, ou *a fome é uma coisa ruim.* Nem devemos assumir que sintam a dor ou a fome como algo ruim, ao menos não de outra forma que a de simplesmente ficarem com raiva dessas coisas, ou por causa delas. Basta assumir que a sua dor ou desconforto seja desagradável ou ruim; que a sua raiva seja provocada por esse estado desagradável ou ruim; e que, de uma forma apropriada à sua idade, a sua raiva *assuma* esse estado. Eu faria afirmações semelhantes sobre o contentamento dos bebês quando estão bem alimentados, aquecidos, limpos e seguros de uma maneira carinhosa; e também sobre muitos outros sentimentos, humores, emoções ou outros estados afetivos que são atribuídos aos animais de estimação, como o contentamento do gato favorito que acaba de ser bem alimentado, ao qual coçaram as costas, e que está enrodilhado e ronronando sobre a sua almofada preferida.

Vários outros estados afetivos, como excitação e interesse, também apresentam aspectos que contêm valores, e outros que não os contêm. Para exemplificar a diferença, vou me concentrar no interesse e na excitação. Quero me concentrar neles também para ajudar a eliminar, ou diluir, uma preocupação que muitos filósofos me expressaram: a de que o interesse e a excitação não sejam emoções e nem mesmo estados afetivos. Como às vezes se costuma dizer, o interesse – como o interesse em matemática – é apenas um interesse, e não uma emoção.

Os objetivos deste livro serão preenchidos adequadamente se conseguirmos demonstrar que o interesse e a excitação são afetivos – quer sejam ou não também emoções – e se, como tem sido mencionado, os problemas que os filósofos têm experimentado com as emoções são realmente problemas com afetividade. (Vide capítulo I, notadamente nos parágrafos de abertura.)

E já vimos que tanto o interesse como a excitação são irredutivelmente afetivos. (Novamente, vide capítulo I, especialmente seções 3 e 4.) No entanto, acho que será útil mostrar como o interesse e excitação são emoções, ou ao menos se parecem com elas.

Comecemos com interesse *intelectual* e com excitação *intelectual*. Cumpre lembrar que muitas situações de interesse intelectual e excitação dependem de valorações e dizem respeito ao que é bom, intelectualmente ou de outra forma. Não poderemos entender Watson e Crick e as suas pesquisas no campo do DNA se não compreendermos antes isto. Não há dúvida de que uma parte fundamental da educação e da maturidade – tanto em geral, como em atividades e disciplinas particulares – consiste em aprender a ter interesse no que é relevante, importante, útil e belo.

Esse aprendizado inclui o desenvolvimento do interesse e da excitação, e da habilidade de mobilizá-los e dirigi-los. Compreende também desenvolver a perícia de dominá-los e não se deixar perturbar ou sobrepujar por eles. Aprendemos tanto a dirigir o nosso interesse e a nossa excitação, como a modulá-los em relação ao valor, muitas vezes intelectual, daquilo que provoca ou deveria provocar o nosso interesse e nos excita. Visto que, da mesma forma como o interesse e excitação são importantes, e muitas vezes essenciais, para o bom desempenho de nossa atividade intelectual, quando não modulados e não dirigidos eles podem atrasá-la, prejudicá-la, ou até mesmo impossibilitá-la.

Torna-se claro, assim, que muitos aspectos do interesse e da excitação intelectual dizem respeito ao que é bom, intelectualmente ou de outra forma. Mas também é claro que muitos dos seus aspectos *não* dizem respeito ao que é bom. Não estou querendo falar do que é moralmente mau, como o sadismo, ou esteticamente ruim, como o *kitsch*. Esses podem ser intelectualmente interessantes, ao menos como objetos de estudo.

Estou pensando, antes, no interesse sobre o que não é absolutamente interessante. Poderemos considerar a esse respeito os casos em que as pessoas tenham uma obsessão, uma idéia fixa. Às vezes define-se assim algo que poderia ser interessante, se somente fosse verdadeiro ou mesmo plausível, ou possível: por exemplo, tornar um círculo quadrado nos servindo somente de um esquadro e um compasso. Incluem-se nisso também os assuntos que não apresentam interesse algum: por exemplo, o *interesse* que alguém possa ter no número de vezes que a letra *e* aparece na primeira edição do *Tratado* de Hume. Mesmo neste caso, porém, poderemos ainda encontrar um ponto de vista, embora inteiramente errôneo, que o tornaria interessante. Pode ser que essa pessoa pense, com base na numerologia, que Hume deva ser levado a sério somente se esse número for um número primo. Se não pudermos descobrir nem mesmo esse ponto de vista, poderíamos ser levados a crer que, em vez de estar mostrando interesse pelo assunto, a atividade da pessoa seja apenas uma expressão, digamos, de uma perturbação obsessiva. Caso isso seja verdade, essas formas de interesse e excitação necessitam de uma conexão – plausível ou implausível, possivelmente somente uma conexão deformada, ou uma paródia de conexão – entre elas e o que é interessante, ou o que é bom, intelectualmente, ou de qualquer outra forma.

Apesar disso, há aspectos de interesse e excitação que não apresentam nem mesmo uma fraca conexão com o que é bom, intelectualmente ou não. Podemos pensar no interesse ou na excitação que os bebês sentem em relação a luzes que se movimentam, ou móbiles. Na minha opinião, a melhor maneira de conectarmos isso a valores e valoração é sustentando que é uma atividade, ou proto-atividade, apropriada à idade dos bebês, e que é útil para o seu desenvolvimento: é um despertar da sua consciência e o início do seu engajamento e da sua atividade. Coisas que certamente são boas.

Alguns outros aspectos do interesse e da excitação são ainda mais distantes de pensamentos valorativos. Poderemos considerar a excitação experimentada pelos bebês e crianças pequenas durante brincadeiras com seus pais, ao serem jogados para cima e apanhados, ou girados. A mesma coisa podemos pensar a respeito da excitação dos cães, quando estão brincando ou caçando. E também da excitação de crianças e adultos no percurso da montanha-russa, no paraquedismo, nos saltos com elástico *(bungee jumping)* e coisas similares.

Não há dúvida de que em alguns desses casos a excitação decorre do fato de se enfrentar o que é considerado perigoso, isto pode ser nitidamente valorativo. Mas há também aspectos de interesse e excitação que não são baseados em valores e valoração. Novamente, por exemplo, a excitação das criancinhas ao serem jogadas para o alto e apanhadas, e a de crianças e adultos na montanha-russa.[11] Não estou negando que existam critérios sobre bom ou ruim envolvidos nisso. Para isso, teríamos de negar o bem que existe no engajamento de um ser saudável em uma atividade natural e saudavelmente atraente. Mas as maneiras usadas para que esse engajamento justifique a excitação e o interesse nos casos citados, são significativamente diferentes da forma assumida pelo interesse e pela excitação de Watson e Crick na descoberta do DNA.

Como mencionado, já me foi sugerido que o interesse e a excitação não são emoções. Esse argumento é válido também em relação aos aspectos de raiva e contentamento, mencionados antes, que não envolvem estados afetivos. Como foi mencionado, eu penso que todas essas coisas são emoções, ou outros estados afetivos similares. Mas a discordância sobre isso pode ser apenas uma insignificante questão de classificação. O que é importante para mim é que o interesse e a excitação sejam vistos como ligados a valores e valoração, de muitas maneiras diversas. Maneiras que se assemelham, em importância, muito embora não sejam exatamente semelhantes às de emoções bem definidas como *orgē* e raiva, tais como as experimentamos. Também importante, na minha opinião, é que o interesse e a excitação sejam reconhecidos como afetivos.

Espero ter fornecido argumentos suficientes para a demonstração da minha primeira questão, sobre valor e valoração. Se alguém ainda duvida da segunda questão, sobre a afetividade, não sei o que fazer. Não sei como convencer os que não conseguem ver afetividade, digamos, no interesse e excitação de Watson e Crick, ou no olhar fascinado dos bebês para os móbiles, ou na alegria que demonstram nos rodopios.

Neste ponto, eu poderia ser convidado a dar uma caracterização das emoções: uma caracterização mostrando que o interesse e a excitação, e também a raiva e o contentamento dos bebês, são emoções. Mas não farei

---

11. Para discussão sobre diferenças constitucionais aproximadas de caráter não baseadas em valores ou avaliações, centradas no gostar ou não gostar de tais atividades, ver Michael Balint, *Thrills and Regressions* (Madison, Connecticut: International University Press, 1987). Pontos de vista contrários, sugerindo a necessidade de avaliação das emoções, são apresentados por Rainer Reisenzein e Wolfgang Schönpflug em "Stumpf's Cognitive-Evaluative Theory of Emotion", *American Psychologist*, 47 (1992) 34-45, e por Patricia Greenspan, *Emotions and Reasons* (Nova Iorque: Routledge, 1988).

isso e se me perguntarem qual a razão, invocarei os comentários feitos por David Rapaport:

> Chegamos a rotular como afetos uma tão grande variedade de fenômenos que, tanto no diagnóstico, como no trabalho terapêutico, corremos o risco de nos deixar levar por esse termo enquanto não tivermos uma visão sistemática do relacionamento de todos os fenômenos aos quais aplicamos o termo.(ii)

Acredito que bastará apresentar e trabalhar com exemplos suficientemente claros de emoções e de muitas outras coisas que tenham carga afetiva. Não me preocupo em afirmar, e muito menos em propor uma discussão, uma vez que o interesse e a excitação, ou a raiva e o contentamento, envolvem valores dessa maneira, e sendo também afetivos, são, portanto, emoções. Basta aos meus propósitos que dessas duas importantes formas elas sejam tão suficientemente reconhecidas, quanto várias emoções e outros estados afetivos o são, como o humor, as atitudes e, naturalmente, os interesses.

Isso, no entanto, nos defronta com a seguinte questão: advertências contra as emoções fazem parte da nossa tradição. Mas essa mesma tradição não nos adverte contra o interesse e a excitação intelectuais; e dadas a sua ênfase no intelecto e na racionalidade, dificilmente haveria uma advertência contra eles. Poderia assim ser concluído que o interesse e a excitação intelectuais não são emoções, ou pelo menos não são assim consideradas, na nossa tradição.

Quero examinar melhor isto, seja em si mesmo, seja em relação à nossa tradição. Temos razões para mostrar cautela no que se refere ao interesse e à excitação intelectual. Podem ser perigosos, por motivos morais e intelectuais, ou por nos fazerem ficar ligados em assuntos intelectuais quando

---

ii. Embora todos os fenômenos discutidos (acima e) abaixo tenham relação com afetos, e sejam referidos de vez em quando na literatura, o fato de listá-los aqui não implica que sejam corretamente rotulados como afetos, nem que a teoria dos afetos tenha de levá-los inteiramente em conta. Na verdade, alguns dos fenômenos que devem pertencer a essa lista são muito complexos, e para explicá-los será necessário muito mais do que evocar a teoria dos afetos. O que quero dizer, fazendo uma lista deles, é que eles também constituem um problema importante para a teoria dos afetos".[12]

12. "On The Psychoanalytic Theory of Affects", *International Journal of Psycho-Analysis*, 34 (1953), 177-198; reimpresso em Robert P. Knight and Cyrus Friedman, ed., *Psychoanalytic Psychiatry and Psychology: Clinical and Theoretic Papers, Austen Riggs Center*, volume 1 (Nova Iorque: International University Press, 1954); e em *The Collected Papers of David Rapaport*, org. Merton M. Gill (Nova Iorque: Basic Books, 1967), de onde esta citação foi retirada (pág. 478). Eu acrescentei 'acima e' para tornar mais clara a referência à longa citação reproduzida em minha Introdução.

deveríamos estar trabalhando em áreas não-intelectuais. Podem também ser perigosos por nos levarem a trabalhar na área intelectual errada, ou somente em uma determinada área. Basta pensar nos perigos de se ficar superinteressado ou superexcitado, ou de ter interesse ou excitação por coisas erradas, e assim por diante.

Vamos agora considerar o que acontece se o interesse e a excitação, mesmo em suas formas intelectuais, são reconhecidos como emoções. Uma vez que não estão entre as emoções contra as quais a nossa tradição nos acautela, não podemos mais caracterizar a nossa tradição como capaz de nos prevenir contra essas emoções. Temos de nos basear na nossa tradição somente contra certas emoções. As mesmas razões que me fazem deixar de oferecer uma caracterização das emoções, me obrigam também a não dar uma caracterização da diferença entre as emoções consideradas como perigosas pela nossa tradição, e as que não são consideradas perigosas. Mas proponho esta reflexão: essa diferença está conectada com a idéia de que as emoções, ou as emoções contra as quais estamos prevenidos, são corporais, primitivas e essencialmente irracionais.

Esse modo de ver as emoções – sejam elas tomadas genericamente ou consideradas somente como aquelas contra as quais estamos prevenidos – está perdendo crédito rapidamente. Este livro propõe-se acelerar esse processo.

## 4. Algumas relações entre a minha proposição e o emocionalismo e o naturalismo

Nesta seção discutirei algumas conexões estabelecidas pelo emotivismo e pelo naturalismo entre valor e emoções. O meu objetivo principal é mostrar que essas conexões não são as que estou defendendo.

Em outros lugares, mostrei algumas formas segundo as quais as emoções podem desempenhar papéis epistemológicos no valor e na valoração. Particularmente como as emoções revelam e ajudam na descoberta de valores. Por exemplo, descobri o quanto eu achava a guerra má, ao perceber como ficara transtornado ao ouvir que ela começara. Dessa forma, descobri como eu acentuadamente subestimara tanto como eu avaliaria a guerra, como também o valor que eu realmente acreditava que ela teria. Da mesma forma, eu descobri o quanto eu valorizava você, a minha nacionalidade, ou a religião, ao perceber como ficava furioso com as agressões não-merecidas.

Poderia parecer que, se as emoções revelam um valor real, isso daria um apoio ao emocionalismo. Eu concordo com os emocionalistas que as emoções e valores estão estreitamente entrelaçados. Realmente, como já foi visto em capítulos anteriores, sustento que alguns valores são constituídos por emoções. No entanto, não creio que o meu argumento apóie o emocionalismo mais do que outros pontos de vista que com ele competem. De fato, não estou certo de que o meu argumento seja mesmo compatível com o emocionalismo. Já que, muito do que sustento mostra como as emoções incluem e dependem de valor, mais do que o valor depende delas. E, no meu entendimento, nada do que digo mostra que valores e julgamentos de valor têm uma espécie de verdade, ou de *status* ontológico diferente do que têm os fatos *ordinários* e os julgamentos factuais. O material relativo a essa conclusão será desenvolvido mais tarde, e portanto qualquer dedução sobre as conexões entre as minhas afirmações e o emocionalismo deveria ser adiada até lá.

Há quem diga que, no que se refere à defesa do emocionalismo, forneci material para um argumento naturalista: para derivar uma afirmação moral ou valorativa de outras puramente factuais. Lembremos da caracterização de *orgē* dada por Aristóteles: "A raiva pode ser definida como um desejo acompanhado por uma dor, para uma vingança notável, por um notável ferimento, nas mãos de homens que não têm coragem para ferir a si mesmos ou a seus amigos". Se eu tiver *orgē,* posso concluir que alguém injustificadamente atacou a mim ou aos meus. Portanto, poderia parecer que eu mostrei como o fato de se saber que uma emoção foi experimentada – uma ocorrência que certamente parece estar no âmbito do naturalismo – pode ser usado para provar que uma injustiça (ou um mal) foi cometido.

Mas não é isso o que proponho, nem penso que o argumento que dei apóie aquela afirmação sobre o naturalismo. Para usar a afirmação de que eu estava com raiva para mostrar que eu fora injustiçado, temos de declarar também que eu fui injustiçado sem justificativa. E eu não acho que tenha dado qualquer razão para se pensar que o dano, ou o fato de ele ser injustificado, admita um entendimento naturalístico ou derivação. (Alguns dos meus argumentos demonstrarão também por que eu não acho que apóie, de alguma maneira, o emotivismo.)

Este último suscita problemas, pois o emotivista espera que as proposições morais admitam uma análise ou uma explicação considerando as emoções. Isso mostra que os emotivistas precisarão tomar cuidado na sua escolha de reduzir as emoções. A *orgē* de Aristóteles, para mencionar somente uma emoção, depende e faz, ou contém, propostas morais: para que tenha *orgē*, devo assumir que eu, ou alguém próximo a mim, tenha sido injustificadamente maltratado. Assim, os emotivistas não podem usar essa emoção como uma emoção redutora.

Mas mesmo que essa raiva não leve ao emotivismo, também não poderá apoiar o naturalismo. Uma vez que ela não deriva do fato de alguém estar com raiva, mas sim, na realidade, do fato de alguém ter sofrido uma injustiça. Na maior parte dos casos, segue-se que, pela maneira como as coisas foram tomadas, alguém sofreu uma injustiça. E resta saber se isso apóia o naturalismo.

As relações entre as emoções e o naturalismo são suficientemente complexas e importantes, requerendo maior discussão e exemplificação. Para este fim, vamos examinar algumas propostas feitas por Philippa Foot, nos seus importantes *Moral Arguments (Discussões Morais)* e *Moral Beliefs (Crenças Morais).*[13] Ela inicia *Moral Beliefs* dizendo:

> Para muitos, parece que o avanço mais notável na filosofia moral, durante os últimos cinqüenta anos, ou por aí, foi a refutação do naturalismo; e eles se mostram um tanto chocados pelo fato de que esta questão deva ser reaberta tão tardiamente. (pág. 110)

E muito do que ela diz sobre grosseria em *Moral Arguments* sugere, e tem sido tomado como um argumento pelo naturalismo, com *grosseria* sendo um exemplo de noção valorativa que admite um enfoque naturalista. Em *Moral Arguments* ela dá o que poderia parecer tal descrição: "A visão certa da situação em que é correto dizer-se que um determinado comportamento é grosseiro é, segundo penso, que esse comportamento causa ofensa, indicando falta de respeito". (pág. 102) Vamos usar o *termo ofensa-grosseria* como o nome do argumento de que um determinado comportamento é rude quando causa ofensa, pela indicação de falta de respeito.

Como será visto no final desta seção, não creio que devamos tomar a proposição de Foot sobre ofensa-grosseria como argumento pró-naturalismo. Mas sim como um argumento somente contrário a vários argumentos antinaturalísticos. No entanto, a minha preocupação principal agora é com as relações entre naturalismo e emoções, e deixo qualquer debate interpretativo de Foot para o final desta seção. Até lá, examinarei a proposição ofensa-grosseria de uma maneira que não creio ter sido intencional em Foot, mas que freqüentemente é assim tomada: como um argumento proposto para apoiar o naturalismo.

Vamos começar por questionar a qualidade da descrição de grosseria – seja ou não uma descrição naturalista – que é dada pelo argumento da ofensa-grosseria. Será que um determinado ato é rude se, e somente se, causa ofensa, indicando falta de respeito? Não creio. Em primeiro lugar, há uma questão de menor importância. Se para uma ofensa ter uma causa é preciso que alguém aceite a ofensa como tal e se sinta ofendido, o argumento

13. "Moral Arguments", *Mind*, 67 (1958) 502-513; e "Moral Beliefs", *Aristotelian Society Proceedings*, 59 (1958-1959) 83-104. Ambos foram reimpressos em *Virtues and Vices* (Oxford: Blackwell, 1978), de onde as citações seguintes foram retiradas.

da ofensa-grosseria não dá uma descrição, seja ela naturalista ou não, da grosseria. As pessoas podem ser tratadas de maneira rude, mas nem por isso se sentirem ofendidas ou assumirem a ofensa. Elas podem não perceber o ato de grosseria; podem pensar que não foi rude; podem pensar que mereceram isso; podem não levar a sério a pessoa rude e podem não se importar com o que ela faz.

Suponhamos, então, que alguém possa ter sido ofendido sem sentir-se ofendido. Ou que o argumento de ofensa-grosseria seja tomado somente como fornecedor de algo parecido com condições suficientes e naturalísticas para a grosseria.

Mas mesmo assim teremos problemas. Há atos que não são rudes, mas são maus e devem pelo menos em parte a sua maldade a uma ofensa causada por falta de respeito.[14] Uma vítima de estupro, ou de qualquer outra forma de assalto, pode ser e sentir-se ofendida por ter sido tratada meramente *como uma coisa*, como um brinquedo. Ou então sentir-se ofendida por ser tratada como uma determinada espécie de pessoa: uma pessoa a ser degradada, e não uma pessoa que mereça, e que receba, até mesmo o mínimo do respeito humano comum. Há quem diga que tais atos ultrapassam a esfera da grosseria. Concordo quase totalmente, contanto que isso não signifique que esses atos são grosseiros, e outras coisas assim.

Há quem diga também que o tema está mal colocado, e não mal expresso, se for afirmado que a vítima de estupro é ofendida pelo que é feito a ela, ou pela atitude com a qual é feito. O estupro, pode-se dizer, supera em muito a ofensa causada. Ser estuprado é sofrer muito mais, e uma coisa muito pior, do que simplesmente ser ofendido. Mas não é ter sido ofendido, embora seja muito mais, e pior.[15] Eu acho que há um ponto nesta última objeção, embora eu não esteja certo, no caso de dizer que *o estupro ofende*, se simplesmente sugere algo errado, em vez de colocar mal a questão.

Mas eu acho que não há dúvida quanto à existência de atos que não são rudes mas que ofendem, por falta de respeito. O fato de você não levar em consideração os meus sentimentos, ou a minha posição, pode ter-me ofendido, indicando uma falta de respeito. E, realmente, você pode ter agido errado, e pode também ter me prejudicado pela maneira como me tratou, ou deixou de me tratar. No entanto, pelo menos alguns atos que cabem nesta descrição não são grosseiros. Eles são simplesmente desconsiderados, ou indevidamente desatentos, e aqueles que os praticam podem ser apenas desprovidos de consideração, ou indevidamente desatentos.

14. Devo aqui meus agradecimentos a Laurence Thomas.

15. Devo meus agradecimentos a Robert S. Fudge pela presente discussão.

Para se dar uma descrição naturalista da grosseria, temos de ter uma maneira naturalista de evitar tais problemas. Teríamos necessidade, por exemplo, de descrições naturalistas das formas particulares de grosseria que mostram falta de respeito. Elas diferenciariam, de uma maneira explícita ou implícita, essas maneiras de, digamos, mostrar faltas de respeito que são desconsiderantes mas não grosseiras. É provável que haja uma forma naturalística de fazer isso.

Mas, mesmo que possamos descrever naturalisticamente a grosseria, poderemos não ser capazes de definir o que é *errado*, ou *errado por ser grosseiro*. Como salienta Foot, pode haver boas razões morais para não se mostrar respeito, e até mesmo para se ser grosseiro. Uma emergência pode tornar impossível que você dê uma atenção *respeitosa* a mim, ou até mesmo que dê qualquer atenção; ou talvez eu tenha perdido o meu direito a ser tratado com respeito por você. Assim, não é pelo fato de um ato ser grosseiro, que ele deva ser errado. Os naturalistas devem ser capazes de dar uma descrição de grosseria que, por formas naturalísticas, separa tais atos de grosseria que são errados, dos que não o são.

É possível pensar que o problema deveria estar relacionado não com o que é errado, mas com o que é errado de uma maneira geral. Seria admissível, assim, pensar-se que o problema poderia ser resolvido focalizando-se também o exame superficial do que é errado. Poderíamos, portanto, usar o argumento da ofensa-grosseria para dizer que, em certos casos, ofender é errado em princípio. Para que isso apóie o naturalismo, no entanto, é necessário que haja uma descrição naturalística dessas circunstâncias. Isso incluiria uma descrição naturalística de situações em que não seja absolutamente errado tratar alguém grosseiramente, e também uma descrição naturalística de como equilibrar a inexatidão superficial da grosseria nessas condições e a inexatidão de algum ato.

De uma forma menos categórica, poderíamos dizer que não há uma descrição naturalística dessas circunstâncias, na qual as considerações naturalísticas desenvolvidas pela proposição ofensa-grosseria signifiquem *errado*, ou *errado por ser grosseiro*. Assim, não poderíamos dar uma descrição naturalística de qualquer uma dessas formas, com base na proposição ofensa-grosseria. Mas poderia ser afirmado que em certas situações, que não podem ser caracterizadas naturalisticamente, essas naturalísticas considerações estabelecem o que é *errado*, ou *errado por ser grosseiro*. Poderia também ser argumentado que ao fazerem isso, a afirmação tem força de necessidade. Portanto, poderia ser alegado que em algumas situações irredutivelmente morais – situações que não são caracterizadas naturalisticamente –, certos fatos naturalísticos garantem novos fatos morais: fatos que não se sustentariam a não ser pelos fatos naturalísticos, e que se impõem pela força da necessidade. Este não seria um argumento em favor do naturalismo. Seria, porém, um argumento muito forte contra a afirmação antinaturalista de que as considerações naturalísticas nunca são moralmente relevantes, ou que elas nunca se impõem com força de necessidade moral.

Estabelecemos uma distinção entre diferentes espécies, ou forças, de posições naturalísticas, em que poderá ser usada a proposição ofensa-grosseria para afirmar que: há condições naturalísticas para um "erro abrangente", ou para um "erro abrangente por causa de grosseria", ou para um "erro a primeira vista", ou para um "erro a primeira vista por grosseria". No entanto, a proposição ofensa-grosseria não sustenta nenhuma delas.

Estou dizendo isso porque, se aquela proposição tiver de incluir qualquer uma dessas quatro implicações morais, deverá ser modificada para que fale não somente de respeito, mas de respeito *merecido*. Deve ser lida mais ou menos assim: o comportamento é grosseiro se causa ofensa, por indicar uma falta do respeito merecido. Mas mesmo que isso não contrarie o naturalismo, nitidamente não o apóia, exceto por ser contra o antinaturalismo extremado.

Deixem-me dizer brevemente por que a proposição ofensa-grosseria tem de se tornar explicitamente moral pela adição do respeito merecido. (Na discussão de Foot mostrarei outra forma de se tornar aquela proposição explicitamente moral.) Começarei por repetir certas proposições estabelecidas anteriormente. Não é sempre errado não se mostrar respeito. E nem é sempre errado não se mostrar respeito por grosseria. Pode ser que não haja tempo, ou uma maneira de se mostrar respeito; ou eu posso ter perdido o meu direito de ser respeitado. Quando se considera o respeito que não é mostrado uma coisa errada, está se falando do respeito que é devido naquele momento e naquele lugar. Como os naturalistas definem esse respeito devido?

Poderíamos pensar que os naturalistas são capazes de oferecer essa definição. Por outro lado, pode-se deduzir que eles evitem fazer isso falando de maneiras relativas ao respeito ordinário, comum, que em geral se deve a qualquer um, se não houver razões em contrário. Ou é possível que os naturalistas possam ficar satisfeitos com uma disjunção entre essas espécies de respeito e as outras espécies, que algumas pessoas em particular podem dever a outras pessoas, quer de maneira geral, quer mais particularmente, como de estudantes a professores, de pessoas jovens aos mais velhos.

Essas últimas sugestões resultam no problema dos atos que são ofensivos por envolverem falta de respeito, mas apesar disso não são grosseiros: já que, como o estupro, são muito mais do que grosseiros, ou, como no caso da simples falta de consideração, simplesmente são de outra natureza, e não grosseiros. No entanto, os naturalistas se defrontam ao menos com um sério problema, na caracterização do respeito comum, ordinário. Problema igual, ou muito similar, que têm ao caracterizar a falta de respeito ofensiva, que é grosseira.

Para que o ato cometido por você seja ofensivo a mim, não é necessário que me cause ofensa e que eu me sinta ofendido. E nem pode o seu ato ser definido como ofensivo, tendo como causa meu sentimento de ter sido ofendido. Eu poderia ser enfatuado demais e assim pensar, erroneamente, que me caberia o que, na realidade, seria apenas uma mostra de respeito extra-especial. Ou eu poderia ter uma sensibilidade exagerada, e assim erroneamente assumir como falta de respeito o que na realidade seria apenas uma demonstração de respeito comum. Nesses casos não há falta de respeito. Não tenho direito a que uma manifestação de ausência de respeito ocasione que os meus sentimentos se sintam feridos. Apesar do que eu sinto, não há grosseria, e nenhum mal é feito.

É provável que haja uma forma naturalística de descrever essas espécies gerais de circunstâncias em que não mostrar respeito é uma grosseria. E mesmo que não haja, poderá ainda haver descrições naturalísticas de circunstâncias particulares em que ofender seja uma grosseria. Os dois exemplos que seguem poderão constituir um bom ponto de partida. Primeiro, nós estamos em um elevador moderadamente cheio, você percebe que chutou o meu tornozelo, mas não pede desculpas. Segundo, estamos debatendo uma questão filosófica na qual cada um de nós trabalhou tanto isoladamente como juntos, e apesar dos meus pedidos de que você deixe-me acabar de expor meu ponto de vista, você continua a me interromper.

É fácil ver como, em qualquer dessas circunstâncias, eu posso sentir-me ofendido com a sua falta de respeito. E podemos imaginar facilmente que, nesses casos, há uma falta de respeito ordinário, quase geralmente devido. Podemos também imaginar facilmente que não há uma boa razão para que você, naquele momento e naquele lugar, não me mostre respeito. E, finalmente, parece que as circunstâncias são caracterizadas naturalisticamente.

Mas isso é ainda inadequado para o naturalismo. O naturalismo que se relaciona com a grosseria deve dar uma descrição naturalística de grosseria, incluindo as condições e circunstâncias (e também provavelmente os motivos) em que o respeito geral e ordinário é merecido e recebido, e os casos em que não demonstrar respeito é ofensivo. Não basta ser capaz de dar um exemplo de grosseria e descrever, ou localizar, esse exemplo naturalisticamente.

Se isso fosse suficiente, poderíamos concluir que o naturalismo será apoiado se pudermos simplesmente localizar, até mesmo apontar, para características do que se fez errado, por meios antinaturalísticos. E os meios naturalísticos freqüentemente parecem suficientes para isso. Vários casos de sofrimento que seria uma coisa errada levantar, podem ser localizados naturalisticamente ou mesmo admitir uma descrição naturalística, isto é, como casos de sofrimento. Por exemplo: *Jones sofrendo de dor nas costelas de dez ao meio-dia, por ter sido ferido*, ou *o ato de assalto e roubo cometido contra Jones, como está transcrito na página vinte do registro policial.*

Mas isso não é suficiente para manter o naturalismo. Os não-naturalistas podem reconhecer que há meios naturalísticos suficientes para estabelecer os fatos e as particularidades que causaram o mal. Eles podem reconhecer isso mesmo à medida que negam que podemos dar descrições naturalísticas do mal, ou dessas particularidades, em geral ou nesses casos. Podem afirmar que não há descrição naturalística das circunstâncias, ou maneiras pelas quais essas características de fazer o mal se baseiam em *errado, por ser grosseiro*, ou de como o fato de se causar tal sofrimento, em geral ou apenas nessa circunstância, é um erro abrangente ou mesmo *a primeira vista* . De sua visão, para entender esses fatos morais e conclusões, temos de recorrer a fatos morais explícitos. Por exemplo: bater em Jones foi uma violação dos seus direitos; ele não constituía uma ameaça que justificasse ter sido batido por motivo de autodefesa; ele não merecia ter sido batido, e muito menos ferido.

Os não-naturalistas podem dizer que, na melhor das hipóteses, resta saber se há uma descrição naturalística de *erro abrangente, por ser grosseiro*, ou *erro de primeira vista, por ser grosseiro* e, mais geralmente, de *erro abrangente*, ou *erro de primeira vista.* Quer os não-naturalistas tenham ou não razão no que se refere à falta de descrições naturalísticas da matéria aqui tratada, eu não tenho conhecimento de nenhuma dessas descrições. Assim, parece-me que os naturalistas ainda não deram uma descrição naturalística do respeito geral, ordinário ou, minimalizando, um informe ou descrição de atos e circunstâncias particulares estabelecendo que nesses casos tal respeito seja devido.

A minha conclusão, então, é que o naturalismo não encontra apoio no uso da proposição ofensa-grosseria. Resta ver se poderá encontrar qualquer tipo de apoio.[16] Duvido dessa possibilidade. Mas este não é o momento

16. Outra tentativa de fazer algo – agora em modos convencionais – ver John Searle, "How to Derive 'Ought' from 'Is'", *Philosophical Review,* 73 (1964) 43-58. Para um argumento de que esta tentativa falha por causa de seus problemas por "outras coisas serem iguais", ver Judith Jarvis Thomson e James Thomson, "How Not to Derive Ought from 'Is'", *Philosophical Review,* 73 (1964) 512-516. Para um argumento – de certa maneira semelhante ao meu, sobre as dificuldades de fornecer um relato naturalista de valores em vista de emoções – direcionado contra o expressivismo de normas de *Wise Choices, Apt Feelings* (Cambridge, Massachussets: Harvard University Press, 1990), de Allan Gibbard, ver Justin D'Arms e Daniel Jacobson, "Expressivism, Morality, and the Emotions", *Ethics,* 104 (1994) 739-763, especialmente pág. 751. Ver também Wallace, *Responsibility and the Moral Sentiments,* págs. 48-50.

apropriado para se discutir isso. Basta-nos ter visto que as emoções revelam valor e valorações de diversas maneiras, mas não por aquelas discutidas pelo naturalismo e pelo emotivismo. Resta muito mais a ser demonstrado sobre como as emoções revelam valor e valorações, e sobre a natureza desse valor e valoração. Esses são os principais tópicos examinados no restante desta obra.

### *Uma interpretação de Foot*

Fecharei esta seção com alguns comentários sobre a maneira de interpretar Foot e seu uso da proposição ofensa-grosseria.[17] Apresentarei simplesmente esta interpretação, sem tentar mostrar se é a sua visão ou se é somente um ponto de vista que ela tenha dado para reunir todos os seus materiais, mas que não reuniu. Como já dissemos, em *Moral Arguments* ela mostra que certos atos de grosseria *não* são errados, mesmo quando o ato é grosseiro por mostrar a falta de respeito requerida pela proposição ofensa-grosseria. Quer dizer que ela admite existirem casos – em que a grosseria seja confirmada pelas considerações encontradas nessa proposição – em que é possível, no entanto, ser moralmente correto ter-se um comportamento grosseiro. Assim, a menos que a acusemos de nítida inconsistência, não podemos dizer que ela dá uma simples descrição naturalística de *mal abrangente*, ou de *mal abrangente, por ser grosseiro*, à vista de uma ofensa causada.

Podemos assumir que ela está interessada em *erro de primeira vista*, da forma delineada anteriormente. Isso a deixaria vulnerável às objeções também já apresentadas anteriormente. Penso, porém, que é possível ver que ela reconhece que – embora a grosseria forneça as condições para o erro de primeira vista e às vezes abrangente, e embora essa grosseria possa ser caracterizada como ofensa, não está defendendo o naturalismo, mas somente colocando-se contra vários tipos de antinaturalismos.

Vejam novamente a sua proposição: "A verdadeira caracterização da situação em que é correto dizer que um tipo de comportamento é grosseiro, penso, é que tal comportamento provoque ofensa, por indicar falta de respeito". Já dei os motivos por que devemos entender *respeito* como *respeito merecido,* para que se chegue ao menos perto de se tornar uma boa descrição de grosseria. Por motivos similares, para que a descrição de Foot tivesse grande probabilidade de estar correta, seria preciso entender a ofensa valorativamente, isto é, como uma ofensa não-merecida.

17. Devo meus agradecimentos a Jonathan Adler e Barbara Herman pela presente discussão.

Além disso, a ofensa não pode ser entendida apenas como uma espécie de ferimento, dor ou dano. Deve ser entendida como envolvendo, conceitualmente, uma injúria, um insulto ou afronta que atenta à condição moral, ou ao ser moral de uma pessoa. Ter sido ofendido é assim muito semelhante a ser degradado. É ter sido maltratado de uma maneira que envolve não somente noções valorativas como o bem-estar, mas noções morais, como o respeito merecido.

Se a ofensa de grosseria deve ser entendida moralmente, e não apenas valorativamente, a grosseria e a ofensa que causa são até mesmo mais fortemente valorativas do que o orgulho. Cito o orgulho porque Foot escreve em *Moral Beliefs (Crenças Morais)*: "O objetivo característico do orgulho é algo visto... como uma espécie de *feito ou vantagem*" (págs. 113-114, itálico meu). É quase desnecessário dizer que um feito ou vantagem são noções valorativas, mesmo que não sejam necessariamente noções morais.

A minha sugestão, portanto, é que a proposição ofensa-grosseria servirá aos propósitos de Foot somente se a *ofensa* for valorativa, e talvez também moral. Supondo que Foot tenha usado a proposição ofensa-grosseria para dar uma descrição naturalística de "grosseria abrangente ou de primeira vista", ou "dano abrangente ou primeira vista, por ser grosseiro", nos defrontamos com duas alternativas: ou ela não viu aquela "ofensa" como valorativa, ou pensou que havia uma descrição naturalística de "ofensa". Cada uma dessas hipóteses apresenta sérias dificuldades.

É difícil entender como – tendo assumido que o orgulho seja valorativo – ela não tenha podido ver que *ofensa* é valorativa. E se ela usou a proposição ofensa-grosseria como argumento pelo naturalismo, e também viu o termo *ofensa* como valorativo, é difícil perceber por que não fez qualquer esforço para demonstrar que este termo, também, admite uma descrição naturalística.

A melhor interpretação, acho, é que a sua intenção não era de apoiar o naturalismo, mas de mostrar que o extremo antinaturalismo está errado: que é um erro sustentar que valor e valorações como *feito, vantagem, erro, grosseiro, ofensivo, errado, por ser grosseiro* e *grosseiro, por ser ofensivo* são de alguma forma, *para nós*, apenas uma questão de livre escolha, apenas uma questão de optar ou de se engajar. Ela escreve, em *Moral Beliefs* que:

> Temos aqui duas hipóteses sobre "valorações", que classificarei como hipótese 1 e hipótese 2.
>
> Hipótese 1 é a de que algum indivíduo possa, sem erro lógico, basear as suas crenças, sobre questões de valor, inteiramente em premissas que ninguém mais reconheceria como fornecedoras de provas. Hipótese 2 é a de que, dada a espécie de declaração que outras pessoas reconhecem como fornecedora de prova de uma

conclusão valorativa, essa pessoa possa recusar-se a esboçar uma conclusão, pelo fato de que *isso* não conte como prova, para *ela*. (pág. 111 – itálico no original)

Evidentemente pode-se rejeitar o naturalismo ao se recusar também essas duas hipóteses. E esta dupla rejeição – tanto do naturalismo, como dessas duas hipóteses – é a interpretação que dou para Foot. Embora ela não defenda o naturalismo, rejeita várias versões de antinaturalismo. Além disso, rejeita esses tipos extremos de antinaturalismos, porque o argumento de que a ética não é natural baseia-se no fato de se pensar no natural somente na proposição da ciência física. Mas os naturalismos tradicionais também fazem isso. E assim ambos devem ser rejeitados.

Na minha leitura de Foot, ela sustenta que o *mundo* pode determinar muito do que é valorativo, incluindo sucessos, vantagens e freqüentemente o que esteja moralmente em questão. Mas o mundo em questão é o mundo humano e social, e não o mundo da física, ou (e bem pode ser diferente) um naturalismo redutivo, neo-humeniano. Isso que dizer que não é o natural, ou o naturalismo, que figura em debates sobre naturalismo e ética.[18]

Muito do que sustento vale também como argumento de que o nosso mundo está repleto de valores e de emoções, e que na realidade uma coisa depende da outra. Se isso, como eu penso, contraria as nossas versões correntes de naturalismo, é uma coisa que não me preocupa, e nem é isso o que eu pretendia demonstrar nesta seção. O que eu queria demonstrar era que as relações entre os valores e as emoções que me interessam, não são as que figuram nos correntes debates sobre o naturalismo, e nem visam os meus argumentos defender ou atacar seja o naturalismo, seja a sua rejeição.

## 5. Talvez as emoções valorativamente reveladoras somente revelem valores

Já disse que uma das minhas preocupações com as relações entre emoções e valor, ou ética, é epistemológica. Afirmei, especialmente, que as emoções revelam valor. Esses argumentos sobre o fato de as emoções demonstrarem valor devem ser aceitos de uma forma que subvaloriza, ou mesmo

18. Minha interpretação da posição negativa de Foot é semelhante à de John McDowell em *Mind and World* (Cambridge, Massachussets: Harvard University Press, 1994), especialmente a lição 4, destacando-se aí o n.º 12, pág.80. Para um relato de um naturalismo que não é um empirismo neo-humeano, e um argumento de que Aristóteles apresenta um tal naturalismo, ver *Mind and World*, de McDowell e também "Two Sorts of Naturalism", em Rosalind Hursthouse, Gavin Lawrence e Warren Quinn, orgs., *Virtues and Reasons*, uma antologia homenageando Foot (Oxford: Oxford University Press,1995).

elimina, a importância valorativa profunda e intrínseca das emoções. Precisamente por enfatizar a sua função reveladora. Uma forma de se fazer isso é estabelecendo-se o que chamarei de *argumento da informação*.

O argumento da informação advoga que as emoções são eticamente importantes porque, e na medida em que, revelam informação sobre valor, seja valor dos agentes que levam coisas, sejam valores para o mundo. Essa informação é nitidamente importante. Para mencionar alguns pontos: tentar conhecer, e conhecer, os valores próprios é essencial para o autodesenvolvimento e o autoconhecimento, bem como para a integridade, o engajamento, e muitas coisas mais de importância moral. Além disso, para se entender os povos e as culturas, as nossas ou as dos outros, como a da Grécia clássica, temos de conhecer os seus valores. As autocríticas, ou as críticas da vida dos outros, tanto na esfera pessoal, como na social ou política, baseiam-se muito no conhecimento dos valores que estão envolvidos. Para se criticar uma forma de vida, é de importância vital ver quais são os valores envolvidos. Por exemplo, para se saber se uma pessoa é íntegra, e quais são a forma e o fundamento dessa integridade, temos de conhecer os valores dessa pessoa, como eles são mantidos e encarados, e assim por diante. E são as emoções dessa pessoa que nos fornecem uma soma considerável de informações. As emoções, portanto, são signos ou fontes de informação valorativa de importância fundamental.

Desse modo as emoções são vistas como valorativamente informativas, e por isso são relevantes: como um meio de revelar valor, o que em si é importante. Resumindo, as emoções são úteis na revelação de valores; porém o que realmente é em si mesmo importante é o valor que elas revelam.

Mas as emoções já foram vistas como úteis de outras maneiras também. Na opinião de muitos filósofos, elas ajudam a nos motivar.[19] Como diz Daniel Goleman, o reconhecimento delas, em nós mesmos ou nos outros, nos ajuda a modular e civilizar o comportamento. [20] Na opinião de Ronald De Sousa, elas apresentam roteiros e padrões notáveis que permitem-nos mover de um conjunto de fatos para outro, nos casos em que não temos tempo suficiente, ou certeza, para fazer isso por meio de inferências ou argumentos não-emocionais.[21] Patrícia Greenspan sustenta que as emoções são *adaptáveis* pelo fato de serem bons guias para importantes informações de que necessitemos rapidamente. Por exemplo: o sentimento de desconforto que experimentamos com o tom de voz do revendedor de carros usados é um

19. Ver, por exemplo, Patricia S. Greenspan, *Practical Guilt* (Nova Iorque: Oxford University Press, 1995), especialmente cap. 3.
20. *Emotional Inteligence* (Nova Iorque: Bantam Books, 1995).
21. *The Rationality of Emotion* (Cambridge, Massachusets: MIT Press, 1987).

bom aviso de que devemos ficar de sobreaviso.[22] Como dizem Iris Murdoch, Martha Nussbaum, Lawrence Blum e Margaret Walker, as emoções nos ajudam a perceber valores, permitindo-nos, por exemplo, selecionar coisas de valor num amontoado de objetos capazes de atrair nossa atenção.[23] E como salienta Andrew Morrison, as emoções podem servir como defesas psíquicas ou como sintomas, como a vergonha pode funcionar em relação aos sentimentos sexuais.[24]

Não são todos os filósofos que concordam que as emoções são úteis nas formas apresentadas acima. Examinando algumas dessas proposições, Steven Luper-Foy escreve:

> Extrema compaixão e bondade podem muito bem motivar as pessoas cujas vidas se caracterizam por muitos atos *super-rogativos*. Mas é fácil exagerar os recursos emocionais que devem estar disponíveis às pessoas, se estas têm de cumprir as suas obrigações... Consideremos três pontos. Primeiro: vale repetir que o próprio Kant era um indivíduo extremamente reservado... Apesar desse seu isolamento, seria bobagem retratar Kant como uma pessoa moralmente defeituosa.
>
> Segundo: ...em algumas bem aceitas concepções de dever, podemos cumprir nossas obrigações sem sermos levados a fazer isso por um sentimento de compaixão ou bondade (ou qualquer outra emoção). Nosso motivo para não interferir nos projetos dos outros pode, simplesmente, ser o fato de que, se fizéssemos isso, estaríamos fazendo algo errado.
>
> Terceiro: consideremos as culturas (como as que estão profundamente mergulhadas no Budismo) que subestimam a importância das emoções na vida. Não é

22. *Emotions and Reasons*, por exemplo, pág. 11. Eu tive imensos benefícios com esta obra e a discussão com Greenspan.
23. Murdoch, *The Sovereignty of Good* (Londres: Routledge e Kegan Paul, 1970); Blum, *Friendship, Altruism, and Morality* (Londres: Routledge e Kegan Paul, 1980), "Iris Murdoch and the Domain of the Moral", *Philosophical Studies*, 50 (1986) 343-368, e "Particularity and Responsiveness", em Jerome Kagan e Sharon Lamb, orgs., *The Emergence of Morality in Young Children* (Chicago: University of Chicago Press, 1987); Walker, "Moral Understandings: Alternative 'Epistemology' for a Feminist Ethics", *Hypatia*, 4 (1989) 15-28; Nussbaum, *Love's Knowledge* (Oxford: Oxford University Press, 1990), e "Equity and Mercy", *Philosophy and Public Affairs*, 22 (1993) 83-125. A obra de Walker situa este debate no âmbito de um outro debate semelhante sobre ética feminista: se as emoções, segundo Carol Gilligan, *In a Different Voice* (Cambridge, Mass.: Harvard University Press, 1982), especialmente aquelas relacionadas com a solicitude, a comunidade e a alimentação das pessoas são centrais quanto ao que se espera de uma ética feminista. Devo meus agradecimentos a Walker pela discussão desta e de outras questões. Ver também Gerald Gaus, *Value and Justification* (Cambridge: Cambridge University Press, 1990).
24. *Shame: The Underside of Narcissism* (Hillsdale, Nova Jérsei: Analytic Press, 1989), especialmente pág. 23.

certo que as pessoas influenciadas por essa cultura necessariamente fracassarão ao enfrentar suas responsabilidades.[25]

Essas preocupações com a compaixão e a bondade podem facilmente ser estendidas a todas as emoções, para afirmar que não há necessidade de emoções para se agir bem ou, conforme o caso, insatisfatoriamente. Vou tratar desse assunto em capítulos posteriores. Mas acho que seria útil fazer neste momento algumas observações sobre o peso que isso tem sobre as minhas asserções. Como já disse antes, as minhas proposições são sobre nós, e não sobre pessoas de outras culturas. Além disso, o que digo sobre a importância das emoções para nós não é afirmado como verdades necessárias ou universais, mas *somente* como propostas importantes sobre nós, freqüentemente, ou geralmente, verdadeiras.

Há outros problemas com essas proposições de utilidade e também de informação. Um problema é que essas propostas têm grande plausibilidade em relação a emoções mais ou menos *discretas*. Por exemplo: meu temor de que John estrague o meu carro, ou minha preocupação de que esse vendedor não seja confiável. Essas são emoções que, embora não tenham de ser do tamanho de montanhas ou desfiladeiros, são como eventos: elas constituem desvios notáveis do fluxo ordinário da vida.

No entanto, se Schachtel, Krystal, Rapaport e Tomkins estão certos, as emoções e a afetividade são encontradas na maior parte da nossa vida, senão em toda ela, e não somente em situações emocionais mais ou menos discretas e eventuais. Elas são encontradas como pano de fundo na vida, são as tonalidades e os gostos da vida. Podemos pensar sobre as várias formas e níveis de interesse, preocupação e vivacidade. Esses aspectos não eventuais caracterizam e ajudam a enfeitar o fluxo ordinário da vida que passa, muitas vezes, sem ser notado.

Acho difícil ver como essas várias afirmações de utilidade possam ser aplicadas a essas formas e esses aspectos da emoção e da afetividade. Como, por exemplo, podem o interesse geral e a vitalidade figurar na motivação de boas ações, se se apresentam diferenciadas de uma motivação geral para agir, seja para o bem ou para o mal? E como as emoções gerais, básicas, representam cenas ou cenários, ou servem como guias inarticulados para ações, ou ajudam o agente a ver valores? E quais são os valores que elas ajudam a revelar?

Sejam quais forem os problemas com essas proposições, penso que devemos reconhecer que as emoções são úteis dessas maneiras. Desse modo,

25. A resenha de *Morality and the Emotions*, de Justin Oakley, *Philosophy and Phenomelogical Research*, 54 (1994) 725-728, pág. 727.

por exemplo, ter emoções, observá-las e registrá-las, são coisas interligadas. Os que são desprovidos de qualquer sentimento de ciúme, muito provavelmente não notarão nem mesmo um nítido indício de infidelidade, ao passo que os ciumentos muito provavelmente verão provas onde não há nenhuma. Dos que têm uma atitude *equilibrada* em relação ao ciúme, pode-se esperar que tomem os fatos pelo que são, ou ao menos mais acuradamente do que as pessoas de qualquer dos outros dois tipos.

No entanto, não acho que se possam aceitar essas proposições de utilidade se esta for apenas *instrumental,* seja em relação à vida, aos valores ou à valoração. E é isto o que a proposição relativa à informação sustenta, como o fazem várias versões das outras proposições de utilidade.

Rejeito essas proposições quando são tomadas como instrumentais, não por negar o uso instrumental de emoções para a vida e os valores, mas sim por que as emoções são também constituintes essenciais da vida e dos valores. A nossa vida seria impossível sem as emoções. Não temos nem idéia do que seria uma vida humana sem elas, ou até mesmo se seria possível. Este é um argumento bem fundamentado por muitos psicólogos teóricos como Krystal, Tomkins e Schachtel, e muitos filósofos como Aristóteles, Peter Strawson e Charles Taylor.[26]

Afirmar que as emoções só têm utilidade instrumental para a vida humana, é quase tão desprovido de sentido como afirmar que a crença e o desejo só têm utilidade instrumental na vida humana. Não existe vida humana, ou pelo menos nenhuma que possamos imaginar, sem crença, desejo e emoção; e portanto, não existe nenhuma para a qual esses sentimentos sejam úteis somente de maneira instrumental.

O problema está em entender a utilidade como tal, para a vida ou os valores, tomada de modo bem genérico, integralmente. E também está em entender a utilidade como instrumental. As emoções podem ser instrumentalmente úteis para a vida e os valores Mas elas também são essenciais e ajudam a constituir as coisas para as quais são úteis. Realmente, um propósito fundamental desta obra é mostrar como as emoções são funcional e constitucionalmente importantes e freqüentemente vitais para a vida e os valores, tanto em muitos casos particulares, como em relação ao todo.

Demonstrar isso envolve dois estágios correlativos e complementares. O primeiro consiste em mostrar como grande parte de nossa vida envolve

26. Sou imensamente grato a "Freedom and Resentment", de Strawson, *Proceedings of the British Academy,* 48 (1962) 187-211 e usado aqui segundo a reimpressão em Gary Watson, org., *Free Will* (Oxford: Oxford University Press, 1982); e a "Self-interpreting Animals", de Taylor, em seu *Human Agency and Language, Philosophical Papers,* volume 1 (Cambridge: Cambridge University Press, 1985).

emoções e é emocional. O segundo, em mostrar como a vida é emocional. Por exemplo: como os valores e o conhecimento do valor estão interligados, revelados e constituídos pelas emoções.

## 6. A insípida conexão entre a teoria de conteúdo e a da informação

A teoria de conteúdo (discutida no capítulo 1) sustenta que as emoções não contêm afeto. O argumento da informação sustenta que o que é valorativamente importante sobre as emoções é que elas revelam valores. Mais exatamente, que as emoções mostram que o seu agente detectou ou se engajou com um valor. Segundo esta teoria, o que é valorativamente importante sobre as emoções é esse valor que é detectado ou revelado, e não o valor com o qual se está engajado, o valor emocionalmente engajado.

Embora ambas as teorias deixem de lado o afeto, elas o fazem de modos diversos e em lugares diferentes. E nenhuma delas está ligada à outra. Uma pode sustentar a informação sobre o valor das emoções, ao passo que afirma que as emoções são afetivas, rejeitando assim a teoria de conteúdo. Assim, também é possível afirmar que as emoções são afetivas, negando a proposição de conteúdo, e também afirmar que o que é de importância valorativa nas emoções é encontrado somente em seu conteúdo não-afetivo. Além disso, é possível dizer que a proposição de conteúdo dá a descrição conceitual correta das emoções, afirmando também que elas são válidas em si, e não apenas pela informação que fornecem, rejeitando assim a proposição de informação.

Apesar disso, essas proposições se sustentam mutuamente. O que pode ser comprovado observando como um teórico que apóie uma delas possa, natural e facilmente, encontrar materiais para a outra. Um teórico que apoiasse a proposição de conteúdo precisaria de muito pouco material adicional para passar à proposição de informação. Porque as emoções, do ponto de vista do conteúdo, são pouco mais do que informação, ou a meramente neutra afirmação disto. Uma forma de se exemplificar é imaginar o homem de Pitcher, *P*, dizendo ou pensando, de maneira completamente insossa e desprovida de afetividade: "Eu penso que ela pode vir e que seria bom que ela viesse", e perguntar o que, além da informação, é-nos comunicado sobre essa coisa boa, e o fato de que *P* aceita essa informação.

# PARTE 2

# *Emoções e valor: algumas relações epistemológicas e constitutivas*

# 3

# Problemas emocionais sugerem problemas epistemológicos

A segunda parte deste livro, capítulos 3 a 7, é dedicada a demonstrar exaustivamente as conexões epistemológicas e valorativas entre estados afetivos e valores e valorações. Como ocorre de maneira generalizada neste livro, as emoções são os principais estados de afetividade considerados. O capítulo 3 destina-se a mostrar que as emoções não são prejudiciais ao raciocínio e ao conhecimento e, muito mais significativamente que as emoções, com bastante freqüência são úteis, e até mesmo necessárias, para o raciocínio e o conhecimento. Essas conexões de utilidade não constituem matéria de vinculação e nem são conceituais. Mas são importantes e típicas entre o fato de se ter ou não ter emoções e os julgamentos valorativos. Não nos preocuparemos em demonstrar se essas conexões são válidas para todos os povos e todas as culturas. Bastará conseguir demonstrar que são válidas para nós.

O capítulo 4 considera e rejeita preocupações que, embora sejam formas de conexões mostradas no capítulo 3, não se referem propriamente a emoções, mas somente a vários estados não-emocionais, ou que não dizem respeito a valores, mas somente a pessoas, tomadas como avaliadoras. Os capítulos 5 e 6 examinam mais estritamente as conexões valorativas entre as emoções e os valores. O capítulo 5 argumenta contra várias idéias erradas sobre o papel avaliador das emoções, mostrando que elas têm importância avaliadora mesmo que muitos sustentem o contrário. O capítulo 6 apresenta uma forma esquemática e categórica de mostrar como algumas emoções têm valor. Baseado na argumentação dos capítulos 3 a 6, o capítulo 7 volta a mais questões epistemológicas para revelar como as emoções são importantes, de muitas outras formas, para se avaliar o conhecimento e para o raciocínio moral.

## 1. Falsos truísmos sobre a razão e as emoções

Caracterizar as pessoas como racionais é comum, e não somente na filosofia. Chega a ser um clichê a caracterização que é feita a nosso respeito, em essência, como seres racionais. Desta acepção, quanto mais racionais formos, melhores seremos; e talvez, também, mais ricos. Mais ainda: o que não faz parte da racionalidade, ou não contribui para ela, não tem importância, se não for prejudicial para nós.[1] Outro lugar comum é dizer que as emoções nos deixam em má situação quando temos que inquirir, tomar decisões ou expressar julgamentos. Por outro lado, é também clichê dizer que a fria racionalidade é o melhor ponto de partida para se fazer uma investigação, inclusive investigações valorativas e de conhecimento.

Mais modestamente, também há algo de clichê em se dizer que a menos que as emoções estejam sob o controle da razão, elas muito provavelmente escaparão ao nosso controle e interferirão com a nossa vida, especialmente com a nossa vida intelectual; e também que as emoções, mesmo se estiverem sob controle poderão nos conduzir a florescimento, especialmente florescimentos intelectuais.[2]

Pensamos, no entanto, que esses clichês são *falsos truísmos*. Não só por que freqüentemente são errôneos, mas por que também se baseiam em visões tendenciosas, tanto das emoções, como da fria racionalidade, e assim as expressam. Esses pontos de vista são parte integrante da supervalorização que os filósofos fazem da racionalidade, o que, em termos psicanalíticos, é uma *idealização* da racionalidade. E como acontece com freqüência com a idealização, ela envolve sérios desentendimentos interligados sobre o que é idealizado – neste caso, a racionalidade – e também sobre o que é arrancado e demonizado, ou simplesmente não-incluído, na idealização, neste caso, as emoções.

Para se ver isto, vamos voltar aos lugares-comuns sobre razão e emoção. Eles nos convidam a comparar a utilidade e os perigos da razão e das emoções. Mas seria melhor que essas comparações não fossem baseadas em uma tentativa de se contar o número de erros que cada uma delas pudesse gerar, ou tenha gerado. E nem na tentativa de se valorizar a seriedade dos vários erros, ou a proporção de erros em relação ao que é correto, quando esses elementos estão em jogo, ou alguma função do número, proporção e seriedade.

Se advertimos contra o estabelecimento de diferenças, não é pelo fato de elas serem extremamente complexas. A complexidade não impede os teóricos de fazer proposições racionais e cheias de significado sobre, digamos, os perigos comparativos da gripe, do câncer de seio e da AIDS. Essas comparações envolvem uma complexa avaliação de tais doenças, no que se

1. Ver Thomas Hurka, *Perfectionism* (Nova Iorque: Oxford University Press, 1993), e Stocker, "Some Comments on *Perfectionism*", *Ethics*, 105 (1995) 386-400. Devo meus agradecimentos a Jonathan Adler, Samuel Levey e Lawrence Thomas pela discussão.
2. Agradeço a Graeme Marshall por estas sugestões.

refere à sua ocorrência, à proporção dos doentes que morrem, ou que ficam debilitados seriamente, à distribuição etária, ao perfil dos pacientes típicos, ao curso das doenças, à maneira como elas são contraídas e como podem ser evitadas, à cura, ou à taxa de prevenção por unidade de tempo e de dinheiro.

Mas quando chegamos às questões de razão e de emoção, e os seus perigos comparativos, é pelo menos fantasioso pensar que temos muitas, ou mesmo alguma idéia sobre como poderemos até mesmo começar a fazer afirmações. É claro que algumas emoções são perigosas, digamos, para a vida pessoal, social, intelectual, ou para outro trabalho. Mas a fria racionalidade também pode muitas vezes ser perigosa, e freqüentemente está envolvida em sérios erros de racionalidade, conhecimento, valoração e tomada de decisões. As crenças e os pontos de vista freqüentemente são errôneos e conduzem a erros, como são exemplos de frio raciocínio sobre quais sejam os fatos, como os reuniremos e como apreciaremos os fatos adicionais, o que deveremos fazer, e como decidir o que fazer. Como diz William Brennan, ex-juiz da Suprema Corte dos Estados Unidos:

> Os autores da Constituição dos Estados Unidos operaram dentro de um universo político e moral que experimentara a paixão arbitrária como a maior afronta à dignidade do cidadão... No nosso tempo, a experiência nos ensina que a maior ameaça é a razão formal, separada da visão alcançada pela paixão.[3]

É possível, portanto, que os clichês possam ser entendidos como expressões de que as emoções são em geral, ou com demasiada freqüência, perigosas, mas que somente alguns casos de fria racionalidade também o são. Ou porventura deva ser entendido que a crença fria e a racionalidade fria não são perigosas quando, como é possível que aconteça, os fatos e procedimentos que envolvem são corretos; mas que as emoções correm sempre o risco de serem perigosas. Usando uma linguagem popular, pode-se dizer que os pesquisadores que são emocionais muito provavelmente agirão errado; que o fato de eles serem emotivos em geral levanta dúvidas quanto à sua credibilidade; mas que os pesquisadores que são friamente racionais não têm necessidade de se deixarem induzir em erro e que, portanto, não levantam dúvidas quanto à sua credibilidade.

Neste ponto, poderíamos nos lembrar de como as personalidades e as preocupações das pessoas podem influenciar as suas emoções, e de tudo o que, por sua vez, é influenciado por essas emoções. Vários desses aspectos serão discutidos mais tarde.

---

3. "Reason, Passion and 'The Progress of the Law'", *Cardozo Law Review*, 10 (1998) 3-23, pág. 17; citado em Eugene Garver, *Aristotle's Rhetoric: An Art of Character* (Chicago: University of Chicago Press, 1994), pág. 105.

Para o que nos interessa neste momento, basta notar como as pessoas coléricas ou imbuídas de um sentimento de autopiedade tendem a se preocupar com os seus próprios problemas, e com o seu *status*, e são intransigentes demais em relação ao ponto de vista das outras pessoas, especialmente daquelas que elas sentem que as prejudicaram. Sintetizando, essas emoções e estados emocionais são como as variações de humor: elas procuram e reúnem, até mesmo criam, fatos (ou "fatos") que as apóiam e corroboram, e que são mais tarde usados para justificar e sustentar aquela emoção, o que leva a posterior procura, reunião, criação e desvirtuamento.

As emoções podem apresentar uma vida própria, se relacionadas umas com as outras. Quando as pessoas ficam zangadas, sobretudo quando são tomadas e controladas pela raiva, muito provavelmente também pensarão, sentirão e agirão de maneira diversa; isto é, de modo raivoso. Essas pessoas com raiva não são pessoas que, por acaso, estejam sentindo raiva, mas que, em todas outras coisas, possam ser iguais ao que eram quando não sentiam raiva. Não é que elas sintam, pensem ou ajam com raiva, mas sim por serem motivadas pela raiva e por causa dela.

É tendencioso, entretanto, usar essas proposições para mostrar que as emoções são mais perigosas do que a fria racionalidade. Em primeiro lugar, essas proposições usam emoções que nos induzem a erro ou nos dominam – provavelmente até possamos dizer que são montanhas ou desfiladeiros emocionais – como paradigma de emoções. Mas nem todas as emoções, e certamente as emoções em geral, são assim.

Essas proposições também são tendenciosas quanto à racionalidade, por, no mínimo, expressarem uma confiança excepcionalmente otimista nela. Seria bom lembrar que há diferentes personalidades cognitivas, estilos, preocupações e muitas espécies de vidas racionais ou vidas da racionalidade e que algumas, ou possivelmente muitas delas, podem ser cognitivamente prejudiciais. Para designar somente algumas: credulidade indevida ou ceticismo indevido; [4] aceitação indevida ou rejeição da tradição e da autoridade, ou das formas tradicionais de trabalhar ou de levantar dados. Além disso, há perigos de friamente se subestimar a importância, ou a evidência, ou a probabilidade de crenças e teorias, particular e geralmente. Há também perigo de se trabalhar friamente com crenças e teorias mantidas friamente: que vão desde as mais ordinárias, como a teoria flogística no século XIX, às mais extraordinárias, como se afirmar, no final do século XX, que o universo foi criado somente há 200 anos. Igualmente vale para teorias errôneas mantidas friamente, técnicas e crenças sobre procedimentos.

4. Ver Jonathan Adler, "Testimony, Trust, Knowing", *Journal of Philosophy*, 91 (1994) 264-275.

Em todos esses casos e em muitos outros, a fria racionalidade pode ficar fora de controle. Se controle é o que evita que as emoções nos dominem, então a racionalidade também necessita ser dominada.

Já nos foi afirmado que esses, e outros problemas e perigos dos fatos e da racionalidade, não são realmente aspectos da racionalidade, mas somente de uma racionalidade deformada ou distorcida, ou mesmo da irracionalidade. No entanto, isso ajuda a sustentar nossa acusação de parcialidade, ao mostrar que a comparação entre emoções e racionalidade começa pelo entendimento da racionalidade fria como cognitivamente acurada e benéfica. Isso complementa essa escolha de emoções cognitivamente perturbadoras e prejudiciais.

A comparação, então, não deve ser entre emoções e racionalidade, mas entre emoções cognitivamente perturbadoras – ou formas de emocionalidade – e racionalidade cognitivamente benéfica. Em vez de se investigar os perigos comparativos e a utilidade de emoções e sua racionalidade, digamos, de empreendimentos cognitivos, começa-se pensando bem da racionalidade e mal da emocionalidade. O que – sugerem os exemplos – prejudica o raciocínio e leva à descoberta ou criação de fatos corroboradores. Não é de admirar que se chegue assim à conclusão mencionada, que é muito pouco diferente do ponto de partida.

Queremos demonstrar, de maneira mais ou menos similar, como as emoções são impropriamente estigmatizadas e chegam a ter uma *conotação falsa*. Para isso, examinaremos advertências do tipo: *não seja emocional* e *você está sendo emocional*. Essas expressões são freqüentemente usadas como advertências ou objeções contra comportamentos demasiado turbulentos, impetuosos e espalhafatosos. Como tal, expressam preocupações com gosto, boas maneiras e modos de auto-apresentação e indicam, por exemplo, como os filósofos e intelectuais de outras áreas deveriam sentir e comportar-se. Em relação a estereótipos sobre o caráter europeu, poderíamos pensar em preferências do que é frio, persistente, nórdico, sobre o que é quente, excitado, sulista. Podemos entender como há quem ache que emocionalidade é falta de bom-gosto, mas não podemos ver ligação alguma entre esse modo de pensar – ou a própria emocionalidade – e erro intelectual e perigo.

Essas advertências também podem ser usadas para se dizer que, por causa das emoções, alguém se desviou, ou está correndo o risco de desviar-se. O fato de fazermos freqüentemente tais advertências é uma prova de que pensamos que as emoções são perigosas. E concordamos que o uso que fazemos dessas advertências pode mostrar o que pensamos sobre as emoções. Mas um exame mais demorado da questão mostrará quanto estamos enganados no que pensamos, e que as advertências expressam uma queixa já formada, que invoca a emocionalidade e não está fundamentada em defeitos da emocionalidade. Esse exame mais acurado mostrará que *emocional* é usado porque a atividade é definida independentemente como má; não é definida como má por ser emocional.

O nosso diagnóstico comporta duas partes. A primeira diz respeito à falta de qualquer aspecto intrínseco e comum de atos de *desvio*. *Desviar-se* deve ser considerado como um afastamento e interferência com o que *acontece* ser, ou que devesse ser, o objetivo em questão. Usamos *acontece* para chamar a atenção para o fato de que, embora seja o objetivo em questão, seria possível que se tivesse um outro objetivo. Diferente, que interferiria com o objetivo em questão, e poderia, em outras circunstâncias – digamos, com outros desejos – ser o objetivo visado. Nessa hipótese, o primeiro objetivo interferiria com ele e tentar alcançá-lo poderia provocar advertências, recomendando-se ao agente que não fosse emocional. Essa proposição dá conta do significado da frase *não seja emocional*.

Outro aspecto da nossa argumentação é que emocionalidade não tem muita identidade, se é que tem alguma, com o que *acontece* ser o ato de desvio. Nada identificado com emoções e emocionalidade distingue o que está se desviando daquele que não está se desviando. As emoções podem desempenhar os mesmos papéis tanto em referência ao ato de não se desviar, como ao ato de desviar-se. Seja qual for o ato, as emoções ajudam igualmente a fazer que ele se torne atraente, e participam da mesma maneira nos desejos e na motivação do ato.

Isso não significa negar todas as diferenças. Na realidade há esta diferença: quando alguém está querendo atingir um objetivo, que está ou deveria estar ao seu alcance, e faz isso por uma motivação emocional, esse ato não é *denominado* como *sendo emocional*. Mas, como já foi citado, a razão para isso não é que as emoções não desempenhem um papel para que esse ato se torne atraente, ou para estabelecer motivos para ele. Elas nitidamente podem desempenhar tais papéis. A razão é que quando as coisas acontecem como devem acontecer, isso não é chamado de *ser emocional*. Em geral, isso ocorre quando as coisas vão mal. O fato de algo ser emocional não é responsável pelo fracasso, mas este é explicado sendo chamado de *emocional*.

A propósito de nossa advertência *não seja emocional*, ela vale como um aviso,ou mesmo como um epíteto, para dizer que as coisas estão indo mal. Mas essa advertência não se justifica pela presença, muito menos pelo papel, das emoções. Antes, a emocionalidade é citada como uma advertência e um epíteto porque as coisas estão saindo erradas, ou caminham para isso. Nossa proposição, portanto, é de que *não seja emocional* envolve um argumento sobre o objetivo visado, ou que deveria ser visado; uma advertência ou queixa de que algum outro objetivo está interferindo e está sendo visado, ou será; e um argumento de que as emoções estão entre os motivos e atrações envolvidos na consecução deste último objetivo.

Para ilustrar o que queremos dizer, consideremos o caso em que um irmão está comprando a parte de outro irmão, em uma empresa que durante muito tempo foi de propriedade comum. O assessor do comprador pode recomendar que se faça uma determinada oferta: algo menos do que ele está querendo pagar, mas não muito menos, como seria feito no caso da oferta a um estranho. Podemos facilmente imaginar o comprador replicando para o seu assessor:

> Mas isso permitirá a ele vender a companhia a preços de mercado, sem fazê-lo pagar pelo fato dele ter-me obrigado a perder uma oferta melhor há vários anos, quando eu queria vender a companhia. Esta vai ser simplesmente mais uma daquelas vezes em que ele me imporá a sua vontade, como sempre fez, desde que éramos meninos.

O assessor poderia responder:

> Você está sendo emocional. Você me pediu para ajudá-lo a comprar a companhia e estou-lhe dizendo o que tem que fazer. Mas você insiste em levantar coisas pessoais e questões do passado. Você parece estar mais interessado em ajustar velhas contas do que em comprar qualquer coisa, ou em comprar por um bom preço.

Podemos entender facilmente o que o assessor quer dizer. O comprador está desviando-se da questão, e a causa disso é emocional. Mas tanto comprar uma companhia, como comprá-la por bom preço, ou não desperdiçar o próprio dinheiro, podem ser questões emocionais. E os motivos que envolvem essas emoções podem estar entre os principais motivos que se possa ter para comprar uma companhia, ou comprá-la por bom preço, e para não desperdiçar dinheiro. Companhias, dinheiro, e não pagar em demasia muito raramente são questões indiferentes. E nem precisam ser menos emocionais do que ajustar contas com os parentes.

Dessa forma, não há diferença de emocionalidade entre ajustar contas e comprar uma companhia pelo preço certo. Isto é, não há diferença na presença, na intensidade, ou nos poderes causais das emoções envolvidas. O que as distingue é que, como o assessor compreendeu, o assunto em pauta era comprar a companhia pelo preço certo e não ajustar contas. É claro que se deixar envolver por este último aspecto desvia do primeiro. Mas o inverso pode também ser verdadeiro. Suponhamos, um caso diferente, em que um irmão está comprando a parte do outro justamente para ajustar contas – ou mesmo para fazer justiça –, mas deixa-se envolver pela questão de achar que a companhia poderia ser comprada mais barato. Esse também é um desvio do propósito inicial; e se houver um *demasiado* envolvimento emocional na questão sobre não pagar muito, ele pode ser advertido para não deixar que as emoções interfiram com os números do acordo.

Vários pontos adicionais deveriam ser notados. *Não se torne emocional a respeito de dinheiro* poderia parecer uma estranha advertência, tanto como se alguém dissesse *não fique emocional a respeito da felicidade.* Mas isso não tem relação com o fato de dinheiro, ou felicidade, não envolver emoções. Porque é claro que envolve. Em nossa percepção, o que soa estranho é o pensamento de que é sempre racional ficar preocupado e ter cuidado com dinheiro ou felicidade. Chegando-se assim ao extremo de achar que ficar preocupado com isso é racional, e que ter essa preocupação não é desviar-se do objetivo.

Com essa suposição, se dinheiro e felicidade forem o objetivo de uma pessoa, não haverá nenhuma advertência do tipo *ser emocional* que temer, ou da qual se queixar. Não haverá nenhum desvio e nem outro objetivo alternativo a ser alcançado. Se *não seja emocional* requer desvio – a consecução de um objetivo impróprio – então quando dinheiro e felicidade forem os objetivos em questão, não haverá desvio. Pode haver outro objetivo que sofra a interferência do objetivo de se conseguir dinheiro ou felicidade. Mas se tiver de ser decidido qual objetivo representa desvio, será esse outro objetivo que o representará. Uma vez que, se o outro objetivo interfere com o objetivo do dinheiro ou da felicidade, ele não deve ser visado.

Essa questão permite claramente, e pode até depender, de se ter emoções que envolvam dinheiro ou felicidade e que levem à sua consecução mais do que à realização de qualquer outro objetivo. Mas uma vez que ter como objetivo dinheiro ou felicidade não é um ato de desvio, ele não merece o epíteto *emocional* que aparece em *não seja emocional.*

Poderia ser objetado que enfatizamos demasiado o dinheiro, e até mesmo a felicidade. Afinal, há várias culturas, religiões e filosofias que não dão muita importância ao dinheiro ou mesmo à felicidade. Dessa perspectiva, a objeção procede e advertências do tipo *Você está ficando emocional a respeito de dinheiro* (ou felicidade) fazem perfeitamente sentido e são vistas como dotadas de força considerável. E até mesmo na nossa cultura, reconhecemos que certos apelos ao fator dinheiro são, no melhor dos casos, impróprios. Poderíamos lembrar como exemplo a proposta de casamento feita por Mr. Collins em *Pride and Prejudice (Orgulho e Preconceito),* expressa considerando a grande vantagem financeira que o casamento com ele acarretaria.[5]

Mas isso não é objeção para a nossa proposta. Ao contrário, ajuda a demonstrar que em *não seja emocional, emocional* é usado como um epíteto,

5. Isto é discutido em Garver, *Aristotle's Rhetoric: An Art of Character,* págs. 286-287.

caracterizando o que não é uma preocupação adequada e não deve ser objetivo visado. Visto que essa objeção nos fornece uma maneira de se pensar sobre dinheiro e felicidade como algo que, naquelas circunstâncias, não deve ser visado. Além disso, ajuda a mostrar que um assunto é chamado de *emocional* por não ser um assunto adequado, mais do que não ser adequado por ser emocional. Já vimos isso. Porque já vimos que o que causa distração é chamado de emocional, não por ser emocional, mas por ser fator de distração. E também vimos que alguma coisa pode ser fator de distração não pelo que seja em si, mas por desviar a atenção do que é, ou deveria ser o assunto em questão; e também que o que é, ou deveria ser assunto em questão em um determinado momento, pode constituir uma distração para o que for o assunto em questão em outra ocasião.

Fechando esta argumentação, queremos enfatizar que concordamos, naturalmente, que as emoções podem desviar-nos do nosso curso. Não obstante, rejeitamos a proposição de que isso é o que demonstra o *não seja emocional.* O que deve ser explicado é como as emoções conseguiram uma fama tão ruim. Como foram identificadas com um desvio e como a emocionalidade se tornou um sinônimo de desgraça.

Parte da nossa resposta consiste em apontar como achamos que essas questões, na melhor das hipóteses, são capazes de induzir a erro, sugerindo que há algo sobre *emoções* e *emocionalidade* que faz isso. Essas últimas questões são estruturalmente muito similares à questão sobre o epíteto *mulher motorista* e como as mulheres ganham a fama de dirigir mal, e o que há nas mulheres que faz essa fama servir a elas. Pelo que sabemos, as mulheres motoristas não são piores, ou acentuadamente piores, do que os homens motoristas; e nem é possível isolar atos ou formas de mau desempenho ao volante que sejam total ou particularmente peculiares às mulheres; e nem é possível também isolar atos ou formas de bom desempenho que sejam total e em grande parte peculiar aos homens. Epistemologicamente, duvidamos que aqueles que usam mulher motorista como um epíteto tenham qualquer prova do contrário.

Portanto, a questão é: como a expressão mulher motorista torna-se um epíteto? O que há com as mulheres que dirigem carros que o termo para a sua categoria se torna um termo de desgraça? A nossa resposta é que não há nada com mulheres motoristas ou mulheres, mas sim em relação ao ponto de vista da *sociedade* sobre as mulheres, que é responsável por isso. Correlativamente, a nossa resposta sobre as emoções é que não há nada com as emoções, mas sim com a visão da *sociedade* sobre as emoções, que é responsável pelo termo *emocional* como epíteto.

Muito disso, senão tudo, poderia ser aplicado na generalidade dos casos. No entanto, podemos dizer que pelo menos em questões intelectuais os assuntos emocionais diferem em espécie dos não-emocionais. Assim, quando dizemos aos cientistas que não devem ser emocionais, mas sim deixar que os fatos os conduzam, estamos contrastando motivos e objetivos emocionalmente carregados, tais como o desejo da fama, com não-emocionais, como o desejo da verdade. Temos aqui um ponto, mas muito mais insignificante do que parece à primeira vista. (Isso será discutido mais tarde, neste e em outros capítulos.)

Para ver isso, devemos examinar a fria racionalidade para ver o quanto não-emocional ela realmente é, e para ver, também, se a razão fria, atuando sozinha, não apresenta esses perigos. O primeiro item indaga sobre o quanto o frio raciocínio envolve emoção. Por exemplo: qual a medida em que ele é feito a partir da emoção. Pergunta-se também em que medida ele é caracterizado pela emoção, e se é mesmo realizado a partir da emoção.

Seria possível pensar que, ao considerar a expressão *não seja racional sobre isto*, podemos dar uma rápida prova de que a razão e o raciocínio são não-emocionais. Diferindo do oposto *não fique emocional a respeito disto.* Isso parece um pouco, às vezes, uma brincadeira. Adverte sobre tornar-se demasiado frio e seco. E faz isso em conjunto com a advertência de que agora é a época da emocionalidade, possivelmente para se brincar e relaxar, e não para o pensamento racional, ocasionalmente discursivo. Podemos lembrar novamente a proposta de casamento de Mr. Collins em *Orgulho e Preconceito,* gabando-se das vantagens financeiras de quem se casasse com ele. Ou podemos pensar sobre aquela centopéia que não tinha problema nenhum ao caminhar, até tentar explicar como fazia para controlar todas aquelas pernas.

Entendido assim, *não seja racional sobre isto* serviria para nos mostrar que a razão e o raciocínio têm os seus limites e não devem ser usados em todos os lugares. Mas de modo algum nos é afirmado que onde quer que sejam usados, razão e raciocínio sejam falhos, de qualquer maneira. Assim, *não seja racional sobre isto* poderia ser suposto apoiar a proposição de que se o assunto tratado for intelectual, a razão não necessitará de emoções.

Mas quer *não seja racional sobre isto* tenha ou não essa conotação, a razão necessita de emoções. Uma maneira de começar a demonstrar isto seria examinar a proposição de Platão em *Fedro* (253 ss) e na *República* (580 ss.), de que a razão tem, e requer para a sua perfeição, os seus próprios prazeres e desejos e assim, poderíamos também dizer, as suas próprias emoções.

Sob essa luz poderíamos também examinar algumas idéias de Ernest Schachtel e Henry Krystal. Como escreve Schachtel,

> não há ação sem afeto, é claro que nem sempre um afeto intenso e dramático como o (presente) em uma ação impulsiva de raiva, mas mais freqüentemente uma atitude

total, às vezes bem marcada, às vezes muito sutil e quase despercebida, que, no entanto, constitui um fundamento essencial para cada ação.[6] 

E como escreve Krystal,

> Os afetos são conhecidos por todos. Eles são parte de nossas experiências, e são tão ordinários e comuns que equivalem aos seres humanos.... No entanto, a sua própria universalidade e constante presença conosco durante toda a vida os torna tão difíceis de ser identificados como a prosa que há na nossa fala.[7]

Se Platão, Schachtel e Krystal chegam a se aproximar da verdade, o ideal da razão não emocional ou do raciocínio não-emocional é completamente irrealizável. Realmente, é tão irrealizável que deve ser sumariamente rejeitado. O que deveria ser examinado, em vez disso, é por que e como pôde ser proposto como um ideal.

Mas mesmo se Platão, Schachtel e Krystal estiverem longe de estarem certos, há o argumento do capítulo 2, seção 3, de que o interesse intelectual é uma emoção. A questão agora seria saber se, como os proponentes da razão fria poderiam defender, a ausência de interesse intelectual e emoções relacionadas ajuda os empreendimentos racionais.

A falta de interesse ou as suas manifestações podem ser de variedades diferentes. Aqui vão algumas delas. Uma pessoa pode achar que um problema ou um tópico é *morto*, tedioso ou indigno de atenção: *Se eu tiver de resolver mais algum desses problemas, fazer outros desses testes, vou dar um grito!*. Pode-se ter atingido o estado combinado intelectual e emotivo de *exaustão*. Pode-se ser simplesmente indiferente à questão. Achamos difícil imaginar como qualquer uma dessas formas, ou estados de falta de interesse, poderia ser julgada melhor para o progresso intelectual – em geral, ou em uma questão determinada – em lugar de um interesse intelectual bem modulado, dirigido apropriadamente.[8]

Uma forma de apresentar esse último ponto começa por concordar com o que acabamos de dizer: que as pessoas dominadas pela raiva podem estar mal preparadas no que se refere ao trabalho intelectual. A sua raiva pode muito provavelmente encontrar ou criar fatos *de prova*, distorcendo e escondendo o que realmente está em questão. Isso pode ser generalizado para exemplificar o perigo das emoções no trabalho intelectual: quando as emoções predominam, os fatos e a verdade ficam em segundo plano e outros

---

6. Schachtel, *Metamorphosis* (Nova Iorque: Da Capo Press, 1984) pág. 20.
7. Krystal, *Integration and Self-Healing: Affect, Trauma, and Alexithymia* (Hillsdale, Nova Jérsei: Analytic Press, 1988), pág. xi.
8. Isto é discutido em Stocker, "Intellectual Desire, Emotion, and Action", em Amélie O.

fatos (ou *fatos*) são encontrados ou criados à luz das emoções e até mesmo para defendê-las.

No entanto, qualquer número de estados frios, possivelmente não-emocionais, tal como o engajamento intelectual em uma teoria errada, pode também ter uma vida perturbadora própria. Não são todos os que, dispostos a provar uma teoria seja como for, são movidos a isso pelas emoções e muito menos por emoções perturbadoras. Mas há mais coisas para se dizer em favor do papel das emoções no bom desempenho intelectual do que dizer somente que alguns estados não-emocionais são também danosos, às vezes tão danosos como as próprias emoções, para o trabalho intelectual.

No que se refere a essas *mais coisas*, poderíamos observar o que muitos de nós conhecemos, possivelmente até bem demais: que a cólera fria, dura, pode ser penosamente acurada e implacável. E, realmente, essa cólera, e mesmo uma cólera mais ardente, podem também ajudar a nossa mente na tarefa que temos, mesmo quando é uma tarefa intelectual, tal como a de reunir provas da culpa ou dos erros da pessoa que provocou a nossa cólera.

Além disso, as pessoas que pensam e agem com um interesse intelectual apropriado – que seja apropriadamente dirigido e modulado – muito provavelmente estarão bem preparadas em relação a um bom trabalho intelectual. Em contrapartida, os que não têm interesse, como os que estão entediados ou exaustos, muito provavelmente estarão mal preparados para esse trabalho. Assim, mesmo do ponto de vista do trabalho intelectual e dos empreendimentos da racionalidade, a oposição entre a emocionalidade e a fria racionalidade induz a erros e é tendenciosa, senão espúria. Mesmo que a fria racionalidade seja um aspecto dos melhores enfoques intelectuais, a mesma coisa acontece com o interesse.

É claro que isso permite estabelecer contrastes entre os enfoques intelectuais que envolvem emoções capazes de melhorar o trabalho intelectual e os que não têm essa capacidade, e até o prejudiquem. Mas, admitindo-se esses contrastes, a mesma coisa vale para dizer que as emoções estão envolvidas nos melhores enfoques do trabalho intelectual. O que mostra que, e também por que, não pode haver oposição entre as abordagens do trabalho intelectual que envolvam emoções e as melhores abordagens do trabalho intelectual: estas envolvem emoções.

Poderíamos assumir que as emoções não são úteis para o trabalho intelectual, e provavelmente até perigosas para ele, como um meio de afirmar fidelidade a um ideal do *primado da racionalidade*. Pode haver uma maneira

---

Rorty, org., *Explaining Emotions* (Berkeley: University of California Press, 1980). Para uma abordagem diferente, ver a resenha de John Deigh de Douglas Walton, *The Place of Emotion in Argument*, a ser publicada também em *Informal Logic*.

de continuar a afirmar esse ideal, mesmo à medida que se aceitam muitas das propostas feitas neste trabalho. Por exemplo, poderá ser afirmado que as emoções são epistemológica e cognitivamente úteis, mas somente quando são *controladas* pela racionalidade; e que a melhor racionalidade, tanto epistemológica como cognitivamente, requer a *cooperação* das emoções, mas somente daquelas controladas pela razão.

No entanto, não está claro como esse suposto primado funciona quando as relações envolvidas também requerem cooperação. Em termos pessoais, mais do que como formas de atividade mental, na medida em que devo cooperar com você e garantir a sua própria cooperação, eu não pareço ter controle sobre você; na verdade, você poderia ser visto como me controlando ou pelo menos controlando nossos empreendimentos conjuntos. E se temos ambos de cooperar um com o outro, nenhum de nós parece controlar o outro. (O que nos lembra da dialética mestre-escravo de Hegel e as idéias de Sartre sobre a impossibilidade do amor.)

Possivelmente, então, o argumento sobre as relações entre a razão e as emoções seria modificado para sustentar que, para o bom trabalho intelectual, a razão deve assumir o papel *principal*. Seja isso verdade ou não, não vemos necessidade de prosseguir com a argumentação. A nossa preocupação era mostrar que nem sempre as emoções são perigosas para o bom, e até mesmo o melhor trabalho intelectual, e que elas freqüentemente são importantes para ele. E demonstramos isso.

Os vários pontos levantados podem ser relacionados intimamente. Em todo este livro há menção à defesa neurótica da *intelectualização:* em poucas palavras, reter os pensamentos, considerados como se fossem proposições, à medida que se reprimem ou dissociam do afeto das emoções, e das situações emocionalmente carregadas.[9] Gostaríamos de observar como o próprio termo *intelectualização* dá informações importantes sobre aquilo que descreve. A intelectualização envolve a divisão das emoções e outros elementos afetivamente carregados, em duas partes: uma com afeto e outra com um conteúdo semelhante a uma proposição. O termo envolve repressão e dissociação, ou desconhecimento dos elementos afetivos, tomando os pensamentos como conteúdo proposicional e a defesa neutra e não-afetiva de tal conteúdo. (Sobre essa defesa neutra ver capítulo 1, seção 4.) Poderíamos dizer que é uma tentativa de se evitar o emocional em favor do intelectual.

Um problema relativo à intelectualização é que existem *aspectos* emocionais importantes do intelecto, como o interesse e a excitação intelectual.

9. Ver, por exemplo, Anna Freud, *The Ego and the Mechanisms of Defense* (Londres: Hogarth Press, 1937).

Existem também as emoções intelectuais, ou emoções relativas a assuntos intelectuais. O que é um problema, pois como é demonstrado, pensar que se pode evitar o afeto e as emoções *vivendo no intelecto* requer uma idealização do intelecto. Como outras idealizações, esta idealiza e distorce o seu objeto, o intelecto. Correlativamente envolve uma idealização negativa, demonização e distorção do seu *objeto-negativo* dividindo emoções e afetividade. A intelectualização envolve assim o endosso de um intelecto distorcido, e vê o intelecto somente com o conteúdo intelectual propositivo, e não na forma como esse conteúdo é mantido e procurado. Para colocar isso de acordo com nossa proposição sobre o termo *intelectualização*: esta distorção é uma distorção motivada e de princípios, que dá expressão aos medos, esperanças e objetivos que levam à intelectualização e a caracterizam.

Necessitamos apenas de uma ligeira modificação para estabelecer um paralelismo com a filosofia. Não reconhecendo como as emoções são importantes para um bom trabalho intelectual, mesmo em filosofia, e realmente não reconhecendo a existência de emoções intelectuais, os filósofos permitem-se sustentar e abraçar uma visão distorcida e idealizada da razão e da filosofia. Correlativamente, para se defender essa visão da razão é essencial não reconhecer a existência de emoções intelectuais, e muito menos o fato de elas serem tão importantes para o bom trabalho intelectual, filosófico ou não.

Mais ou menos na mesma linha, há quem pense que a racionalidade destrói a afetividade, por tornar não-afetivo tudo o que ela considere e entenda. Há quem defenda essa idéia porque ela torna tolerável ou seguro o que era tão problemático. Alguns temem e descartam esse ponto de vista, por não quererem descartar a afetividade. E outros meramente registram esse efeito *corrosivo* da racionalidade. Várias dessas possibilidades são sugeridas pela piada sobre duas pessoas que estão para se separar. Uma diz para a outra: *Este foi o relacionamento mais horrível, desagradável, degradante e aviltante que eu já tive*, e a outra replica: *Não o estrague falando sobre ele.*

De nossa parte, não cremos que a racionalidade esgote as coisas. Pensamos, no entanto, que na forma como é mostrada pela intelectualização, freqüentemente é usada para as pessoas se livrarem do que é afetivo. Também pensamos que por ser a nossa uma cultura que idealiza a racionalidade e desvaloriza a emoção, muitos de nós fogem naturalmente da conscientização e da experiência de sentir as emoções. Os sentimentos de que nos conscientizamos podem ser tão estranhos e perturbadores que evitamos a experiência e desvalorizamos ainda mais os sentimentos. Nesse caso, como acontece com a intelectualização, há um caminho destrutivo que começa nos sentimentos, entra num reconhecimento emocional dos sentimentos e depois usa a racionalidade para se livrar deles.

Até agora, portanto, examinamos duas maneiras de se entender, e rejeitar, a proposição de que as melhores formas de racionalidade são não-emocionais. A primeira, e mais *estrita*, nega que qualquer emoção ou afeto, intelectual ou não, seja importante para a racionalidade e para o trabalho e para os esforços da racionalidade. A segunda maneira, que é mais cotidiana e popular, nega este papel somente à emoções como a da raiva e do auto-engrandecimento.

Esta última maneira, achamos, faz-nos entender o significado daquele *emocionalmente* encontrado nas advertências feitas aos teóricos, para que não se deixem envolver emocionalmente no seu trabalho. Eles estão sendo advertidos, por exemplo, para não se deixarem levar pela idéia de que uma teoria é *sua*, ou pela esperança de que se ela for adotada eles terão uma grande recompensa. Esse segundo entendimento silencia sobre a existência e importância da emoção intelectual. E não vemos motivo para que não permita uma emoção desse tipo.

Em qualquer desses casos nossa visão é que a proposição sobre a superioridade epistemológica da racionalidade fria e não-emocional deve ser tomada no seu sentido mais lato, e não no mais estrito. Entendida assim, ela capta a preocupação de que os pensamentos emocionais situados fora da área intelectual possam afetar impropriamente o trabalho intelectual. Evita-se assim a necessidade de negar o que é inegável: que existem emoções intelectuais e que elas são importantes para o bom trabalho intelectual.

No entanto, adotar esse ponto de vista mostra também que o contraste categórico e estrito entre a racionalidade e a emocionalidade é tendencioso e induz a erro. Isso complementa nosso argumento anterior, de que esse contraste é tendencioso por escolher exemplos – tanto das emoções como da fria razão – que parecem feitos para mostrar que as emoções não controladas pela razão muito provavelmente serão patológicas e perigosas, mas que a racionalidade é completamente segura e não necessita de controle.

Essa oposição perde todo interesse quando se nota a sua parcialidade. O que ocasiona interesse então é pensar por que tantos filósofos, tantas pessoas, têm usado esse contraste. Por que não viram a sua parcialidade? Por que partem da desconfiança das emoções e de tanta confiança na fria racionalidade? Provavelmente comparem as emoções com assustadoras montanhas e desfiladeiros emocionais, e pensem na fria racionalidade em vista de uma racionalidade cognitivamente acurada e benéfica. Mas, uma vez mais, isso simplesmente coloca a questão de saber por que eles agem assim. Essas questões tornam-se particularmente relevantes em relação aos filósofos que, tendo um interesse tão óbvio e sério, dedicam tanto tempo ao diagnóstico de tantos e variados erros cognitivos.

Seja qual for a razão disso, a utilidade cognitiva e a importância das emoções freqüentemente não tem sido reconhecida, e geralmente nem lhe tem sido dada atenção suficiente. Para ajudar a corrigir isso, continuaremos a argumentar que as emoções freqüentemente são úteis e importantes, até mesmo essenciais, para a racionalidade, o conhecimento, o valor e a valoração, e portanto para a formação de uma pessoa, na verdade uma pessoa racional. Neste capítulo, argumentaremos que ter certas emoções muitas vezes está sistematicamente relacionado com estar epistemologicamente numa boa situação para se fazer bons julgamentos valorativos; e mais ainda, que não ter certas emoções também está freqüente e sistematicamente vinculado com estar numa posição má para fazer tais julgamentos. Como já vimos e ainda veremos, o contraste entre a fria racionalidade e a emocionalidade é em si indutor a erro, e até mesmo espúrio. Mas somos obrigados a continuar a usá-lo, para expor melhor o nosso ponto de vista.

Uma forma de colocar a proposição deste capítulo é dizer que as pessoas que não têm emoções são não somente frias – *enervantemente frias, na verdade sinistras* [10], ou não-envolvidas ou distantes –, mas também que elas são epistemologicamente pouco habilitadas para fazerem julgamentos valorativos. Outra forma de se colocar isso é dizer que por causas bem sistemáticas, os julgamentos emocionalmente quentes, ou pelo menos emocionalmente mornos, são com freqüência epistemologicamente melhores do que os frios. Há proposições correlativas sobre reconhecimento e confirmação das emoções e da falta de emoções de uma pessoa; os que não estão conscientes das suas emoções, ou da falta delas, portanto, estão pouco habilitados para ver quais os valores que eles afirmam e desenvolvem, e como fazem isso em seus julgamentos, decisões, ou seja lá o que for. Há uma proposição correspondente mais positiva: os que são conscientes das suas emoções e falhas emocionais estão, portanto, muito mais habilitados para ver quais os valores que afirmam e desenvolvem, e como fazem isso.[11]

Outros fizeram também essas proposições. Acreditamos que Aristóteles tenha feito isso na *Retórica*, por exemplo, quando diz que para se garantir ser absolvido num julgamento é importante ganhar a amizade dos jurados para o réu, convencendo-os do seu bom caráter. Não achamos que Aristóteles esteja simplesmente falando como os jurados pensam, e como podem ser conduzidos ou desviados. Ele também está lembrando que a crença em outra pessoa e a aceitação do que essa pessoa diz é apropriadamente

10. David Charles, "Aristotle and Modern Realism", em Robert Heinaman, org., *Aristotle and Moral Realism* (Londres: University College of London Press, 1995), pág. 154.

11. Devo meus agradecimentos ao filósofo e psicanalista Ernest Wallwork pela discussão de sua obra a respeito, em preparação.

proporcional ao quanto achamos que essa pessoa seja digna de confiança. Esta é uma forma de ver como ele coloca que devemos confiar e agir com bom caráter e com sabedoria *(phronesis)* e não com esperteza, e que a confiabilidade vem acompanhada pelo bom caráter e pela sabedoria. Como diz,

> [Há persuasão] por meio do caráter [*ethos*] sempre que o discurso é feito de maneira tal a tornar aquele que fala digno de credibilidade [*axiopiston*]...em casos em que não haja conhecimento exato [*akribes*] mas campo para dúvida...o caráter é quase, por assim dizer, o fator controlador da persuasão.[12]

Como Sartre também diz, na sua discussão sobre a má-fé em *O Ser e o Nada,* freqüentemente somos epistemologicamente descuidados em relação às convicções das pessoas que gostamos, e exigentes em relação aos pontos de vista das pessoas que não gostamos.

Para julgar baseado na prova oferecida por alguém, é preciso dar peso às provas. Um dos fatores desta tarefa é descobrir quão digna de confiança essa pessoa é. A resposta adequada a alguém que foi merecidamente julgado digno de confiança é, afinal, a própria confiança; e para alguém merecidamente julgado indigno de confiança, a falta de confiança. E a amizade – tanto a que você tem à pessoa em questão, como a consciência dessa qualidade genérica de amizade nessa pessoa e as suas *qualificações* para ser um amigo – é nitidamente importante aqui. O que quer dizer, até certo ponto, que se uma testemunha for julgada de bom caráter, a confiança e a amizade são apropriadas. Também nos ajuda a ver que sem uma confiança e uma amizade apropriadas, o julgamento poderá ser desviado e provavelmente as decisões serão mal tomadas.

De muitas maneiras diferentes, vários filósofos contemporâneos têm também sustentado que as emoções são importantes para a avaliação. Em *Freedom and Resentment (Liberdade e Ressentimento)* Strawson escreve que "A existência de um quadro referencial de atitudes é algo que nos é dado com a ocorrência da sociedade humana."[13] Como argumenta, ter atitudes reativas e ser sujeito delas é essencial para ser, e ser reconhecido como pessoa; e ter partilhado de atitudes reativas é essencial numa comunidade. Na verdade, não se sabe como seria uma comunidade humana que não tivesse atitudes reativas, ou mesmo se isso seria possível. Além do mais, ter essas atitudes é essencial para o entendimento de grande parte da importância avaliadora,

12. *Rht* I.2, 1356a5-13. A vinculação entre confiança e caráter é destacada por Garver em *Aristotle's Rhetoric: The Art of Character,* c. 5, especialmente págs. 146-148. A citação aparece à pág. 176.

13. Em Gray Watson, org., *Free Will* (Oxford: Oxford University Press, 1982), pág. 78.

e de grande parte da importância de fazer avaliações sobre pessoas e sobre comunidades.

Em *Self-interpreting Animals (Animais Autoconhecedores)*, Charles Taylor argumenta que os conceitos essenciais e constituintes do auto-entendimento são emocionalmente carregados. Para que eu entenda o que é experimentar vergonha, devo referir-me ao que:

> expõe-me como baixo, ou detentor de alguma qualidade degradante e inconfessável, ou como não tendo honra. A esse respeito, quanto mais nós continuamos... não podemos escapar desses termos para chegar a uma descrição objetiva (não-emocional).[14]

W. D. Falk, um forte oponente do emotivismo, também dá uma descrição de valor com acepção de afetividade:

> Que algo tenha o poder de favorecer uma verdadeira compreensão do que pareça ser (isto é, do que seja bom), dependeria em parte da coisa que pareça ser, e em parte da afetividade dos que experimentam isso ou o contemplam pelo que parece ser...Nada poderia provavelmente ter valor, exceto para os que podem amar ou odiar.[15]

Mais tarde examinaremos outros argumentos propostos por John McDowell, Iris Murdoch, Lawrence Blum, Margaret Walker e Martha Nussbaum.[16]

## 2. Conexões psicanalíticas

Preferimos agora, mais que examinar essas posições filosóficas, voltarmo-nos para algumas idéias defendidas por vários psicanalistas. Essa escolha tem a sua razão de ser. Um dos pontos centrais da psicanálise é que há conexões sistemáticas entre emoções e epistemologia, especialmente epistemologia valorativa.[17]

---

14. *Human Agency and Language, Philosophical Papers*, vol. 1, pág. 55. Somos gratos a Lawrence Thomas por esta discussão, especialmente sobre Strawson.
15. "Fact, Value and Non-natural Predication", em Ought, Reasons, and Morality (Ithaca, N. Y.: Cornell University Press, 1986), p. 120. Ver também Franz Bretano, *The origin of Our Knowledge of Right and Wrong* (Nova Iorque: Humanities Press, 1969).
16. Mc Dowell, "Virtue and Reason", *Monist*, 62 (1979), 331-350; Murdoch, *The Sovereignty of Good* (Londres: Routledge and Kegan Paul, 1970); Blum, *Friendship, Altruism, and Morality* (Londres: Routledge and Kegan Paul, 1980), "Iris Murdoch and the Domain of the Moral", *Philosophical Studies*, 50 (1986) 343-368, e "Particularity and Responsiveness", em Jerome Kagan and Sharon Lamb, orgs., *The Emergence of Morality and Young Children* (Chicago: University of Chicago Press, 1987); Walker, "Moral Understanding: Alternative 'Epistemology' for a Feminist Ethics", *Hypatia*, 4 (1989)

Começaremos com algumas neuroses e formações neuróticas, e suas subseqüentes distorções. Como a psicanalista Anna Freud mostra em *The Ego and the Mechanisms of Defense (O Ego e os mecanismos de defesa)*, e como David Shapiro mostra em *Neurotic Styles (Estilos Neuróticos), Autonomy and Rigid Character (Autonomia e Caráter Rígido)*, e em *Psychotherapy of Neurotic Character (Psicoterapia do Caráter Neurótico)*, as neuroses apresentam formas constitutivas típicas interligadas de emoções e distorções epistêmico-valorativas. Usando esse material e outros, damos a seguir uma lista de alguns exemplos simples que são, antes de qualquer coisa, neuróticos e apresentadores de distorções epistêmico-valorativas.

1. Um homem deprimido que por estar imbuído de sentimentos de não ser bom, ou não ser digno de amor, nem sequer nota como o seu casamento é acima de tudo uma fonte de sofrimento para ele e para sua mulher; na verdade, quando é inquirido afirma sinceramente que é feliz e que, no geral, o seu casamento vai bem.
2. Um homem em estado maníaco que se sente invulnerável, nega sua necessidade de dinheiro, e abre mão de uma considerável parte de sua poupança.
3. Uma mulher que, por sua mania de grandeza, sente-se em tal grau responsável pelo bem-estar da família inteira, que se culpa por toda a infelicidade sentida pelos seus filhos ou ocorrida entre os membros da família.
4. Um homem que sofreu espancamentos quando criança e agora, identificando-se com o agressor, pensa que a violência física é o meio adequado para resolver os problemas da família. Por exemplo: acha que o seu filho de oito anos está *pedindo uma surra* quando desobedece. (A identificação com o agressor é discutida no capítulo 7, seção 2.)
5. Uma mulher que sofreu abuso sexual em criança, aceitou a explicação dada pelo seu agressor de que isso lhe acontecera porque ela era má, e agora continua

---

15-28, e "Morality and the Emotions: Getting Things Right", manuscrito não publicado; e Nussbaum, *Love's Knowledge* (Oxford: Oxford University Press, 1990), e "Equity and Mercy", *Philosophy and Public Affairs*, 22 (1993) 83-125.

17. Entre os numerosos trabalhos a esse respeito, julgamos que os seguintes são especialmente úteis: Anna Freud, *The Ego and the Mechanisms of Defense*; David Shapiro, *Neurotic Styles* (New York: Basic Books, 1965), *Autonomy and Rigid Character* (New York: Basic Books, 1981), *Psychotherapy of Neurotic Character* (New York: Basic Books, 1989); Henry Guntrip, *Schizoid Phenomena, Object Relations, and the Self* (New York: International Universities Press, 1969); Joyce McDougall, *Theaters of Mind: Illusion and Truth on the Psychoanalytic Stage* (New York: Brunner Mazel, 1991), especialmente cap. 7, "Reflections on Affect: A Psychoanalytic View of Alexithymia"; e também Henry Krystal, "Aspects of Affect Theory", *Bulletin of the Menninger Clinic*, 41 (1977) 1-26, "Trauma and Affect", *Psychoanalytic Study of Child*, 36 (1978) 81-116, e "The Hedonic Element in Affectivity", *Annual of Psychoanalysis*, 9 (1981) 93-113, todos reunidos em *Integration and Self-healing: Affect, Trauma, and Alexithymia.*

a pensar e sentir que merece todas as ofensas e a má sorte que lhe cabe, especialmente ao ser maltratada pelo marido.

6. A pessoa um tanto paranóide que freqüentemente vê e sente o mundo como estando fora do seu controle, e imagina e se sente como uma vítima dos outros e das circunstâncias; e vê o fato de outras pessoas não gostarem das coisas de que gosta como uma prova de desprezo ou falta de consideração para com ela, e não apenas como representando gostos diferentes dos seus.
7. Um homem que está superenvolvido, por vezes enrolado mesmo, com a sua filha. Quando estão saindo numa viagem de carro com uma amiga dela, a filha lhe diz que decidiu não trazer as suas fitas de música porque a sua amiga não gosta de música; ele então se encoleriza com a amiga da filha, condenando a sua presunção e o seu gosto musical, em vez de notar, e muito menos apreciar, o fato de sua filha ter tanta consideração pelas outras pessoas. (O envolvimento exagerado com outras pessoas é discutido na seção 4.)
8. Um mulher que intelectualiza, esquecendo como é difícil passar o tempo com os seus pais, e assim sujeita tanto a si mesma como a sua família a visitas desagradáveis, cheias de ansiedade.
9. O homem descrito pela psicanalista Clara M. Thompson, que tem uma "personalidade marcadamente alheada e não toma conhecimento de qualquer contato pessoal emocional com outros seres humanos. Ele olha a vida como espectador"[18] e constantemente interpreta mal e compreende mal os outros, achando-os hostis ou indiferentes quando eles não o são, e julga-os e age de maneira coerente com essa visão.
10. Pessoas que se tornam intelectualmente agitadas, implicantes e exigentes, e assim não vêem a necessidade de tratar seriamente questões importantíssimas. Por exemplo, pessoas que se concentram no suposto exagero sobre o número de mulheres norte-americanas em geral, ou de estudantes universitárias, que têm sofrido estupro; e que gastam um tempo considerável argumentando, muito veementemente, *só pela exatidão das coisas* que a porcentagem dessas mulheres é de somente 5 ou 10 por cento, e não de 25 por cento, em vez de pensarem na gravidade desse fenômeno, mesmo se a porcentagem for menor, e o que isso também mostra sobre as relações entre homens e mulheres.

Já encontramos outros exemplos, e ainda outros mais serão dados. O que é importante para nós nesses exemplos é a razão pela qual tão naturalmente, senão inevitavelmente, as pessoas que eles descrevem deixam de notar valores importantes e considerações valorativas, deixam de fazer

---

18. "Development of Awareness of Transference in a Markedly Detached Personality", cap. 13 de *Interpersonal Psychoanlaysis: The Selected Papers of Clara M. Thompson*, org. Maurice R. Green (New York: Basic Books, 1964), pág. 111. Originalmente publicado com título idêntico em *International Journal of Psycho-Analysis*, 19 (1938) 299-309.

avaliações acuradas, entendem mal a si e aos outros, têm emoções inadequadas, agem inadequadamente, senão erroneamente.

Focalizando distúrbios muito mais sérios, Harry Guntrip e Joyce McDougall descrevem por meio de gráficos duas formas extremas de não-envolvimento: a do esquizóide e a do aléxico. Citamos por extenso para trazer à luz as várias formas segundo as quais o não-envolvimento está conectado com a epistemologia moral.

Em *Schizoid Phenomena, Object Relations,and the Self (Fenômenos Esquizóides, Relações de Objeto e o Self)*, Guntrip escreve: "O ego da pessoa esquizóide é deslibidinizado, na consciência e no mundo exterior, e ela não sente interesse pelos objetos" (pg. 30). E também,

> Este estado de apatia emocional, de não sofrer com nenhum sentimento, excitação ou entusiasmo, e de não experimentar afeição ou raiva, pode ser mascarado com muito sucesso. Quando o sentimento é reprimido, torna-se muitas vezes possível desenvolver uma espécie de personalidade mecanizada, robotizada. O ego que opera conscientemente torna-se mais um sistema do que uma pessoa, um instrumento treinado e disciplinado para 'fazer a coisa certa e necessária' , sem permitir a participação de qualquer sentimento. Fairbairn estabeleceu a distinção importantíssima entre 'ajudar as pessoas sem sentir' e 'amor'. A palavra-chave neste caso é dever e não afeição. (págs. 37-38).

E, finalmente, "Como resultado desta falta de sentimentos, as pessoas esquizóides podem ser cínicas, insensíveis e cruéis, não tendo uma apreciação sensível da maneira como ofendem as outras pessoas". (pág. 44). (É notável a similaridade entre o que Guntripe e Falk dizem.)

Uma parte significativa de *Theaters of the Mind: Illusion and Truth on the Psychoanalitic Stage (Teatros da mente: ilusão e verdade no palco psicanalítico)* de McDougall é devotada à alexitimia: literalmente, a falta de palavras para expressar emoções e, menos literalmente, ser incapaz de reconhecer que se está tendo emoções em determinados momentos ou de distinguir quais são essas emoções. Debatendo isto, ela escreve:

> Freud chegou a referir-se à *repressão* de idéias e à *supressão* dos afetos. Essas metáforas sugerem dois processos mentais inteiramente diversos: diz-se que as idéias são *recalcadas* para o fundo da consciência e que os afetos são *expulsos* da psique.
>
> Para onde o afeto vai quando é rejeitado da consciência em que foi, ainda que momentaneamente, imobilizado? Freud forneceu uma pista parcial para o destino dos afetos não-disponíveis. Em *Studies on Hysteria (Estudos sobre a histeria)* (Breuer e Freud, 1895), bem como nos artigos sobre *Repressão* (Freud, 1915) e em *O Inconsciente* (1915), ele fala da qualidade autônoma dos afetos e das suas subseqüentes 'transformações'. Estas últimas dividem-se em três categorias: a conversão dos afetos em sintomas histéricos; o deslocamento de um afeto de sua representação original

para outra representação, ou série de representações, como acontece na neurose obsessional; e a transformação expressa nas neuroses propriamente ditas, isto é, na neurose de ansiedade, na neurastenia e na hipocondria.

...Parece-me que poderíamos também mostrar outras transformações das vicissitudes da experiência afetiva. Certas pessoas são capazes de renegar a sua experiência afetiva, ou segmentos dela, de maneira que ela seja radicalmente repudiada ou excluída da consciência...[19]

Das pessoas que são aléxicas, escreve McDougall: "Em vez de elaborarem mentalmente os seus estados emocionais, elas tendem a descartar os seus sentimentos... muitas vezes de maneira inapropriada: por meio de brigas, decisões mal consideradas, ou uma série de acidentes". (pág. 155) E também, "É evidente ...que uma inabilidade de captar e estar consciente da própria experiência emocional deve ser acompanhada por uma igualmente grande dificuldade em entender os estados emocionais e os desejos dos outros". (pág. 160)

Sugerindo uma comparação entre aléxicos e psicóticos, incluindo esquizofrênicos, ela diz:

Esta comparação pode parecer incongruente: poucos indivíduos parecem mais bizarros em público do que os dominados por processos psicóticos de pensamento, ao passo que poucos parecem tão bem adaptados à realidade externa e aquiescem tão prontamente ao que o mundo demanda, como os que sofrem de sintomas aléxicos. Estes últimos criaram uma *falsa auto-adaptação* aos outros, e esta parede de pseudonormalidade permite-lhes enfrentar o mundo apesar da grave perturbação interior que lhes causa o contato com outras pessoas. (pág. 167, itálico no original)

E também,

Os psicóticos atribuem aos outros a sua excruciante dor afetiva e intolerável ansiedade, e fazem tudo para criar uma nova realidade, para que a continuação da existência se torne tolerável e compreensível. Com idêntico objetivo na mente, os aléxicos atacam a sua capacidade psicológica para captar o afeto e usá-lo como pensamento, ou como um sinal para si mesmos. Mas em vez de criarem uma neo-realidade, eles simplesmente drenam a realidade externa e os relacionamentos de objetos de seu significado. (pág. 168)

19. *Theaters of the Mind: Illusion and Truth on the Psychoanalytic Stage*, págs. 152-153, grifos do original. Os trabalhos de Freud, incluindo *Studies on Hysteria*, de Freud e Josef Breuer, encontram-se na *The Standard Edition of the Complete Psychological Works of Sigmund Freud*, org. James Strachey (Londres: Hogarth Press, 1986) [também na versão brasileira]). *Estudos sobre a histeria* também teve publicação independente (New York: Basic Books, 1957).

Nesses extremos da patologia afetiva, há conexões evidentes e claramente desastrosas entre a falta de emoções e a falta de afeto e a epistemologia valorativa. Isso é especialmente verdadeiro quanto aos valores envolvidos nas experiências e nas relações que essas pessoas muito infelizes acham difíceis demais.

Para resumir alguns pontos discutidos: esquizóides e alexitímicos têm grandes dificuldades em entender outras pessoas, em ver e apreciar o valor e os valores de outras pessoas, e também em entender a natureza valorativa de suas próprias situações e atos, especialmente se estes envolvem outras pessoas. Segundo, os esquizóides e alexitímicos não estabelecem um relacionamento com os outros porque eles próprios não têm um modelo baseado na identificação emocional com os outros. Eles estão privados da retroalimentação informativa desse modelo e estão dolorosamente conscientes da sua falta de informação e de relacionamento. Terceiro, no que se refere à falta de capacidade dos alexitímicos e possivelmente dos esquizóides em reconhecer e diferenciar suas emoções, eles não têm acesso a importantes fontes de conhecimento sobre as coisas que têm valor para eles, e desconhecem as razões para valorizá-las.

Antes de continuarmos, salientamos que a nossa proposição não é de que a incapacidade de ter e conhecer as próprias emoções sempre impeça, e muito menos sempre pressuponha, o conhecimento de outras pessoas e de suas emoções. Como o psicanalista Otto Kernberg escreve em *Factors in the Treatment of Narcissistic Personalities (Fatores no Tratamento das Personalidades Narcisistas)* [20] "[as pessoas com] personalidades obsessivas ...podem desenvolver um surpreendente entendimento da profundidade emocional nos outros, enquanto aparentemente são tão 'frias' elas mesmas". E como escreve David Shapiro em *Estilos Neuróticos*, descrevendo como um psicopata avaliou e manipulou um psicólogo da prisão: "A sua conscientização e o seu interesse (no psicólogo da prisão) limitavam-se essencialmente ao que era imediatamente relevante para as suas próprias necessidades no momento, mas apesar disso era uma conscientização sensível". (pág.153) Na verdade, essa conscientização sensível permitiu-lhe manipular outras pessoas com um sucesso notável.

Nossa proposta, então, não é que essas incapacidades emocionais estejam sempre ligadas com falta de capacidades valorativas epistemológicas. Mas somente – e este é um *somente* muito importante – que, por

20. *Journal of the American Psychoanalytic Association*, 18 (1970) 51-85, republicado em Andrew P. Morrison, org. *Essential Papers on Narcissism* (New York: New York University Press, 1986). A citação é deste último, pág. 218.

motivos sistemáticos, freqüentemente, senão geralmente, essas incapacidades caminham lado a lado, uma explicando a outra, ou ambas tendo uma explicação comum.

## 3. Descrições filosóficas doentias das emoções

Além de sugerirem ligações profundas entre as emoções e o conhecimento valorativo, essas proposições psicanalíticas sobre falta de afeto e defeitos afetivos levantam questões muito sérias sobre as não-afetivas descrições filosóficas de emoções, discutidas no capítulo 1. Nele, foi demonstrado que essas descrições são falhas por serem desprovidas de afeto. Mas agora, após a leitura desses psicanalistas, devemos nos perguntar o que levou tantos filósofos recentes a oferecer descrições de emoções tão desprovidas de afeto. Isso, como vemos agora, significa perguntar o que os levou a apresentar como conceitualmente verdadeiro, a respeito de pessoas e emoções, as coisas que caracterizam várias neuroses como a intelectualização, e várias condições fronteiriças e psicoses, como a dissociação, os estados esquizóides ou a alexitimia.

Há uma resposta simples para essa questão, mas insatisfatória. É a de que Pitcher e outros filósofos influenciados por Wittgenstein opunham-se a tratar as emoções como entidades mentais, especialmente entidades mentais privadas. E Solomon e outros filósofos influenciados por Sartre opunham-se a tratar a afetividade como uma coisa corporal e queriam tratá-la como se tivesse um significado cognitivamente acessível e avaliável.

Achamos essa resposta insatisfatória, pois simplesmente ela levanta a mesma questão novamente, mas agora sobre sentimentos: o que levou os filósofos a entenderem tão mal os sentimentos? Por que foi pensado que a menos que os sentimentos fossem vistos apenas como crenças, desejos e valores eles deveriam ser entendidos como entidades privadas ou como corporais? Talvez este seja somente um erro filosófico, uma falha da imaginação filosófica.

A esse respeito Graeme Marshall nos escreveu:

> muitas vezes duas questões completamente diversas têm sido confundidas por esses [seguidores de Wittgenstein e de Ryle] que fariam a proposição de conteúdo. Uma delas diz respeito ao significado das palavras que designam emoções, e a outra ao estado em que alguém está quando pode ser corretamente descrito por meio dessas palavras. Wittgenstein não pensava que nós não *sentíssemos* esperança, raiva, etc; ele somente pensava que o "que" sentimos, que é diferente "daquilo" que sentimos, não podia ser uma parte do sentido das palavras em questão. Os próprios estados, ao contrário das suas prováveis primitivas expressões, não estão suficientemente na

superfície, para contribuir para o que sabemos quando conhecemos o significado das palavras. Mas negar a eles um conteúdo de significado não é negar-lhes conteúdo psicológico... [Também para Ryle isto vale], embora ele se afaste mais, em direção ao behaviorismo.

Marshall bem pode estar com a razão. Se estiver, ainda precisamos descobrir como tantos filósofos entenderam tão mal Wittgenstein e Ryle. Quer Marshall esteja certo ou não, nós podemos ser capazes de explicar esses desentendimentos e dar também uma explicação da atração da proposição de conteúdo, observando que esta apresenta uma notável concordância com nossa desconfiança filosófica sobre emoções e sentimentos. Repetindo, esta é uma desconfiança que vai tão longe a ponto de se ter menos confiança nas emoções do que no que é essencial para a dissociação e a intelectualização, e mesmo para as condições alexitímica e esquizóide.

Essa desconfiança, lembramos, é encontrada não somente na filosofia, mas também, e em especial, na psicanálise. Estamos referindo-nos à idéia de muitos dos primeiros psicanalistas de que a *contratransferência* – a reação emocional do analista ao analisando – interferia com a análise. Dizia-se que essas reações emocionais mostravam somente os problemas do analista – em geral conflitos não-resolvidos que indicavam a necessidade do analista se analisar mais – e não uma reação informativa acurada e informada ao paciente. O analista ideal era visto como uma tela em branco e emocionalmente distante, e não como uma pessoa emocionalmente engajada.[21]

Alguns pontos expostos por Nancy Chodorow podem ser úteis para se ver como a desconfiança de emoções mostradas pelos filósofos contemporâneos expressa um aspecto profundo da nossa cultura. Ela argumenta que em nossa cultura o mundo moral dos rapazes, e por conseguinte dos homens, tende a ser simultaneamente, e pelas mesmas razões, deficiente em afeto e também abstrato, categórico e assertivo:

> Para os rapazes, o aprendizado dos processos de identificação e do papel masculino muito provavelmente não será baseado no relacionamento com os seus pais ou com homens, mas sim na negação do relacionamento afetivo com as suas mães. Esses processos tendem a ser mais culturais e ligados ao desempenho de papéis,

21. Dois trabalhos importantes e seminais sobre o assunto são D. W. Winnicott, "Countertransference", *British Journal of Medical Psychology*, 33 (1960) 17-21, republicado em seu *The Maturational Processes and the Facilitating Environment* (Londres: Hogarth Press, 1965) e Heinrich Racker, *Transference and Countertransference* (New York: International Universities Press, 1968). Ver também Michael Gorkin, *The Uses of Countertransference* (Northvale, N. J.: Jason Aronson, 1987) para uma discussão e uma bibliografia úteis.

consistindo mais no aprendizado abstrato ou categórico desses papéis do que na identificação pessoal.[22]

E,

> Os homens, além disso, não se definem a si mesmos no relacionamento, chegando até a suprimir a capacidade relacional e reprimir as necessidades relacionais. Isto prepara-os para participarem do mundo do trabalho alienado, em que os afetos são negados. (pág. 907)

Chodorow levanta muitas questões, como as conexões entre capacidades relacionais, isto é, capacidades interpessoais e emoções; e também sobre o papel e a prioridade dessas emoções. Uma vez que mesmo que os homens na nossa sociedade em geral sejam deficientes no que se refere a emoções interpessoais, não são deficientes em todas as emoções e engajamentos emocionais, como as referentes aos esportes e ao sucesso profissional.[23] E nem são caracteristicamente deficientes no que se refere ao interesse e à excitação intelectual. Mas, por enquanto, não nos ocuparemos dessas questões. E nem discutiremos como é fácil parodiar ou caracterizar mal – ou, o que é ainda pior, caracterizar corretamente – certas idéias éticas, mostrando como elas se incorporam nas suas descrições filosóficas associadas do pensamento e do sentimento intelectualizados, ou em formas dissociativas, alexitímicas ou esquizóides de pensar e de sentir.

## 4. Exemplos comuns da forma como as boas emoções são importantes para as boas avaliações

Nesta seção daremos alguns exemplos comuns, cotidianos e bem conhecidos, sobre como os vários aspectos da nossa vida emocional – especialmente o de não termos emoções – estão interligados com o fato de epistemologicamente estarmos pouco habilitados a fazer bons julgamentos valorativos. Para este fim, vamos voltar ao homem P de Pitcher, que espera ou não espera que a visita venha.

Podemos começar por olhar para alguém cujo *ter uma emoção* é corretamente descrito por um dos relatórios sobre emoções desprovidas de afetos, mencionados antes. Focalizaremos alguém cuja *esperança de que ela venha* é caracterizada corretamente por Pitcher:

22. *The Reproduction of Mothering* (Berkeley: University of California Press, 1978), pág. 177.
23. Agradecemos a Laurence Thomas por discussão sobre este ponto.

Se P espera que ela venha hoje, ele simplesmente acredita que ela possa vir e considera que isso seria uma coisa boa. Ele também pode experimentar uma ou mais sensações, mas não precisa disso; e mesmo que ele o faça, é duvidoso que essas sensações constituam parte da sua *esperança*.[24]

Como essa caracterização não inclui afeto, mesmo sabendo que é satisfatória ainda ficamos sem saber se P espera que ela venha. Na verdade, se a descrição completa, relevante, de P é dada por *P pensa que ela poderia vir e que a sua vinda seria uma coisa boa*, então, como P é deficiente em afeto, ele não espera que ela venha. O pensamento de P, de que ela poderia vir e que isso seria bom, não tem necessidade de *motivar* P a se importar pelo fato dela vir ou não vir, e nem de ficar contente com o pensamento da sua chegada. Resumindo, não tem necessidade de motivar P a esperar que ela venha.

Esses pensamentos não precisam motivar P a esperar que ela venha, se P não está preocupado com a sua vinda, por exemplo, porque conforme P veja ou sinta as coisas, não é de sua conta o fato dela vir ou não vir. Aqui podemos imaginar que P soube, pelos vizinhos, que alguém poderia vir visitá-los e que isso seria uma coisa boa. Por que, a não ser motivado pela preocupação com esses vizinhos, deveria P esperar que ela viesse? Por que deveria ele assumir qualquer atitude em relação a seus vizinhos, mesmo para o bem deles?

Vamos mudar a estória e dizer explicitamente que P está envolvido com a chegada dessa pessoa, já que ela está vindo visitar alguém da família dele. Mesmo assim, apesar de pensar que ela poderia vir e que seria bom que ela viesse, ainda assim ele poderia não esperar que ela viesse. Há explicações fáceis para isso: P está física ou emocionalmente cansado, exausto; P perdeu a esperança de que coisas boas possam ocorrer; ele não gosta dela; ele tem sentimentos ambivalentes sobre a sua chegada; embora pensando que afinal seria uma boa coisa se ela viesse, a sua vinda poderia atrapalhar o que ele realmente tem vontade de fazer: passar um tempo sozinho; ele pensa que seria uma boa coisa para a sua família se ela viesse, mas para ele seria *demasiado*; ele está sofrendo de depressão; ele está ressentido com o mundo; ele não está com vontade de ter companhia, no momento.

Essas são apenas algumas das razões não-exclusivas e não-exaustivas pelas quais, apesar de satisfazer a descrição-de-conteúdo de esperar, semelhante a uma proposição, P não espera que ela venha. Deve ser notado que somente algumas dessas razões estão relacionados com o fato de P ser afetivamente falho, ou mais ou menos desprovido de afetos. Outras razões

24. "Emotion", *Mind*, 74 (1965) 326-346, pág. 338, grifo do original.

têm a ver com o fato de P ter a espécie errada de afeto. Como tentamos esclarecer por meio desses exemplos, a nossa preocupação agora é mostrar como várias espécies de problemas emocionais, e não somente a falta de afetividade, estão ligadas a problemas epistemológicos.

Se P estiver sofrendo com qualquer desses problemas emocionais, então, por motivos sistemáticos, ele bem poderá estar – na verdade, muito provavelmente estará – pouco habilitado para fazer avaliações, até sobre o fato da sua vinda. Uma explicação possível para P não estar esperando que ela venha, é a de que ele seria na verdade somente um conhecido das pessoas que ela viria visitar. Ser um vizinho realmente inclui o fato de não estar numa posição muito boa para compreender vários detalhes valorativamente importantes. O que pode ser visto facilmente se considerarmos o caso em que P, apesar de ser somente um vizinho, espera que a visita venha.

Tomemos o caso em que P tenha sabido pelos vizinhos de que uma determinada pessoa poderia vir visitá-los, e que seria uma boa coisa que ela viesse. Suponhamos que P não tenha apenas mencionado, sincera e polidamente, *Eu espero, por sua causa, que ela venha*, ou *Bem, então vamos esperar que ela venha*, ou ainda *Eu espero que ela venha.* Mais do que isso, que P tenha uma esperança que o *coloque* bem dentro daquela família. Esta seria uma esperança que expressa a sua intromissão naquela família. Uma esperança de tal natureza que, se a visita não vier, P também poderá sinceramente dizer que não aconteceu aquilo que ele esperava; ou que as suas expectativas não foram satisfeitas, e até mesmo que elas foram frustradas.

Podemos agora comparar os pressupostos – quem sabe a presunção – de um homem que diz para uma mulher vizinha que ele conheça apenas de vista *Sabe, quando eu a vi sair a noite passada com aquela pessoa, eu temi por você.* Uma resposta afável e amiga poderia ser *Obrigada por preocupar-se comigo.* Uma resposta um pouco menos afável, até com uma ponta de reprovação, seria *Eu não sabia que você se preocupava tanto comigo.* Em certos casos, poder-se-ia justificar até mesmo um sentimento de reprovação e repulsa: *Quem é você para preocupar-se comigo, para ficar-se ocupando comigo, para julgar a mim e à minha situação?*

Algumas das esperanças de P sugerem que ele se intrometeu nos assuntos dos seus vizinhos e ficou preocupado ou envolvido com uma família que conhecia apenas de cumprimento. Tiraríamos três conclusões desses casos. Primeiro, saber que P acredita que uma visita poderia vir e que isso seria bom, não é suficiente para garantir que P espere que ela venha. Segundo, isto pode ser uma coisa boa, uma vez que bem pode ser errado que P espere que ela venha. A terceira conclusão é explicitamente epistemológica. Refere-se ao estado epistemológico de P, que espera de uma maneira imprópria. Não acreditamos que seja severo e moralista pensar que a maneira pela qual ele se intromete nos assuntos dos outros, sem estar ativamente envolvido com eles, sugira vontade de fazer um julgamento sem conhecer os fatos.

Situações um tanto similares de preocupação indevida também surgem nas famílias e em outras relações íntimas. Cônjuges e outros membros da família podem estar *enredados* entre si. Isto é, os limites entre eles são permeáveis demais ou inexistentes, e cada qual está demasiado preso na vida do outro, envolvido demais e preocupado demais com aquela pessoa. O fato de as pessoas estarem enredadas e de esse enredamento ser constituído por espécies particulares de preocupação moral, atenção e entendimento explica como, caracteristicamente, tais pessoas estão epistemologicamente mal colocadas, ou mal equipadas, para fazer bons julgamentos valorativos das suas situações.[25]

Aqui, como anteriormente, a nossa percepção não é apenas moral, de que as pessoas enredadas com as outras se intrometem e até violam a privacidade e a autonomia dos outros Mas esse ponto de vista moral serve para assegurar a nossa proposição epistemológica. É razoável considerar se esses julgamentos morais dessas pessoas intrometidas podem ser confiáveis, pois evidentemente eles constituem um julgamento moral falho sobre a privacidade e a autonomia das outras pessoas.

Certamente esta é uma questão que pode ser respondida em favor de tais pessoas e do seu julgamento. Uma pessoa pode ser deficiente em uma área de julgamento moral sem que seja deficiente em todas as áreas, e um julgamento epistêmico-moral de uma pessoa pode ser bom, mesmo quando o comportamento da pessoa o contradiz. A nossa proposição epistemológica poderia, assim, precisar de maior apoio. Não ofereceremos – e, por causas que serão expostas, não pensamos que possa existir – um argumento que mostre uma conexão necessária entre a falha moral de se preocupar indevidamente com os assuntos dos outros, e o fato de se cometer erros morais e epistemológicos sobre esses assuntos. Mas certamente temos considerações mais particulares, que se relacionam com as características dos que estão enredados ou preocupados, de várias maneiras, com os outros.

Freqüentemente, e até de um modo típico e característico, o enredamento mostra uma falta de empatia em um nível valorativo profundo. Essa falta é compatível com um conhecimento completo e refinado dos fatos. É errado apreciar o significado moral-emocional desses fatos. É uma falha apreciá-los do ponto de vista do outro, apreciá-los da maneira como são experimentados

25. Agradecemos a Ernest Wallwork por muitos dos argumentos seguintes sobre confusão e por outras colaborações em relação a este livro.

por outra pessoa. Em vez de apreciá-lo dessa forma, a pessoa enredada interpõe ou impõe uma forma de apreciação e valorização mais ou menos do tipo: *nessas circunstâncias, eu seria...*, ou *isso me faria sentir....*, ou *o modo normal de sentir neste caso é....*, e a partir disso assume que tais significados e modos de sentir são o que devem, ou deveriam ser, para a outra pessoa.

Poderíamos pensar no caso de um pai, ou mãe, que está embaraçado pelo comportamento de um filho que, na sua opinião, não consegue casar ou seguir uma boa profissão, ou de alguma outra forma viola as leis da família. Para tornar este caso mais claro, acrescentaríamos que é óbvio – mesmo se o pai, ou a mãe, recusa-se a ver isto – que o filho está completa e conscientemente contente com esse aspecto da sua vida. Freqüentemente, a pessoa intrometida age e pensa como se a pessoa que é objeto da sua intromissão não houvesse feito julgamentos ou tido experiências em contrário.

Esta falha pode ser esclarecida quanto à intromissão em si mesma. A pessoa intrometida geralmente não consegue ver o quanto as suas intromissões são julgadas aborrecidas e até mesmo ressentidas por outra pessoa. Realmente, a pessoa intrometida pode muitas vezes acreditar que as suas intromissões – naturalmente não vistas como tais – são perfeitamente adequadas e até são bem recebidas pela outra: *Naturalmente os meus filhos querem saber o que eu penso, afinal sou seu pai (ou mãe).* Mesmo que a pessoa intrometida veja perfeitamente como a outra pessoa se sente, este sentimento de alguma forma não é levado a sério, não é tomado como algo que forneça uma maneira *própria, correta* ou *adequada* de sentir, ou possivelmente nem se acredite que mostre como a outra pessoa *realmente* se sente.

A intromissão, então, envolve uma falha relativa a se tomar a outra pessoa a sério. Isto é, seriamente como uma outra pessoa, separada, que tem formas independentes e separadas de julgamento, apreciação e sentimento. Devemos observar que essas falhas – que são importantes no que se refere ao outro – são como algumas falhas auto-referentes, características da falta de auto-respeito: por exemplo, não tomar a si mesmo seriamente como um agente moral, deixar aos outros o poder de fazer julgamentos, até mesmo para as coisas que são pessoais.

Se essas breves descrições de intromissão estiverem certas, podemos ver como a falha moral da pessoa intrometida, que não respeita a privacidade e a autonomia dos outros, está profundamente ligada com falhas morais-epistemológicas. O que vale também para as falhas morais e morais-epistemológicas características do auto-respeito.

O que propomos não é que haja sempre tais conexões. É certamente possível violar de maneira sistemática a privacidade e a autonomia das outras pessoas e, contudo, de uma forma moral-epistemológica, levá-las a sério como pessoas separadas. Isso na verdade se torna necessário no caso de um interrogatório policial. E mesmo quando nós nos concentramos nos que julgam inadequadamente os outros, ou para os outros, a intromissão com a falha dupla, moral e moral-epistêmica, não é a única explicação. O homem que tomava conta da sua vizinha não estava necessariamente envolvido com ela. A pessoa que se intromete na vida dos seus vizinhos, partilhando da sua esperança, não está necessariamente envolvida com eles. Assim também os líderes políticos, religiosos ou familiares que chamam para si tomar as decisões morais, não estão necessariamente envolvidos com aqueles a quem controlam.

Assim, não estamos dizendo que onde haja falhas morais, como invasão da privacidade e intromissão nos assuntos de outras pessoas, também deva haver falhas morais-epistemológicas. E nem que onde haja tal invasão ou intromissão, haja necessariamente envolvimento. Mas sim que muitas vezes essas falhas morais estão profunda e sistematicamente conectadas com falhas morais-epistemológicas, como no caso de envolvimento.

Vamos passar desses defeitos *inter*pessoais para outros, mais *intra*pessoais. Começaremos com um sumário de algumas das razões típicas e não-controversiais, mencionadas previamente, pelas quais P poderia não esperar que a visita chegasse, apesar de pensar que ela poderia chegar e que talvez isso fosse uma boa coisa: P está física ou emocionalmente cansado; P não gosta dela; P é ambivalente sobre a sua chegada; P quer ficar sozinho; P está deprimido ou amargurado. Essas condições *que combatem as emoções* freqüentemente, até mesmo em geral, nos deixam em posições valorativas-epistemológicas fracas. Afinal, muitas vezes o cansaço diminui a percepção de uma pessoa, como o fazem a ambivalência, a depressão e a amargura.

Deveria ficar claro que, em lugar de descrever as generalidades que valem para todas as pessoas, estamos descrevendo generalidades sobre determinados tipos de pessoas, em determinadas condições. A amargura e a ambivalência podem prejudicar a atenção e a percepção. Mas também podem fazer o contrário. Realmente, fazem o contrário para muitas pessoas que são dadas ao ressentimento e à vingança, como algumas pessoas são em geral, e como muitas são de vez em quando. E os que sofrem de condições de personalidade fronteiriça são famosos pela sua habilidade, especialmente quando motivados pelo ódio, de saber exatamente como ferir os outros".[26]

Assim, também o medo e a ansiedade podem gerar falhas epistemológicas. Mas podem também gerar sucessos epistemológicos. Algumas pessoas fracassam quando estão estressadas, por não poderem pensar claramente quando estão com medo ou ansiosas. Mas outras respondem bem ao estresse, e muitas ainda necessitam dele para prestarem atenção e obterem sucesso.

26. Agradecemos aqui à psicanalista Elsa First.

Para alguns, em algumas vezes, o perigo e a necessidade podem inibir a precisão do trabalho. Mas para outros, o contrário acontece. Podemos observar que há forte evidência de que as pessoas de certos grupos marginalizados – como mulheres e negros, nos Estados Unidos de hoje, juntamente com empregados e vendedores – geralmente têm mais capacidade de interpretar expressões faciais e estados de espírito do que os que ocupam o poder, mesmo quando são estes os próprios objetos dessa interpretação.

O que queremos dizer, então, não é que existem para todas as pessoas, de um lado, relações gerais entre condições de geração ou de supressão de emoções e, de outro lado, fracasso ou sucesso epistemológico. Mas sim que tais conexões existem, e que são sistemáticas e típicas, mesmo que isto aconteça apenas quando relativizadas por fatores de personalidade, caráter, grupo social, cultura e circunstâncias. Assim, ao descrever condições que ajudem ou prejudiquem o entendimento de uma dada pessoa, nós bem podemos estar descrevendo não essa pessoa em si, mas somente uma particular personalidade epistemológica.

Os filósofos têm sempre tido os materiais necessários para o reconhecimento dessa combinação de conexões sistemáticas e falta de universalidade, até quando fracassam ao tirar conclusões. Visto que mesmo entre os filósofos – para não dizer entre filósofos e não-filósofos – há muitos estilos intelectuais, temperamentos e personalidades.[27]

Até agora apresentamos alguns aspectos da personalidade epistemológica de P, mostrando condições que podem ser responsáveis por P não esperar que a visita venha, apesar de acreditar que ela pode vir e que seria bom que ela viesse. Essas e condições semelhantes também podem ser responsáveis pelo fato de P nem mesmo notar que ela poderia vir, ou que seria uma coisa boa que ela viesse. Assim, se P estiver muito estressado, ou muito amargurado ou deprimido, ou se geralmente for incapaz de estabelecer e manter conexões emocionais, poderá nem mesmo perceber que seria uma coisa boa que ela viesse. Esse fato poderia mesmo passar despercebido para ele. Essas condições que impedem a emoção podem, assim, explicar uma falha em ver o que é bom ou mau. Podem ainda conduzir a valorações errôneas. P pode assim estar tão *estonteado* por tais condições, tão cheio de uma hostilidade generalizada e flutuante, ou tão hostil em relação a essa visita ou às outras pessoas que poderiam se beneficiar com a sua vinda, que pensa que a vinda dessa pessoa seria, na verdade, má.

Em muitos desses casos, P estaria preocupado com o que é valor para essa pessoa, ou para essas pessoas, e não no valor em si. Como este exemplo

27. Isto é discutido em Stocker, "Intellectual Desire, Emotion, and Action".

ilustra, as emoções freqüentemente envolvem um foco, ou ênfase, no que é bom ou mau para certas pessoas, mas não para todas. Por exemplo, segundo a definição de *orgē,* raiva, dada por Aristóteles, para que um dano injustificado enraiveça as pessoas, é preciso que elas tomem esse dano como dirigido a elas ou aos seus. O que é verdade mesmo quando elas vêem que danos não justificados são maus, não importa a quem sejam dirigidos.

Não é surpresa alguma, então, que alguns erros valorativos possam ser atribuídos ao foco. Vamos voltar a P. Ele pode estar tão absorvido consigo mesmo que não espera que a visita venha. Porque embora pense que seria bom que ela viesse, não pensa que seria bom para ele, que ela viesse. A sua auto-absorção, além de explicar a sua falta de esperança de que ela venha, poderia também explicar como ele deixa de ver que a sua vinda seria boa, afinal, em particular por ser boa para a sua mulher. P pode também estar tão preocupado com o bem-estar da sua mulher que espere que a visita venha, por ser tão benéfica à sua mulher. A sua demasiada preocupação com a mulher pode ao mesmo tempo explicar por que ele deixa de notar – ou, notando, deixa de se importar com isso – como, afinal, a vinda da pessoa seria desastrosa, pelo dano que causaria à sua filha. Aqui, poderíamos dizer, ele está procurando o valor nos lugares errados, ou não tomando conhecimento dos lugares certos. Aqui também temos exemplos de enredamento com as outras pessoas.

Aristóteles sustentava que o perigo evoca o medo se você, ou alguém próximo a você, está em perigo, e evoca piedade se a pessoa que corre o risco não está muito perto de você, embora esteja suficientemente perto (isto é discutido no capítulo 8, seção 4). Poderíamos acrescentar que em geral sentimos apenas tristeza, e não medo ou piedade, por quem está muito distanciado de nós. E por estarem longe de nós, sabemos menos sobre eles, tanto quantitativa como qualitativamente. Na verdade, estas são formas de eles estarem afastados de nós. Da mesma maneira, podemos distanciar-nos de alguém não tentando descobrir nada sobre essa pessoa, nem pensar nela, e geralmente não prestando auxílio a ela.

Isso não quer dizer, na nossa opinião, que se alguém está emocionalmente distante, ou tem emoções defeituosas ou distorcidas, ou, em caso extremo, se é desprovido de afetos, obrigatoriamente cometa erros de valor. O nosso pensamento não é nem um pouco tão forte como o de David Rapaport, expresso no fim de *On the Psychoanalitic Theory of Affects (Sobre a Teoria Psicoanalítica dos Afetos)*:[28]

28. *International Journal of Psycho-Analysis*, 34 (1953) 177-198; republicado em Robert P. Knight e Cyrus Friedman, orgs., *Psychoanalytic Psychiatry and Psychology: Clinical*

> Afetos ...são meios de testar a realidade tão eficientes quanto os pensamentos. Na verdade, eles são mais indispensáveis para o teste da realidade em todos os caracteres, exceto nos que são bem sucedidos na intelectualização e nos obsessivos. O teste da realidade sem a contribuição do afeto ...prontamente se transforma em mágica obsessional ou paranóide.

A nossa proposição é somente que há conexões profundas e sistemáticas entre defeitos e erros emocionais, afetivos e valorativos, e também entre as habilidades e dons emocionais, afetivos e valorativos.

Essas e outras questões epistemológicas serão mais desenvolvidas no capítulo 7. Os capítulos intermediários focalizam mais questões valorativas, importantes tanto em si como pelo que demonstram sobre a epistemologia valorativa.

---

*and Theoretic Papers, Austen Riggs Center*, vol. 1 (New York: International Universities Press, 1954); e em *The Collected Papers of David Rapaport*, org. Merton M. Gil (New York: Basic Books, 1967), do qual esta citação é extraída, pág. 508.

# 4

# Essas conexões revelam emoções importantes para os valores, ou mostram algo mais?

É um truísmo dizer que as emoções nos colocam em uma posição epistemológica ruim em relação à avaliação. Uma grande parte deste livro, no entanto, destina-se a mostrar que este é, freqüentemente, um falso truísmo; e que não ter emoções, mais do que tê-las, é o que nos coloca em posições epistemológicas ruins. De uma forma mais positiva, esta obra sustenta que as emoções são epistemologicamente importantes para avaliações e para o conhecimento avaliador. Este capítulo estuda algumas questões relacionadas com essas conexões entre as emoções e as avaliações e o conhecimento avaliador.

Embora diferentes, essas questões levantadas partilham um tema comum. Elas aceitam a existência de conexões importantes entre as emoções e as avaliações, mas sugerem que eu fracassei na tarefa de localizar os termos exatos dessas conexões. As seções 1 e 2 discutem se os defeitos emocionais realmente explicam os defeitos avaliadores, ou se eles partilham uma causa comum. Discutem também se o que importa para os defeitos de avaliação são os aspectos não-emocionais ou as condições não-emocionais de emoções subjacentes. A seção 3 considera e rejeita a proposição de que, em vez de mostrar que as emoções são essenciais para os valores e a avaliação, foi demonstrado somente que as emoções são essenciais para as pessoas, na sua qualidade de avaliadoras. A seção 4 considera e também rejeita a proposição de que o argumento usado até agora consiste em nada mais do que uma forma aumentada da proposição de informação.

## 1. Os defeitos emocionais explicam os defeitos de avaliação, ou eles partilham uma causa comum?

Aceitar que as emoções e algumas lacunas e defeitos emocionais são típica e naturalmente conectados com defeitos de avaliação não é, contudo, aceitar que essas conexões sejam importantes. Elas até podem ser consideradas sem importância, uma vez que possamos corrigir essas condições com freqüência. Por exemplo, sabendo que estou exausto, posso prestar uma atenção especial a fontes de valores que, no meu estado, eu poderia estar inclinado a desconsiderar. Ou, sabendo que eu não ligo muito para você, eu posso dar-me ao trabalho de certificar-me de que me ocupo dos seus interesses com a devida consideração.

Porém, eu concordo que pelo menos às vezes, e até certo grau, possamos corrigir as nossas emoções e lacunas emocionais. É difícil, no entanto, saber como, quão facilmente e por quanto tempo poderemos corrigir essas condições, que simultaneamente prejudicam nossas emoções e também as nossas relações epistemológicas de julgamento com os valores. A nossa vontade, a nossa atenção, a nossa vigilância mais cedo ou mais tarde muito provavelmente falharão.

Mas mesmo com a grande probabilidade de elas falharem, não se deve pensar que isso mostre a importância valorativa-epistemológica das emoções. Isso deveria ser entendido, antes, como uma demonstração de que as relações epistemológicas que as emoções têm com valores e com avaliação, são somente externas ou indiretas. Já que poderia ser sugerido que o que ajuda ou prejudica o trabalho epistemológico não são as emoções, mas os seus vários *elementos* desprovidos de afetos – para se usar um termo que alcance conteúdo, precondições e padrões subjacentes – que figuram em se ter ou não emoções. Se isto estiver certo, poderíamos ser capazes de argumentar em favor de uma variante da proposição de conteúdo, discutida no capítulo 1. A nova proposição não diz que as emoções não são nada mais do que conteúdo sem afeto. Mas sim que o trabalho epistemológico e valorativo é realizado pelas emoções somente por meio dos seus elementos não-afetivos.

Sustentar que não são as emoções, consideradas como afetivas, mas os seus elementos não-afetivos que realizam esse trabalho, abre caminho para se rejeitar o espírito e aceitar as palavras das proposições feitas por Lawrence Blum, John McDowell, Martha Nussbaum e outros filósofos contemporâneos, que dizem que as emoções, em si mesmas, são essenciais para o conhecimento moral.

Consideremos, por exemplo, a proposição de McDowell de que "porventura, tendo em mente a noção de sabedoria prática de Aristóteles, seja possível perguntar por que um treinamento dos sentimentos...não pode *ser* o cultivo de uma habilidade – completamente sem mistério, apenas pelas suas conexões com os sentimentos – para se marcar (se quiserem) a aptidão das coisas."[1] Ou consideremos a proposição relacionada de que as emoções

1. "Values and Secondary Qualities", em Ted Honderich, ed., *Morality and Objectivity* (Londres: Routledge and Kegan Paul, 1985), republicado em Geoffrey Sayre-McCord,

podem ser "organizacionalmente dominantes", ajudando a constituir "pensamento e preocupações categóricas" e "interpretações de situações" centrais, e que "elas focalizam a atenção e definem o que é predominante."[2]

Os que afirmam que o trabalho avaliador realizado pelas emoções é feito somente pelos seus elementos não-afetivos, poderiam aceitar literalmente essas proposições, rejeitando ao mesmo tempo o seu espírito. Certamente eles podem concordar que o treino dos sentimentos pode levar a um aumento da capacidade de marcar a aptidão das coisas. Realmente, eles podem sustentar que treinar os sentimentos é uma das melhores maneiras, talvez até mesmo a melhor maneira, de aumentar essa habilidade. Mas eles também podem afirmar que isso se dá em razão do treino dos sentimentos envolver o treinamento e melhoria desses elementos não-afetivos.

Em relação ao medo, um dos exemplos de McDowell, eles podem sustentar que o treino dos sentimentos de medo pode levar a uma maior habilidade de descobrir o que é ou não perigoso. Ser capaz de dizer, por exemplo: se uma cobra é venenosa ou agressiva. Eles podem também afirmar que, na sua opinião, o trabalho avaliador das emoções é realizado pelo seu predomínio organizacional, os seus pensamentos associados, as preocupações categóricas, interpretações e maneiras segundo as quais elas ajudam a focalizar a atenção e definir o que é mais importante, contanto que, naturalmente, essas coisas sejam todas entendidas como não-afetivas.

Assim eles podem reconhecer também a importância instrumental de se conhecer as próprias emoções e lacunas emocionais. Afinal, ser capaz de corrigir as próprias emoções ou lacunas emocionais requer consciência do que elas sejam e de como agem, quais os valores que desenvolvem ou impedem que se desenvolvam, e como fazem isso, e assim por diante. Seguindo esse raciocínio, é possível afirmar que se uma pessoa absorta em si mesma deixa de ver os interesses dos outros, ou se, tendo-os visto deixa de se comover com eles, a verdadeira causa disso estaria não nas emoções da auto-absorção, mas nos elementos não-afetivos da auto-absorção. Uma proposição semelhante seria feita para se explicar o erro cometido pelo pai, e suas avaliações inadequadas, ao menosprezar a amiga da sua filha pelo fato de *impor* seu gosto musical, bem como a sua impossibilidade de ver a consideração de sua filha pela amiga. A proposta seria de que não deveríamos

---

org., *Essays on Moral Realism* (Ithaca, N.Y.: Cornell University Press, 1988). A citação é deste último, pág. 178; grifo no original.

2. Amélie O. Rorty, "The Two Faces of Courage", em seu *Mind in Action* (Boston: Beacon Press, 1988), págs. 300-301. Aqui ela está se referindo a virtudes, não a emoções. Mas também vale para as emoções, não só devido à sua grande importância para as virtudes.

invocar as suas emoções, mas antes o fato dele ver o mundo de um ponto de vista emaranhado, no qual, naturalmente, isto é entendido como não-afetivo.

Se os elementos não-afetivos – novamente conteúdo, precondições e padrões subjacentes – fazem o trabalho de avaliação, a conclusão não seria de que o entendimento avaliador correto vem ou até mesmo realmente depende das emoções corretas. E nem de que o entendimento avaliador incorreto vem de emoções incorretas. Seria de que, geralmente e por motivos sistemáticos, o entendimento avaliador correto e as emoções corretas vêm juntos, como num pacote, o que acontece também com o entendimento avaliador incorreto e as emoções incorretas.

Concordo que há boas razões para se focalizar nesses elementos não-afetivos. Mas devemos também focalizar as emoções, isto é, as emoções como afetivas, como emocionais. A argumentação favorável a esse ponto encontra-se em toda esta obra. No restante deste capítulo, dou duas peças particulares desse argumento. Nesta seção afirmo que, em vez dos elementos não-afetivos sempre explicarem as emoções e o seu trabalho avaliador, as emoções freqüentemente explicam e realizam o trabalho avaliador desses elementos não-afetivos. Na próxima seção, defendo que freqüentemente não há uma distinção real entre o que é emocional e o que não é.

Inicio esta argumentação de duas partes com *Anti-Semite and Jew (Anti-semita e Judeu)*[3] de Sartre, passando em seguida a algumas considerações psicanalíticas. O trabalho de Sartre é uma impressionante descrição do anti-semitismo, como podia ser encontrado na França e em outras partes da Europa durante os primeiros quarenta anos, mais ou menos, deste século. Ele caracteriza os anti-semitas da sua época e do seu país à vista dos seus padrões altamente específicos de pensamento e de atenção, que contêm sérios erros intelectuais.

Para mencionar três aspectos desses padrões, os anti-semitas estão procurando e focalizando a sua atenção nos delitos cometidos pelos judeus, caracterizados por eles como *delitos cometidos por um judeu* ou mesmo como *delitos judáicos*. Em contraposição, eles não procuram os delitos cometidos pelos católicos franceses, os quais, em todo caso, não seriam nunca descritos como *delitos cometidos por um católico* e muito menos como *delitos católicos*.

Em segundo lugar, os anti-semitas encontram estranhas *confirmações* para os seus pontos de vista. Como escreve Sartre,

3. New York: Shocken Books, 1976. Para um tratamento similar, porém mais geral, da discriminação, ver Adrian Piper, "Higher Order Discrimination", em Owen Flanagan e Amélie O. Rorty, orgs., *Identity, Character, and Morality* (Cambridge, Mass.: MIT Press, 1990).

Uma mulher jovem me disse: "Eu tenho tido as mais horríveis experiências com os peleteiros; eles me roubaram e queimaram a pele que eu lhes confiara. Bem, eram todos judeus". Mas por que ela escolheu odiar os judeus, em vez de odiar os peleteiros? Por que os judeus ou os peleteiros, em vez de tal ou tal judeu ou de tal ou tal peleteiro? (págs. 11-12).

Poderíamos perguntar quantos dos seus casacos de pele tinham sido roubados ou queimados, e quantos por peleteiros judeus. Poderíamos também perguntar por que, se ela havia tido tantos problemas com todos os judeus ou mesmo somente com os peleteiros judeus, continuava a negociar com eles. Provavelmente devêssemos simplesmente terminar o nosso questionário concordando com a resposta de Sartre às suas próprias perguntas: "porque essa mulher tinha uma predisposição íntima em favor do anti-semitismo". (pág. 12)

Em terceiro lugar, temos os anti-semitas tomando *ser judeu* como uma essência *mágica* possuída por todos os judeus, e somente por eles. Esta essência infecta os atos dos judeus – de modo especial todos os atos de todos os judeus, e certamente só dos judeus – tornando seus delitos *judáicos*, e justificando e explicando por que os judeus devem ser olhados com desconfiança, desprezados, odiados, tratados duramente, e até mesmo exilados, presos ou mortos.

É importante ver que tal anti-semitismo envolve esses e outros erros intelectuais, erros que podem bem ser entendidos como não-emocionais. Mas também é importante ver como emoções como ódio, desprezo, repugnância e desgosto são fundamentais na criação e na sustentação do anti-semitismo, incluindo os padrões desviados de pensamento e de atenção. Assim, por exemplo, mesmo se os anti-semitas reconhecerem a falsidade de uma certa peça de *prova* que na sua opinião sustentava o seu anti-semitismo – ocasionalmente sejam levados a reconhecer que, tanto pelos números absolutos como pela porcentagem, muito menos peleteiros judeus estragam os casacos de pele deixados com ele do que o fazem os peleteiros não-judeus –, e mesmo se eles deixarem de usar essa *prova*, outra peça de *prova*, outra racionalização, será quase imediatamente trazida à cena para substituí-la. O seu ódio, desprezo, repugnância e desgosto pelos judeus requerem uma racionalização, e uma nova racionalização logo estará pronta a tomar o lugar da antiga.

Assim, as emoções anti-semíticas realmente têm elementos não-afetivos importantes. Mas eles nem sempre explicam as emoções ou o seu trabalho de avaliação. Freqüentemente, o contrário acontece. O ódio e a repugnância muitas vezes explicam diretamente por que os anti-semitas têm (ao que parece) pontos de vista não-afetivos sobre os judeus. A explicação pode ser um tanto menos direta: como acabamos de sugerir, as emoções anti-semíticas podem precisar de racionalizações; os anti-semitas podem mesmo sentir uma necessidade de *respaldar* as suas emoções anti-semitas com percepções que, se estiverem certas, podem ser vistas como justificadoras das emoções. Dessa forma indireta, as emoções podem explicar os seus elementos não-afetivos.

A psicanálise nos oferece argumentos complementares que mostram como as emoções – sempre que afetivas – explicam os seus elementos não-afetivos. Em "Estilos Neuróticos", Shapiro escreve,

> As pessoas paranóides raramente riem...elas não parecem estar se divertindo."
>
> Tal perda de experiência afetiva não pode ser considerada como um resultado de vigilância interior, ou como um ato de supressão intencional. A pessoa paranóide pode controlar e direcionar o seu comportamento meticulosamente, mas não é mais capaz do que qualquer outra pessoa de fazer um sentimento desaparecer. Se bem que a perda de experiência afetiva não seja o resultado de uma intenção ou de uma direção, é o resultado do rígido estado de direcionamento e intencionalidade. É impossível ser tão mobilizado quanto o paranóide é – alerta, observando-se, controlando rigidamente cada gesto e expressão – e ainda assim se divertir. (págs. 77-78)

Suponhamos, então, que queremos explicar por que as pessoas paranóides não entendem as piadas. Porque, nesta limitada área avaliativa, elas cometem erros. Segundo Shapiro, nós não conseguimos apelar para as suas lacunas emocionais e afetivas, mas sim para o seu estado de rígido direcionamento e intencionalidade. Este último explica tanto as suas lacunas como o fato de elas não entenderem as piadas.

Embora esse estado possa não *conter* emoções, estas desempenham um papel central na descrição da paranóia feita por Shapiro, e também daquele *estado de rígido direcionamento e intencionalidade*, e não apenas por que há uma ausência, mesmo uma *ausência precisa* de emoções e de afetividade. Na sua caracterização desse estado, a atenção é desviada das áreas que despertam certas emoções para outras, muito menos perigosas. No que se refere aos nossos propósitos imediatos, isso pode ser visto tão simplesmente como uma ilustração de um princípio psicanalítico fundamental e comum: emoções e estados emocionais como medo, ansiedade e angústia, explicam muitos aspectos de aparente falta de afetividade, tanto em muitos casos de desatenção seletiva, como de repressão e de dissociação.[4]

---

4. Ver, por exemplo, "'Speak! That I May See You': Some Reflections on Dissociation, Reality, and Psychoanalytic Listening", do psicanalista Philip Bromberg em *Psychoanalytic Dialogues*, 4 (1994) 517-547. Ver também a longa citação de David Rapaport na Introdução.

Para mais um exemplo, vamos nos afastar das psicoses. Suponhamos que temos um caso normal de alguém que não está dando atenção a você. Há um grande número de explicações possíveis para isso, algumas emocionais e outras não-emocionais. Pode ser que a pessoa não lhe esteja dando atenção por não querer se engajar emocionalmente com você, quem sabe por esse engajamento ser sentido por ela como perigoso demais. As emoções explicam essa falta de atenção, de maneira simples e direta.[5]

Da mesma forma, em muitos casos em que parece haver somente padrões não-afetivos de pensamento, essa falta de afetividade deve ser explicada no plano de repressão e dissociação. Em muitos casos, o que é reprimido ou dissociado é o afeto e não apenas o conteúdo não-afetivo. Realmente, a repressão ou dissociação envolvida na intelectualização, por exemplo, falharia desde o início, se tivesse de trabalhar somente com o que é desprovido de afeto. Insistindo neste ponto, a intelectualização começa com o que é afetivamente carregado, *livra-se* do afeto e acaba produzindo algo que é desprovido de afeto. Na intelectualização e em muitas outras formações neuróticas, o afeto reprimido ou dissociado é inadequadamente caracterizado como se *simplesmente não estivesse ali.* Ao menos, é um afeto ausente que deveria estar e estaria ali, não fosse pela repressão ou dissociação. Freqüentemente, mesmo que ele não esteja nas formas habituais, ainda assim está presente, mas sob formas especiais, como na ansiedade.

Não estou dizendo que todos, ou mesmo todos os padrões moralmente significativos de pensamento não-emocional, desejo e atenção sejam realmente motivados emocionalmente. A mera desatenção *inocente* é uma possibilidade. E nem, portanto, estou sugerindo que onde quer que esses padrões se mostrem sem afeto haja intelectualização, ou alguma outra neurose, ou uma divisão doentia.[6] O engajamento emocional, afetivo, é essencial para uma pessoa saudável, que funcione bem. Mas, de modo similar, é também indispensável ser capaz de focalizar e limitar as próprias preocupações afetivas.

Este último requisito envolve ter capacidade para mudar o foco e a intensidade dessas preocupações. Também implica ser capaz de se engajar afetuosamente somente com aquilo com que se pode estar engajado, em um

5. Agradecemos à psicanalista Sandra Buechler por enfatizar a importância de não se estar disposto para experimentar certas emoções, além da importância de não as experimentar. Também sou grato à sua discussão geral sobre as emoções e por me mostrar seu capítulo "Emotions", em Donnel Stern, John Fiscalini, Carola Mann e Mary Lou Lionells, orgs., *The Handbook of Interpersonal Psychoanalysis* (Hillsdale, N. J.: Analytic Press, 1995).

6. Agradecemos a Julia Driver por discussão sobre este tópico.

dado momento e lugar. O que quer dizer que requer também ser capaz de limitar o engajamento, certificar-se de que muitas outras coisas que se poderiam sentir são, naquele momento e naquele lugar, pouco ou nada sentidas. Assim, a afetividade equivale a formas mais cognitivas de atenção. Em ambos os casos é essencial ter flexibilidade e controle em relação à extensão e às espécies de engajamento.

Eu também enfatizaria que em alguns casos a dissociação e outras formas de não se estar emocionalmente engajado constituem exatamente o estado em que se deveria estar. Como Philip Bromberg escreve em *Speake! That I May See You: some reflections on Dissociation, Reality, and Psychoanalytic Listening (Fale! Para que eu Veja Você!: algumas reflexões sobre Dissociação, Realidade e A Escuta Psicanalítica)*: "Quando não é possível um ajuste ordinário, adaptável à tarefa em pauta, a dissociação entra em cena" (pág. 520). A importância disto – tanto para o entendimento filosófico das questões como para um entendimento mais ordinário das pressões e dos perigos da vida, que levam a formas *estranhas* de pensar e de sentir – requer a apresentação do texto que inclui esta citação:

> Onde se requer que emoções ou percepções drasticamente incompatíveis (como o abuso cometido por um dos genitores amados) sejam cognitivamente processadas dentro do mesmo relacionamento, e que este processamento de adaptabilidade ultrapasse a capacidade que o indivíduo tenha de conter esta disjunção sem uma auto-experiência unitária, um dos... (modos habituais de se entender essas experiências) tem o seu acesso à consciência negado no sono, para que se preserve a sanidade e a sobrevivência. Quando não é possível um ajuste ordinário, adaptável à tarefa em pauta, a dissociação entra em cena. A experiência que está causando percepção e emoções incompatíveis é "desenganchada" do sistema cognitivo de processamento e permanece como dados não-processados que são cognitivamente não-simbolizados, dentro daquela particular representação do tipo eu-outro.
>
> A dissociação não é inerentemente patológica, mas pode tornar-se assim. O processo de dissociação é básico ao funcionamento mental humano e fundamental para a estabilidade e o crescimento da personalidade. É intrinsecamente um talento de adaptação que representa a própria natureza do que chamamos de "consciência". Dissociação não é fragmentação. Na verdade, a dissociação pode ser razoavelmente vista como uma defesa contra a fragmentação, e a esse respeito o debate criado por Ferenczi (1930[a], pág. 230) sobre a possibilidade da fragmentação ser apenas uma conseqüência mecânica do trauma, ou ser realmente uma forma de adaptação a ele, foi considerado como brilhantemente avançado, em relação ao seu tempo. (págs. 520-521)[7]

7. Ele se refere ao psicanalista precoce e pioneiro Sandor Ferenczi, "Notes and Fragments II", em Michael Balint, org., *Final Contributions to the Problems and Methods of*

## 2. Há uma diferença real ou saudável entre as emoções e os seus padrões subjacentes?

Uma das proposições defendidas na seção precedente é a do trabalho avaliador que algumas emoções podem fazer, ou que se presume que façam, explicado pelos seus componentes não-emocionais ou padrões subjacentes, não-emocionais, de pensamento, atenção, valores e desejo; mas, por sua vez, o trabalho avaliador desses muitos aspectos não-emocionais pode ser explicado na forma de emoções. Sartre, por exemplo, sustentava que as emoções anti-semíticas devem ser explicadas no plano de seus padrões subjacentes. Ele também sustentava que esses padrões devem ser explicados em vista das emoções: na acepção do medo ontológico ou existencial dos anti-semitas, um medo "de si mesmo, de sua própria conscientização, liberdade, instintos, e responsabilidades, da solidão, da mudança, da sociedade e do mundo" (pág. 53).

Isso ainda deixa aberta a possibilidade de que a explicação à vista do que é não-emocional se aprofunde e retroceda mais do que a explicação processada em modos do que é emocional. Assim, podemos dizer que a descrição feita por Sartre dos padrões de pensamento dos anti-semitas relacionados a medo, somente adia a questão. Podemos ainda inquirir sobre a nova e elucidativa emoção prioritária: neste caso, o medo. Talvez esta emoção devesse ser tomada como padrões não-emocionais de pensamento, atenção e desejo, os quais por sua vez não devessem ser vistos com a perspectiva de ainda mais emoções.

Pode ser de algum valor o questionamento geral sobre o que está mais por trás e mais profundo. Mas acho que há pouco a ganhar tentando responder à pergunta: *O que é mais profundo, o pensamento ou a emoção?* É claro que, explicando os fenômenos humanos, freqüentemente pensamos que o que vem antes é mais profundo, ou pelo menos mais explicativo. Mas se estivermos preocupados com o que é anterior, ou o mais anterior, deveríamos observar que nos bebês e nas criancinhas as emoções e os seus componentes não-emocionais, e os padrões subjacentes ou precursores de ambos, estão inextricavelmente interconectados e interdependentes ou, melhor ainda, existem somente em estados que têm aspectos de ambos. Não se trata somente de que esses estados sejam em parte constituídos por emoções ou

---

*Psychoanalysis* (New York: Brunner Mazel, 1980). Para maiores informações sobre dissociação saudável (que ele chama de "descasamento"), ver Richard A. Shweder, *Thinking trough Cultures: Expeditions in Cultural Psychology* (Cambridge, Mass.: Harvard University Press, 1991), cap. 6, "Menstrual Pollution, Soul Loss, and the Comparative Study of Emotions", especialmente págs. 260 ss.

proto-emoções, e também por pensamentos e protopensamentos. Mas sim que esses aspectos emocionais são também e simultaneamente, e de maneiras iguais, aspectos do pensamento; e estes são também, e simultaneamente, e de várias maneiras, aspectos emocionais. Não é possível traçar-se uma divisão real, neste ponto. Qualquer divisão analítica-filosófica será, na melhor das hipóteses, um artefato de uma teoria, e correrá o risco de ser altamente desviante.[8]

É claro que o que é verdadeiro à medida que está em desenvolvimento, pode não o ser mais tarde. Mas a minha proposição não se baseia somente no que acontece no início de nossas vidas, quando somos bebês ou crianças pequenas. Penso que é razoável de uma maneira geral ver as emoções e os seus elementos não-emocionais como interconectados e interdependentes, em qualquer nível de profundidade explicativa. Vamos ver novamente o que diz Shapiro em seu *Neurotic Styles (Estilo Neurótico)*. Ele argumenta que podemos entender a natureza de algumas neuroses, e o motivo pelo qual determinadas pessoas têm um tipo de neurose e não outros, somente vendo como as neuroses estão ligadas em um estilo que abrange afeto, pensamento, formas de atenção, desejo e muitas outras coisas. Parte deste argumento diz que qualquer tentativa de se explicar um termo pelo outro é, necessariamente, destinado ao fracasso.

Foi o que ficou demonstrado na sua discussão sobre as respostas, ou falta de respostas emocionais paranóides, especialmente aquelas baseadas na capacidade de se divertir. É o que ele traz, provavelmente de modo mais claro e mais explícito, no que escreve sobre o estilo neurótico da impulsividade:

> O modo (impulsivo) de cognição e o modo de funcionamento afetivo ajustam-se ou misturam-se....e é virtualmente impossível separá-los. Seria possível argumentar em favor do primado psicológico de qualquer um deles. Poderia ser afirmado, em outras palavras, que a pessoa impulsiva não questiona além do presente imediatamente relevante porque seus interesses e envolvimentos emocionais são limitados a ganhos e satisfações imediatos. Poderia também se dizer que as limitações da sua cognição e o domínio da sua consciência pelo que é apresentado imediatamente, concreto e pessoalmente relevante, interferem com o desenvolvimento de interesses

8. Ver, por exemplo, os trabalhos psicanalíticos de Daniel Stern, *The Interpersonal World of the Infant* (New York: Basic Books, 1985) e especialmente *Diary of an Infant* (New York: Basic Books, 1990). Este último contém uma boa bibliografia analítica. Ver também as discussões de Melanie Klein sobre exemplos de crianças depressivas, esquizóides e paranóicas, em seu *Love, Guilt and Reparation, and Other Works, 1921-1945* (New York: Delta Books, 1977), e *Envy and Gratitude and Other Works 1946-1963* (New York: Delta Books, 1977).

de longo prazo, ou valores e objetivos duradouros. Tais argumentos seriam enganosos na minha opinião. Tanto as áreas de funcionamento como os modos que respectivamente as caracterizam existem em conjunto, cada uma delas dificilmente pode ser imaginada sem a outra, e, com toda a probabilidade, elas se desenvolvem em conjunto. Esses dois modos partilham aspectos essenciais: imediatismo da experiência e expressão de impulso aparecem paralelamente ao imediatismo da resposta cognitiva. A insuficiência de estruturas afetivas básicas, que constituem equipamento essencial para o desenvolvimento integrado de um dado capricho ou impulso, pode muito bem aparecer paralelamente a uma insuficiência de equipamento básico cognitivo." (pág. 154-155)

Se Shapiro estiver certo, não somente quanto à impulsividade, mas de maneira mais geral quanto à interdependência de emoções e padrões não-emocionais, cometeríamos erros teóricos tentando entender as emoções em modos de seus padrões subjacentes não-emocionais, ou esses padrões não-emocionais na maneira de suas emoções subjacentes. Seríamos igualmente levados a cometer sérios erros práticos sobre a possibilidade de corrigir essas emoções que conduzem a enganos de avaliação. Porque, se as emoções forem explicadas à vista de seus elementos não-emocionais, mas o contrário não ocorrer, poderá parecer natural a possibilidade de se corrigir emoções *erradas* corrigindo os seus elementos não-emocionais: isto é, que os defeitos emocionais possam ser curados apenas por uma *terapia cognitiva.*

Porém, antes de qualquer coisa, precisamos ser capazes de fazer que as crenças e desejos corrigidos *peguem,* tornem-se importantes, para realizar mudanças. Não seria suficiente que os anti-semitas chegassem a ver que um determinado ato cometido por um determinado judeu é um ato cotidiano, ordinário ou até mesmo um ótimo ato. Esse pensamento deve também ser integrado e visto em conflito com o seu anti-semitismo. E, além disso, será preciso que esse conflito seja importante para eles. Não pode ser visto somente como uma anomalia intrigante, igual às que perturbam muitas, senão todas as teorias e generalizações, e nem pode ser defendido de modo que impeça que se torne importante a eles, ou que os comova. Eles devem ser – e isto significa que quase certamente *eles* devem se tornar – disponíveis emocionalmente e abertos àquele pensamento e (ao que vemos como) as suas implicações óbvias.

Dizer isto é pouco mais do que dizer o que acabamos de ver em relação ao anti-semitismo: para melhorar alguns elementos não-emocionais devemos também, ou até em primeiro lugar, corrigir as emoções que explicam ou estão subjacentes a esses elementos. Como acabamos de ver em *Neurotic Styles* de Shapiro, muito disso vale também para a melhora da paranóia.

Além disso, melhorando-se algumas emoções e padrões não-emocionais em conjunto, elas podem tornar-se epistemologicamente mais úteis para os valores e a avaliação. Como escreve David Wiggins em *A Sensible Subjetivism? (Um Subjetivismo Sensato?)*:

> Percepções melhores podem tanto intensificar como refinar as respostas (emocionais). Respostas mais intensas podem elevar e refinar ainda mais as percepções. E respostas cada vez mais refinadas podem levar a respostas *e* percepções melhores, mais variadas ou mais intensas.[9]

Poderíamos assim concordar que é preciso tomar cuidado para não sugerir relações explicativas errôneas entre as emoções e os seus aspectos não-emocionais e os padrões subjacentes de pensamento, atenção e desejo. Mas, se tivermos esse cuidado, podemos pensar que não há uma boa razão para não se fazer – ou muitas boas razões para se fazer – a distinção filosófica analítica entre as emoções e esses aspectos não-emocionais e os padrões subjacentes. Afinal, sabemos que uma emoção não equivale a esses aspectos e padrões, e realmente sabemos que elas não são nem mesmo co-extensíveis: uma pessoa pode ter um pensamento, atenção e desejo, sem ter a emoção.

Mas devemos perguntar que espécie de distinção deva ser feita. Acho que, ao fazê-la, podemos ter levado a análise filosófica longe demais, a uma artificialidade desviante, ou pelo menos de uma psicologia errônea. Realmente, como dissemos, essa distinção fornece um aspecto caracterizador fundamental da intelectualização e de outros estados neuróticos.

Nada disso pretende sugerir que quase geralmente, ou quase geralmente nas pessoas saudáveis, não haja distância entre as emoções e esses aspectos não-emocionais e os padrões de pensamento, desejo e atenção. Deve ser questionada, contudo, a natureza dessa distância. Deve-se também sugerir que essa pode não ser a espécie certa de distância para sustentar a proposição de que o emocional é que é epistemologicamente importante, e não as emoções.

Como observamos, a ausência do afeto pode ser completamente saudável e não-problemática, epistemologicamente e de várias outras formas. Mas, como foi mostrado em toda esta obra, é fácil que nessa proposição haja demasiada ausência de afeto, demasiada falta de afetividade. O que, além de não ser saudável, também gera muitos problemas avaliatório-epistemológicos. Lembrando as palavras com que concluímos a seção anterior, pode-se ter demasiada falta de afeto e padrões não-afetivos em uma quantidade muito grande. Essa falta de afetividade caracteriza e é constitucionalmente fundamental para o *mundo negador de afeto do trabalho alienado,*

9. Em seu *Needs, Values and Truth* (Oxford: Blackwell, 1991), pág. 196; grifo do original.

repressão, outras defesas neuróticas e também deslibidinização, dissociação, alexitimia e fenômenos esquizóides mais severos.

Como acabamos de dizer, se confiarmos nessa distinção e na distância entre as emoções e os componentes não-afetivos e os padrões não-emocionais de pensamento, desejo e valores, correremos o grave risco de ter estendido demais a análise filosófica, até levar à artificialidade desviante, ou pelo menos à psicologia errônea. Mesmo que seja possível haver distância entre as emoções e esses padrões e aspectos, não será o tipo certo de distância capaz de sustentar a proposição que é o não-emocional, mais do que as emoções, que é epistemologicamente relevante.

### 3. Provavelmente as emoções sejam importantes, não para as avaliações, mas somente para as pessoas avaliadoras

Muito do que foi debatido até agora está focalizado na pessoa: revelando que ao possuir as emoções corretas, uma pessoa está bem posicionada para fazer bons julgamentos avaliadores; e que, não tendo emoções, ou não as tendo corretamente, está mal colocada para fazê-los. Algumas razões evocadas para isso se relacionavam com as pessoas desprovidas de afetos e os problemas morais e epistemológicos sofridos por elas.

Essas razões parecem derrubar o meu argumento. Uma vez que, como é defendido pelas teorias psicológicas invocadas por aquele argumento, as pessoas desprovidas de emoções não estão apenas mal colocadas para fazer julgamentos avaliadores. Mesmo que essas pessoas fossem possíveis, elas seriam tão completamente perturbadas e doentes que teriam de ser recolhidas a instituições e poderiam, ainda assim, não sobreviver. Além disso, e de maneira mais genérica, deveríamos mostrar-nos muito relutantes em tirar conclusões sobre o que geralmente acontece com seres normais e saudáveis baseando-se no que é verdade para as vidas anormais ou deformadas. Da mesma forma como devemos resistir a tirar conclusões sobre a maneira das pessoas normais pensarem, comparando com o pensamento de pessoas com desordens mentais, como esquizofrenia, deveríamos também agir de maneira similar ao deduzir as capacidades avaliadoras das pessoas normais, fundamentando-se nas pessoas desprovidas de afetos.

No entanto, muitos desses argumentos não se relacionavam com total ou mesmo séria falta de afetividade, mas somente com defeitos como distorções emocionais e falta de apenas certas emoções. Quando uma falta de afetividade mais completa foi usada, o seu papel primário, e freqüentemente o seu único papel, era mostrar as deficiências de outras abordagens filosóficas, as quais, intencionalmente ou não, caracterizavam pessoas ou as suas emoções de modo que permitiam, ou até mesmo requeriam, que elas fossem desprovidas de afetos.

Há uma preocupação intimamente relacionada com o argumento dado para mostrar que as emoções são importantes para as capacidades avaliadoras e sensibilidades: mesmo não focalizando demais as pessoas anormais, o argumento visava demais as pessoas, em lugar de focalizar os valores. A idéia é que, na melhor das hipóteses, esses argumentos mostram somente algo sobre nós, como seres capazes de avaliar e agir de acordo com suas avaliações e não de acordo com os valores.

Esta proposição inicia-se pela aceitação, ou pelo menos pelo uso de um elemento contido na Introdução, isto é, que, em vez de serem raras e pouco comuns, as emoções são parte integrante da nossa vida cotidiana, e que, como sustentado por Schachtel, Krystal e Tomkins, as nossas vidas são completamente emocionais. A proposição continua dizendo, no entanto, que o fato de demonstrar isso não mostra que as emoções sejam diretamente importantes para valores e avaliação. Pode revelar apenas que elas são importantes para aspectos de nossas vidas que – embora importantes em relação aos valores e à avaliação – em si mesmos estão completamente fora do seu âmbito.

Alguns exemplos podem ajudar. A nutrição adequada é essencial para a vida e, da mesma forma, para a formulação de julgamentos avaliadores e para que se aja de acordo com eles. Ser capaz de pensar bem também é necessário para que isso aconteça. O que, por sua vez, requer que não se tenha desordens mentais, que não se esteja sofrendo de problemas sérios relativos à memória de curto ou de longo prazo, que não se experimente terrores dominadores reais ou imaginários, enfim, que sejamos capazes de fazer e sustentar conexões com a realidade e com outras pessoas, que tenhamos capacidade para dirigir e controlar nossa atenção, com energia suficiente para pensar e agir de acordo com nossas decisões, e assim por diante. Os que vêem uma conexão estreita entre os motivos e as emoções, poderiam estabelecer a mesma proposição diretamente sobre as emoções. Poderiam sustentar que sem emoções não há motivação; que sem motivação não há ação ou pensamento, mesmo o pensamento avaliador; e portanto, que sem as emoções, não há ação ou pensamento, inclusive o avaliador.

Estas são, então, todas as condições necessárias para se ter capacidade de avaliar bem um ato. Ou seja, aqueles que realizam avaliações e que agem de acordo com elas, devem ter essas características. E isso mostra que elas nos são essenciais. Mas não revela que sejam internamente ou diretamente importantes, para os valores e para a avaliação.

Para reforçar esse ponto, seria possível que nos pedissem para considerar uma analogia com a matemática. Muitas das proposições feitas sobre a emoção e os valores podem ser feitas sobre a emoção e a matemática: quando não têm certas emoções, as pessoas tendem a se mostrar menos inclinadas a se engajarem na matemática, e são muito menos capazes de apreciar e usar a matemática. É possível que isso se deva a um interesse e uma vivacidade generalizada: as pessoas que não têm essas qualidades gerais emocionais de vida muito provavelmente não terão pendor para a matemática, ou não se distinguirão nela. É também possível que isso se deva a matérias mais ligadas à matemática: para que a pessoa se sobressaia na matemática, é preciso que tenha ao menos um interesse geral nela. Poderíamos concluir, assim, que considerados como seres que usam a matemática, podemos usar bem, e até mesmo precisar de certas emoções. Portanto, as emoções são úteis, essenciais mesmo, para os matemáticos. Mas isso não demonstra que essas emoções sejam internas ou essenciais, ou até mesmo importantes, para os matemáticos. (Como já foi esclarecido no capítulo 6, seção 2, não estou sugerindo que a matemática seja emocional, mas que o trabalho envolvido nela pode ser emocional.)

Resumindo, não é suficiente para as minhas proposições sobre a importância das emoções para os valores, que os psicanalistas que lemos – Guntrip, McDougall, Shapiro e outros – tenham razão ao afirmar que uma pessoa desprovida de emoções, ou de uma ampla quantidade de emoções adequadas, não seja capaz de realizar avaliações e agir segundo elas. As emoções podem ser fundamentais também para a avaliação, e não apenas fundamentais com a finalidade de que as pessoas que não as têm apresentem alguma condição que torne a avaliação, e a atuação sobre as avaliações, difíceis ou impossíveis.

Antes de responder a esse argumento, quero observar que ele pode ser usado contra uma proposição freqüentemente feita para levantar suspeitas sobre a possibilidade do conhecimento ético. Essa proposição concorda que as emoções são importantes para que uma pessoa seja boa no reconhecimento e na atuação motivada pelos valores. Mas ela toma isso como demonstração de que os valores podem ser suspeitos, de um ponto de vista epistemológico. A minha resposta se processa por analogia com a matemática. As emoções são importantes para os matemáticos, mas isso não demonstra que os matemáticos sejam epistemologicamente suspeitos. Mesmo de uma maneira mais genérica, as emoções são importantes para as pessoas, consideradas como seres que pensam e agem, mas isso não demonstra que o pensamento humano em geral e a atuação sejam suspeitos, do ponto de vista epistemológico.

Vamos voltar à questão de saber se as emoções são importantes não para os valores, mas para as pessoas que avaliam e que agem baseadas em avaliações. Tenho dúvidas quanto à extensão, ou à força da distinção entre os valores, de um lado, e pessoas que avaliam e agem apoiadas em avaliações, de outro. A ética se dedica aos valores entendidos ontologicamente. Mas também se ocupa com a epistemologia moral e com a prática moral. Ser uma boa pessoa consiste em ser um bom juiz moral e ser capaz de agir mediante julgamentos morais. Assim, a demonstração de que as emoções são importantes para se agir fundamentado nos julgamentos morais assume uma grande importância ética.

Além disso, necessitaríamos de alguma explicação sobre a forma como as emoções podem ser importantes para o julgamento e para a ação, segundo as maneiras mostradas, mas não para os valores. Particularmente, precisaríamos explicar como tais julgamento e ação não dizem respeito e não se relacionam com os valores. Afinal, o julgamento é julgamento moral, e a ação é uma ação conseqüente desse julgamento.

Resumindo, havia uma preocupação de que eu mostrasse somente que as emoções são importantes quando lidamos com valores – por exemplo, nos nossos julgamentos e ações morais –, mas não para os valores em si. Contudo, mesmo que seja só isso que tenha sido demonstrado, apenas aquele *somente* não justifica o que descartamos. Uma vez que já se teria demonstrado que as emoções são de importância vital para a ética.

Não vejo necessidade de avançar mais, por ora, nessas questões interligadas e embaralhadas. Já vimos que as emoções e os seus componentes e padrões subjacentes desempenham papéis epistemológicos significativos, ajudando, ou atrapalhando, na observação e na apreciação dos valores. Outros capítulos (especialmente o sétimo), continuarão a discussão das relações conceituais entre o afeto e esses componentes e padrões, e também abordarão a natureza das relações entre o entendimento avaliador e as emoções. No entanto, penso que já vimos o suficiente para concluir que as pessoas que têm as emoções corretas, por serem as pessoas que são, geralmente estão bem posicionadas para fazer avaliações corretas, e que as pessoas que têm as emoções incorretas, justamente por serem o que são, estão geralmente mal posicionadas para realizar as avaliações corretas.

## 4. Esta é a proposição de informação?

Poderia parecer que os meus argumentos da seção precedente fizeram pouco mais do que estender a proposição de informação. Isto é, a asseveração de que as emoções revelam valores e portanto têm um valor instrumental e não intrínseco. Esses argumentos aparentariam apenas estender o seu valor instrumental para o fato de nos ajudarem a observar e apreciar os valores.

Mas eu acho que a minha posição nos dá dois motivos inter-relacionados e muito fortes para reavaliar a proposição de que as emoções têm somente valor instrumental e não também um valor intrínseco. Primeiro, na nossa tradição ética, bem como em várias outras, se não na maioria delas, há um princípio muito bem estabelecido de que ser bom em observar e apreciar os valores – e, num sentido lato, ser um bom juiz – tem um valor não apenas instrumental. Ter capacidade de julgar bem e de ser um bom juiz são, em si, importantes elementos intrínsecos do que seja viver bem e ser bom.

Segundo, a mesma coisa vale para estar vivo, em relação aos valores: ter as espécies de atenção, respeito e desejo que são essenciais para realizar inquéritos e definir os valores, e como esses podem ser auxiliados ou prejudicados por várias políticas, planos e atos. Essa capacidade de atenção é parte do que significa defender um princípio, ou mais claramente, amar um princípio, ou realmente uma pessoa. A natureza do nosso amor, ou até mesmo a existência de nosso suposto amor, pode ser posta em dúvida quando não demonstramos atenção. Sem um cuidado atento, há forte razão para se pensar que o amor daquele objeto é deficiente, ou que é outra coisa que é amada, tal como *a idéia* de que se ama aquele objeto. Quer estas razões se incluam ou não entre as razões de Aristóteles, elas nos motivam a dizer, com ele, que as pessoas moralmente virtuosas são amantes da virtude, e que a virtude moral envolve um amor da virtude. (*NE,* I.8, 1099a5 ss.) Assim, o amor aos princípios tem simultaneamente um valor instrumental e um valor intrínseco consideráveis: instrumentalmente, ele ajuda a nos tornarmos atentos aos valores; intrinsecamente, ele faz parte do que deve ser uma pessoa moralmente boa.

Este segundo ponto deve ser generalizado. Como foi discutido no capítulo 1, a proposição de conteúdo – de que as emoções nada mais são do que o seu conteúdo cognitivo, desiderativo ou valorativo – está errada. Mas, como também já observamos naquele capítulo, uma variação mais modesta da sua asserção é correta e tornou-se um padrão absoluto para os filósofos clássicos: o conteúdo não-afetivo é importante e freqüentemente essencial para as várias emoções.

Isso nos fornece um ponto certo para concluir esta seção e este capítulo. Porque é inegável que esse conteúdo é epistemologicamente útil para os valores e a avaliação. E, como já foi discutido aqui, as pessoas que têm falta de emoções relevantes, ou são deficientes em relação a elas, muito provavelmente serão deficientes também em relação àquele conteúdo. E, como já foi citado também, as emoções devem ser vistas não apenas como instrumentalmente úteis para os valores, mas como internas a eles. As emoções não são meramente úteis, mas são parte integrante do fato de alguém se tornar um bom juiz avaliador, de ser capaz e ter vontade de agir com base nesses julgamentos, e também de ser um amante dos valores.

# 5

# *Emoções são importantes instrumentos avaliadores e valorativos*

Neste capítulo vou introduzir novas argumentações para mostrar como as emoções e outros estados afetivos estão profundamente inter-relacionados com valores e avaliações: especialmente, que diversos valores são constituídos por emoções, que elas embasam avaliações pessoais, ações e práticas e que estão presentes nas avaliações morais[1]. Os argumentos e casos que apresento são do tipo heterodoxo; mas cobrem uma vasta área e representam bem valores e valorações que envolvem emoções. Eles são especialmente úteis pela maneira como mostram a importância das emoções sempre que estas foram ignoradas ou negadas.

A seção 1 examina brevemente o tema tratamento médico. A seção 2 discute aspectos jurídicos e ética formalística. A seção 3 trata do direito de autodefesa e outros direitos. A seção 4 mostra o que devemos fazer para sermos morais e argumenta que agir moralmente tem ligações essenciais com as emoções. A seção 5 revela como a nossa vida, até mesmo no que ela tem de mais corriqueiro, envolve emoções; que uma boa parte dos valores em nossa vida contém emoções; e enfatiza que muitos valores, especialmente aqueles provindos de relações interpessoais, são de origem emocional.

## 1. Tratamento médico

O tratamento médico pode-nos fornecer exemplos de casos reveladores de que nem todas as relações entre pessoas precisam ter emoções como

Este capítulo se beneficiou de discussão na Oxford University – University of California Legal Theory Institute, em julho de 1995, com um maravilhoso grupo de filósofos, professores de Direito e psicanalistas. Meus mais calorosos agradecimentos se dirigem aos organizadores, Martin Levine e Joseph Raz, e aos demais membros, Marshall Cohen, Jonathan Dancy, John Finnis, Samuel Freeman, John Gardner, Grant Lamond, Brian Leiter, Dan Ortiz, David Slawson, Jonathan Wolff e Richard Warner.

1. Agradecemos a Brian Leiter pela ajuda neste e em outros pontos deste capítulo.

componentes. Eu não vejo nada de incoerente no argumento de que pacientes com câncer possam julgar um cirurgião exatamente da mesma maneira que poderiam julgar uma droga ou um aparelho automático de laser computadorizado: não em consideração a envolvimento emocional, mas simplesmente em relação a custos e benefícios, definidos a partir das taxas de sobrevivência, ganhos ou perdas de funções, dor, etc. A idéia é: quando um fim F pode ser alcançado tanto por meio de algum mecanismo quanto por alguma pessoa, então não existe diferença se F foi atingido por mecanismo ou por pessoa.

Alguns pacientes com câncer têm essa visão, mas muitos outros não[2]. Muitos deles queixam-se de que seus médicos são tecnocráticos demais, são excessivamente preocupados com eficácia e taxas de sobrevivência. Esses pacientes, portanto, não enxergam seus médicos como meros instrumentos, meros mecanismos para livrá-los do câncer. Esta é a contrapartida de como eles desejam que seus médicos os vejam. Eles querem que seus médicos se preocupem e se envolvam com eles como pessoas, que são, não simplesmente como locais a serem operados. E querem isso não por que, ou não apenas por que, achem que os médicos cuidam melhor daqueles a quem tratam com essa consideração.

Nesses casos, portanto, os pacientes não enxergam o que seus médicos lhes fazem apenas no plano de resultado. Eles também vêem as ações dos médicos como atos humanos, com ênfase tanto em *humanos*, quanto em *atos*. Quer dizer, eles chegam a enxergá-los, ou pelo menos disso se aproximam, antes como atividades aristotélicas, *praxeis*, do que como meios, *kineseis* ou *poieseis*. Isso por que os atos em si, e não simplesmente seus resultados, são valorizados.

## 2. Justiça e ética formalística

Há muito se reconhece que certas formas de justiça ou instâncias jurídicas são problemáticas – alguns as vêem como contra-exemplos – para as proposições sobre a necessidade das emoções quando se visa um julgamento moralmente correto e, também, para orientar as ações inerentes. Digo *certas formas de justiça ou instâncias jurídicas*, já que certas outras – inclusive as duas seguintes, de Aristóteles, e mais outras duas, de Strawson e

2. Agradecemos ao professor de Medicina e psiquiatra Dr. Robert W. Daly por discussão sobre este e outros tópicos, e por discutir comigo seu "Squizoid Rule-Following", *Psychoanalytic Review*, 55 (1968) 400-414, e "The Specters of Technicism", *Psychiatry*, 33 (1970) 417-432.

Nussbaum[3] – não foram consideradas problemáticas para essa relação. No Livro V de Ética a Nicômano, lemos que *pleonaxia*, avidez, é uma das causas básicas de injustiça. Outras emoções, as sociáveis, cívicas, são necessárias para a justiça. Em *Freedom and Resentment (Liberdade e Ressentimento)* lemos que atitudes reativas são completamente emotivas e compõem o núcleo de várias formas de justiça – por exemplo, a justiça criminal, bem como a justiça retributiva não-institucionalizada, incluindo-se aqui a indignação e o remorso. E em *Equity and Mercy (Eqüidade e Clemência)* lemos que a eqüidade judicial requer plena compreensão empática do criminoso por parte do juiz, ao passo que a clemência judicial requer sua compreensão empática e simpática do acusado. (O capítulo 8, seção 3, faz algumas restrições às afirmações de Nussbaum.)

Mas algumas outras formas de justiça parecem ter relação bem menor, ou talvez nenhuma, com emoções. Entre elas, as que vêm primeiro à mente são certas questões de justiça distributiva, como tributação de renda e a definição dessas taxas. Tenho dúvidas se haveria alguma base para levar emoções em consideração nas leis de imposto de renda de uma maneira simples, como *renda entre 50 mil e 100 mil dólares é tributável em 35%, a não ser que isso irrite o contribuinte, passando a taxa, então, a ser de 30%, de modo que favoreça o surgimento de melhores sentimentos.*

Da mesma forma, as emoções podem parecer irrelevantes para a administração e a burocracia do sistema judiciário, como nas promoções no funcionalismo público civil. Também podem ser aparentemente secundárias para aqueles aspectos da Justiça e áreas correlatas da moralidade, entendidos na acepção de sua universalidade e não-contradição. Nestes casos e áreas, pode-se pensar que, alcançando-se certos níveis econômicos ou seguindo-se certos procedimentos, todos eles aparentemente não-emocionais, só isso já seja necessário e suficiente para a justiça.

A proposição deste livro é a de que as emoções e outros estados afetivos são importantes para as valorizações e valorações (seguindo minha rotina coloco o caso sobretudo em vista de emoções, mas não de todos os estados afetivos). Não se afirma que todas as emoções são importantes para todos os valores e avaliações. Assim, não existe uma obrigatoriedade estrita em demonstrar a importância das emoções para esses casos jurídicos. É suficiente

3. Aristóteles, *Ética a Nicômaco.* O segundo argumento aristotélico é extraído de Eugene Garver, *Aristotle's Rhetoric: The Art of Character* (Chicago: University of Chicago Press, 1994), págs. 130-135. Strawson, "Freedom and Resentment", *Proceedings of the British Academy,* 48 (1962) 187-211. Neste livro utilizo a versão republicada em Gary Watson (org.), *Free Will* (Oxford: Oxford University Press, 1982); Nussbaum, "Equity and Mercy", *Philosophy and Public Affairs,* 22 (1993) 83-125.

que elas sejam importantes em outras circunstâncias. Mas – especialmente por causa da importância da justiça e outros aspectos da moralidade inspirados nela –, gostaria de sugerir alguns casos em que as emoções são importantes para a justiça e para valores e avaliações correlatos.

Comecemos com uma análise externa, mostrando como as emoções podem estar externamente vinculadas à justiça. Até onde possa haver julgamentos justos e atos justos sem emoções, estas podem ser importantes para ajudar a conferir o respeito exigido para vários tipos de confrontos que envolvem a prática da justiça. Por exemplo, bem pode ser que a justiça distributiva, a administrativa e várias outras formas de justiça não requeiram emoções. Mas os confrontos de uma pessoa com essas formas de justiça, e com as diversas outras pessoas que se encontram engajadas em sua regulação e administração, podem tornar-se melhores ou piores em função das emoções delas. Pessoas que são enredadas nos trâmites do sistema judiciário podem, com todo direito, preferir serem levadas a sério e atendidas pessoalmente a serem tratadas de uma maneira técnica ou administrativa, como um simples número. Elas podem também não quererem ser enredadas na vida emocional de outros, especialmente quando estas vidas prosseguem paralelamente, por si mesmas e sem referencial com suas próprias vidas emocionais. Como no caso de ter de se lidar com um administrador total e indiscriminadamente irritado.

Alguns poderiam pensar que o importante é que é bem provável que um administrador zangado indiscriminadamente vá interferir no processo, não só em relação ao resultado final, mas na própria rotina administrativa. Tendo isso em mente, eles poderiam concluir, por tudo que tenho mostrado até aqui, que as emoções são apenas instrumentalmente importantes para a Justiça. Essa objeção tem duas partes: a primeira é que certas emoções, como a raiva generalizada, podem causar resultados jurídicos desfavoráveis, mas sem serem parte de tais resultados; a segunda é que a rota dessa causalidade passa por processos judiciais: as emoções podem comprometer processos judiciais, e processos comprometidos tendem a engendrar decisões incorretas.

Mas ambas as partes dessa objeção falham[4]. Freqüentemente, e com muita razão, preocupamo-nos com processos judiciais corretos, não apenas com julgamentos corretos, considerados com relação à correção dos resultados. A razão disso não é só por que quanto melhor for o processo de julgamento, melhor será o julgamento. Também se refere à natureza dos

4. Agradecemos ao psicanalista e teórico do Direito, Martin Levine, por auxílio aqui e na discussão subseqüente sobre empatia e impostos.

valores próprios do processo. Ter de lidar com um administrador irado é, por isso mesmo, ter o processo de adjudicação questionado, se não comprometido. A ausência de certas emoções, e por vezes a presença de certas outras, são componentes, não apenas causas, de um processo justo. Ou pelo menos de esse processo ter sido tão justo quanto bom.

Existem outras maneiras, mais internas, pelas quais as emoções são importantes para a Justiça e para pontos valorativos concebidos em termos jurídicos. Eu me limito a simplesmente fornecer uma pequena lista de algumas, que dizem respeito diretamente a taxas de renda. As emoções são importantes tanto para os casos em que a tributação é vista como um roubo, quanto se aparece como uma contribuição individual à comunidade; tanto para sua aceitação como um ato sobretudo voluntário, quanto como algo imposto; para o modo de definir um orçamento por meio de confiança mútua ou de uma instância mais comunitária para fixar diferenciais de taxas e quantias, que levem ou não em conta necessidades de tratamento médico, pensões, abrigo; se deve haver isenções especiais para dependentes, idosos ou cegos. Mesmo para esses casos restritos a confiança, a camaradagem, a solidariedade, a empatia, a dedicação e o altruísmo são fatores importantes.

As emoções também podem ser importantes, de maneira semelhante, com relação a taxas e procedimentos administrativos, assim como para uma avaliação crítica a respeito dos mesmos. A análise de valores de taxas, técnicas de arrecadação e outros procedimentos administrativos é muitas vezes relativizada considerando-se os diferentes alvos econômicos e administrativos. Essa relativização pode ser necessária, justamente por haver tantos alvos diferentes possíveis. Não creio ser preciso exemplificar para se perceber que alguns deles terão um apelo especial, provavelmente exclusivo, para aqueles indivíduos extremamente duros, impiedosos, sem consideração, vingativos, condenadores ou até mesmo sádicos; outros terão apelo para os masoquistas, os excessivamente ternos, com respeito em excesso, muito resignados, extremamente avessos a julgamentos. Eu desconfiaria da eleição de alvos ou procedimentos econômicos e administrativos que usassem quaisquer dessas configurações emocionais para atrair as pessoas. Mesmo assim, o fato de não existirem certas emoções e de não pertencerem a determinados tipos de emoções é importante para valorizações e avaliações.

É preciso lembrar que esses são apenas alguns dos modos pelos quais as emoções são importantes, tanto para valorizações, quanto para avaliações em uma área extremamente restrita: algumas questões relativas a taxações e alguns poucos procedimentos administrativos. Se as emoções são avaliativamente importantes até para esses casos, deve-se esperar que haja, em outras áreas judiciais e de interesse avaliador, conexões bem mais estreitas e íntimas com as emoções.

Voltemo-nos agora mais explicitamente para a reflexão moral. Um campo, muitos filósofos estão convencidos disso, em que as emoções não deveriam desempenhar papel algum. Eu irei argumentar que, ao contrário, até mesmo aqui elas deveriam ter um papel. Inicialmente discutirei algumas questões a respeito da forma mais austera de reflexão moral: a que se relaciona com universalização, não-contradição e testes formais similares.[5] Indicarei a maneira como até alguns desses procedimentos formais devem necessariamente fazer deduções sobre o modo como as pessoas são emocionalmente, e que pelo menos alguns desses procedimentos devem envolver emoções. Com o *devem necessariamente* da última frase, não quero dizer que isso é lógica ou conceitualmente indispensável para exprimir consistência, mas sim que é necessário para que tais testes sejam atraentes ou até mesmo plausíveis.

Examinemos um teste habitual: pedir dinheiro emprestado com a promessa de se pagar posteriormente. O que terá importância para nós são as condições, se houver alguma, sob as quais aquele que prometeu tem a intenção de devolver ou não o dinheiro: ou seja, o que vai ser preenchido na lacuna de *Eu prometo reembolsar o dinheiro se* ______________. Deveríamos considerar essa condição a vista de uma série de máximas (ou tipos de ações): reembolsar o dinheiro se achar que devo; reembolsar, mas só se eu julgar conveniente; reembolsar, mas só se eu quiser; reembolsar, mas só se eu achar que estou fazendo isso no meu interesse imediato; ou reembolsar, a não ser que por algum capricho eu resolva não fazê-lo.

Segundo vários testes de generalização, nenhuma dessas máximas é generalizável. Um argumento típico sobre a contraditoriedade dessas generalizações afirma que se cada uma das sentenças tivesse sido elaborada para ser a que estivesse valendo, ninguém emprestaria dinheiro sob a promessa de reembolso. O argumento conclui que essas afirmações, portanto, se interpenetram: elas são autodestrutivas e contraditórias.

Na minha opinião, tais alegações de autodestrutividade estão refutadas. Harry Frankfurt faz uma alegação semelhante. "Afinal de contas, a real quantidade de mentiras é enorme; mesmo assim, a vida prossegue. O fato de as pessoas mentirem freqüentemente dificilmente deixará de beneficiar quem

5. Agradecemos a Barbara Herman pela discussão sobre esse ponto. Ela sustentou que Kant tem razões profundas para excluir considerações de emoções dos testes de universalização e que consideraria, portanto, muito do que se segue irrelevante. Não há por que questionar isso aqui, uma vez que nem ela nem eu pensamos que todos os testes de universalização possuem tais razões. Para uma discussão similar sobre a universalibidade, ver John Deigh, "Empathy and Universalizability", *Ethics*, 105 (1995) 743-763.

convive com elas. Isso só significa que teremos de ser mais cuidadosos."[6] De fato, muitos de nós se dispõem a emprestar dinheiró a membros da família, amigos, organizações de caridade e outros, mesmo sabendo que existe uma boa probabilidade de que eles não mantenham suas promessas de devolução do dinheiro. Essa boa-vontade pode ser razoável e até louvável. Algumas coisas que afirmo sustentam isso. Mas estou muito mais preocupado em mostrar que, possam ou não ser contraditórias essas afirmações generalizadas, ou que assim se revelem depois, isso poderá depender do quadro emocional da pessoa que faz a afirmação ou do julgamento que outros possam fazer.

Para demonstrá-lo, voltemos às várias formas de rigidez, mesmo àquelas formas bem menos rígidas do que as discutidas no capítulo 4, seção 1. Em minha opinião, o fato de você achar essas afirmações generalizadas contraditórias ou não, pode depender do grau de disposição que você está para penetrar naquilo que irei chamar de acordos incertos. Quero dizer, acordos em que existe uma boa chance de que o sujeito vá corromper ou desapontar outros envolvidos no acordo como, por exemplo, aquele a quem foi feita a promessa; e em que, em razão disso, é provável que haja controvérsia ou desacordo sobre o que é preciso fazer para reembolsar o dinheiro.

Quanto mais as pessoas forem rígidas e não conseguirem suportar a incerteza, mais vão achar difícil, ou até intolerável, aceitar que o julgamento e a discrição tenham um papel significativo para se descobrir se uma promessa vai ser mantida ou não. Elas vão achar as generalizações relevantes inaceitáveis e até impossíveis e contraditórias, precisamente por que essas generalizações violentam suas demandas de certezas (as discussões sobre rigidez são semelhantes àquelas sobre diferentes atitudes de risco, como foi discutido a respeito do posicionamento original de Rawls).

A rigidez não é a única explicação para se achar certos acordos intoleráveis e impossíveis. Outra possibilidade é medo ou desconfiança com relação ao que as pessoas farão quando não se pautarem por regras estritas e ao julgar seus próprios casos. Esse medo ou desconfiança pode ser até o pensamento de que as pessoas, havendo oportunidade, possam reter o pagamento devido. Pode ser também o pensamento, mais benigno, de que as pessoas possam ser propensas demais a cometer erros ao julgar seus próprios casos. Quem sabe, erros que favoreçam a si mesmos ou a outros. Esses indivíduos medrosos ou desconfiados não precisam se incomodar com incertezas.

6. "The Faintest Passion", Discurso Presidencial dirigido à Divisão do Leste da Associação Filosófica Americana, 1991, *Proceedings and Addresses of the American Philosophical Association*, 66 (1992) 5-16, pág. 6.

Com efeito, eles podem ter total certeza sobre o que vai acontecer se as pessoas forem autorizadas a decidir quando devem manter as promessas.

Outro exemplo de promessa pode ser bastante útil. Apesar de ter prometido participar de uma reunião de departamento, você prolonga suas férias e passa um dia a mais na praia, simplesmente para aproveitar o sol. O modo como as pessoas irão avaliar isso pode depender de seu caráter e conformação emocional (pode depender também, é claro, de vários outros fatores: por exemplo, o modo como você normalmente cumpre a sua função na direção do departamento).

Aqueles que são *compreensivos* e *flexíveis* poderão perdoá-lo e aceitar o que você fez. Eles poderiam simplesmente invejar você por ter algo muito mais divertido para fazer e por se comprometer o suficiente com o seu próprio prazer para continuar com o que estivesse fazendo, mesmo a despeito das necessidades do departamento. Algumas pessoas poderiam achar pouco problemático o que você fez e certamente não veriam nenhum problema com relação a alguma contradição, até mesmo na generalização de sua máxima. O pior que eles imaginam que possa acontecer é que as atividades do departamento pudessem ser desaceleradas. Mas os indivíduos mais rígidos podem condenar você e o que você fez, enxergando problemas intoleráveis para o departamento, talvez até para a universidade, quando alguém age assim. Eles poderiam muito bem achar o que você fez intolerável e indesculpável, e a generalização desse comportamento, contraditório. Como contrapartida dessas pessoas rígidas, também pode haver pessoas com tamanha informalidade e indefinição de metas – ou tão predispostas a ir para onde o fluxo as levar, às vezes por verem a si mesmas mais como observadores do que como agentes – que nenhuma dessas atitudes lhes pareça contraditória.

Meu objetivo aqui é simplesmente afirmar como diferentes situações emocionais podem levar a diferentes julgamentos. E não para usar a possibilidade de diferentes julgamentos – com a dificuldade, senão impossibilidade, de discernir qual deles é o correto – em teorias morais corruptas que empregam testes generalizadores. Não estou convencido de que é sempre defeito de uma teoria permitir diversas avaliações extravagantes, até mesmo conflitantes, ou corretas, ou pelo menos aceitáveis (neste ponto, posso discordar vigorosamente dessas teorias).

Eu quero analisar três preocupações levantadas quanto às minhas proposições: a de que tenho usado apenas a compreensão não-formal de contraditoriedade; que tenho usado apenas partes de máximas; e que oscilo entre aquilo que ela é e como ela é interpretada.

A primeira preocupação diz que eu tenho trabalhado com um entendimento não-formal da contraditoriedade, simplesmente considerando aquilo que se percebe ser emocionalmente inaceitável ou de difícil aceitação. Mas essa análise é equivocada, por várias razões. Que uma pessoa ache uma generalização inaceitável vale para alguns, porém não para todos os testes semelhantes. Alguns, senão todos os testes de contradição, utilizam uma compreeensão não-formal da contraditoriedade. E alguns outros, que não o fazem, não são atraentes ou apresentam problemas precisamente por esse motivo (voltarei a discutir este ponto).

Além disso, muitos desses casos de suposta contraditoriedade podem revelar-se formalmente contraditórios (eu não faço a respeito nenhuma proposição, em qualquer direção, quanto a ser este ou não o sentido exigido por todas as éticas formalísticas, mesmo a de Kant). Aqui deve se observar que qualquer objetivo de evitar incertezas e de *viver segundo as regras* é uma meta temática extremamente penosa, assumida por boa parte dos tipos de pessoas rígidas (o que não requer que elas explicitem ou mesmo reconheçam isso como uma de suas metas). Muitas dessas máximas sobre promessas são formalmente incoerentes com essa meta temática extremamente penosa.

Para visualizarmos a situação, suponhamos uma pessoa agindo de acordo com a máxima de reembolsar dinheiro emprestado, mas apenas se não houver manifestação em contrário. Suponhamos, além disso, que a pessoa age assim porque ela pensa que conseguir o dinheiro sob circunstâncias tão favoráveis irá afastar a ansiedade. Mas a generalização dessa máxima envolve incerteza e ansiedade similar àquela que ela quer evitar. É possível, portanto, entender uma generalização dessa máxima assim: *Eu faço uma promessa de reembolsar o dinheiro, que irá depender de pessoas que emprestem dinheiro (para mim) mediante promessas, em um mundo no qual ninguém empresta dinheiro (para mim) mediante promessas.*

Tudo isso se aplica tanto aos outros quanto a si mesmo. Aos outros: se você acha difícil aceitar incertezas ou subestima pessoas ou exclusivamente a mim, você pode naturalmente descrever ou interpretar o fato de eu não manter uma promessa simplesmente como um desejo meu de não fazê-lo, um ato deliberado ou um capricho, ou então simplesmente por que eu não acho que me seja conveniente. Mas se você for menos rígido e mais convencido da minha boa-vontade de modo geral, e da minha justeza de julgamento, você poderia interpretar o não-cumprimento de minha promessa como expressão da justeza de meu julgamento: quer você concorde ou não com a minha deliberação, talvez mesmo sem ter visto a maneira pela qual julguei a questão.

Voltemos agora para o si mesmo: suponhamos que só muito relutantemente e após grave deliberação você decide não manter uma promessa em particular. Você poderia compreender mal a base de sua decisão e erroneamente defini-la como querer fazer só o que lhe é conveniente, ou o que você quer, ou seguir um capricho, ou agir apenas no seu interesse mais imediato. E você pode fazer uma auto-análise errada por causa de sua rigidez, por achar as incertezas inaceitáveis ou por falta de autoconfiança.

Para dar uma explicação mais específica para esse auto-mal-entendido: você pode achar tão inconcebível confiar em seu próprio julgamento, que lhe é muito mais fácil acreditar que deve ter cometido algum tipo de erro moral ao tomar sua decisão. Será mais fácil você se enxergar como alguém que tenha cometido um erro do que como alguém que tenha feito, ou tenha de fazer, tais julgamentos. Ou mesmo, de uma maneira mais generalizada, como um sartreano teria colocado, você ache a liberdade e a responsabilidade tão difíceis de suportar, que prefere pensar que cometeu um erro moral ao decidir não manter a promessa, em lugar de ter regras que requeiram julgamentos.

Uma conclusão que se pode tirar é que o fato de as pessoas acharem certas máximas generalizadas contraditórias pode revelar muito a respeito dessas pessoas, seu caráter e emoções, e não apenas sobre essas máximas. Mais do que isso, pode mostrar que um teste de não-contradição, pelo menos quando estendido ou aplicado a certas pessoas, não é atraente e não tem valor em ser seguido. Isso vem demonstrar que o teste é moralmente plausível apenas quando isolado de certas configurações emocionais, juntando-se a ele algumas outras. O que, por sua vez, contribui de alguma maneira para revelar que, para acharmos razoável classificar um tal teste como racional e atraente, devemos fazer investigações significativas ou pressupor certos quadros emocionais.

A segunda preocupação é sobre eu ter considerado somente partes de máximas, e por que elas não apresentam nada equivalente ao significado completo da máxima para o sujeito. Penso, contudo, que minha discussão vai nessa direção ao mostrar que a meta extremamente penosa de nosso indivíduo rígido é evitar ansiedade, e pelo menos sugerir que essa pessoa toma dinheiro emprestado com a intenção de reembolsá-lo em condições tão favoráveis precisamente para ter dinheiro suficiente para afastar a ansiedade. Além disso, o que é bem mais importante, essa objeção é capciosa e interpreta erroneamente minha intenção. Meu objetivo nunca foi apresentar uma relação completa de máximas e generalizações, e sim oferecer uma quantidade suficientemente abrangente de exemplos, para mostrar a importância das emoções no uso e na valorização das máximas. E é essa mesma objeção que confirma isso: precisamente por exigir um significado. Parte do significado de uma máxima para o sujeito é emocional.

Uma forma análoga de colocar este segundo questionamento é dizer que omiti muito das características que estão *por trás* das máximas: aquilo que as pessoas apresentam a si mesmas como presente em seus atos e máximas. Eu não discuti o fato de que ter a intenção de manter uma promessa de reembolsar dinheiro, salvo intervenção de algum capricho em contrário, fornece forte evidência de auto-atribuição de privilégios e méritos especiais para que essa pessoa se considere uma exceção. Ou possivelmente tais pessoas vejam suas transações com outros como jogos, em que representam o papel do duende Puck, um rei, ou até mesmo um deus. Vendo a si mesmas, uma vez mais, como exceções e possuidoras de méritos especiais.

Contudo, pelo menos boa parte desses modos de se atribuir algo envolve configurações emocionais particulares, sustentando assim minha proposição. Por exemplo (como será discutido mais adiante, especialmente no capítulo 10): ver-se como especialmente apto é uma característica fundamental do narcisista. (Seja qual for nossa crítica à ética de Kant, temos de reconhecer nela um decidido inimigo do narcisismo.)

A terceira preocupação é a de que aquilo que discuto sobre o papel das emoções em testes de consistência é muito volúvel e certamente muito breve, sem aprofundar a diferença entre o que é uma máxima e como ela é interpretada. Porém, a não ser que se tomem as máximas como algo de certa maneira claro e racionalmente transparente – porventura intenções plenamente articuladas combinadas com uma base de pressuposições plenamente articuladas –, acho difícil conter essa flexibilidade. Com isso não quero dizer que, no que se refere à interpretação, tudo seja válido, contanto, possivelmente, que tanto a teoria como o teórico sejam inteligentes e capazes de convencer. Também não quero dizer que cada um possa simplesmente escolher qual é a sua máxima e a dos outros, passando de uma para outra até que se consiga a máxima que vá passar ou não pelo teste de não-contradição.

O que proponho é que ao invés da inflexibilidade e da clareza sugeridas por "o que uma máxima é", o que se tem pode depender, com muito mais freqüência do que se reconhece, da interpretação. Poderíamos mais uma vez examinar a pessoa que delibera seriamente sobre manter ou não uma promessa e decide com relutância não fazê-lo, mas que descaracteriza essa deliberação como se fosse nada mais do que uma fachada ou racionalização por agir caprichosamente.

Além disso, às vezes me pergunto se deveríamos preocupar-nos com o que uma máxima é, ou então com o que poderia ter sido. O que eu quero dizer pode ser colocado com a proposição de desenvolvimento. Eu havia sugerido isso antes porque, se você desconfia de si mesmo, pode interpretar mal a si mesmo, não conseguindo enxergar que você, após a devida reflexão, tem agido e está agindo por bons motivos. Em vez disso você poderia pensar que está agindo voluntariosamente. Também é possível que, vivendo de uma maneira que estimula ou materializa essa forma de erro de autointerpretação, você se modifique: agora, seus motivos, ao menos aqueles que vão contra as regras, perdem sua força. Você pode na realidade não mais possuir aqueles motivos. O mínimo que pode acontecer é você não mais sentir sua força como *motivos*, que possam ter-se tornado inacessíveis para você *nessa* acepção. Teimosia é a única coisa que você experimenta ao se contrapor às regras, pelo menos dentro de si mesmo. Na verdade isso pode ser tudo o que haja para você experimentar, ao se contrapor às regras. O que serve para descrevê-lo como uma pessoa que não se vê como moralmente autônoma, e que pensa que toda vez que não age segundo as regras está agindo erroneamente, tendo sido motivada somente pelo capricho e pela teimosia. Somente por meio de uma mudança em si mesmo, ocasionalmente ganhando mais autoconfiança, poderá estar apto a aceitar esses motivos como bons.

Apresso-me em acrescentar que não quero com isso dizer o que é reconhecidamente falso: que o fato de você se preocupar com regras mostre que é uma pessoa rígida ou desprovida de autonomia; ou que se você vê tudo o que faz como um capricho, signifique que seja desprovido de autonomia. Ao contrário, a minha preocupação foi descrever algumas maneiras de se olhar para as regras e de se interpretar e entender a si mesmo. As pessoas que são tanto autônomas como flexíveis certamente podem também interpretar as regras dessa mesma forma. Essas pessoas podem reconhecer que alguns dos seus desejos, incluindo alguns que contrariem as regras estabelecidas, são realmente apenas expressões de um capricho ou teimosia.

Desse modo, para caracterizar as pessoas rígidas ou autônomas, devemos dizer mais sobre elas do que simplesmente se elas se regem ou não por regras. Precisamos também descrever a sua atitude em relação às regras, e como obedecem ou não a elas. Isso para dizer que a contraposição entre *decidir por si mesmo* e *confiar em regras rígidas*, bem como as noções de rigidez e autonomia, não podem ser entendidas sem que se deduzam as configurações emocionais das pessoas em questão.

Abordando agora uma questão correlata: não me preocupei em sugerir que as pessoas rígidas, digamos, estejam necessariamente erradas quanto à contradição. Certamente elas podem ter razão em pensar que têm as máximas certas. As vidas e os mundos morais dessas pessoas podem ser construídos e entendidos segundo as categorias usadas nessas máximas. Elas também podem estar certas em pensar que essas máximas universalizadas são contraditórias. E, além disso, elas podem estar corretas ao considerarem contraditórias essas máximas. Resumindo, por entenderem corretamente essas máximas universalizadas, elas podem ter razão em pensar que sejam contraditórias.

Além disso, não é minha intenção propor que – mesmo compreendendo que essas pessoas achem contraditórias as máximas – eu tenha de rebaixar, ou mesmo reformular, a força probatória que acho que essa contradição deva ter para elas ao tomarem ou julgarem as suas decisões; ou a força probatória que a avaliação dessas pessoas sobre suas decisões e as suas ações deveria ter para mim. E nem a minha proposição diz que deva ser melhor, ou mesmo moralmente necessário, para essas pessoas serem guiadas por testes de contradição. Pode ser que não haja nenhum teste moral melhor para elas. Talvez isso deva ser assim definido: ou, pelo menos, provavelmente não haja melhor teste moral que elas possam usar. O que torna possível haver um teste moral melhor, mas que lhes seja impossível utilizá-lo. Elas acham isso impossível por motivos, digamos, de caráter, tal como a sua rigidez.

Pode ocorrer o risco, no entanto, das conclusões úteis desaparecerem em um mar de concessões. Para contrariar essa tendência, quero enfatizar dois pontos. Primeiro, qualquer hesitação que eu tenha sobre a força probatória das contradições encontradas por pessoas rígidas, ou que não sejam confiáveis, refere-se a uma rigidez e a uma não-confiabilidade moderadas. As coisas parecem muito mais claras e portanto muito diferentes em relação à rigidez exagerada ou patológica, inclusive ao fanatismo. Por exemplo, podemos não dar força probatória alguma aos anti-semitas que encontrem uma máxima universalizante contraditória, se a impossibilidade se deve a um conflito entre uma máxima particular e o seu anti-semitismo temático e superabrangente. Poderíamos também pensar que esses anti-semitas não deveriam dar peso algum a essas contradições.

Segundo, também quero enfatizar que acho significativa a minha hesitação sobre as pessoas que são moderadamente rígidas e indignas de confiança. Não consigo compreender muito bem como e em que medida as contradições devidas a uma rigidez moderada possam ser moralmente comprobatórias. Mas – e isto é crucial – à medida que isso para mim não é muito claro, não vejo falta de clareza no fato da contradição. Como não tenho muito evidente o que as pessoas moderadamente rígidas deveriam fazer e como elas deveriam determinar isso à evidência dessas contradições, posso juntar-me a elas em achar absolutamente claro o que seria contraditório à sua própria luz.[7]

Isso projeta sérias dúvidas no papel que esses testes possam ou devam ter, ao menos sob algumas condições emocionais. Apóia a minha proposição segundo a qual para que os testes de não-contradição sejam atraentes e

7. Alguns problemas similares na aplicação de regras contraditórias, ou mesmo contramorais, são discutidas em *Plural and Conflicting Values* (Oxford: Oxford University Press, 1990), págs. 96-105.

plausíveis como testes morais, eles devam ser isolados de algumas configurações emocionais e juntados a outras de tipo similar. Também apóia a minha proposição de que nós devemos exigir mais dos testes de não-contradição do que o fato de eles serem testes desse tipo. 

As minhas proposições de como as emoções e as configurações emocionais são importantes, mesmo para os testes formais de consistência, naturalmente não se referem apenas a pessoas rígidas e indignas de confiança. A mesma coisa vale em relação aos vários problemas emocionais, especialmente as neuroses e psicoses, discutidas em outros lugares deste livro (especialmente no capítulo 3, seção 2).

## 3. Direito de autodefesa e emoções

Esta seção trata do direito de autodefesa, uma outra área na qual as emoções poderiam parecer não ter importância, no que se refere aos valores e à avaliação. Consideremos o seguinte caso:[8] estou sobre uma estreita beirada, com largura suficiente apenas para me sustentar, acima de um penhasco escarpado, a centenas de metros de altura; você está despencando e, se eu não fizer alguma coisa, cairá diretamente sobre mim de um modo que me fará despencar no abismo. Muitos acham que tenho direito a me salvar, livrando-me de você e causando com isso a sua morte; e que tenho esse direito de qualquer maneira, quer você se tenha lançado contra mim para provocar a minha morte, quer tenha sido lançado por outra pessoa, com tal propósito, ou tenha simplesmente escorregado quando despreocupadamente andava pelo topo do penhasco.

Para os que pensam assim, falta muito pouco para sustentarem também que tenho o direito de autodefesa sejam quais forem os motivos e as emoções existentes antes, ou durante a queda; e que não importa se você se lançou contra mim movido por um ódio assassino ou pelo pensamento bem intencionado e caridoso de que pondo um final na minha vida naquele momento você estaria me fazendo um favor; ou se você está ou não satisfeito, ou desesperado, pela idéia do que me está fazendo; ou pela idéia de que me está arrastando com você para a morte. Talvez isso esteja certo. Mas não

8. Este exemplo é emprestado de Judith Jarvis Thomson, "Self-Defense", *Philosophy and Public Affairs*, 20 (1991) 283-310. Ela se ocupa de intenções, não de emoções. Agradecemos a John Finnis por discussão. Ver também seu "Intention and Side-Effects", em R. G. Frey e Christopher W. Morris (orgs.), *Liability and Responsibility* (Cambridge: Cambridge University Press, 1991) e "*Bland*: Crossing the Rubicon?" *Law Quarterly Review*, 109 (1993) 329-337.

acho que possamos – e sei que eu pessoalmente não posso – estender esse tipo de argumentação para outros casos de direito de autodefesa. Mesmo que as emoções não desempenhem papel algum no direito à autodefesa quando se trata de não ser assassinado, isso não mostra que não tenham papel algum nesse direito, de maneira generalizada.

Como será discutido no capítulo 8, seção 1, preocupo-me seriamente com o uso do exemplo *matar uma outra pessoa,* como uma questão geral. Portanto, não discutirei aqui se este caso estende-se a outros, que envolvam o direito de autodefesa que leva a matar uma outra pessoa, ou permitir que outra pessoa morra, excetuando uma proposição muito breve que farei, e para a qual mais tarde serão apresentados alguns argumentos. Penso que as emoções freqüentemente podem fazer a diferença, pelo menos no que se refere a defender-se de modo que garanta ou acarrete o risco de matar uma outra pessoa, ou permitir que essa outra pessoa morra. Na minha opinião, é possível argumentar que há quantidades diferenciadas de cuidado e bondade envolvidas na maneira como você se defende, dependendo da pessoa que o está ameaçando estar agindo assim movida pelo ódio, ou por causa de um acidente não-intencional e lastimável.

Isso é tudo o que tenho a dizer sobre o peso das emoções no direito de matar outra pessoa, ou deixá-la morrer, em uma autodefesa. Quero, no entanto, mostrar que as emoções são importantes para outros direitos de autodefesa, quando questões de vida e morte não estão envolvidas. Suponhamos que eu estou em um ônibus moderadamente cheio e que alguém está me empurrando de maneira a me causar algum desconforto, obrigando-me a sair do caminho ou reagir. Pode ser que eu venha a ser muito machucado, ou tenha meus pés – que estão muito inchados e doloridos – pisados, ou que eu seja lançado contra a lateral do veículo. Penso que neste caso a minha forma de agir dependerá parcialmente dos motivos que levam aquela pessoa a agir assim. Se ela estiver usando o movimento do veículo como uma cômoda desculpa para ir abalroando as pessoas, umas após as outras, ou somente a mim, acho que realmente devo ter muito pouca consideração para com essa pessoa. Posso me proteger, mesmo se com isso causar um ferimento no outro. Posso afastar-me do seu caminho, ou desviar-me, mesmo que isso faça com que ele se choque violentamente com a lateral do ônibus, ou despenque pela escada. Exagerando as possibilidades do cálculo, posso causar a ele ao menos a mesma quantidade de dor que me causou, ou possivelmente uma quantidade razoavelmente maior, como medida exemplar e de justiça imediata.

Suponhamos, porém, que essa pessoa, ao me abalroar, estava sentindo e agindo de uma maneira totalmente civilizada, tentando manter o seu equilíbrio e tentando não incomodar, e muito menos machucar qualquer outro passageiro, e tenha sido simplesmente desequilibrada pelo movimento do ônibus. Neste caso, acho que devo a essa pessoa uma consideração muito grande. De uma forma simples e durante um curto período de tempo, formamos uma pequena comunidade de pessoas que partilham riscos e devem uma à outra decência e cortesia comuns. Neste caso, está incluído o fato de se aceitar danos ou ferimentos pequenos, ao invés de somente nos protegermos à custa de outro membro inocente da comunidade. Posso muito bem não ter direito algum de me proteger de maneira que cause algum dano sério àquela pessoa inocente, transformada em um projétil. E pode bem ser uma coisa errada para mim, agir desse modo.

Digo isso para citar diretamente o peso das intenções, dos motivos, e coisas desse tipo, relativas a direitos e ao que posso fazer. A mesma coisa vale para as emoções, e não somente para as que figuram nesses motivos. Acho que deverei, à pessoa que se lança sobre mim, muito menos consideração se ela estiver contente com a perspectiva de me machucar; ou se tomar pouco cuidado em não colocar os outros em perigo; ou se estiver colocada nessa situação por ódio ou desprezo por mim, ou pelos outros. Por outro lado, se, no momento que está caindo sobre mim, ela se sente infeliz e pede desculpas, quem sabe desolada pelo dano ou ferimento que possa causar, então, novamente, acho que merece a minha consideração. O seu sentimento de companheirismo estabelece uma verdadeira camaradagem entre nós e lhe dá direito a cuidados e consideração.

Quero encerrar esta seção com uma observação sobre outro conjunto de casos. Suponhamos que uma mulher esteja decidindo como lidar com um homem cuja opinião é que a casa é o lugar certo para as mulheres, e não os locais de trabalho. As emoções e a configuração emocional do homem podem certamente constituir importantes considerações para ela, esclarecendo o que ele está dizendo, o que ele quer dizer com isso, o quanto esse assunto é sério e pode ser um insulto, e também para decidir o que ela poderia dizer em resposta. Há uma diferença considerável, incluindo uma de configuração emocional, entre um homem que diz essas coisas por ódio e desprezo pelas mulheres, e um homem que, por vezes de maneira paternal – pode ser um homem idoso –, queira *simplesmente* proteger as mulheres da ruindade e dos percalços do mundo dos negócios.

## 4. De como ser uma boa pessoa e agir bem exige emoções

Passemos agora dos direitos a outras preocupações morais relativas a *ser uma boa pessoa e agir bem*, e perguntemos como as emoções se situam, em relação a isso. Segundo várias teorias éticas contemporâneas, há uma divisão intransponível entre avaliações de atos e avaliações de agentes. Muitos dos meus escritos mais antigos forneceram argumentos contra essa afirmação.[9] Por exemplo: *Act and Agent Evaluations (Avaliações de ato e de agente)* demonstrou quatro padrões diferentes de conexões entre as avaliações de ato e de agente. Primeiro, a avaliação de agente é simplesmente transferível ao ato: por exemplo, agir com malícia é agir maliciosamente. Segundo, de uma maneira muito semelhante, um ato pode ser errado quando cometido simplesmente por envolver agir com má intenção. Terceiro, os fundamentos de ambas as avaliações são os mesmos: por exemplo, dirigir bêbado constitui uma maneira errada de dirigir um veículo e mostra que aqueles que bebem são pessoas descuidadas e até mesmo ruins. Quarto, algumas avaliações são simultaneamente avaliações de ato e de agente: por exemplo, agir de uma forma excessiva, fazer mais do que é moralmente requerido, e fazê-lo com boas intenções morais.

Como já dissemos no Prefácio, esses trabalhos antigos eventualmente nos trouxeram até *O Valor das Emoções.* Este capítulo, e muito mais neste livro, fazem o caminho oposto, usando a importância moral das emoções para mostrar uma vez mais essas interconexões: realmente do mesmo jeito, mas agora focalizando mais diretamente as emoções. Meus artigos anteriores também se posicionaram contra um tema relacionado com muitas teorias éticas contemporâneas: que os deveres são o que realmente tem importância ética, e que as emoções são irrelevantes no que se refere a este e outros tópicos de importância moral. Atenuando somente um pouco esse argumento, admitimos que as emoções podem modular ou criar nuances para os deveres e outros tópicos de importância moral. Desse ponto de vista, as emoções são, na melhor das hipóteses, somente ninharias avaliadoras.

Para provar que essa proposição é plausível, poderíamos reconsiderar alguns dos casos discutidos previamente, tais como querer que o cirurgião que opera um câncer se interesse pela paciente como uma pessoa, e não

9. "Intentions and Act Evaluations", *Journal of Philosophy*, 67 (1970) 589-602; "'Ought' and 'Can', *Australasian Journal of Philosophy*, 49 (1971) 303-316; "Act and Agent Evaluations", *Review of Metaphysics* (1973) 42-61; "Agent and Other: Against Ethical Universalism", *Australasian Journal of Philosophy* 54 (1976) 206-220; "The Schizophrenia of Modern Ethical Theories", *Journal of Philosophy*, 73 (1976) 453-466; "Desiring the Bad", *Journal of Philosophy*, 76 (1979) 738-753; "Intellectual Desire, Emotion and Action", em Amélie O. Rorty (org.), *Explaining Emotions* (Berkeley: University of California Press, 1980); "Values and Purposes: The Limits of Teleology and the Ends of Friendship", *Journal of Philosophy*, 78 (1981) 747-765; "Affectivity and Self-Concern: The Assumed Psychology in Aristotle's Ethics", *Pacific Philosophical Quarterly*, 64 (1983) 211-229. Os quatro critérios mencionados posteriormente são apresentados à pág. 43 de "Act and Agent Evaluations".

unicamente como um local operatório, ou então ter de lidar com um administrador colérico. Mas em vez de analisar esses casos, consideremos a seguinte história, que me foi contada por um estudante.

A minha irmã (vamos chamá-la de I para simplificar) sentia, ou melhor reconhecia ser seu dever ajudar uma viúva muito idosa, a senhora V, sua vizinha. I costumava ir várias vezes na semana ajudá-la a lavar a roupa. Ainda que I tivesse avisado várias vezes a V para só encher a máquina de roupa pela metade, porque de outra forma a roupa não ficaria bem lavada, V continuava a encher a máquina até a beirada. E I tinha sempre de tirar o excesso de roupas da máquina. Quando isso acontecia – e mesmo quando não acontecia – I costumava voltar exasperada para casa, murmurando como V era ingrata e não mostrava consideração para com ela, por lhe causar todo aquele trabalho quando, afinal, ela deixava de fazer as suas coisas para ser boa para com a vizinha. No entanto, I continuava a ajudá-la, embora o fizesse muitas vezes reclamando e de mau-humor. É claro que teria sido melhor se ela não reclamasse ao ajudar V. Mas ao menos ela fazia o seu dever, e é realmente isso o que importa.

Não quero discutir a questão comparativa de como estabelecer uma classificação entre fazer o próprio dever, fazê-lo com bondade, e expressar a própria bondade por meio de um ato bom. Preocupo-me simplesmente em concordar com a sugestão de que a bondade atuada – a bondade tal como é sentida e expressa – e outras emoções atuadas, sejam somente ornamentos avaliadores. Vejo pouco espaço para argumentação, neste caso. Acho difícil não ver como I tem um caráter moral deficiente e como mostra falhas morais pela sua falta de bondade. Não vejo essas falhas relacionadas a ninharias morais.

Para outros casos que mostram que ter ou não ter certas emoções pode ser e mostrar uma falha moral, podemos considerar as pessoas que dizem e fazem as coisas apropriadas – por exemplo, expressando a sua gratidão pela ajuda ou por um favor – mas que não sentem nada, nenhuma gratidão, e, portanto, na realidade não são gratas. Assim também, podemos considerar as pessoas que querem compensar por uma coisa errada que fizeram, mas o fazem sem sentir nada, nem mesmo remorso ou vergonha. Essas falhas podem constituir um defeito moral.

Encarada dessa maneira, a proposição levanta paralelamente três questões: primeira, se uma pessoa pode ser bondosa, grata ou ter remorso, digamos, sem afeto; segunda, se a natureza ou existência de afeto em uma pessoa conta para a qualidade moral de ter ou mostrar a emoção, ou pelo menos a sua expressão convencional; terceira, como especificação da segunda, se ter afeto pode ser necessário para que se tenha ou mostre essas emoções de maneira moralmente correta e nas formas exigidas. A primeira questão foi discutida e respondida afirmativamente no capítulo 1. Essa resposta pode, em si, acarretar uma resposta afirmativa para a segunda e a terceira questões. Mas mesmo se dermos uma resposta negativa à primeira questão, ou simplesmente prescindirmos dela, teremos que dar uma resposta afirmativa para as outras duas.

Desse modo, por exemplo, eu afirmo que não sentir gratidão pelos benefícios recebidos, ou remorsos pelos danos causados, podem ser defeitos morais. Digo *podem ser* uma vez que, neste caso, na maioria das vezes há espaço para escusas e justificação. Eu deveria me sentir grato pelo grande benefício que você me fez, mas estou tão surpreso, até mesmo estupidificado pelo que você fez, tão tomado por sentimentos de não merecer tal favor, que não me sinto grato. Da mesma forma, posso ter ficado tão abatido pelo que fiz, tão envergonhado de mim mesmo, que me sinta incapaz de sentir remorso. Nesses casos, o fato de eu não ter os sentimentos apropriados pode não indicar defeito.

Em última análise, o que queremos fazer é uma descrição muito apurada de quando essas considerações mostram, ou não, uma falha moral. Talvez o fato de eu estar demasiado envergonhado para ser capaz de experimentar remorso, demonstre uma inadequada auto-absorção e narcisismo. Mas para as finalidades atuais, o que é importante é que há questões psicológicas sérias, éticas e morais no fato desses fatores fornecerem defesas boas ou más. Essas questões não seriam sérias, a não ser que ter ou não emoções e afetos seja uma questão de importância moral. A única conclusão, portanto, é a de que ter ou não ter as emoções certas e outros afetos pode ser uma questão de importância moral.

Mas não é suficiente tê-las. É preciso tê-las da maneira correta. As pessoas que têm emoções certas podem mantê-las por um período demasiado curto, ou demasiado longo de tempo. Consideremos as pessoas que dizem sentir um remorso sério por um malfeito, ou lamentar muito a morte de um parente ou de um amigo, mas quase imediatamente voltam para as suas antigas preocupações e para o seu velho modo de vida. Esse também pode ser um defeito moral. Pode mostrar falta de sinceridade, ou indicar que a emoção sentida não era suficientemente profunda. Ou, naturalmente, não mostrar um defeito, mas no máximo um problema: o assunto pode ser demasiado doloroso para essa pessoa – ocasionalmente para qualquer pessoa sensível – por motivos que de maneira alguma mostrem defeitos, ou dependam deles.

Da mesma forma, é possível que alguém permaneça um tempo demasiadamente longo – e de modo excessivamente amoroso e sentimental – com uma emoção. Essas atitudes também podem ser moralmente significativas, e até mesmo defeitos morais.

Há outras maneiras das pessoas se engajarem emocionalmente de maneira errada. Uma delas é deixar que o engajamento emocional se afaste de como e onde deve estar. Essa atitude pode ser não-intencional, mostrando somente uma falta de foco e de concentração. Mas pode também ser intencional, como para se distanciar de uma emoção perturbadora, possivelmente em uma tentativa de distração proporcionada pelo que nos confronta menos. Devemos pensar, por exemplo, naquelas pessoas que, para evitar sentir remorso por algum malfeito, voltam a sua atenção e as suas preocupações para outras questões referentes ao ato praticado. Podem focalizar a questão *forense* ligada à quantidade de mal que fizeram, ou podem deixar-se envolver pelo espanto, preocupadas ou divertidas em terem podido cometer o malfeito.[10]

Devemos considerar o que Helen Block Lewis escreve em Shame and Guilt in Neurosis (*Vergonha e Culpa na Neurose*):

> Quando se evoca a culpa, ela pode se inserir em um "problema" referente à distribuição racional da motivação, da responsabilidade, das conseqüências. À medida que a pessoa culpada se envolve com esses problemas, pode acontecer que o sentimento de culpa diminua, ao passo que a idealização dos eventos continua. A culpa tem, portanto, uma afinidade pelo "isolamento do afeto".[11]

Podemos também examinar o que ela chama de *by-passing*:

> Outra espécie de defesa contra a vergonha aparece para agir antes que qualquer estado afetivo seja evocado. Esta defesa, que é mais bem descrita como deixar de lado um sentimento de vergonha (*by-passing*), não anula o reconhecimento dos eventos vergonhosos, mas aparece para impedir o desenvolvimento do sentimento de vergonha. Esse escamoteamento da vergonha é acompanhado por uma manobra de 'distanciamento'. O *self* vê a si mesmo do ponto de vista do 'outro', mas sem muito afeto. A pessoa se pergunta sobre o que pensaria de si mesma se estivesse na posição do 'outro'. O conteúdo dessa idealização refere-se a eventos vergonhosos, mas sem afeto de vergonha. O qual é deixado de lado e substituído pela observação do *self* de diferentes pontos de vista. (pág. 38)

Como exemplo de uma espécie diferente de falta de foco, vamos considerar alguém aparentemente envolvido em um abraço amoroso, que lança um olhar de esguelha ao relógio para ver quanto tempo lhe resta, ou cuja mente vagueia, pensando em uma próxima reunião de negócios. Se essa

10. Isto é sugerido por Richard Moran em "Impersonality, Character, and Moral Expressivism", *Journal of Philosophy*, 90 (1993) 578-595. Agradecemos a Moran por discussão deste e outros tópicos neste livro.

11. New York: International Universities Press, 1971, pág. 42.

ausência de engajamento emocional com a outra pessoa não é uma falta moral, pelo menos é importante para caracterizar e avaliar a pessoa, seus sentimentos e ações. Poderíamos também considerar as pessoas que ouvem somente por ouvir, e na realidade estão *em algum outro lugar*: como as crianças, ao serem repreendidas, ou quando lhes estão dizendo o que devem fazer. Ou então poderíamos considerar as pessoas que ouvem uma conferência e que, em vez de prestarem atenção, estão divagando e permitindo-se continuar suas próprias fantasias. Essa divagação emocional e falta de atenção são questões de importância moral e podem constituir faltas morais.

Como exemplo final de um grupo de casos, devemos contrapor as seguintes espécies de conversas: entre uma criança e um dos pais, discutindo o estabelecimento de trabalho escolar ou de trabalho doméstico; entre um cirurgião e um enfermeiro, durante uma fase crucial de uma operação; entre conhecidos, em um coquetel; entre pais, no jantar, cujo bebê doente esteja se agitando no sono, em outro cômodo. O que em um dos casos por vezes fosse uma divagação ou desatenção imprópria ou não-aceitável emocionalmente, em outro poderia ser preparação para uma mudança de atenção emocional, moralmente aceitável.

Esses casos e os que foram apresentados antes mostram claramente que a natureza e a proporção do engajamento afetivo é moralmente importante. Mostram também convincentemente que não há somente uma certa quantidade ou grau de engajamento emocional e atenção a ser exigido de uma pessoa, e muito menos de todas as pessoas, em todas as situações. O que é óbvio. O que deveria ser igualmente óbvio é que isso é também importante moralmente, de um ponto de vista pessoal e social.

Antes de encerrar a discussão desta questão, quero mencionar outro ponto importante: falta de foco, em qualquer de seus vários graus e espécies, não é necessariamente um defeito. Pode ser exatamente o que se requer, por exemplo, para se evitar ser colhido emocionalmente na dor e em intrusões. Devemos muitas vezes nos alegrar se as pessoas estão aptas a se dissociar de acontecimentos horrendos, nos quais seria devastador se envolver, ou mesmo prestar atenção de uma maneira inteiramente sensibilizada.

Na ética e na psicologia moral contemporâneas essas questões têm sido muito pouco discutidas. Mas elas têm aparecido em debates sobre certas *indecisões*. Por exemplo, o questionamento sobre *ter um pensamento a mais*: saber se um comandante de navio que salve a sua mulher, em vez de salvar outro passageiro que esteja se afogando, pensando *ela é minha mulher e eu tenho uma obrigação especial de salvá-la*, não teve possivelmente um pensamento a mais.[12]

---

12. Ver Bernard Williams, "Persons, Character, and Morality", em Amélie O. Rorty (org.), *The Identities of Persons* (Berkeley: University of California Press, 1976), pág. 214.

Há quem pense que é evidente que qualquer pensamento falso ou inadequado pode ser classificado como *em demasia*, negando igualmente, ou achando que é difícil explicar, como isso pode ser sustentado em relação a qualquer pensamento verdadeiro ou acurado. Há também quem coloque esta questão no plano de importância e sustente que, se o pensamento for importante, não poderá ser classificado como *em demasia*.

Minha opinião é que a questão é também – e às vezes somente – de adequação, especialmente adequação afetiva. Neste caso, ter *um pensamento em demasia* envolve o fato de uma pessoa estar afetivamente engajada, naquele momento e naquele lugar, com o que não deva, ou de uma forma que não seja apropriada.

Se esta sugestão e as anteriores que apresentei forem corretas, vemos que a questão de *um pensamento em demasia* de maneira alguma é estranha ou rara. É apenas um exemplo da maneira habitual de se sentir e pensar. Por exemplo: para onde a nossa atenção deva ser dirigida, com qual intensidade, e em que proporção, durante quanto tempo. Na verdade, afirmar que seja um enigma moral ou filosófico o fato de qualquer pensamento – ou qualquer pensamento verdadeiro ou acurado – poder ser *um pensamento em demasia* é sugerir que os pensamentos e os sentimentos estão situados fora do alcance da moralidade. Segundo esse ponto de vista, tudo aquilo sobre o que se pensa, e como se pensa, e as formas e objetos do nosso engajamento afetivo estariam situados fora do âmbito da preocupação e do exame moral. Penso que essa visão, mais do que a idéia de que possa haver *um pensamento em demasia*, é que é estranha e inaceitável.

Mesmo nessas áreas limitadas que se referem ao foco, são infinitos os modos que podem resultar errôneos, no campo das emoções. Mas, como disse que espero que seja suficiente mostrar ao menos a existência dessas formas, quero examinar ainda outra maneira de agir erroneamente quanto às emoções e outros estados afetivos: isto é, sentindo e agindo com várias dessas formas. Vou focalizar o despeito.

Acho que seria moralmente errado para mim – isto é, que eu fizesse o que é errado e mostrasse a mim mesmo que sou moralmente deficiente – fazer algo que causasse despeito a você. Por exemplo: dizer aos seus superiores que você e eu fraudamos a companhia, ou que somos membros de um grupo político minoritário. Seria errado, pelo menos parcialmente, precisamente por que eu estaria agindo por puro despeito. Seria incorreto, quer os seus superiores se preocupem com isso ou não. Talvez, de uma forma desconhecida para mim, eles também estejam fraudando, ou sejam membros desse grupo, ou você e eles tenham feito uma armação bem sucedida contra mim, para ver se eu sou corrupto ou digno de confiança. Portanto, a minha delação cheia de despeito seria errônea, mesmo que não seja errado delatar quando movido por alguma outra emoção, como o arrependimento.

Mas com certeza a minha denúncia realizada por despeito pode não ser totalmente má. Porém, mesmo que não seja totalmente má, não tem de ser necessariamente errada à primeira vista: ao menos não com o intuito que a ação que é meramente *prima facie* não conta mais quando é anulada, e não procede com o julgamento total. O erro da delação feita com despeito pode se tornar um fator residual.[13] O fato de eu ter feito uma acusação por despeito poderia ser e permanecer errado *à primeira vista*, mesmo que ela possa ser correta, no todo; mesmo se a única forma de delatar possível tivesse sido por despeito; e mesmo que para outros – por exemplo, a polícia – seja inteiramente correto fazer que eu denuncie, mesmo que saibam que o estou fazendo por despeito.

Neste caso, há quem declare que a moralidade guia a ação e se ocupa especialmente, se não exclusivamente, com isso. Desse modo, o que afirmam é que tudo o que temos a fazer nesse e em outros casos é agir, executar um ato, e executá-lo bem. Afinal, dizem essas pessoas, a moralidade abrange exclusivamente o que devemos fazer, e por que devemos agir assim: isto é, ter um ato que possa ser caracterizado sem envolvimento com emoções; ou, ao menos, um ato da espécie que geralmente seria realizado com uma certa emoção, mas que neste caso não deve necessariamente ser feito com ela. Assim, não seria exigido agir com bondade, mas somente ter uma espécie de ato que inclua bondade; um ato que *permaneceria* como tal, mesmo se a bondade fosse *subtraída* dele.

Rejeito essa proposição. Em primeiro lugar, o que queremos com mais freqüência é que nos mostrem bondade, que sejamos tratados com bondade, e não simplesmente de uma maneira que geralmente expresse bondade. Como diz Strawson,

> Deveríamos considerar também o quanto no nosso comportamento o benefício ou o insulto consiste notadamente ou inteiramente na manifestação da própria atitude. É o que acontece com as boas maneiras, e com muito do que chamamos de bondade, por outro lado; e com a grosseria deliberada, a indiferença proposital, ou o insulto, de outro. (pág. 63)

Essa proposição poderia ser tida como pouco importante, uma vez que se refere somente ao que é bom ou desejado, e não ao dever. Mas a argumentação contra a importância moral da afetividade é a de que esta é, em si,

---

13. Sobre os resquícios, ver Bernard Williams, "Ethical Consistency" em seu *Problems of the Self* (Cambridge: Cambridge University Press, 1973), pág. 179. O tópico dos resquícios e tais avaliações mistas – como um ato pode ser certo de maneira geral mas ainda em parte errado – é um tópico central de *Plural and Conflicting Values*, caps. 1-4.

moralmente não-importante no todo e de uma forma muito generalizada, e não somente no que se refere ao dever. Na verdade, se o argumento se restringisse somente ao dever, exigiria que se provasse em que medida o dever é importante para a moralidade, os valores e a avaliação, e em que medida outras preocupações que não se referem ao dever são importantes para a moralidade, os valores e a avaliação.

Os comentários de Strawson ajudam a mostrar que o argumento de que devemos agir com bondade por dever – e não simplesmente para fazer a espécie de ato que geralmente expressa bondade – depende do caso em questão. Em alguns deles eu devo agir, e em outros não tenho necessidade ou provavelmente não deva realmente agir com bondade. Em certos casos, se você agiu comigo movido pela bondade, eu poderia ter obrigação de agir com você da mesma maneira, isto é, agir movido pela bondade ou emoção similar. Entretanto, caso não possa agir assim, deverei ter, e porventura tenha, a obrigação de mostrar pesar e remorso. E caso não possa fazer isso, então terei de reconhecer que falhei, de muitas maneiras. Como diz Richard Moran:

> ... em muitas situações interpessoais nós desejamos ou até mesmo *exigimos* uma determinada resposta emocional específica da outra pessoa, e isso requer freqüentemente uma forma moral. Isto é, pode ser da maior importância *moral* para nós que a outra pessoa, por exemplo, se sinta grata ou pesarosa, etc.[14]

Em segundo lugar, mesmo a objeção de que temos um dever a cumprir somente quando se trata de um ato que tipicamente expresse as emoções, reconhece um papel importante para as emoções, no que se refere ao dever. O papel é ajudar a determinar a espécie de ato que temos o dever de executar. Para se negar esse papel, teríamos de demonstrar muito mais do que o fato de nunca termos um dever a cumprir com uma emoção, mas somente um ato que seria executado com ela. Teria também de ser demonstrado que nenhum dos atos que temos o dever de executar, até os tipicamente expressivos de uma emoção, constituem nosso dever por motivos que se relacionem com as emoções.

Aqueles que fazem essa objeção devem encontrar uma diferença em tais atos que não se apóie sobre o que é feito por despeito, ou o outro ato, que é feito por contrição. Não acho que essas pessoas possam fazer isso. Certamente há muitas diferenças entre atos tipicamente executados por despeito e os que são motivados pelo arrependimento. Mas em certos casos particulares, como o que examinamos, pode não haver diferença alguma, a não ser as diferentes emoções com as quais os atos são executados.

14. Em uma carta endereçada a mim, com esses itálicos.

Concluirei esta seção com duas observações relacionadas com as questões avaliatórias e morais que acabamos de mencionar. Em primeiro lugar, os valores e avaliações relativos a ter-se ou não certas emoções, e a maneira pela qual nós as temos ou não, são raramente – se é que são alguma vez – fundamentais para o nosso importante trabalho ético, e freqüentemente eles não são nem mencionados, quanto mais discutidos, nesses trabalhos.[15] No entanto, não acho que a sua ausência dos nossos trabalhos sobre ética revele que essas questões não são importantes. Ao contrário, acho que essa ausência mostra uma lacuna importante nesses trabalhos.

No entanto, há uma questão intimamente relacionada, mencionada brevemente na Introdução, que figura na teoria ética recente. Ela se refere ao que é relevante para a avaliação de atos e, sob certos aspectos, para a sua individuação. Para os nossos propósitos, há dois pontos de vista principais em discussão aqui. Um deles sustenta que somente os aspectos do mundo que são de maneira constitutiva ou causal influenciados por um ato – por vezes junto com ele, ou mesmo aspectos que são atingidos alternativamente – são relevantes para avaliar esse ato, e possivelmente para determinar o que ele seja. O outro sustenta que aquilo que é relevante inclui – seja ou não restrito a ele – as intenções do agente, os seus desejos, valores e caráter. Estes últimos não estão entre os *aspectos do mundo* influenciados de maneira constitutiva ou causal pelo ato, e nem fazem parte do seu objetivo, como entendido pelo primeiro ponto de vista.

Voltando ao exemplo anterior, o primeiro ponto de vista nega e o segundo sustenta que precisamente em virtude dos diferentes valores, desejos, intenções e outros elementos caracterológicos em jogo, um ato causado pelo despeito pode ser valorativamente diferente de um ato realizado por contrição, seja ou não igual o que eles realizem no mundo. Além disso, e novamente justamente por causa dos diferentes valores e outros elementos caracterológicos em jogo, o que esses atos são como atos pode ser diferente, seja ou não igual o que eles realizam no mundo.[16]

15. Eles são discutidos por Iris Murdoch em *The Sovereignty of Good* (Londres: Routledge and Kegan Paul, 1970); por mim em "Intentions and Act Evaluations", "Act and Agent Evaluctions" e *Plural and Conflicting Values*, por exemplo cap. 4, seção 3; por Lawrence Blum em *Friendship, Altruism, and Morality* (Londres: Routledge and Kegan Paul, 1980), "Compassion" em Rorty, *Explaining Emotions*, e "Iris Murdoch and the Domain of Moral", *Philosophical Studies*, 50 (1986) 343-368; e por Richard Moran em "Impersonality, Character, and Moral Expressivism".

16. Um estudo recente a respeito é encontrado em Garver, *Aristotle's Rhetoric: The Art of Character*. É um tema principal em vários de meus escritos mencionados na nota 9, "Intentions and Act Evaluations", "'Ought' and 'Can'", "Act and Agent Evaluations", "The Schizophrenia of Modern Ethical Theories", "Values and Purposes: The Limits of

Juntamente com a minha descrição das emoções, o segundo ponto de vista fornece todos os argumentos necessários para se mostrar que as emoções podem ser constitutivamente relevantes para avaliações de atos e valores de atos, e ocasionalmente também para a sua individuação. Correlativamente, o primeiro ponto de vista fornece todas as deduções necessárias para sustentar – erroneamente, na forma como venho defendendo – que as emoções podem ter somente importância valorativa externa, para os atos. Por exemplo: nos casos de causas, motivos e outros ornamentos.

## 5. Muitos bens comuns, especialmente os interpessoais, são emocionais

Vamos agora nos voltar para outras formas de ver tanto a importância avaliadora das emoções e de outros estados afetivos, como a natureza interpessoal de alguns deles. O que significa afastar-nos de uma preocupação com, ou apenas com, o dever. As muitas coisas boas (ou más) que dependem da afetividade vão daquelas que não têm importância, às mais importantes, como as coisas boas da família e dos amigos, além do bem-estar resultado pelo jogo e por muitas formas de trabalho. Esses vários bens dependem da afetividade, de várias maneiras. Para esclarecer o que estou apresentando, devemos lembrar uma questão levantada no capítulo 1, seção 6: como podem meros sentimentos ter importância moral e avaliadora? Parte da resposta foi dada naquele capítulo, isto é, os sentimentos são raramente, se é que são, meramente sentimentos. Outra parte da resposta é dada preenchendo-se o que acaba de ser proposto: que muitos bens dependem da afetividade. A resposta também poderia ser dada, por exemplo, mostrando-se como as emoções são importantes, e como parte dessa importância depende da sua afetividade e não somente das suas partes não-afetivas.

É para isso que agora me volto ou, na verdade, retorno. Freqüentemente ouvimos queixas dos que vivem nas nossas tão grandes e difíceis cidades (o que não acontece somente em função do seu tamanho. Incluo nesta consideração a cidade de Nova York, mas excluo Sidney e Melbourne, as três grandes cidades em que tenho vivido durante longos períodos de tempo. Porém estou certo de que Nova York não é a única cidade que se encaixa

Teleology and the Ends of Friendship" e também em meu *Plural and Conflicting Values*, "Self-Other Asymmetries and Virtue Theory", *Philosophy and Phenomenological Research*, 54 (1994) 689-694, e "Abstract and Concrete Value: Plurality, Conflict, and Maximization", em Ruth Chang (org.), *Incommensurability, Comparability, and Practical Reasoning* (Cambridge, Mass.: Harvard University Press, 1997).

nesta descrição). Muitas pessoas, pelo simples fato de viverem nessa cidade – mas especialmente depois de saírem e andarem por ela, fazendo compras, caminhando, viajando na rede de transportes públicos – atingem o seu limite, sentindo-se desgastadas, exaustas. Elas não conseguem mais olhar para os estranhos nas ruas, ou serem olhadas por eles, com equanimidade e de uma maneira educada, calma e amigável. Sentem-se invadidas por uma combinação de desconfiança e de exaustão, apreensão, e uma espécie perturbadora de alerta impessoal e geral. Podemos chamar essa síndrome de ansiedade metropolitana.

Eu acho que não receberei muitas críticas se disser que ter ansiedade metropolitana não é bom, não é parte de uma boa qualidade de vida. E nem é bom viver de maneira que a ansiedade metropolitana se torne um modo natural e normal de viver e experimentar a própria condição cotidiana, e o que está por trás dela. Na verdade, isso é definitivamente mau, e contribui para piorar a vida.

Quando penso, como certamente muitos outros, sobre esse tipo de ansiedade, começo a fantasiar, ou às vezes recordar outros lugares e modos de vida. Para mencionar somente um aspecto desses lugares e modos de vida penso nas relações de vizinhança, nos vizinhos: pessoas que se preocupavam conosco, não para nos roubar ou pedir algum dinheiro emprestado, mas para conversar, perguntar como as coisas estavam indo, fazer planos para nos encontrar para um drinque ou um jogo. Esta fantasia, devo enfatizar, tem como um dos fundamentos da sua organização e como tema o que anteriormente foi mencionado com menosprezo, apenas como uma ninharia avaliadora: emoções expressas, humores, atitudes e interesses especialmente agradáveis, construtivos, educados, amigáveis e decentes.

E mais: não me preocupo em discutir a importância comparativa desses estados afetivos e o que geralmente é tratado em cursos de ética, como deveres da justiça, atos de benignidade, e coisas semelhantes. Portanto, não estou interessado em questionar ou criticar quais dessas coisas devemos escolher quando elas são conflitantes, como freqüentemente são, ao menos nas nossas grandes cidades, criadoras da ansiedade metropolitana. No entanto, quero esclarecer que muitos dos nossos desejos e das coisas boas que fazemos envolvem solidariedade, senso de comunidade, formas de conviver com os outros. Emoções, atitudes, humores e sua sincronização com as outras pessoas estão entre as principais maneiras de se conseguir esse convívio.

No restante deste capítulo, quero ilustrar algumas outras formas pelas quais as emoções contribuem para importantes aspectos interpessoais e sociais das nossas vidas. Farei isso começando com um contexto inteiramente familiar: falando da filosofia, como é praticada atualmente nos departamentos universitários, no mundo de língua inglesa. Estenderei também estes comentários voltando várias vezes à filosofia.

A filosofia como disciplina, prática e profissão é um complexo amálgama do que é individual e do que é interpessoal. Para a maioria das pessoas, nós, filósofos, escrevemos por conta própria, embora alguns de nós escrevam artigos e livros em conjunto com colegas, ou ministrem cursos com eles. Muitos de nós, igualmente, tomam parte em grupos de leitura e, naturalmente, dão aulas ou as assistem. Mas em comparação com várias outras disciplinas de ciência pura ou de ciências sociais, e em muitas outras profissões e empregos, um número muito menor de filósofos se engaja em pesquisa ou trabalho conjunto. Estamos organizados sobretudo em departamentos em que cada um de nós está mais ou menos por sua conta, em vez de formarmos grupos de pesquisa e equipes.

No entanto – ou seria *por conseguinte*? – há muito de emocional, incluindo o emocional interpessoal, no campo da filosofia. Para começar, há a emocionalidade do método cético, questionador e instigante que usamos nas classes, com nossos textos e com os nossos colegas. Este é um aspecto difícil e multifacetado, mas algo do que quero dizer pode ser levantado dando uma olhada no uso que fazemos de *Eu não entendo*... como um dos principais estratagemas conversacionais, numa discussão filosófica.

A frase pode ser usada simplesmente para pedir uma explicação maior e um esclarecimento; ou apenas para sugerir de uma forma padrão e suficientemente cortês que foi cometido um erro. Mas essas possibilidades são freqüentemente distorcidas por uma falta de interesse nas respostas a esses desafios e pedidos de informação, exceto como material para mais desafios. Muitas vezes essas intervenções parecem dirigidas não propriamente à procura da verdade do assunto, mas sim a estabelecer a verdade do questionador, ou mesmo o direito do questionador ser reconhecido como o detentor da sabedoria e da verdade, no assunto em questão. Para muitos filósofos, essas preocupações e emoções correlatas constituem motivos para se fazer filosofia. Para muitos outros, porém, constituem custos que devem ser suportados para que se permaneça no campo da filosofia. Para ambas as espécies de pessoas, as nossas formas de falar de filosofia são emocionais quer em si mesmas, quer por terem maus precedentes, concomitâncias e seqüelas emocionais, externas.

O que pode ser entendido de uma maneira relacionada que recentemente tem merecido alguma atenção: pelo menos da forma como é hoje praticada, a filosofia pode ser considerada antagonística[17]. A sua natureza

17. Agradecemos a Terry Winant por discussão sobre este ponto. Ver Janice Moulton, "A Paradigm of Philosophy: The Adversary Method", em Sandra Harding e Merril B. Hintikka (orgs.), *Discovering Reality* (Dordrecht: Reidel, 1983).

antagonística e competitiva interage de maneiras complexas com nossos desejos de sociabilidade e aceitação. Parte dessa complexidade vem da nossa vontade de sermos aceitos por aqueles com quem lutamos.

Outra parte vem de não aceitar diante dos outros, nem mesmo reconhecer, quão antagonística e competitiva a filosofia realmente é. Ao passo que reconhecemos que os esportes e os negócios são intrinsicamente competitivos, e ganham muito do seu charme e poder dessas características, e provavelmente também que os processos legais e políticos requerem competição, perdi a conta de quantos entre nós convicta e abertamente sustentam cada qual a sua visão da filosofia. Apesar da advertência feita por Mill, perdi a conta de quantos realmente aceitam escolas diferentes de filosofia. Por exemplo: a *Continental* e a *Analítica.*

Mais um aspecto dessa complexidade que vem da frase *Eu não entendo...* é afastar a pessoa, cuja visão se diz não poder entender, daqueles que dizem não entendê-la. O questionamento pode ser sentido e sofrido como um golpe e uma ferida pela pessoa tida como *não entendida.* Dessa forma, *Eu não entendo a sua proposta de que* __________ freqüentemente parece significar e ser ouvida como: *Eu não entendo como você pode ter afirmado isso*, ou mesmo, *Eu não entendo você.* Sugere que pode haver algo errado com você, e não somente que eu não entendo você, e certamente não quer dizer apenas que você e eu estamos em desacordo.

Não entender outra pessoa, ou não ser entendido por outra pessoa, especialmente quando essa pessoa é importante para nós, significa ter de se separar dessa pessoa, ou estar no caminho de fazê-lo. O entendimento envolve partilhar um mundo comum, e estar de acordo com o que isso se pareça. Não ser entendido é ser tratado como um proscrito, um alienígena. Mostra uma falta de pertença e de unidade, e freqüentemente uma separação perturbadora ou mesmo perigosa. Queremos ser entendidos, não simplesmente para que possamos cumprir vários objetivos independentemente específicos. Queremos ser entendidos também para que possamos viver junto com os outros.

Teóricos como Heinz Kohut e outros psicólogos do *self* têm bons motivos para dizer que somos reconhecidos e apoiados como uma pessoa quando somos entendidos pelos outros, e que nos sentimos ignorados e abalados, e até mesmo destruídos por não sermos entendidos.[18] Realmente, um modo de descrever várias psicoses é considerando as maneiras constitutivas

---

18. Ver também Charles Taylor, "The Politics of Recognition, em *Multiculturalism and "The Politics of Recognition"* (Princeton: Princeton University Press, 1992), republicado em David Theo Goldberg (org.), *Multiculturalism* (Oxford: Blackwell, 1994), especialmente págs. 79 ss. do último.

e mais causais em que elas envolvem falhas abrangentes, sistemáticas e incontroláveis de se entender e ser entendido.

A natureza interpessoal de várias atividades pode também ser mostrada mais benignamente. Podemos ver todas as alegrias que tivemos ao criar e partilhar, trabalhando e jogando juntos, os prazeres de uma vida comunitária, os interesses que são mantidos na vida familiar, as ocasiões especiais que desfrutamos com amigos e com aqueles a quem amamos. Passando a um nível mais alto de teoria, podemos dizer, com Aristóteles, que pessoas são seres políticos. Mas para dar razão a ele, devemos estender essa definição, como ele o fez, ao social e ao interpessoal, e não apenas ao que hoje denominamos *político*. Afinal, Aristóteles também afirmava que para ser capaz de viver sozinha, uma pessoa deve ser um animal ou um deus, e não uma pessoa. Hobbes certamente tinha razão também ao afirmar que o isolamento é um defeito sério, que deve ser evitado com os maiores esforços e sofrimentos. Não somente por que somos muito mais eficientes na consecução de nossos objetivos quando nos juntamos aos outros, mas especialmente por que, como Aristóteles e Rousseau enfatizaram, somente quando estamos juntos com outros é que somos verdadeiramente humanos, e somente assim poderemos viver uma boa vida.

Podemos ver facilmente que muitos desses e outros bens interpessoais envolvem emoções, na verdade são emocionais, e que as emoções interpessoais ajudam a constituir alguns deles. No lado negativo, notamos as dificuldades tidas e causadas por pessoas que têm uma deficiência de conhecimento emocional e de sensibilidade sobre as suas próprias emoções, e as dos outros. Bons exemplos disso são as espécies de atividades e relações que se abrem ou se fecham para as crianças cuja principal reação ao serem ignoradas, zombadas ou provocadas é a raiva.[19]

Essas últimas proposições – que as emoções são necessárias para atividades e relações interpessoais – parecem ser em especial sobre as pré-condições instrumentais à essas atividades e relações. Não acho que isso esteja certo, como pode ser demonstrado por um breve olhar sobre a filosofia. Para muitos de nós a nossa vida no departamento e universidade é importante, em si. É uma vida de relacionamentos, de amigos e conhecidos, de conversas, refeições e interesses partilhados, de contínuas conversações. Quando tudo isso se soma, temos um lugar familiar, no qual nos sentimos em casa e seguros, onde convivemos com pessoas semelhantes a nós, que se preocupam conosco, gostam de nós, mesmo que de uma maneira fria.

19. Ver, por exemplo, Daniel Goleman, *Emotional Intelligence* (New York: Bantam Books, 1995).

Esses membros do nosso departamento que contamos como amigos, podem não ser amigos de caráter, para usar um termo de Aristóteles. Mas também não são simplesmente amigos de prazer, ou interesseiros. Parecem mais uma família, ou amigos de família (*Ética a Nicômaco* VIII).

É claro que estou me referindo somente ao lado bom da vida em um departamento universitário. Como as famílias, os departamentos podem também ser lugares inseguros, isolados, e cheios de amargura. O ódio encontrado nesses lugares pode rivalizar com o que encontramos nas famílias, na política, em qualquer lugar. Mesmo assim há hoje uma tendência a considerar e avaliar os departamentos de filosofia por sua eficiência e produtividade. Uma semelhança tem sido estabelecida entre eles e o modelo usado nas fábricas, e que as faz serem vistas não como sombrios redutos de Satã, mas sim como formas mais apropriadas à vida contemporânea. Como lugares quietos, eficientes, escritórios de negócios, lugares onde nenhuma previsão foi feita para se atender à vida emocional dos trabalhadores. Qualquer espaço que haja para esse item teria sido criado em vista de um aumento de produtividade, e assim justificado; e não em razão do valor intrínseco, o verdadeiro valor humano de se ter uma vida emocional.[20]

O nosso local de trabalho deve, naturalmente, ser pensado como estruturas instrumentais que permitam o trabalho de se ensinar filosofia e de se filosofar. Mas, além disso, deve também ser concebido com o teor de estruturas emocionais que ajudam ou inibem o trabalho, organizando-o, ou excluindo-o. Para os sociólogos e psicólogos sociais é lugar-comum dizer que o local de trabalho – a fábrica, o escritório, o departamento, a loja – deve ser idealizado tomando-se por base essas duas formas. Mas os filósofos de modo geral ignoram isso. A atenção que prestamos a essas estruturas se restringe na maior parte às estruturas de intimidade, que unem ou separam a família, os amigos e os que estão se amando ou tendo relacionamentos sexuais. Mas na nossa vida cotidiana, no trabalho, a nossa vida também deve ser entendida no modo da presença ou ausência de estruturas emocionais.[21]

Estou pensando, neste momento, não somente nos departamentos de filosofia em que é agradável trabalhar, mas também, talvez demasiado nostalgicamente, em uma vida de vizinhança, de cafés, de breves papos. Estou pensando também na vida que gozamos nos nossos clubes, nos grupos de esporte e em vários passatempos. A maioria dos que praticam esportes

20. Sobre um assunto estreitamente relacionado, ver Michael Dummett, *Frege: Philosophy of Mathematics*, segunda impressão (Londres: Duckworth, 1995), págs. VIII ss. Agradecemos a Brian Leiter por essa referência.

21. Também aqui, ver Charles Taylor, "The Politics of Recognition", como republicado em Goldberg, *Multiculturalism*, especialmente págs. 79 ss.

náuticos conhece os prazeres de ajudar e ser ajudado pelos outros, intrometendo-se e contando estórias, predizendo o tempo, discutindo os méritos e deméritos dos diferentes barcos, das variadas formas de manutenção. Caso em que também temos estruturas emocionais importantes. São emocionalmente importantes ainda que alguns não as considerem importantes em si.

Essas estruturas emocionais são parte integrante da nossa vida cotidiana. Quando elas desempenham bem o seu trabalho emocional, ajudam a determinar se a nossa vida também está indo bem. Elas fornecem o pano de fundo, o tom, o gosto da nossa vida. E sem um bom pano de fundo, tom e gosto é extremamente difícil ter uma vida boa, ou mesmo decente.

Muitos desses pontos relativos à natureza interpessoal e social das emoções e às suas conexões essenciais com os valores, podem ser estabelecidos focalizando as virtudes discutidas por Aristóteles.[22] As virtudes são, naturalmente, essenciais para a *eudaimonia*; e as emoções são, naturalmente, essenciais para as virtudes. É trivial colocar as virtudes em uma escala que começa no pessoal e passa para o social, uma escala que, não por acaso, também segue a passagem do não-racional e do irracional ao racional.

A temperança, *sōphrosunē*, refere-se a como nos colocamos – internamente, em nós mesmos – em relação ao corpo e aos prazeres e dores que são causados quando ele é tocado, de várias formas. É uma virtude intrapessoal. No outro extremo, a justiça refere-se à retidão, que é sempre interpessoal (cf. Ética a Nicômaco V, especialmente cap. 11). Ela sempre envolve outras pessoas e pode não envolver o agente pessoalmente ou diretamente. Envolve o agente quando ele divide bens com alguém, mas a justiça pode também estar presente na forma como um árbitro justo, que não toma partido, divide bens entre outras pessoas.

A liberalidade está em algum lugar, entre essas duas posições. Trata de como – a extensão, o assunto, para quem, etc – uma pessoa dispensa riqueza e também da maneira como a adquire. No primeiro caso, refere-se a como alguém se junta a outros e participa de empreendimentos com os seus companheiros. Esses empreendimentos vão do mais instrumental, como a restauração de edifícios municipais, até os mais expressivos e que têm um caráter de celebração, como um rito religioso.

Um item fundamental à celebração é a solidariedade, estar com os companheiros e ajudar a melhorar as condições que permitem esse companheirismo. É estar com os outros e permitir que essa condição se concretize. A ação envolvida – celebração de ritos, assistir a jogos, cantar hinos aos deuses

22. No cap. 4 de *Aristotle's Rhetoric: The Art of Character*, Eugene Garver mostra como as emoções discutidas na *Retórica* que são propriamente partes da retórica, são emoções cívicas. Trata-se das emoções daqueles que são cidadãos, e elas os ajudam a serem.

– é uma ação grupal importante. É interpessoal. O agente aqui é o grupo. E os indivíduos juntam-se ao grupo por iniciativa própria.

Eles também se agregam ao grupo por causa dos seus sentimentos. Unem-se aos companheiros pelo sentimento e pelo espírito. Sintonizam-se com os outros em um sentimento comunitário, interpessoal. Não estou invocando algo de misterioso, uma mentalidade de grupo, uma espécie estranha de sentimento. Estou falando do que todos nós sabemos e às vezes experimentamos: sintonizar-se e juntar-se aos outros nas emoções. Como ideal, isso envolve uma conscientização comum e uma resposta, uma partilha de sentimentos. É isso o que acontece em muitas formas de jogo interpessoal, especialmente quando se participa de um que nos envolve intensamente. A pessoa esquece de si, é arrastada, até mesmo ficando *fora de si* – possivelmente até atingindo o êxtase – pelos atos e sentimentos, seus e dos outros.

Desta forma, os sentimentos são sociais. Referem-se a um empreendimento social: de um grupo, às vezes de toda uma sociedade. São sociais também por serem sentimentos de grupo, ou por que os sentimentos individuais se sintonizam com os do grupo; isso é parte do que significa ser membro de um grupo. E é isso o que se requer de uma pessoa que Aristóteles reconheceria como liberal, e, como tal, uma pessoa de bem.

Embora o meu ponto de vista sobre os sentimentos sociais e interpessoais tenha se manifestado na análise da liberalidade, pode ser útil mostrar como até mesmo o medo pode ser interpessoal e social. Digo até mesmo o medo, uma vez que para Aristóteles o medo aparece na virtude da coragem, e esta, como a temperança, é tida como uma virtude da parte irracional da alma, que partilhamos com os animais.

O medo parece envolver somente o agente, pelo modo como este pode suportar o perigo ou a dor. Mas, na maneira como é usado na coragem, pode ser um tanto diferente – ao menos a coragem como é entendida por Aristóteles, a que aparece no engajamento militar. Esse engajamento é, como paradigma, um empreendimento grupal. É certo que pode haver um homem que se destaque, ou lutas entre dois soldados, ou somente um soldado que tenha de lutar contra muitos. No entanto, a principal idéia que temos do medo na coragem é a de imaginar que espécie de companheiro de armas, de membro de um grupo de luta, somos. Neste ponto, é útil lembrar que em algumas formações de combate, a vida de cada um depende diretamente da firmeza dos companheiros. A pessoa à direita tem de sustentar o escudo que protege o companheiro à sua esquerda, e este por sua vez tem de sustentar um escudo que protege não o companheiro da direita, mas o da sua esquerda, e assim por diante, em toda a fileira.

Desta forma, o medo é social. Refere-se ao bem social e ao bem do grupo. Mas pode ser social de um outro modo, relacionado com este. Numa batalha, como em qualquer outro lugar, os sentimentos são contagiosos e freqüentemente partilhados. O desespero pode se espalhar de um soldado para todo o grupo; não se trata meramente de uma pessoa se desesperar e em seguida outra se desesperar também, e mais outra, e outra, embora seja isso que aconteça. Uma ou várias pessoas se desesperam e então todo o grupo sente-se desmoralizado, e o seu objetivo comum fica bloqueado, quando não destruído, pelo fracasso grupal. Nesses casos, o grupo é o *sujeito* mais significativo, é ele que se desespera, que se sente desmoralizado e derrotado.

Na medida em que isso é correto, o que se requer de um soldado corajoso não é simplesmente que interiormente, por assim dizer, permaneça firme. Mas sim que ele se torne corajoso para com os seus próprios companheiros. Ou algo desse tipo. Ele deve ser, não digo uma fortaleza, mas pelo menos não se transformar em um escoadouro de pia, que sabote a coragem dos outros, enfraquecendo-os, fazendo com que se sintam fracos, cansados, vulneráveis e medrosos. Penso que isso é parte do que Aristóteles sugere em sua discussão do medo na coragem. Essa é uma outra forma de medo interpessoal.

A coragem, segundo Aristóteles, também requer uma confiança alentada, *tharsos*. Assim como o medo assume um aspecto interpessoal em muitas formas, o mesmo acontece com o *tharsos*, e também com a coragem.[23]

Há uma forma um pouco diferente, mas relacionada com esta, pela qual tanto o medo como o *tharsos* e a coragem são interpessoais. Uma das principais maneiras de um soldado julgar e ajustar os seus próprios medo e *tharsos*, é pela sintonia emocional com os seus camaradas. Essa atitude pode ser mais ou menos deliberada. Na forma mais deliberada do *continuum*, graças a seus companheiros mais firmes e experimentados terem sido tomados pelo medo, um soldado pode concluir que o que se tem pela frente é muito perigoso e portanto uma quantidade considerável de medo é apropriada. No outro extremo, na maneira menos deliberada, o soldado pode *entregar-se* ao medo, ou à falta de *tharsos* do grupo. Ou então é possível que de repente ele se ache entregue aos outros. Realmente, pode acontecer que ele se deixe envolver tanto com o medo, ou a falta de *tharsos* do grupo, que não consiga mais se encontrar, nem mesmo para agir desta ou de outra maneira. A pessoa se tornou simplesmente parte de um grupo.

No próximo capítulo, ampliarei e explicarei algumas das formas em que as emoções são direta e valorativamente importantes. Para nossos atuais

23. *Tharsos* é discutida em *Plural and Conflicting Values*, cap. 5, "Courage... and Emotional Coherence", especialmente apêndice 2, "The Object of *Tharsos*".

propósitos, basta ter visto como as emoções são comuns e também importantes nas nossas vidas. Retomando um tópico desenvolvido no início deste trabalho, vimos que na nossa vida afetiva há muito mais coisas do que montanhas e desfiladeiros afetivos, que se nos impõem. Há também o terreno afetivo, o tom, a cor, o gosto, o senso de uma atividade. E também as miríades de atividades e estruturas afetivas que são tão importantes nas nossas vidas. Tudo isso, então, nos ajuda a ver o quanto a afetividade é direta e profundamente importante, para os valores e para a avaliação.

# 6

# Emoções como constituintes e como aperfeiçoamento

Neste capítulo mostro, de duas maneiras, como as emoções estão internamente relacionadas com o valor. Minha exposição se baseia nas duas explicações de Aristóteles sobre o prazer na *Ética a Nicômaco*, tais como usualmente compreendidas. Assim, em VII.13, ele identifica prazer com *energeia*, isto é, valor que se transforma em atividade efetiva ou desimpedida; e em X.4, ele rejeita a identificação, afirmando que o prazer na verdade aperfeiçoa ou completa a *energeia*, "prazer completa a atividade... como um fim que incide [sobre a atividade] como o viço da juventude sobre os que estão na flor da idade" (1174b32 ss.).

Há muita controvérsia sobre o modo de interpretar essas afirmações; para alguns, são compatíveis; para outros, uma diz respeito a prazeres, como passatempos, e a outra concerne à natureza do prazer; para outros, ainda, uma das visões é mais madura, mais ponderada, e implicitamente rejeita a outra. A minha discussão das emoções e de seus valores não depende de aceitar uma ou outra dessas interpretações, e por isso releguei meus comentários sobre o assunto à seção 4 deste capítulo. Sustentarei que as emoções é que contam em algumas atividades e relações, e que elas permitem aperfeiçoar outras atividades e relações.

## 1. Emoções como aperfeiçoamento

Para os nossos fins, o que importa da explicação ou explicações de Aristóteles sobre o prazer é a visão segundo a qual o prazer é a realização do valor, ou seu aperfeiçoamento. Posto em termos bem simples, é prazeroso ter o que se pensa que passou a ser um bem, especialmente se alguém luta para alcançar esse bem e o conquista. Ou ainda, isto é o que significa o prazer, ou o que tem prazer ou é prazeroso.

Segundo Aristóteles, as conexões entre emoções e prazer são também bastante diretas. Como ele diz, "Além disso, o prazer é a consciência, por meio dos sentidos, de um certo tipo de emoção" (Ret. I.11, 1370a27 ss.) e "Por paixões compreendo apetite, raiva, medo, confiança, inveja, gozo, ódio, saudade, emulação, piedade e, em geral, os sentimentos que são acompanhados por prazer ou dor" (NE II, 1105b21 ss.). Isso ajuda a mostrar por que as emoções revelam valor, pelo menos segundo Aristóteles. O modo pelo qual as emoções envolvem prazer e dor ultrapassa um mero acompanhamento: na verdade, fundem-se. As emoções são maneiras de experimentar prazer e dor. Além disso, o prazer e a dor devem ser compreendidos em modos de atividade, assim como o valor e sua efetivação. Dessa forma, considero que Aristóteles está sustentando que alguém sente prazer e tem emoções prazerosas se, e na medida em que julga que as coisas estão indo bem; e dor e emoções dolorosas se julga que as coisas estão indo mal.

Um exemplo pode ajudar aqui. Para mim, orgulhar-me de algo que realizo consiste em ter prazer na realização e na coisa realizada. Esse é um prazer que, poderíamos dizer, une a realização, eu por fazê-la, o modo como a faço, e assim por diante. Esse prazer conjunto constitui o fato de eu me orgulhar de minha realização. Isso é o que, na minha visão, Aristóteles tem em mente ao explicar as emoções à vista de prazer e dor, e prazer e dor de uma maneira que as insere, ou torna-as adequadas a serem inseridas dentro das emoções.

O prazer, portanto, revela valores, e o faz de um modo muito semelhante, e por motivos similares, pelos quais as emoções também revelam valor. No entanto, considero que analogias com o enunciado informacional sobre as emoções – que as emoções são valiosas unicamente porque revelam valor – não são promissoras. Independentemente da importância da informação avaliatória fornecida pelo prazer – o fato de que avaliemos de tal e tal modo –, não devemos ser tentados a sustentar que o prazer é importante do ponto de vista da avaliação somente em razão dessa informação.[1]

1. Agradecemos a Joseph Waligore por enfatizar esta questão, especialmente em relação à dor, em sua tese de doutorado: "The Joy of Torture: The Happiness of Stoic Sages" (Syracuse University, 1995). Entre os livros que ele menciona sobre o assunto estão Ronald Melzack e Patrick Wall, "Pain Mechanism: A New Theory", em K. H. Pribram (org.), *Brain and Behavior 2: Perception and Action* (Baltimore: Penguin Books, 1969); Howard Leventhal e Deborah Everhart, "Emotion, Pain, and Physical Illness", em Carol Izard (org.), *Emotions in Personality and Psychopathology* (New York: Academic Press, 1970); George Pitcher, "The Awfulness of Pain", *Journal of Philosophy*, 67 (1970) 481-491; Ronald Melzack e Patrick Wall, *The Challenge of Pain* (New York: Basic Books, 1983); e Nikola Grahek, "Objective and Subjective Aspects of Pain", *Philosophical Psychology*, 4 (1991) 249-266. Para uma visão contrária no que concerne ao prazer – segundo a qual sua importância avaliatória reside, afinal, sobretudo na informação avaliatória que ele fornece – ver Elijah Millgram, "Pleasure in Practical reasoning", *Monist*, 76 (1993) 394-415.

Minha tese, portanto, é que os valores e o nosso prazer – por exemplo, o prazer que temos com nós mesmos por realizar valores e na própria realização destes – estão demasiado unidos para selecionar um deles como aquele que possui de fato importância. Como escreve Aristóteles,

> Quer escolhamos a vida por causa do prazer ou o prazer por causa da vida, esta é uma questão que podemos desprezar por ora. Uma vez que ambos parecem unidos e não admitem separação, já que sem atividade o prazer não surge, e toda atividade é completada pelo prazer. (NE X.4, 1175a18 ss.)

Desejo dizer algo semelhante para ao menos algumas emoções. Elas, por sua vez, possuem valor, ou elas e os valores que elas incorporam *parecem unidos e não admitem separação.*

Não estou afirmando isso sobre todas as emoções. Conforme notado anteriormente, uma corrida de trenós pode não mostrar qualquer valor ou qualquer valoração. Mas essa inseparabilidade se aplica a algumas, e creio que muitas, emoções.

Voltemos a meu exemplo do orgulho. Acho difícil levar a sério a afirmação de que o orgulho não pode ser, em si mesmo, bom ou ruim, mas bom ou mau apenas em relação ao que ele revela. O mau orgulho é fácil: pode envolver uma superestimação do que se fez, de si mesmo por tê-lo feito, o valor, inclusive o valor moral de fazê-lo. É fácil verificar por que o mau orgulho é, em si mesmo, ruim, como também é fácil verificar que mentir para si mesmo ou mesmo para outros é ruim. Com efeito, parte do que torna um orgulho ruim diz respeito às ilusões e mentiras que ele envolve.

O bom orgulho é também fácil, especialmente se tomarmos cuidado para que ele não se transforme em mau orgulho, como o de ficar muito cheio de si. Quem pode, por exemplo, pôr em dúvida o caráter bom do orgulho de uma criancinha ao dominar seus corpos e mentes: ao andar, ao correr, ao subir, ao aprender a ler e escrever. Ou o caráter bom da calma satisfação de um autor, até mesmo da exultação em alto e bom som, por vezes até o ponto de uma glorificação ostensiva, ao finalmente completar, após tantos anos, um ótimo texto; ou o orgulho sentido por um escultor ao completar uma estátua maravilhosa; ou por um marceneiro ao terminar um lindo dormitório.

Mais uma vez precisamos tomar cuidado. Esse orgulho pode ser censurável caso essas pessoas orgulhosas não reconheçam adequadamente os outros. E seria censurável se elas seriamente superestimassem o seu trabalho ou a si mesmas por tê-lo realizado. Mas, a menos que se pense que qualquer coisa que um ser humano faça deva-se na verdade a outra pessoa, ou seja realmente muito pouco, essas são questões a que se tem de prestar atenção. Elas limitam o bom orgulho, em vez de mostrá-lo como impossível.

Igualmente, precisamos tomar cuidado para que o orgulho não se torne uma *orgulhidade*. Deve ser compreendido, antes, sobretudo na forma como o exato prazer da pessoa no ato de fazer e naquilo que é feito. (Diferenças entre essas perspectivas do prazer e do orgulho são discutidas no capítulo 9, seção 2.)

Resta a questão: Por que tal orgulho é bom? Ou, se a resposta a essa questão for suficientemente clara, a questão pode ser: como tal orgulho é bom? Em muitos casos, a resposta pode ser fornecida na forma sugerida pela explicação de X.4 do prazer: "o prazer completa a atividade... como um fim que incide [sobre a atividade] como o viço da juventude naqueles na flor da idade". O orgulho completa a atividade também dessa maneira.

Quando consideramos as atividades em relação ao que é feito ou produzido, elas podem parecer perfeitas, e desse ponto de vista podem mesmo ser perfeitas, ainda que os agentes não se orgulhem pelas atividades ou pelo fato de realizá-las. Um texto de filosofia não se torna ou se mostra um texto pior pelo fato de o filósofo não se orgulhar dele ou por fazê-lo; nem, de modo correlato, um texto perfeito (se houver um) exige que o autor se orgulhe dele ou em fazê-lo. Em vez disso, o orgulho surge por algo já bom, já completo e, nesse sentido, *perfeito*. Assim, esse orgulho – o qual, como foi citado, pode ser bom e ajudar a tornar a vida melhor – é um orgulho em uma atividade que não se torna perfeita em razão do orgulho. Já é perfeita. Na verdade, sua perfeição constitui a base para o orgulho.

Desse modo, para descobrir o que há de bom em tais emoções precisamos dirigir nosso olhar para além dos produtos, ou seja, produtos que podem ser bons, até mesmo perfeitos, sem emoções. Um lugar em que podemos investigar é entre os agentes. Podemos, por exemplo, reconhecer que, mesmo que o complexo de orgulho no que é bom não torne o produto melhor, ele torna a fabricação do produto melhor. Ele aperfeiçoa – torna melhor – a realização da atividade e a vida da pessoa que a realiza.

Se os produtos são o foco da atenção avaliatória, é muito provável que as emoções pareçam desprovidas de importância no que concerne à avaliação. Mas quando nos centramos mais nos agentes e em suas atividades podemos ver como o orgulho apropriado torna a atividade ainda melhor, ao menos com o objetivo de um impulso adicional. Agora está em jogo o reconhecimento pelos agentes do que eles fizeram e de como agiram, e esse reconhecimento é acurado, apreciativo e capaz de proporcionar prazer. Mesmo que isso não torne o produto melhor, torna o ato de fazê-lo melhor. Essa parte da vida do agente é melhorada com isso.

Não perceber que tal prazer e envolvimento tornam a produção melhor pode, é claro, constituir-se numa falha filosófica. Trata-se igualmente de uma falha moralmente perniciosa. Sugere que o que é importante é somente o produto, e não também como é, para o agente, o ato de produzi-lo. Mostra também a pouca importância atribuída aos agentes como produtores. Esta última visão está profundamente relacionada à rejeição da importância da atividade humana e produtiva, independentemente do que é produzido.

Perde-se o alcance pleno desses argumentos se eles forem postos com o significado de prazer e dor, especialmente se ambos forem compreendidos como sensações e estados. Precisamos compreender os argumentos, e o prazer e a dor à vista de emoções. E precisamos compreender a importância das emoções, como o orgulho. Isso envolve ver o valor do orgulho não somente, digamos, como um episódio prazeroso, às vezes suplementado por sua utilidade instrumental: *Empresários, façam com que seus trabalhadores se orgulhem por seu trabalho e eles serão mais produtivos.* Em vez disso, também esse valor, e num sentido importante, tem a ver com o valor de levar uma vida avaliatoriamente carregada e dirigida para a auto-aprovação, entre outras. Isto, em resumo, é o valor de uma vida verdadeiramente humana preenchida com atividade e emoções verdadeiramente humanas.

Muitos desses argumentos relativos à importância das emoções serão, dessa forma, argumentos morais periféricos, defendendo certos valores e expondo e contabilizando erros morais, incluindo o sério erro de ver o valor somente em produtos. Muitos desses argumentos podem ser argumentos filosóficos tradicionais. Mas – para evocar um dos temas centrais deste livro – outras disciplinas, como a psicologia, a sociologia e a antropologia são úteis e muitas vezes necessárias aqui. Todas elas são úteis ao apresentar, expor e diagnosticar distúrbios emocionais e equívocos das emoções.

Assim, por exemplo, para criticar o *ideal* de razão – isto é, o ideal de uma vida de razão desprovida de emoções – podemos mostrar como semelhante vida é na verdade uma vida psicológica e avaliatoriamente impossível: psicologicamente impossível, pois não está entre as psicologias que uma pessoa pode ter; avaliatoriamente impossível, pois é intolerável ou seriamente falha, uma vida de severa incapacitação, até mesmo de insanidade.

De modo similar, precisaremos tanto da filosofia, como de muitas dessas outras disciplinas para compreender e avaliar muitas formas correntes de sucesso, como ser um empresário bem sucedido, o que depende muito mais de preocupação com produtos do que com pessoas. Na verdade, empresários bem sucedidos terão uma preocupação – muitas vezes apenas instrumental – com os sentimentos de outros e de si mesmos, de modo que todos se tornem produtores mais eficientes. É dessa forma que o psicanalista, crítico e teórico social Michael Maccoby descreve o que ele chama de homem dos jogos (gamesman), que é sensível aos sentimentos de outras pessoas, e talvez aos seus próprios, mas se preocupa notadamente em tornar a todos melhores jogadores em seu jogo.[2] Tanto para compreender, como para avaliar essas formas ou deformações da vida, precisamos levar em conta os escritos de teóricos como Chodorow e McDougall. Escreve Chodorow,

> Os homens, além disso, não se definem levando em consideração seus relacionamentos e conseguiram suprimir capacidades relacionais e reprimir necessidades relacionais. Isso os prepara para participar do mundo negador de afeto do trabalho alienado.[3]

Escreve McDougall,

> "Indivíduos que utilizam tais mecanismos de escape [isto é, a supressão do afeto] em um grau exagerado tendem a passar uma aparência de normalidade tendo em vista que eles não apresentam sintomas e, muitas vezes, devido à extirpação do afeto, parecem ser capazes de lidar com a adversidade em todas as circunstâncias."[4]

## 2. Emoções como constituintes

Nesta seção, examino algumas relações entre emoções e valor que se ajustam melhor ao modelo de prazer apresentado em VII.13 da *Ética a Nicômaco*: o prazer é identificado à atividade perfeita, ou seja, com valor tornado efetivo. Para começar, existem atividades cuja verdadeira natureza e valor estão ligadas ao envolvimento emocional. Do lado positivo, podemos considerar o amor e atividades amorosas, amizade e atividades amigáveis; do lado negativo, o ódio e atividades informadas pelo ódio. O que é central em tais atividades é que elas são maneiras, particularmente boas, de expressar essas emoções. O pensamento por trás da atividade, o sentimento expresso por ela, é uma parte fundamental do que é importante e valioso no que concerne à atividade.[5]

O jogo e a disposição para o jogo, em suas várias formas, fornecem um outro conjunto de atividades que apresentam relações profundas e constitutivas com as emoções. (Tais atividades são, é claro, muitas vezes também atividades amorosas ou amigáveis.) Aqui poderíamos partir das emoções mais

2. New York: Bantam, 1978.
3. *The Reproduction of Mothering* (Berkeley: University of California Press, 1978), pág. 207.
4. *Theaters of the Mind: Illusion and Truth on the Psychoanalytic Stage* (New York: Brunner Mazel, 1991), pág. 112.
5. Isto é discutido em Stocker, "The Schizophrenia of Modern Ethical Theories", *Journal of Philosophy*, 73 (1976) 453-466, e "Values and Purposes: The Limits of Teleology and the Ends of Friendship", *Journal of Philosophy*, 78 (1981) 747-765.

interpessoais, ou de grupos de emoções, que constituem o jogo, por exemplo: as emoções que constituem o jogo amoroso entre um bebê e um de seus pais, ou o jogo envolvente da criança, ou a conversação agradável e divertida de bons amigos. Devemos notar como seria difícil, se não impossível, participar dessas atividades – saber o que fazer, compreender o que os outros estão fazendo – sem as emoções relevantes.

Outra maneira de verificar como essas emoções são boas em si mesmas, é se perguntar por que os que estão ligados a essas formas de jogo podem se importar se eles ou seus parceiros no jogo possuem emoções. Podemos perceber isso, por um outro lado, imaginando casos em que o envolvimento afetivo e emocional está ausente. Tendo isso em vista, devemos imaginar uma criança emocionalmente envolvida brincando com um pai deprimido, frio, ou crianças brincando friamente com outras crianças ou com seus próprios brinquedos, ou seu amigo falando com você sobre questões agradáveis e divertidas, mas friamente, sem se envolver emocionalmente com você.

Pode-se querer e valorizar o envolvimento emocional não só pelo que ele possibilita ou produz, mas por si mesmo. Deseja-se, por exemplo, envolvimento emocional com quem jogamos. Na verdade, uma das mais importantes razões para jogar é estar emocionalmente envolvido com o jogo, consigo mesmo e com os outros. Muitas vezes jogamos como uma maneira de expressar nossos sentimentos, e valorizamos a esportividade e o jogo pelos sentimentos que eles expressam.

Posto de maneira mais geral, com freqüência desejamos envolvimento com os outros. Queremos que compartilhem nossa alegria e tristeza e queremos compartilhar a alegria e tristeza dos outros. Queremos viver com os outros numa vida social, interpessoal. E, numa maior ou menor medida, dependendo dos detalhes do envolvimento, desejamos que esse envolvimento seja emocional e constituído por relações emocionais, interpessoais. (Reconheço que algumas pessoas, por motivos espirituais, desejam o isolamento. Não estou falando sobre elas.)

Para reforçar o argumento sobre o que se espera de um envolvimento emocional, podemos desejar que outras pessoas estejam emocionalmente envolvidas conosco em parte porque tal envolvimento emocional está naturalmente relacionado com desejos e motivos. Mas também podemos desejar envolvimento emocional pelo próprio envolvimento emocional, mesmo quando ele não envolve motivos ou desejos nossos, e mesmo onde não envolve ação, e não são nada mais senão os modos como somos vistos ou percebidos.

O que vale de modo aproximado, da perspectiva dos agentes. Também nessa hipótese as pessoas se importam minimamente com as emoções com as quais elas fazem ou produzem algo, de modo que elas não são indiferentes entre fazer ou produzir algo e sua mera existência ou o fato de ser produzido. Elas se preocupam, em suma, em praticar o ato ou produzir o efeito. Isso significa ainda que as pessoas podem preocupar-se em fazer ou produzir algo: pelo fato de serem agentes. Dessa forma, as pessoas podem preocupar-se que sua compreensão e perspectivas estejam emocionalmente envolvidas e engajadas.

Essa distinção entre o modo como as emoções são importantes para a ação – como um aperfeiçoamento ou como uma parte constituinte – nos ajuda a compreender o que significa para um processo, relacionamento ou para qualquer coisa ser emocional, e desse modo o que significa o fato de suas virtudes envolverem emoções e mesmo virtudes de emoções. Podemos colocar isto de maneira que ajudem a explicar uma tese de Chodorow examinada no capítulo 3, seção 3. Ela se referia às capacidades e deficiências no que concerne ao relacionamento de duas maneiras: como interpessoais e também como emocionais. Tal como ela as apresenta, não se trata meramente de duas características dessas capacidades e deficiências. Em vez disso, elas são emocionais porque e na medida em que são interpessoais. Mas como devemos compreender *são emocionais* neste caso? Visto que, também é central para a tese de Chodorow que as relações interpessoais entre os homens são deficientes em emoções, ou mesmo desprovidas delas, e portanto não são emocionais. Minha sugestão é que Chodorow pode ser compreendida como provavelmente sustentando pelo menos uma das afirmações seguintes, se não ambas. Em primeiro lugar, as emoções são constitutivas dessas relações e da capacidade de serem boas nelas. Em segundo, tais relações são emocionais tendo em vista que formas saudáveis ou boas dessas relações são assim: relações interpessoais não se tornam boas pela adição de emoções, essas relações são emocionais a menos que sejam deformadas.

Algo com essa percepção é sugerido por Strawson em *Freedom and Resentment (Liberdade e Ressentimento)*:

> Devemos pensar nos muitos tipos diferentes de relacionamento que podemos ter com outras pessoas: como beneficiários de um interesse comum, como membros da mesma família; como colegas; como amigos; como amantes; como partes ocasionais de uma enorme gama de transações e encontros. Devemos então pensar em cada uma dessas conexões de um lado, e de outros, sobre o tipo de importância que atribuímos às atitudes e intenções em relação a nós por parte dessas pessoas, e sobre o tipo de atitudes e sentimentos reativos aos quais nós mesmos estamos suscetíveis.[6]

6. Tal como republicado em Gary Watson (org.), *Free Will* (Oxford: Oxford University Press, 1982), págs. 63-64.

Voltando a uma questão levantada no capítulo 4, seção 3, podemos agora dizer em que sentido a matemática não é emocional, mesmo que as emoções afetem o modo como as pessoas a praticam e mesmo que sejam emocionais em relação a ela, diferentemente das relações familiares, que são emocionais. Esse sentido deve ser compreendido, em grande parte, considerando o que é interno à relação, processo ou qualquer coisa que esteja em questão. Assim compreendidas, certas relações familiares são emocionais mesmo que, para certas pessoas, suas relações familiares não sejam de tipo emocional. Da mesma forma, a matemática não é emocional mesmo que algumas pessoas sejam emocionais em relação a ela. O que está em jogo aqui não é tanto o que falta às pessoas: essas pessoas não estão bem e devem procurar ajuda se suas relações familiares são desprovidas de emoção. As pessoas, em especial as crianças em idade escolar e os matemáticos, podem estar mal também e precisando de ajuda se estão angustiados ou entediados, ou simplesmente desinteressados em fazer matemática. Também não está em questão o que é necessário para um trabalho bem sucedido. A matemática não é emocional. Mas muitas pessoas se sentem melhor ao praticá-la estando emocionalmente envolvidas com ela.

As emoções não se limitam a acrescentar perfeições a relações familiares, simplesmente tornando-as melhores. As emoções são sim constitutivas das relações. Embora as relações possam existir sem as emoções, quando o fazem falta-lhes alguma coisa. Tais relações são, elas mesmas, completas e perfeitas somente com as emoções relevantes. Na verdade, sem essas emoções as relações podem ser más, até mesmo destrutivas. Isso sugere que a distinção aristotélica entre perfeições acrescentadas e constituintes nos fornece uma maneira melhor de compreender de que modo as relações interpessoais de Chodorow são emocionais, ou melhor, do que se nos limitássemos a considerar apenas o fato de serem interpessoais, e se procurássemos compreender o que significa relações interpessoais como unicamente se dando entre pessoas.

## 3. Questões adicionais

Acredito que foi mencionado o suficiente para mostrar que – e, de duas maneiras correlatas, como – as emoções tornam os ato e relações bons. Gostaria agora de fazer breves comentários sobre algumas outras questões relacionadas: (1) emoções e ação, (2) como a atuação impregnada de emoção apaga a distinção entre emoções como constituintes e como aperfeiçoamento, (3) como as emoções são importantes para as instituições, (4) emoções e estruturas de caráter influenciadas pelo temperamento, (5) como atuação impregnada de emoção se adapta melhor à ética aristotélica do que à kantiana ou utilitarista.

### Emoções e ação

Estive preocupado em mostrar como as emoções são valiosas para a ação, às vezes como constituintes e às vezes como aperfeiçoamento. Essa conexão com a ação, especialmente quando desenvolvida pelos comentários que se seguem, devem ajudar a rejeitar a acusação de que, ao defender o valor das emoções – talvez ao me concentrar nas emoções como formas de atenção, em vez de, também, como envolvendo desejo – deixei de lado o valor da ação, da atividade e de seus produtos.[7]

Atividades sem emoções podem ser deficientes com relação a valor. Mas também as emoções sem atividade podem carecer de valor. O amor familiar é um bom exemplo. Sem emoções, tal amor tem pouco valor, se é que é possível. Imagine uma criança, um pai ou esposa que tem somente *sentimentos de amor*, ou que apenas declara amar – *Mas você sabe que eu te amo* –, porém jamais fez qualquer coisa pelo suposto objeto desse suposto amor. Já que, para que o amor tenha valor precisamos ser capazes de contar tanto com suas emoções como com suas atividades, para que contemos com ambos como continuando e estando presentes quando precisamos ou desejamos.

Toda teoria adequada das pessoas ou das emoções requer ação junto com emoção, reconhecendo que somos tanto seres ativos como emocionais, que as emoções ajudam a constituir motivos para a ação que são tipicamente expressos na ação, e que os atos são feitos pelas emoções ou com elas. Na verdade, algumas vezes nenhuma ação é possível, e às vezes não fazer nada é o melhor a ser feito. Mas emoção sem atividade pode também mostrar *problemas* pessoais ou morais, como afastamento neurótico ou psicótico do mundo, uma visão de *espectador* da vida, inércia do tipo de Oblomov, sentimentalismo, esteticismo, ou a visão de alguém sobre os próprios sentimentos e o modo como ele próprio se sente sendo tudo o que importa. (Isso é discutido no capítulo 9, especialmente na seção 1.)

### Como a atuação impregnada de emoção obscurece a distinção entre emoções como constituintes e como aperfeiçoamento

A preocupação que temos em ser agentes, em especial agentes emocionalmente engajados, com a finalidade de ultrapassar, se não apagar, a

7. Agradecemos a Sidney Morgenbesser e Graeme Marshall por discussão sobre este ponto.

linha entre as atividades que são emocionais de maneira constitutiva e aquelas que são apenas aperfeiçoadas pelas emoções. Vejo com bons olhos esse apagamento. Ao apresentar essas maneiras pelas quais as emoções são importantes jamais pretendi que, quando uma delas vale, a outra não.

Um exemplo que mostra a necessidade de tal apagamento pode ser encontrado na nossa preocupação em fazer o que é emocional ou que nos envolve emocionalmente. De acordo com nossa discussão, podemos pensar que a diferença que se dá entre as atividades que contêm as emoções como constituintes e aquelas que são aperfeiçoadas por elas pode ser expressa considerando ser a emoção uma característica da atividade ou uma característica do modo como o agente realiza a atividade. No entanto, essa distinção pode fazer pouca ou nenhuma diferença para o agente, especialmente se tudo o que ele quer é fazer algo que seja – tal como requer – emocional. Aqui podemos pensar em alguém que diz: *Eu realmente não me importo com o que fazer hoje à tarde, contanto que me envolva, faça-me sentir vivo e ligado ao mundo, ou seja pelo menos divertido.*

Poderíamos sustentar, é claro, que mesmo que a pessoa possa parecer decidida a apenas ir nadar, por exemplo, o que é realmente escolhido é sentir-se vivo, estar emocionalmente envolvido, ou divertir-se, ou fazer uma dessas coisas ou todas elas nadando. Mas essa escolha apenas prova o meu argumento sobre a facilidade com que se ultrapassa ou se apaga a distinção, e a importância de se fazer isso. Esse obscurecimento também é revelado pelo fato de que *aspectos* ou *sub-atos* desse ato – sair de casa, apanhar o ônibus..., pular na água – pode corresponder às emoções em uma dessas duas maneiras. A mesma afirmação pode ser feita dos outros atos ou condições que se colocam *de modo a* ou *pelas* relações com o ato. Por exemplo: nadando com impulso lateral, indo nadar para fazer algo divertido, ou fazer algo divertido apenas para fazer algo que faça sentir-se vivo.

Como tudo isso mostra, as emoções podem ser relacionadas com o valor de uma *mesma coisa* dessas duas maneiras. Denota também que essas duas maneiras acham-se conceitualmente inter-relacionadas. Elas podem ser vistas como diferindo mormente no que concerne a se elas inserem as coisas no *continuum* que vai do deficiente, passando pelo bom, até chegar ao perfeito. Em resumo, sempre que as emoções forem partes constituintes de um item bom – como no caso de certas formas de jogo –, o que carecer dessas emoções ou não será um exemplo de jogo, ou será um exemplo de jogo ao qual falta alguma coisa. Mas se as emoções forem apenas perfeições acrescentadas, como no caso de certas formas de escrita, mesmo que lhes falte emoções, podem ainda ser exemplos perfeitamente bons de escrita.

### *Como as emoções são importantes para as instituições*

Os argumentos fundamentais em favor da importância avaliatória das emoções se restringiram aos valores constituídos pelas emoções. No entanto, para que se aprecie a plena importância das emoções para o valor, é preciso estender o argumento de maneira a incluir as instituições, estruturas, práticas e outras coisas que tanto dependem das emoções como criam valores. Esses valores, por sua vez, podem não ser perfeitos ou constituídos por emoções.

A dependência, neste caso, pode ser *meramente causal.* Pode ser que isenta de certas emoções, como o interesse intelectual, ninguém tivesse se dado ao trabalho de desenvolver a matemática ou os valores intelectuais próprios da matemática. A causalidade pode passar também pelas instituições. Pode muito bem ser o caso que, em épocas pré-históricas, se as pessoas não tivessem se organizado em famílias, com suas complexas relações emocionais, as nações possivelmente não tivessem surgido; e assim, sem uma pré-história que incluísse essas emoções, não haveria os valores e preocupações não-emocionais característicos da vida moral em nações.

Passando da história institucional para a história e desenvolvimento pessoal, pode ser que, para ser um bom cidadão de um Estado contemporâneo, uma pessoa precise ter sido criada numa família ou em uma instituição similar à família, talvez uma família ou uma instituição de tipo familiar particularmente apropriada para a vida contemporânea. Isto por que, possivelmente, somente tais pessoas apresentem a estabilidade requerida, ou porque a lealdade que é preciso ter para ser um bom cidadão desenvolva-se a partir da lealdade engendrada e inicialmente dirigida à família e a seus membros. Se as teses sobre a história do mundo ou do indivíduo se sustentarem, os valores e preocupações avaliatórios das nações e cidadãos podem não depender diretamente e internamente das emoções. Mas eles, e o que deles depende, mesmo que a uma grande distância de tempo e de estrutura, dependem de famílias. E desse modo, essas estruturas e aquilo que depende diretamente delas, dependem efetivamente das emoções, mesmo que a distância seja grande e as emoções originais estejam em grande parte, até mesmo completamente, ausentes desses valores e preocupações.

A dependência pode também ser de caráter mais formativo, mais constitutivo. As emoções são constitutivamente essenciais para os tipos de jogo e de valores familiares que temos. Nosso jogo e nossa vida familiar podem, por sua vez, suscitar certos valores e preocupações avaliatórios que não são, eles mesmos, constituídos dessas ou de outras emoções. Isso inclui a eqüidade com os outros jogadores, uma justa divisão do trabalho dentro da família, a justiça entre as gerações. Esses valores e preocupações avaliatórios podem igualmente envolver maneiras não-emocionais de regular e promover o que é profundamente emocional. Esses diversos valores e preocupações não são, eles mesmos, constituídos pelas emoções tal como descrito acima. Porém, de diferentes maneiras, as emoções também são importantes para eles.

### *Emoção e estruturas de caráter influenciadas pelo temperamento*

Acabamos de apontar uma área na qual as emoções constituem ou aperfeiçoam os valores. Antes, mostramos uma área em que as emoções são importantes para os valores porque são importantes para a vida, a atividade e o pensamento em geral. Há também uma área que fica de certo modo entre as duas. Nela encontramos preocupações como as conexões entre estruturas de caráter influenciadas pelo temperamento como o otimismo e o pessimismo, por um lado, e valores e avaliações, por outro. Por exemplo: se há orientações avaliatóras ou particularidades relacionadas ao otimismo e ao pessimismo. Questões como essas surgiriam no que concerne à rudeza e à gentileza, ou a personalidades diferenciadas e similares. Aqui teríamos de nos perguntar sobre as estruturas emocionais, valores e avaliações de diferentes tipos de personalidade, incluindo as que acabamos de mencionar e a personalidade autoritária e a liberal. Teríamos de nos perguntar sobre os diferentes estilos avaliatórios e emocionais daqueles envolvidos em conflitos pré-edipianos e daqueles envolvidos em conflitos edipianos.[8] Teríamos de nos perguntar também se existem ligações avaliatórias e emocionais no que diz respeito às características globais de personalidade, como o sentimento de segurança próprio ou em relação a si próprio, e o sentir-se ameaçado ou inútil.

### *Como a atuação impregnada de emoção se adapta melhor à ética aristotélica do que à kantiana ou utilitarista*

A importância da ação com conteúdo emocional se ajusta facilmente e na verdade constitui uma parte essencial da ética de Aristóteles. Sua ética é famosa – ou notória – por exigir emoções corretas, juntamente com a ação correta, para se atingir a virtude e a felicidade. Poderíamos notar que se, como dissemos antes, o amor exige que se tenha e se aja com base em certas razões e emoções, temos motivos para sustentar a tese de Aristóteles de que

8. Sobre algumas distinções entre conflitos edipianos e pré-edipianos, ver Michael Balint, *The Basic Fault: Therapeutic Aspects of Regression* (New York: Brunner Mazel, 1979).

a virtude moral, diferentemente da virtude técnica, exige ter as razões e emoções certas e agir com base nelas, particularmente avaliar e agir em função da atividade e da virtude. Visto que, segundo ele, pessoas moralmente virtuosas amam a virtude, e a virtude moral envolve um amor à virtude (NE 1.8, 1099a5 ss.) Isto, é claro, faz parte do argumento de Aristóteles de que uma vida moralmente virtuosa é agradável para aqueles que são moralmente virtuosos.

Esse envolvimento profundo e direto das emoções na virtude moral se encaixa menos facilmente tanto no pensamento kantiano como no pensamento utilitarista. Devemos reconhecer, porém, que muitos fatos são mais bem descritos por tais teorias do que pelas partes da ética de Aristóteles que tratam das emoções e virtudes. Esta é uma outra maneira de apresentar o que foi notado acima, a saber: que muitos importantes produtos, atividades e outros bens não são aperfeiçoados pelas emoções, mesmo que sua produção, ou os agentes considerados como produtores, sejam aperfeiçoados pelas emoções. Tal como já explicado, esses bens não dependem das emoções. Entre eles, encontramos muitos dos principais componentes do bem-estar, como a paz, a saúde, alimento suficiente, segurança e muitos dos principais constituintes de sistemas comerciais e legais justos e eficientes.

Na medida em que utilitários e kantianos se preocupam com esses valores, naturalmente se preocupam menos com as emoções do que ocorre na ética aristotélica. Mas somente parte da ética de Aristóteles se ocupa direta e profundamente com as emoções. Também ele reconhece muitos valores que não exigem, ou sequer envolvem, emoções. Aqui poderíamos pensar em suas discussões dos bens externos e da necessidade de leis e de obediência às leis. Em suma, o que é muitas vezes apresentado como a ética aristotélica, e o que a maior parte atribui à ética da virtude, diz respeito às virtudes dos homens particulares. Mas esses homens dependem, tanto em modos constitutivos como de desenvolvimento, do que não é diretamente emocional, se é que é emocional: todos eles tiveram uma boa formação, uma quantidade suficiente de bens externos, são submissos às leis e vivem em sociedades cuja maioria respeita as leis.[9]

9. Sobre algumas diferenças entre as emoções aristotélicas aqui discutidas e o medo, a cobiça e a preocupação consigo mesmo, tal como enfatizadas por Hobbes e seus seguidores, e respeito, tal como defendido por Kant e seus discípulos, ver Annette Baier, "Secular Faith", em seu *Postures of the Mind* (Minneapolis: University of Minnesota

## 4. Sugestões sobre o prazer nos livros VII e X da *Ética a Nicômaco*

Nestas duas últimas seções, abordarei mais diretamente as teses de Aristóteles sobre o prazer. A *Ética a Nicômaco* defende teses aparentemente diferentes sobre o prazer. O Livro VII.13 sustenta que o prazer é *energeia*, atividade livre. O Livro X.4 afirma que o prazer aperfeiçoa a atividade, como um enrubescimento da face. Gwilym E. L. Owen considera que o Livro VII identifica os prazeres, como os passatempos, como atividades livres. Considera que o Livro X está apresentando uma explicação da natureza do prazer. Justin Gosling e Christopher Taylor não vêem tal diferença entre os livros VII e X. Sustentam que ambos procuram defender que o prazer, ou certos prazeres, é o bem.[10]

Partamos da proposição no Livro VII que identifica ou explica o prazer ou os prazeres na forma de atividade. (Daqui por diante, salvo observação em contrário, meu uso de *prazer* ou *prazeres* deve ser considerado como referindo-se a ambos.) Isso é apresentado como uma objeção à proposição de que o prazer é um processo ou que os prazeres são processos. Minha sugestão é que a tomemos no sentido em que a posição que ela ataca é compreendida.

Aqueles que identificam o prazer com processo, não afirmam que todos os processos são prazeres, apenas que todos os prazeres são processos. Minha sugestão é que devemos tomar a rejeição no Livro VII dessa tese dentro das mesmas limitações. Não devemos considerar que o Livro VII está sustentando que todas as atividades são prazeres, apenas que todos os prazeres são atividades ou, mais exatamente, não que todas as atividades livres são prazeres, mas que todos os prazeres são atividades livres. Segundo essa visão, VII afirma que apenas certas atividades, não só a atividade em geral – e somente certas atividades livres, não apenas atividades livres em geral – podem ser identificadas com o prazer. Visto desse modo, VII não pode ser

Press, 1985); Laurence Thomas, "Rationality and Affectivity: The Metaphysics of the Moral Self", *Social Philosophy and Policy*, 5 (1998) 154-172, e *Living Morally* (Philadelphia: Temple University Press, 1989); e Eugene Garver, *Aristotle's Rhetoric: An Art of Character* (Chicago: University of Chicago Press, 1994), e "Aristotle's Moral Virtues Are Political Virtues", manuscrito inédito. Agradecemos a Garver por mostrar-me esses trabalhos e por discutir essas questões. Agradecemos também a Thomas por discussão.

10. Owen, "Aristotelian Pleasures", *Aristotelian Society Proceedings*, 72 (1972) 135-152; Gosling, "More Aristotelian Pleasures", *Aristotelian Society Proceedings*, 74 (1973) 15-34; e Gosling e Taylor, *The Greeks on Pleasure* (Oxford: Oxford University Press, 1982). Agradecemos a John Robertson por discutir essas visões e a minha.

considerado como sustentando que ser uma atividade ou uma atividade livre – ser apenas uma dessas – é o que significa um prazer ser um prazer.

Considero que X concorda com VII na rejeição de uma identificação do prazer com processo. X sustenta, com VII, que nem todas as atividades são prazeres. Mas X nega o que muitos acreditam ser sustentado por VII: que qualquer prazer é unicamente – ou seja, que é idêntico à – a atividade na qual temos prazer. X explicitamente afirma, ainda, numa proposição que está apenas implícita em VII, se é que está presente, que: o prazer aperfeiçoa a atividade. Considero que esta última proposição em X está afirmando que um tipo especial de prazer é a causa final ou formal de um tipo especial de atividade.

São especiais não apenas por que são bons, mas também por que o que é bom desta ou daquela maneira possui um papel central na compreensão e explicação aristotélicas. O tipo especial de prazer é o prazer bom ou nobre, como discutido em VII e X. O tipo especial de atividade é o tipo *identificado* em VII com o prazer ou prazeres, ou pelo menos com o bom prazer ou prazeres. De modo similar e pelas mesmas razões, as boas atividades em questão em VII e também em X podem ser consideradas boas atividades. X sustenta que a causa final ou formal das boas atividades é precisamente que elas são bons prazeres ou agradáveis de uma boa maneira.

Posto em outros termos: o bom prazer é a característica clássica das boas atividades; ou o bom prazer é a característica clássica dos exemplos perfeitos de atividades. De modo esquemático, VII afirma que Ps formam uma subclasse propriamente dita de As, os quais, como é essencial observar, são boas atividades. X afirma que ser um P é o que torna essas As que são Ps exemplos perfeitos de As: ou seja, exemplos bons ou perfeitos de boas As.

Os argumentos gerais deste trabalho e os particulares deste capítulo – incluindo a sugestão de que algumas emoções constituem e algumas outras acompanham a ação e as relações – não dependem da aceitação de minha interpretação dos livros VII e X. Quer VII contradiga ou não o que é alegado em X – VII afirmando e X negando uma tese de identidade – é irrelevante para esses argumentos. Assim, em vez de prosseguir nesta questão, desejo concluir observando que a relação entre VII e X é tipicamente aristotélica. Por exemplo, ao longo da *Ética a Nicômaco*, argumenta-se que uma boa pessoa, um *phronimos*, é uma pessoa, não, digamos, um deus, e também que o fato dessa pessoa ser uma boa pessoa é a causa final ou formal de ser um exemplo bom ou perfeito de uma pessoa: ou seja, de uma boa pessoa. Argumenta-se também que a saúde ou o fato de ser saudável é o estado de um corpo e que é também a causa final ou formal do estado perfeito de um corpo: ou seja, de um bom corpo (cf. NE X.4, 1174b25).

O motivo pelo qual desejei mostrar como podemos reconciliar as explicações de VII e X do prazer era mostrar como devemos fazê-lo, e também sugerir alguns modelos para algumas emoções. Não era mostrar que *todas* as emoções desempenham os mesmos papéis estruturais no que concerne ao bom que o prazer tem para a ação boa ou completa. Porque para sustentar isso teria sido necessário mostrar, em primeiro lugar, que os bens que parecem ser independentes das emoções não são de fato independentes, ou não são de fato bens reais ou realmente bens. Da mesma maneira, teria de ser mostrado que o que torna todos os bens *bens*, diz respeito às emoções. Não penso que isso possa ser feito. Muitas compreensões sobre valor, demasiados valores, e muitos bens parecem bastantes distantes das emoções e mesmo do humano.

## 5. Como somos aristotélicos também sobre o prazer

Eu disse que não importa como decidimos a questão sobre os livros VII e X. Mas poderia acrescentar: não importa qual a interpretação que aceitemos, em última instância todas elas podem nos soar como implausíveis. Poderíamos concordar em que o prazer, tipicamente ou com freqüência, mostra que o corpo está funcionando bem. Aqui uma possibilidade seria considerar os sentimentos prazerosos em geral que uma pessoa em boa condição física tem após exercício físico moderado. Outra possibilidade seria examinar como nos sentimos após uma boa refeição. O prazer, porém, parece irrelevante para o sucesso ou a perfeição de muitas ações e atos. Meus rins podem estar funcionando perfeitamente bem mesmo que com isso (diferente do meu conhecimento disso) não produza qualquer prazer. Escrever um poema não precisa ser escrever um melhor poema – nem precisa ser escrever melhor um poema – por ser prazeroso. De modo similar, quando deprimida, uma pessoa pode não sentir prazer em efetuar um bom trabalho. O que vale também para as emoções.

No entanto, julgo que devemos aceitar algo nos moldes da concepção de Aristóteles. Conforme já notado, concordo que não há motivo para pensar que a composição de um poema – especialmente considerando o poema que é escrito – é melhor se o poeta tem prazer nela. Mas, se considerarmos essa atividade como parte da vida do poeta, e a ser avaliada em relação a isso, então fica claro como o fato de ser prazeroso é relevante. Este argumento é usado sugerindo que nos unimos a Aristóteles para sustentar que a atividade prazerosa, emocionalmente carregada, ajuda a tornar a vida boa e a construir uma boa vida.

Minha sugestão agora é que também nos associemos a ele pensando que o prazer é uma característica natural de boas atividades bem realizadas. Com isso em vista, suponha que você ouça alguém dizendo, até mesmo se queixando, de que pronunciar uma conferência uma hora atrás não foi prazeroso. Como poderia explicar-se essa falta de prazer? Talvez a conferência tivesse sido dada demasiada simplesmente como um meio para alguma outra coisa, ou apenas para cumprir compromissos profissionais. Nessa circunstância, o fato de não ser prazerosa é facilmente explicado, especialmente se a profissão é sentida como degradante, obscura ou tediosa. Ou , ainda, a conferência tivesse sido pronunciada em circunstâncias difíceis ou desgastantes, com muitos obstáculos: a sala de conferência não era suficientemente isolada para vedar o barulho da construção na sala ao lado, ou a música vinda de um concerto executado no andar de baixo. (cf. NE X.5, 1175b3 ss.) Ou quem sabe o conferencista estivesse sofrendo uma reação alérgica ao vinho servido no almoço, ou tivesse bebido muito e estivesse com muito sono ou aturdido durante a conferência. Pode ser até que o conferencista não acredite mais que vale a pena discutir o assunto da conferência. Ou a pessoa sofre de timidez, ou tem sentimentos de baixa autoestima, ou vergonha, e pensa que o que diga é na verdade tolice ou de segunda ordem.

Não é necessário prosseguir. O meu argumento deve estar bastante claro: existe uma forte suposição com o intuito de que impedir certas condições, certos tipos de atos e atividades pode ser agradável. É possível que defendamos a concepção ainda mais enfática de que atividades normais de certos tipos são prazerosas, desde que outras coisas permaneçam com inalteradas, essas atividades serão prazerosas. Quando não o forem, consideramos que isso requer explicação, uma explicação tipicamente fornecida por outros elementos no mesmo campo explanatório e teórico.

Poderíamos ver como parte de nossa estrutura natural, biológica, que certos tipos de atos são prazerosos: impedindo certas condições. Isso significaria ver a questão *Por que o ato não era prazeroso?* como equivalente a *Por que este gato nasceu com apenas três pernas?* ou *Por que não suei ao me exercitar tanto em um dia quente?*. Ou poderíamos considerar a primeira como envolvendo uma relação mais conceitual sobre atos, desejos, valores e prazer.

Aqui poderíamos observar que diversas doenças da mente, como a depressão, que podem explicar o fato do bom trabalho não ser prazeroso, são elas próprias parte do campo explanatório e teórico que contêm tanto o prazer como a atividade. Essas doenças podem responder a questão sobre por que a atividade não é prazerosa. Elas atenuam ou desfazem a presumida ligação entre prazer e atividade. Estão entre as condições que tornam as coisas diferentes, que devem estar ou mesmo é provável que precisem estar ausentes para que haja prazer. Não é meramente por acaso, portanto, que pessoas que sofrem dessas doenças com muita freqüência não consideram suas atividades como prazerosas. O que vale, mais uma vez, para as emoções.

Não importa qual seja exatamente a nossa posição. O que importa é em que medida devemos sustentar tal posição. Uma vez que, nesse caso, juntamente com Aristóteles, também reconhecemos uma forte suposição de uma ligação entre atividade e prazer e, desse modo, com as emoções.

Independentemente do que resta investigar, julgo que alcançamos algumas conclusões válidas sobre certas relações entre as emoções, o valor e a avaliação. Vimos que desejamos que muitas de nossas importantes atividades e relações estejam impregnadas de prazer e, o que está mais próximo do argumento do livro, de emoções. Mais uma vez: acaso se precise de uma explicação para isso, ela é facilmente fornecida: tais atividades e relações impregnadas de emoções são componentes essenciais de uma boa vida humana.

Queremos viver de modo impregnado de emoções com nós mesmos e com os outros, e é positivamente bom viver desse modo, e ruim não viver assim. E isso não é simplesmente devido à informação de que dispomos em relação aos valores, crenças e desejos por meio das emoções. Em parte é isso. Mas é também a simples importância, a simples importância humana vital, de viver com os outros e consigo mesmo de modo emocionalmente engajado. Poderíamos, dessa forma, suplementar a máxima de Sócrates de que a vida irrefletida não vale a pena ser vivida com nossa afirmação de que a vida não sentida não vale a pena viver.

Podemos expor esses argumentos considerando duas questões que surgiram antes neste trabalho: em primeiro lugar, a tese informacional; e em segundo, a questão de saber como os sentimentos, afetividade e qualidades sentimentais das emoções podem ser moralmente importantes.

### *A tese informacional*

Pode ser algo bom e maravilhoso que eu aprenda, a partir das emoções das pessoas, que, por exemplo, elas têm preocupações morais particulares com o fato de serem pessoas íntegras. Mas o que também é importante, quem sabe bem mais importante, é que elas têm essas preocupações e são pessoas íntegras. Igualmente, pode ser ótimo e maravilhoso que eu aprenda a partir do afeto daqueles que me amam que eles se importam comigo, e que eu saiba que eles se importam comigo. O que também é importante, e provavelmente bem mais importante, é que eles se preocupem comigo, que eles me apoiem calorosamente em seus corações, em suas mentes e, porventura, em seus braços.

## *Meros sentimentos*

Como visto ao longo deste trabalho, e como acabamos de resumir no que concerne à tese informacional, a afetividade, incluindo os elementos afetivos e qualidades sentimentais das emoções, não pode ser compreendida no plano de meros sentimentos. Talvez não haja razão para negar que são sentimentos, exceto para evitar o risco do erro e da confusão. Mas ao reconhecer que são e envolvem sentimentos devemos reconhecer também que é pouco provável que esses sentimentos, às vezes como a maioria dos sentimentos, são meros sentimentos. Dificilmente existe algo que eles meramente possam ser.

Em suma, perguntar por que devemos nos preocupar, e atribuir qualquer importância moral a *meros sentimentos* é, na verdade, perguntar por que devemos importar-nos em que alguém se importe conosco, por que devemos nos preocupar em sermos apoiados calorosamente nos corações, mentes e braços daqueles com os quais temos consideração. É perguntar, de modo mais geral, por que devemos nos importar com uma vida vital, engajada, conosco e dentro de nós mesmos, e com os outros. Uma vez que ao se perceber que é isso o que está sendo perguntado, a resposta também terá sido dada.

# 7

# Algumas maneiras suplementares de as emoções ajudarem o conhecimento avaliador

Este capítulo retoma o exame de questões mais epistemológicas. Enfoque será dado ao modo como as emoções – especialmente as que ajudam a constituir atos e relações, como discutimos no capítulo anterior – podem contribuir para a formação do conhecimento avaliador. Isso complementará o que já foi realizado em outros pontos deste livro, em particular no capítulo 3, *Problemas emocionais sugerem problemas epistemológicos.*

## 1. Como as emoções são epistemologicamente úteis para justificações e para a contratransferência

Nesta seção, chamaremos a atenção para três formas pelas quais as emoções nos ajudam a obter conhecimento e entendimento, especialmente em atos que envolvem emoções e relações. Primeiro precisamos conhecer a natureza, o significado e o valor das emoções e dos estados emocionais, tais como amor, experimentando-os. O que não quer dizer que somente experimentando o amor e sentindo toda a sua força saibamos o que ele significa e por que nos importamos com ele. Queremos dizer, também, que amar é ter um modo particular, ou alguns modos, de organizar e entender o mundo, de focalizar e nos interessar por certas questões, de nos concentrar em determinadas possibilidades, e de conhecer e experimentar o mundo de maneiras específicas e particulares.

Segundo, geralmente aprendemos as emoções engajando-nos emocionalmente com os outros: como e quando tê-las, como reconhecer as nossas emoções e as dos outros, e o significado de cada uma delas. De maneira mais ou menos parecida com a que nos permite aprender e entender a linguagem – e o que queremos expressar com o que dizemos – também aprendemos e entendemos as emoções, e o que queremos dizer por meio de nossas emoções e de sua expressão. O que permite, e na nossa opinião requer, a capacidade de fazer isso por conta própria, pela imaginação, tanto a imaginação lingüística, freqüentemente chamada de pensamento, como a imaginação emocional, raramente chamada de pensamento.

As emoções também podem ser epistemologicamente úteis de uma terceira forma, um tanto diferente. Podemos saber o que outra pessoa está sentindo, pela nossa reação emocional a ela. Por exemplo, podemos saber que alguém com quem estamos jogando está aborrecido, pelo nosso próprio engajamento emocional no jogo: por vezes tédio, ou frustração e desaponto. O que é parecido com a visão atual da contratransferência, na psicanálise: a de que um entendimento completo de um analisando exige engajamento emocional, até a contratransferência, de parte do analista, e que a compreensão obtida por meio dessas emoções pode ser mais acurada do que a obtida por outros meios. Como diz McDougall:

> O significado latente das comunicações do paciente depende consideravelmente – acima e além do seu significado – do tom, do humor e da emoção passada pela voz do analisando, pela sua maneira de falar, pelos seus gestos e pela sua postura corporal. O psicanalista também precisa estar muito consciente de suas próprias mensagens emocionais e corporais, ao tempo que está introjetando as do paciente. Esse intercâmbio fornece ao analista hipóteses flutuantes sobre o mundo interior do analisando".[1]

A mesma coisa vale para outros campos e profissões, como o da filosofia, da lei, da psicanálise, e também para a *mera* conversação. A maneira como as pessoas falam, e a sua postura corporal – se estão relaxadas ou rígidas, etc –, nos fornecem pistas e provas sobre o que estão pensando e também sobre o que estão realmente dizendo. Descobrimos isso também pelas nossas respostas expressas em pensamentos, sentimentos e ações: pelo que pensamos, sentimos, ou pelo que dizemos no momento em que outras pessoas estão falando, ou mais tarde. Em todos esses casos, tornam-se necessárias sensibilidade e sintonia com os outros. Devemos lembrar que ter e participar de emoções não é apenas útil para essas atividades, mas sim parte integrante de se estar ativamente engajado nelas.

Lembraríamos também que a necessidade de um engajamento emocional suficiente complementa a necessidade de suficiente distanciamento emocional, para se evitar o enredamento, ou outras formas de identificação excessiva. Assim como há problemas e riscos para os psicanalistas ao tentarem entender os seus pacientes, há problemas e riscos semelhantes em outros

1. Joyce McDougall, *Theaters of the Mind: Illusion and Truth on the Psychoanalytic Stage* (New York: Brunner Mazel, 1991), pág. 150. Para discussão de questões levantadas tanto por McDougall como nos parágrafos precedentes, ver Daniel Goleman, *Emotional Intelligence* (New York: Bantam Books, 1995).

lugares, mesmo no que se refere a entendimentos mais proposicionais. Eu posso não entender o que você diz por estar demasiado absorto em mim e, portanto, demasiado distante do seu mundo de entendimento, sem conseguir ir além do que eu próprio teria querido dizer, se houvesse pronunciado as suas palavras. Posso também entender mal o que você diz, por falta de distanciamento, ocasionada por exemplo pela idealização: por estar demasiado envolvido com o seu modo de ver as coisas, por assumir demasiadamente que você é uma autoridade no que se refere à verdade ou à racionalidade do que diz, em vez de usar o meu próprio julgamento. Posso assim, por vezes junto com você, não entender que o que você diz está errado, é implausível ou é uma bobagem.

## 2. Algumas outras propostas sobre a utilidade epistemológica das emoções

Podemos usar essas várias formas que tornam as emoções epistemologicamente úteis para o conhecimento avaliador, visando justificar e mostrar a importância de proposições feitas por Iris Murdoch, Lawrence Blum e Martha Nussbaum, isto é: que a atenção amorosa e outras formas de conhecimento emocional são essenciais para o conhecimento ético.[2] Na nossa opinião, as suas proposições se desenvolvem naturalmente e se fundamentam em situações desenvolvidas por esses autores: para Murdoch, a situação da sogra que chega a entender e apreciar a sua nora; para Blum, as relações de pessoa a pessoa, inclusive a amizade e a intimidade; para Nussbaum, as relações familiares, tais como descritas nos romances de Henry James. O que é avaliadoramente importante para essas situações é a forma importante e extensa pela qual as emoções e as relações nelas baseadas criam tais situações, tornando-as tão interessantes e importantes à sua avaliação. Achamos que o foco no que é emocional ajuda a motivar e a defender a noção de uma moralidade *baseada em regras*, nesses filósofos: uma moralidade baseada em regras estabelecidas pelo Estado e contrastada com a moralidade que valoriza o julgamento.

2. Murdoch, *The Sovereignty of Good* (Londres: Routledge and Kegan Paul, 1970); Blum, *Friendship, Altruism, and Morality* (Londres: Routledge and Kegan Paul, 1980), "Iris Murdoch and the Domain of the Moral" *Philosophical Studies*, 50 (1986) 343-368, e "Particularity and Responsiveness", em Jerome Kagan e Sharon Lamb (orgs.), *The Emergence of Morality in Young Children* (Chicago: University of Chicago Press, 1987); e Nussbaum, *Love's Knowledge* (Oxford: Oxford University Press, 1990), e "Equity and Mercy", *Philosophy and Public Affairs*, 22 (1993) 83-125.

Antes de examinar os seus pontos de vista, queremos fazer uma observação. Freqüentemente parece que esses filósofos se preocupam em focalizar as formas pelas quais a nossa moralidade é uma moralidade de vergonha, e não apenas, como se pensa, uma moralidade de culpa; ou também que estaríamos melhor se a nossa moralidade fosse de vergonha e não de culpa. Pelo menos, muitas de suas idéias positivas sobre julgamento e particularidades, e muitas das negativas sobre regras, combinam bem com aspectos da moralidade de vergonha, e não com a de culpa. Por exemplo, no que se refere às moralidades de vergonha se preocuparem com ideais, podemos ver por que ao menos as articulações podem ser impossíveis, e por que o julgamento é tão importante. Além disso, a moralidade da vergonha está profundamente envolvida com as emoções e as relações emocionais; daí, estar envolvido com uma moralidade de vergonha significa estar envolvido com emoções e relações emocionais.[3]

Há também uma vantagem em se ver as proposições desses filósofos dessa maneira: ela diminui a necessidade de lidar com questões interpretativas históricas tão problemáticas, exatamente da mesma forma como o fazem os filósofos ou escolas que propõem uma moralidade que exclui julgamentos sobre particularidades. Podemos observar, a esse respeito, a pobreza da argumentação que Nussbaum, em particular, nos oferece. Em *Equity and Mercy (Eqüidade e Clemência)* ela cita uma máxima de Anaximandro (DK, fragmento B1) e a primitiva prática legal pré-clássica grega como exemplo desse tipo de sistema baseado em regras. Menciona também alguns teóricos modernos que *podem* estar engajados em tal sistema legal, e *podem* também dar argumentos favoráveis a ele. Além disso, alguns sistemas éticos modernos, acadêmicos, podem se basear em regras, dessa maneira. Mas a maioria, senão todas as moralidades clássicas, insistem na necessidade do julgamento. Um dos poucos exemplos de moralidade baseada nas regras encontrados na nossa tradição filosófica, é o dos silogismos práticos de Aristóteles. Mas a ética de Aristóteles é celebrada justamente por não se basear em regras. Finalmente, em grande parte graças a Wittgenstein, a obediência às regras em si é freqüentemente entendida como julgamento, mais do que regras totalmente articuladas, aplicadas de maneiras totalmente articuladas.

Concordamos com Murdoch, Blum e Nussbaum sobre a importância das emoções para o conhecimento avaliador. No entanto, nossos argumentos podem contrariar alguns dos seus, em especial quando Nussbaum

---

3. Agradecemos a Daniel Haggerty e Sean McAler por discussão sobre este ponto, especialmente em relação a Bernard Williams, *Shame and Necessity* (Berkeley: University of California Press, 1993), e Nussbaum.

contrapõe os papéis morais das emoções e das regras. Ela afirma que as emoções são necessárias à moralidade, pois esta se ocupa de particularidades, segundo Aristóteles, à medida que as regras podem lidar somente com o que é generalizado.

Não concordamos com isso. Como observa Eugene Garver, essa posição sugere que:

> ...o papel da emoção...é (somente) intersticial, que somente nas ocasiões em que os argumentos e as regras são incompletos temos de nos voltar para as emoções, para fazer um determinado julgamento...A *Retórica* mostra que, ao contrário, as emoções têm um desempenho contínuo nas boas decisões.[4]

Além disso, as emoções morais podem também estar presentes e ter importância para o que é geral, como no caso de uma política social geral que instaure a pena de morte. Muitos acham que o planejamento geral, a própria idéia da pena de morte, é repulsiva e bárbara. E muitos também tomam como moralmente significativo o fato deles e outros sentirem essa repulsa. Isso mostra, segundo eles, muito sobre o caráter moral dos que têm e dos que não têm esse sentimento, e também mostra muito sobre a própria política.

Terceiro, poderíamos nos perguntar onde é que as regras, isto é, regras sem julgamento, tal como proposto por Nussbaum, são importantes. Afinal, as particularidades e os julgamentos de particularidades são encontrados e necessários não apenas para a ética, mas para a medicina, a arte, a engenharia civil, a filosofia, para citar apenas algumas disciplinas.

Na nossa opinião, as emoções são realmente necessárias nessas áreas. Como discutimos no capítulo 4, sobretudo na seção 3, elas são necessárias nessas áreas tanto quanto são geralmente necessárias para o conhecimento humano e a atividade. E como foi discutido em *Intellectual Desire, Emotion and Action" ("Desejo intelectual, emoção e ação)*[5], muitas áreas do conhecimento e da atividade, tais como o estudo e a prática da história ou da filosofia, requerem as suas próprias emoções particulares. Definitivamente, para ser bom nessas áreas é preciso ter uma boa intuição dos seus pormenores relevantes.

Mas há dessemelhanças importantes entre as formas pelas quais as emoções importam para essas partes da ética que interessam a Nussbaum, Murdoch, Blum e a mim, e as formas pelas quais elas são importantes nessas

---

4. *Aristotle's Rhetoric: An Art of Character* (Chicago: University of Chicago Press, 1994), pág. 108.
5. Michael Stocker, em Amélie O. Rorty (org.), *Explaining Emotions* (Berkeley: University of California Press, 1980).

outras áreas. A relação é constitutiva nesses casos morais. É preciso dizer, no entanto, que não são todos os casos morais que têm emoções constitutivas. E nem as têm todos os casos não-morais que exigem julgamento de particularidades. Assim, não podemos explicar por que certos casos morais e certas espécies de julgamento moral exigem emoções, somente por serem casos morais e casos de julgamento moral. E nem podemos explicar isso apenas por eles tratarem de particularidades, ou de particularidades morais.

### 3. Alguns aspectos gerais sobre as emoções e o conhecimento avaliador prático, muitas vezes inarticulado

Para voltar ao aspecto mais positivo do nosso tema, o entendimento e a avaliação de muitas situações constituídas pelas emoções podem ser mais bem realizados pelo engajamento emocional. O que significa que a expressão *você tem de estar lá, fazendo a coisa, para avaliá-la corretamente* pode estar certa. A idéia de que muitas situações constituídas por emoções podem ser mais bem entendidas pelo engajamento emocional, pode ser também responsável para a proposição, muito mais difícil, de que as emoções e o engajamento emocional fornecem ou constituem o conhecimento avaliador, e que fazem isso por encarnarem, expressarem e realmente se transformarem nesse tipo de conhecimento. Em outras palavras, as emoções são necessárias para o conhecimento avaliador de tais situações precisamente pelo fato de as pessoas emocionalmente engajadas encarnarem, expressarem e realmente possuírem tal conhecimento.

O conhecimento avaliador de que nos ocupamos é profundamente prático, e freqüentemente envolve uma prática inteligente e sábia que é inarticulada. (A nossa descrição dessa praticidade também ajuda a demonstrar como, na ética aristotélica, as virtudes são práticas.) Temos um motivo particular para focalizar como o que é inarticulado pode ser útil e pode até ajudar o conhecimento avaliador. Esse motivo está diretamente ligado ao nosso entendimento das emoções, como foi mostrado no primeiro capítulo, *A irredutibilidade da afetividade.* Os teóricos de conteúdo podem ser responsabilizados pela completa articulação das emoções, isto é, se puderem responder por esse conteúdo. Mas a afetividade não permite essa articulação. E isso, na nossa opinião, leva muitos filósofos a pensarem que as emoções, por serem afetivas, não podem ajudar a constituir o conhecimento avaliador.

Começaremos por tecer alguns comentários gerais sobre o que aprendemos com a prática. A seguir aplicaremos isso às nossas idéias sobre as emoções e o valor. Pode parecer natural que aprendamos *como* fazer várias coisas, como nos engajar em várias atividades e práticas, por meio da prática, tentando fazer, ou mesmo fazendo o que eventualmente aprenderemos a fazer. Mas como, pode-se perguntar, poderemos aprender o que é verdadeiro, certo, correto, bom ou mau, pelas nossas práticas? Como poderemos aprender *isto é...*, *isto* ______, sem articulação?

A última pergunta pode ser tomada como a indagação de como poderemos aprender, a não ser pelas articulações. Também poderá ser tomada como a indagação de como poderemos dizer que aprendemos, se não tivermos atingido as articulações. O que queremos dizer pode ser esclarecido considerando-se o que Broadie diz, sobre Aristóteles:

> A não-generalização do *orthos logos* em uma regra, não significa que ele não possa ser articulado por meio de declarações que usem termos genéricos. Afinal, trata-se de um *logos*. Aquilo em que não podemos confiar como verdade, além do caso presente, é a sua *orthotes*, a sua exatidão.[6]

Essas palavras parecem significar que até que a articulação, no que se refere a este caso particular, seja feita, não temos o conhecimento, tenha ou não sido essa a intenção de Broadie. Falta-nos a percepção, tendo em vista que não conhecemos o *orthos logos* articulado. Talvez não o tenhamos também pelo fato de não estarmos sendo ainda guiados por ele.

Essas palavras podem ser tomadas como responsáveis pela seguinte proposição conjunta: as articulações não são necessariamente a fonte do nosso conhecimento; mas não aprendemos se não as tivermos. As palavras de Broadie podem também expressar uma proposição conjunta diferente: as articulações não são necessariamente a fonte do nosso conhecimento; e podemos adquirir conhecimento mesmo não tendo a articulação, contanto que seja possível a alguém, às vezes à pessoa em questão, fazer a articulação, ou contanto que haja uma articulação possível. Há uma posição ainda mais forte. Também sustenta que a fonte do nosso saber não tem necessidade de ser articulada. E afirma que podemos ter conhecimento a despeito da articulação, e mesmo que esta não seja possível, nas formas que acabamos de indicar.

No que se segue, mostraremos a possibilidade do conhecimento inarticulado e das fontes inarticuladas de conhecimento, dessas várias espécies. Vamos começar por perguntar, uma vez mais, como é possível aprender sem articulação. Isso não significa que vamos indagar qual seria a descrição geral das práticas de trabalho que nos ajudariam a adquirir *isto é...*. O que colocaria uma série de problemas que abrangeriam quase toda a escala

6. *Ethics with Aristotle* (New York: Oxford University Press, 1991), pág. 76.

de aprendizado humano em todas as suas variedades, e que seria demasiado grande e complicado para permitir respostas breves e úteis.

Preferimos supor que essa questão sugere que podemos aprender *isto é...* somente a partir do que é articulado. Coisa que rejeitamos. Seria possível discutir a questão colocando-nos contra ela, apontando possivelmente os problemas lógicos que exigem articulações e comentários para que se aprenda e entenda todos os *isto é...*, incluindo, presumivelmente, os *contidos* nessas articulações e nesses comentários, e também introduzindo o embasamento que necessitamos para entendê-los. Mas, na nossa opinião, é também útil observar a extensão em que as várias atividades humanas usam e dependem das articulações e de práticas inarticuladas.

Num dos extremos dessa classificação, temos articulações completas, ou quase completas. Podemos considerar como exemplo ter de ensinar quais são as etapas a seguir no uso de um programa de computador. Nessa circunstância, *quase tudo* o que se deve fazer deve ser expresso assim: *Tecle o seu número de usuário, na seqüência pressione VOLTAR, após informe a sua área de trabalho, depois...* Mesmo assim isso pressupõe muitas coisas, por exemplo, que se conheça datilografia. Daí o uso de *quase*.

Idêntico procedimento se aplica aos comentários de textos sagrados, no caso de incluírem não somente uma conferência à qual se esteja assistindo, ou um texto que se esteja lendo, mas também um corpo completo de leituras e escritos. Há casos também em que temos de dizer a alguém muito desconfiado – digamos, alguém que esteja ameaçando jogar-se de um lugar alto – exatamente o que estamos fazendo, e por que o estamos fazendo: *Eu estou me aproximando um pouco de você para podermos conversar melhor, eu estou mexendo meu braço porque estou tendo uma câibra.* E temos também as conversas dos que estão tão preocupados com o seu relacionamento amoroso, que apenas discutem entre si o próprio relacionamento: como ele está se desenvolvendo, isto ou aquilo que mostra, o que é mostrado pela sua discussão sobre ele.

Como é sugerido por alguns exemplos seguintes, há casos no extremo oposto da classificação que nos ensinam *isto é...* a partir do que é completamente, ou quase completamente, inarticulado. Mas, para os nossos propósitos, isso é menos importante do que o fato de que muitos dos *isto é ...* que aprendemos, nós o fazemos a partir do que é, pelo menos em parte, inarticulado. É este fato que nos interessa agora, e para isso focalizamos as práticas inarticuladas e o conhecimento que elas encarnam e ensinam.

A praticidade em questão pode ser relativamente branda. Pode ser importante somente da mesma forma que o fato de você levar alguém à sua casa pressupõe e expressa o seu conhecimento de como se faz para chegar lá. Esse pode ser um conhecimento que você não consiga expressar verbalmente, ou usando um mapa. Obviamente há uma maneira de articular esse conhecimento – isso é, um modo que outros possuam, ou sejam capazes de possuir – que você pode somente mostrar. (Até certo ponto isso modifica a nossa idéia, passando-a de *conhecer isto* a *conhecer como*. Modifica também a nossa questão referente à possibilidade de se aprender *isto é...* sem articulação, para um questionamento sobre o papel epistêmico-valorativo do conhecimento inarticulado do *como*.)

O que também é válido, onde quer que haja, ou mesmo possa haver, uma articulação do conhecimento. Neste caso, podemos pensar no conhecimento de uma determinada exibição de dança, uma determinada dança, por um determinado dançarino, em um determinado dia. Possivelmente não há um sistema de notações capaz de registrar todos os detalhes importantes: isto é, não apenas onde os pés deveriam estar em uma dada seqüência ordenada temporalmente, mas também onde os braços deveriam estar, a sua flexibilidade ou rigidez, a postura altaneira ou modesta do torso. Nessa circunstância, seria possível concluir pela necessidade de um filme, ou de um grupo de filmes, com tomadas de vários ângulos, mostrando todas as características do dançarino, pelo menos para a maioria das pessoas.[7]

Vamos mudar o nosso enfoque, do conhecimento de um episódio particular para o de uma habilidade. Parece não ser possível dar uma descrição completa e repleta de detalhes de como um pai ou mãe pode brincar bem com uma criança. Da mesma forma, não existe também uma descrição completa e detalhada de como se deva manter uma conversação interessante com um amigo. E nem, no que se refere a isso, parece ser possível dar uma descrição genérica do que seja exercer bem uma profissão como a de filósofo, psicólogo, etc. Pelas mesmas razões poderemos também não ser capazes de dar uma *receita* articulada para produzir sequer um único episódio. No entanto, poderemos ser capazes de dar uma descrição articulada de como um determinado episódio é bom ou mau.

Haveria então lugar para articulações nas práticas? Falando sobre si próprio, Barnett Newman, um pintor do expressionismo abstrato da Escola de Nova York, parecia dizer não a essa possibilidade, ao afirmar que "a estética é para mim o que a ornitologia é para os pássaros".[8] Mas seja o que for o que pretendia dizer com isso, suas palavras permitem supor que a estética possa ser uma fonte de conhecimento também para *outras* pessoas. Afinal, em muitas áreas há múltiplos caminhos para o conhecimento. Na nossa

7. Dizemos "pelo menos para muitos de nós" porque *Labanotation* é uma forma semelhante de notação. Agradecemos a Beth Genné, professora de história da dança, por discussão a respeito.
8. Também agradecemos à historiadora da arte Elizabeth Cross por esta citação e discussão.

opinião é isso o que acontece com a estética, como fica demonstrado pelas diferentes maneiras que os artistas e críticos têm de chegar ao conhecimento da mesma coisa. (Deixamos em aberto em que extensão esse conhecimento é similar, e em que extensão o conhecimento da estética, e na estética, é também conhecimento prático.)

Se isso é o que acontece em relação à ética e às emoções, podemos admitir diretamente que as emoções podem servir como um meio para os entendimentos éticos que possam também ser atingidos de maneiras não-emocionais. Correlativamente, podemos sumariamente rejeitar o argumento que sustenta que, uma vez que o entendimento ético pode ser atingido de maneiras não-emocionais, as emoções são, por conseguinte, tidas como irrelevantes para o entendimento ético.

Naturalmente, admitindo-se que há múltiplos caminhos para o conhecimento, não temos necessidade de dar a todos eles peso ou prioridade igual. Há muitos casos em que se deve dar prioridade ao conhecimento do artista, sobre o do crítico; ao conhecimento mostrado pela pessoa que está brincando bem com uma criança, em relação ao de um *especialista em terapia lúdica*; ao conhecimento mostrado por um bom filósofo, em relação ao conhecimento mostrado por regras do que seja filosofar bem. E podemos aqui nos lembrar do conselho moral dado por Aristóteles, somente como um conselho *suplementar*: se você próprio não tem um entendimento ético adequado, talvez por não ter as emoções apropriadas, você pode, no entanto, fazer o que deve, seguindo o exemplo de uma pessoa de bem, que tenha as emoções corretas.

Podemos também assumir a proposição de Newman como capaz de levantar a questão de se saber se a teoria e o conhecimento teórico podem ajudar ou atrapalhar a prática. Pode ser que o conhecimento – ou porventura o enfoque nele, ou no fato de tomá-lo por modelo, e não simplesmente tê-lo – possa interferir com o engajamento ou a espontaneidade requeridos pela boa prática. Continuar nesta linha de raciocínio acarretaria o exame dos argumentos de que a arte pode exigir o engajamento ativo e atento na sua prática, e que isso pode ser bloqueado pelo foco na estética. Não queremos simplesmente dizer que quando alguém está inteiramente engajado com a sua obra, o seu foco de atenção esteja na teoria estética, ou mesmo que esta se mantenha como um pressuposto, na sua mente. Qualquer uma dessas formas de atenção poderia ou não causar uma distração, assim como a preocupação em manter uma postura elegante pode prejudicar quando se está dirigindo um carro, por afastar a mente da estrada, podendo levar-nos a fazer descuidadamente uma curva.

Nós reconhecemos esses perigos. Mas achamos que há um outro perigo, muito mais sério: achar que a atividade artística é a realização de uma teoria, e que a arte é boa na medida em que satisfaz os critérios da teoria. Como exemplo podemos lembrar-nos dos artistas que pensam mais nas regras e nos críticos do que em si mesmos, buscando neles orientação e direção, e que, embora isso não seja inevitável, nem muito menos surpreendente, produzem somente uma arte acadêmica, rotinizada e corriqueira.

A mesma coisa vale também para os jogos, a conversação e outros intercâmbios emocionais. Como exemplo, podemos lembrar daqueles que procuram regras e *especialistas* para descobrir como *devem ser* os jogos, a conversação e outros engajamentos emocionais, em vez de procurarem engajar e interessar na atividade a si mesmos e aos outros, e que, como era de se esperar, acabam por não entrarem em sintonia com a atividade.

Até aqui, portanto, apresentamos exemplos de aprendizado do que é inarticulado. Voltamo-nos agora para outros casos que ilustram como isso pode envolver o engajamento com os outros.

Vamos começar pelo início da vida humana. Duvidamos de que muitos discordem de que o mundo das crianças – os vários mundos que elas experimentam, e como os experimentam – são apresentados a elas em grande parte de modo inarticulado. Isto é evidente, possivelmente, no que se refere aos bebês. Mas deveria ficar claro que em todos os estágios da vida, desde o tempo em que éramos bebês, aprendemos com base em coisas que são inarticuladas. Aprendemos uma boa parte das coisas que constituem o mundo, o que é esperado de nós, o que esperar do mundo, como se relacionar com outras pessoas, por meio da experiência e de práticas que em grande parte são inarticuladas.

Podemos usar novamente um exemplo que já foi mencionado: crianças pequenas de pais deprimidos podem, por assim dizer, concluir, pela maneira como são tratadas pelos pais, *eu fui má*, ou *eu sou má e inadequada.* Dizemos *por assim dizer* porque as crianças quase certamente não articulam nada disso. E os pais deprimidos podem não dizer aos filhos *você é mau*, ou *se você fosse um bom filho, tentaria me animar*, ou mesmo *eu quero ficar sozinho*, ou *nada me agrada.* Pode ser que eles somente encenem ou deem expressão a esses pensamentos. Visto que – podemos criar uma teoria sobre isto – as várias maneiras pelas quais os pais deprimidos estão, ou deixam de estar, com os filhos, são interpretadas pelas crianças como se exprimissem e fizessem surgir pensamentos e sentimentos do tipo *eu sou mau, eu sou inadequado.* Então, como podemos também teorizar, essas experiências inarticuladas exigem que as crianças escolham entre ver os seus pais como maus e ver a si próprias como más; e, por mais penosa que esta última opção seja, a primeira é ainda mais devastadora. (Como este exemplo mostra, podemos adquirir muitas convicções falsas do que é inarticulado, da mesma forma como podemos fazê-lo a partir do que é articulado.)

Para outros exemplos da importância das práticas inarticuladas, podemos examinar as formas pelas quais crianças e adultos são socializados em vários grupos, papéis e atividades. Os antropólogos observam, um tanto intrigados, que as regras referentes à evitação – isto é, quem pode estar com quem sob determinadas circunstâncias – e as referentes ao incesto, são aprendidas muito cedo, pelas crianças, freqüentemente sem nenhuma instrução explícita. Usando exemplos mais leves, introduções e induções podem envolver alguma articulação do que deve ser feito: *Nós pegamos a bola depois que ela é balançada uma vez, e antes que balance três vezes.* Mas também incluem muito do que é mostrado, e não-articulado; por exemplo, gritos de encorajamento e de crítica. Incluem também o que pode ser da maior importância: simplesmente juntar-se a uma atividade e tentar se entrosar com os outros.

Deveríamos observar, também, que muito cedo, em tais induções, crianças e adultos adquirem muitos pontos de vista – sabem, ou pelo menos acreditam em muitos *isto é...* – referentes a essas atividades. As crianças em idade escolar podem protestar contra a aceitação das roupas que lhes são dadas pelos pais: *Nenhuma das outras crianças está usando mais isso.* As crianças aprendem e conhecem essas regras sem que elas sejam articuladas. Da mesma forma elas conhecem essas regras mesmo sem as articularem, e certamente antes que as articulem, talvez em um esforço de impedir que os pais as embaracem fazendo-as usar o tipo errado de roupa.[9]

Os *nós duplos*[10] nos fornecem outra importante área de observação para que vejamos a importância e o poder do aprendizado feito por meio de práticas inarticuladas, especialmente as que envolvem emoções. Para os nossos propósitos, podemos caracterizar um duplo nó quando se passa a uma pessoa mensagens contraditórias, às vezes sendo *mostrada* a ela uma coisa, ao mesmo tempo que lhe é afirmado algo contrário. Um exemplo disso pode ser encontrado no caso de um menino recolhido a uma instituição, o qual,

9. Agradecemos a Sarah Larsen por este exemplo e discussão.

10. Sobre duplos nós, ver, por exemplo, Gregory Bateson, Don Jackson, Jay Haley e John Weakland, "Toward a Theory of Schizophrenia", *Behavioral Science,* 1 (1956) 251-264, republicado em M. Berger (org.), *Beyond the Double Bind* (New York: Brunner Mazel, 1978); Frantz Fanon, *The Wretched of the Earth* (New York: Grove Press, 1965), e *Black Skins, White Masks* (New York: Grove Press, 1968); e Sandra Lee Bartky, *Femininity and Domination* (New York: Routledge, 1990). Agradecemos a Robert Daly por discussão sobre esse ponto e pelo exemplo, citado acima, do garoto internado, retirado de John Weakland, "The 'Double Bind' Hipothesis of Schizophrenia and Three-Party Interaction" em Don Jackson (org.), *The Etiology of Schizophrenia* (New York: Basic Books, 1960). Ao usar esse exemplo, não pretendemos concordar com a tese de que a esquizofrenia é causada por esse tipo de educação materna ou por esses tipos de comunicação.

ao melhorar um pouco, é visitado pela sua mãe. Contente por vê-la, ele corre a abraçá-la. Mas, possivelmente pensando que ele é perigoso ou perturbado, ela recua. O que o fere, aborrece e o faz ficar fora de si. Vendo isso, a mãe diz *O que há com você, não me ama mais?* Neste caso, os pontos de vista do menino – isto é, vários dos *isto é* ... que ele conhece ou nos quais acredita – se transformam em uma amálgama instável do que a mãe lhe mostrou e do que ela lhe disse. Torna-se necessária uma grande capacidade de julgamento para se saber como ele ou nós deveríamos comparar a verdade e o poder probatório do que ela mostra com o que ela diz, e como essas duas coisas se contradizem mutuamente.

Assim também poderíamos considerar as dificuldades similares que os membros de grupos podem encontrar – por exemplo: mulheres, judeus, negros – quando lhes é afirmado, conforme a política oficial e a ideologia, *naturalmente você é igual e será tratado em pé de igualdade com todos,* mas na verdade são tratados menos igualmente. No que devem acreditar essas pessoas? No que lhes é mostrado ou no que é articulado, ou em algum amálgama instável dessas duas coisas?

Em todos esses casos, há outros aspectos muito difíceis que devem também ser levados em consideração. O menino do exemplo anterior tem de arranjar um ponto de vista que, de alguma forma, combine tanto o que a sua mãe diz como o que ela mostra. Além disso, ele deve também levar em conta o que, da maneira como ele sente as coisas, significa ter uma mãe que o coloca em risco e que não pode ou não quer protegê-lo. Um paralelo disso, no que se refere a mulheres, judeus e negros, é a necessidade de se levar em conta o que significa viver em uma sociedade hipócrita ou auto-enganada, por exemplo: pessoas que se proclamam amigas, mas que na realidade são hostis e inimigas.

Essas questões e problemas são importantes para mostrar como aprendemos baseados em fontes que são, em si, inarticuladas. Tanto o que, após ser aprendido, será articulado, quanto o que não poderemos mais tarde articular. Sustentam também uma proposição feita na seção 1 deste capítulo, a de que geralmente aprendemos emoções quando nos engajamos emocionalmente com outras pessoas: como e quando tê-las, como reconhecer as nossas próprias emoções e as dos outros, e o significado delas.

Concluímos esta seção com alguns pontos que demonstram a forma como o que é inarticulado pode pesar sobre as emoções e os valores, e também sobre o conhecimento. Primeiro, muitas das práticas e atividades que discutimos neste capítulo são interpessoais. Referem-se não somente com muitas pessoas trabalhando, brincando, vivendo juntas, mas também fazendo tudo isso de uma maneira que envolve emoções interpessoais, conforme as várias formas discutidas anteriormente neste livro.

Segundo, muitas das maneiras pelas quais as práticas são ensinadas, seja o ensino explícito ou não, dependem das emoções. Devemos considerar, por exemplo, a frustração e o aborrecimento sentidos contra o garoto novo da vizinhança, que joga incorretamente o jogo local; os gritinhos de prazer dados quando um bebê nos responde *corretamente*; a aflição e o medo mostrados pela mãe do garoto esquizofrênico. Aristóteles observa, no início do livro II da *Ética a Nicômaco,* que a socialização, e particularmente o treinamento que tem como resultado virtudes e vícios, são efetuados por aplicações simultâneas de prazer e de dor. Podemos interpretar isto facilmente, dizendo que a educação se faz por meio das emoções das crianças, tais como o seu orgulho em satisfazer aos seus tutores, e pelas emoções dos que os educam, tais como o orgulho pelo fato dos seus pupilos aprenderem depressa.

Terceiro, muitas das práticas em questão envolvem emoções e emocionalidade. Muitas, realmente, são práticas emocionais. Podemos nos lembrar das maneiras de se estar, ou de *se relacionar* com nossos pais, ou com nossos filhos. Assim também podemos lembrar das virtudes, tais como discutidas por Aristóteles. Como foi mostrado no capítulo 5, seção 5, a respeito da liberalidade e da coragem, muitas virtudes são parcialmente constituídas quando se têm as emoções interpessoais certas.

Deveria ser enfatizado que, insistindo na importância do que é inarticulado para o conhecimento, mesmo para o conhecimento avaliador, não rejeitamos a importância da articulação para o conhecimento, especialmente se ele é ganho pela reflexão sobre as ações e práticas inarticuladas. Reconhecemos que a reflexão e a articulação podem mudar, ou mostrar a necessidade de uma mudança nas práticas. Tudo o que queremos dizer é que a prática, agora modificada para levar em conta o conhecimento articulado, pode, no entanto, reter ainda a prioridade epistemológica tanto em relação ao conhecimento reflexivo que levou à mudança, quanto ao conhecimento reflexivo sobre a prática recém-mudada.

Para quem ainda duvidar de que isso possa ser tido como conhecimento – e para os que gostariam de ver mais uma forma de se colocar essa questão – oferecemos alguns comentários de Stuart Hampshire:

> Por que tem sido muitas vezes pensado que a concentração em um assunto abstrato, distante da percepção ordinária, é a atividade mais elevada de uma pessoa, a mais próxima do divino? Porque Aristóteles e os teólogos cristãos nos disseram isso, e a sua ficção foi passada para a linguagem que usamos ao distinguir razão de emoção, ou intelecto de imaginação, ou ciência de arte. Inteiramente dentro da tradição racionalista, Kant, na *Critique of Judgement* (*Crítica do Julgamento),* classificou as artes visuais como trabalhos livres da imaginação, e como tais inacessíveis ao raciocínio e à explicação, e pertencentes ao domínio do gênio indescritível. Isso se transformou na sabedoria convencional.

Comecei a duvidar dessa tradicional descrição da mente, em parte como conseqüência do encontro e da conversação que mantive com Giacometti, pouco antes de sua morte. Essa idéia começou-me a parecer um conveniente mito acadêmico, e mera invenção. 'No princípio era o Verbo', ou o princípio racional ('A Palavra' na versão autorizada) transforma a razão articulada na fonte de todas as coisas e na única pista para a realidade. Mas não é óbvio, dentro da nossa experiência, que há na verdade muitas espécies diferentes de pensamento associadas com a elaboração das coisas, e que algumas espécies de pensamento, tipicamente humanas, estão bem afastadas do discurso racional e não deixam de ser interessantes?

Falando com Giacometti, senti-o parecido com qualquer outra pessoa encontrada por mim, na intensidade, na concentração e na continuidade do seu pensamento. Desde o início de sua vida artística ele transformara a sua arte em uma série de experimentos refletidos, ligados a uma série de inquéritos interconectados, cada um deles surgindo dos seus fracassos passados e, menos freqüentemente, dos seus sucessos passados. Não teria sido fácil a ele, em qualquer estágio, dar uma explicação explícita, em palavras, de suas pesquisas e dos resultados obtidos. As suas intenções passavam para o entalhe e a modelagem, e para o desenho e a pintura, à medida que ficava 'pasmado' (foi a palavra que escolheu) com o que estava fazendo e ia corrigindo continuamente as suas obras.

Olhando para qualquer objeto que fizera, ele pensava nas alternativas que se sentia impelido a seguir, não sabendo se resultariam em algo melhor, mas acreditando que talvez isso acontecesse. Retrospectivamente, podemos ver que ao responder a muitas questões ele foi capaz de recapturar em palavras algo do seu pensamento primitivo e algumas de suas intenções, passadas e presentes, mas quase nunca completamente e com certeza."[11]

## 4. Como o conhecimento emocional-avaliador pode ser prático

Até agora esboçamos alguns pontos gerais sobre práticas e conhecimento prático, especialmente na medida em que são inarticulados e envolvem emoções. Queremos agora focalizar algumas formas que usamos para entender nossas emoções e o conhecimento moral que elas envolvem, no plano de práticas e conhecimento prático, especialmente no que estes têm de inarticulado.

11. "A Way of Seeing", resenha de *Looking at Giacometti* de David Sylvester, *New York Review of Books*, 42, nº 12 (13 de julho, 1995) 46-49, pág. 46. Uma visão contrária, afirmando a necessidade de articulação e formulação lingüística, é encontrada em R. Jay Wallace, *Responsibility and the Moral Sentiments* (Cambridge, Mass.: Harvard University Press, 1994), por exemplo, pág. 22.

Começaremos por usar o que demonstramos, para colocar uma proposição – que muitos julgam ter sido feita por Aristóteles – de que as emoções são necessárias para o conhecimento avaliador. Isto é, que o conhecimento geral, ou o conhecimento de alguma coisa, é demasiado complexo e difícil de articular e somente pode ser demonstrado, e que as emoções fazem parte dessa demonstração. Poderia, no entanto, ser afirmado que há comentários articulados, discursivos e transmissores de conhecimento sobre alguns casos particulares, ou mesmo sobre todos. Poderia ser ainda alegado que o que é conhecido na ética, em oposição à maneira como o conhecemos, não tem uma conexão essencial com as emoções.

Mas, na nossa opinião, realmente pensamos que é possível demonstrar como as emoções são importantes para o conhecimento avaliador, pelo fato de ter sido demonstrado que elas desempenham tais papéis. No entanto, há uma posição muito mais forte que, correspondendo a isso, reconhece uma importância muito mais epistemológica às emoções. Essa posição mais forte sustenta que o engajamento emocional, especialmente o que é a um só tempo racional e emocional, é uma forma primária ou típica – seja ou não a única – de se ter e expressar o conhecimento. Uma forma correlata de enunciar isso é que temos conhecimento na prática e da prática: sabendo que a prática encarna, expressa e realmente é o conhecimento. De uma maneira ainda mais categórica, poderíamos dizer que o conhecimento prático emocional tem prioridade epistemológica sobre outros tipos de conhecimento, mesmo sobre o conhecimento articulado e reflexivo. Tal prática tem precedência sobre a teoria. Não há necessidade de estender esta idéia até o reconhecimento de que o coração tem razões que a razão não pode conhecer. Basta dizer que se a razão chega a conhecê-las é porque vai buscá-las no coração.

Para defender esse nosso ponto de vista, começaremos com alguns comentários de Aristóteles. Ele afirmava que cada pessoa de bem requer emoções corretas para saber como deve agir e ser. Assim, poderia parecer que ele concordaria com o que propõe Newman – que a estética é para ele o que a ornitologia é para os pássaros – transpondo-o para o campo da ética. O que pode estar certo no que se refere à utilidade e à praticidade de uma ética articulada. Mas até mesmo uma proposição semelhante à de Newman não é forte o suficiente para captar a proposição de Aristóteles de que a ética não admite uma descrição completa e detalhada. Porque o que ele diz é também que não há uma descrição da ética que seja tão completa, e mesmo tão inútil, como a ornitologia é para os pássaros.

Oferecemos assim uma leitura mais forte da proposição de Aristóteles de que o engajamento emocional – e, de maneira mais genérica, a virtude – é necessário para o conhecimento avaliador. Isso é assim porque, em parte por causa do seu correto engajamento emocional, as pessoas boas e sábias, as que são *phronimos*, encarnam, expressam e determinam o que é moralmente correto. Pode ser útil e necessário refletir na sua prática, para que se conheça como agir bem e ser bom. Mas a forma pela qual a reflexão na sua prática alcança isso não é, ou não é somente, por que tal reflexão nos permite encontrar os princípios subjacentes da prática: princípios que podemos então usar para saber o que fazer e como fazê-lo, mas desta vez de uma forma refletida e articulada. Além disso, a reflexão pode nos capacitar diretamente a agir e engajar-nos emocionalmente, de maneiras avaliadoramente informadas e informativas. Pode-nos ajudar a aprender a sua prática, de modo que também possamos saber o que fazer e como ser. A mesma coisa acontece em relação aos outros, e na sua reflexão sobre a sua própria prática.

Nossa conclusão, então, é que as emoções e as práticas emocionais podem ser vitais para os valores e a avaliação. Podemos aplicar esse ponto geral a uma questão que será discutida no capítulo 8, seção 2: as relações entre eqüidade e clemência, como apresentadas por Nussbaum em "Equity and Mercy". Como será discutido, não há nada nos fatos, e nem no conhecimento que um juiz tenha de todos esses fatos, que possa exigir que ele aja com eqüidade, em vez de agir com clemência, ou vice-versa. O que determina a maneira de agir é o caráter e a personalidade do juiz – por exemplo, se ele é ou não uma pessoa bondosa.

Além disso, saber se uma determinada decisão é misericordiosa, em oposição a justa, pode envolver também, e até mesmo exigir, emoções. O conhecimento, neste caso, pode envolver demonstrações, mais do que articulações. E reações emocionais poderiam nos ajudar a reconhecer se uma decisão é clemente, sem que sejamos capazes de dizer no que essa clemência consiste. Poderemos estar aptos a articular isso no que se refere a determinados casos, mesmo em cada caso em particular. No entanto, poderíamos ainda não ser capazes de articular em que consiste essa clemência de modo que permita, por tais articulações, que futuros casos pudessem ser decididos com clemência. Mais do que isso, poderíamos ter de nos contentar com proposições sobre o que – o que quer que seja – uma pessoa gentil, paternalista, clemente decidiria, quando agindo e expressando-se dessa forma.

Deve ser enfatizado que sustentar este ponto de vista – sobre a clemência, ou mais genericamente – não é afirmar que a crítica da decisão seja impossível. E nem é sustentar que somente os que são bondosos possam criticá-la. Como acontece no caso da arte, mesmo os que não podem produzir epistemologicamente obras primárias, podem, se for o caso, serem capazes de fazer julgamentos sérios.

## 5. Como as emoções são importantes, mas ocasionalmente desnecessárias, para o conhecimento avaliador

Mostramos que há muitas maneiras diferentes pelas quais as emoções podem ser importantes para o conhecimento avaliador. Mas não dissemos, como McDowell parece fazer, que somente é possível tal conhecimento quando se têm essas emoções.[12] Os nossos argumentos visaram mostrar que as emoções fornecem um acesso importante para esse conhecimento.

Não vemos muita razão para pensar que uma emoção incorreta, ou a falta de uma emoção correta, deva excluir o conhecimento avaliador. Como foi sugerido no capítulo 3, seção 3, artistas e investigadores podem ter conhecimento avaliador sem ter as emoções relevantes. De uma forma semelhante, David Charles observa que se pode ser bom e, realmente,

> ter prazer em descobrir o que é justo, para se predizer o que as pessoas justas farão, talvez mesmo para frustrá-las (ou como um agradável estudo sociológico). Portanto, não se segue desse requisito que somente os justos, com as motivações corretas, poderão sem erro descobrir o que é a coisa certa. Eles podem ter sucesso por motivos diferentes.[13]

Além disso, como será sugerido no capítulo 9, seção 1, na discussão sobre as doenças espirituais, várias lacunas afetivas e desordens são compatíveis com o conhecimento avaliador. Por exemplo, mesmo quando estou deprimido posso saber o que é bom, ainda que esteja incapacitado de buscá-lo. Essa divisão entre o conhecimento avaliador e as emoções é, naturalmente, parte do que torna a depressão tão desesperadora. Certamente é possível ter uma avaliação menos acurada, quando a depressão se estabelece ou se torna mais profunda. Como Freud diz, em "Luto e Melancolia": "No luto, é o mundo que se tornou triste e vazio; na melancolia, é o próprio ego que está assim. O paciente representa o seu ego para nós como indigno, incapaz de qualquer realização e moralmente desprezível..."[14] No entanto, neste caso as relações não são, ou nem sempre são, suficientemente fortes para apoiar a idéia de que somente com emoções pode-se ter conhecimento avaliador.

---

12. Em "Virtue and Reason", *Monist*, 62 (1979) 331-350, e "Values and Secondary Qualities", em Ted Honderich (org.), *Morality and Objectivity* (Londres: Routledge and Kegan Paul, 1985), republicado em Geoffrey Sayre-McCord (org.), *Essays on Moral Realism* (Ithaca, N. Y.: Cornell University Press, 1988). (Londres: University College of London Press, 1995), pág. 152, nº 15.
13. "Aristotle and Modern Realism", em Robert Heinaman, org., Aristotle and Moral Realism.
14. No volume 14 de *The Standard Edition of the Complete Psychological Works of Sigmund Freud*, ed. James Stratchey (Londres: Hogarth Press, 1986), pág. 246.

Este ponto de vista poderia ser contestado dizendo-se que a depressão pode muito bem roubar as pessoas do seu conhecimento avaliador; como o uso de *roubar* sugere, elas devem ter adquirido o conhecimento quando ainda estavam em boa forma emocional. Por sua vez, isso poderia sugerir que para ter conhecimento ético precisa-se ter, ou ter tido, emoções relevantes. Concordamos que em muitos casos essa é a forma válida, para muitas pessoas. Mas também acreditamos que não seja válido para muitas outras pessoas, em outros casos.

Pensamos, entretanto, que uma analogia social seja esclarecedora. Pelo menos, parece muitíssimo improvável que um grupo de pessoas reunidas em uma sociedade tenha os requeridos padrões de pensamento, de atenção, de desejo, a menos que as emoções relevantes façam parte do tecido social. Mas se esses padrões fazem parte do tecido social, os indivíduos que geralmente, ou em determinadas ocasiões, carecem de emoções, podem ainda estar aptos a acessar o conhecimento relevante. Precisamente por terem acesso ao tecido social, à maneira como este é reforçado, vivido, etc.

Assim como há formas sociais dos papéis que as emoções podem ter de desempenhar em relação ao conhecimento avaliador, há formas sociais de como a falta de emoções é consistente com ter o conhecimento. Por exemplo, os que estão alienados das emoções dos seus *mestres e melhores*, podem fazer ao menos muitos, se não todos, julgamentos que eles fariam. Pode ajudar, neste caso, pensar em uma sociedade profundamente dividida, com uma classe de pessoas – por vezes até mesmo escravos – servindo os seus mestres e melhores. Certamente alguns dos servos podem realmente ter essas emoções, e alguns podem tê-las de modos alienados e inautênticos. Isso é suficiente para justificar o nosso ponto de vista. Mas, em qualquer caso, alguns dos servos podem não ter essas emoções, mas mesmo assim saber o que os seus mestres sabem.

Não há necessidade de prosseguir com estas questões. Elas podem mostrar bem que uma pessoa não necessita ter as emoções certas para ter o conhecimento avaliador. Elas também permitem, e possivelmente até mesmo revelem, que as emoções de uma sociedade, ou de parte de uma sociedade, e também de algumas pessoas, em determinado momento, são importantes e mesmo necessárias para esse conhecimento.

A contrapartida disso, na ética, é que o engajamento emocional é muito útil, seja ou não necessário para se praticar bem a ética. (É claro que queremos dizer engajamento em um sentido geral, e não em cada momento em que estivermos praticando a ética.) Sem esse engajamento, podemos muito bem introduzir nas nossas teorias versões teóricas dos sérios erros de avaliação que, como dissemos, são naturalmente conectados com o fato de não se ter as emoções certas, e não se ter conhecimento emocional.

# Parte 3

## *Estudos de caso: complexidades filosóficas e outras complexidades das emoções*

# 8

# A interdependência das emoções e da psicologia

A terceira parte de *O Valor das Emoções* demonstra o que deve ser entendido para se compreender as emoções e o que, para ser compreendido, requer um entendimento das emoções. Neste capítulo, abordaremos algumas das formas pelas quais a psicologia e as emoções desempenham esses papéis complementares. No capítulo 9, alguns aspectos da psicologia assumida de Aristóteles são examinados: os que têm a ver com afetividade e auto-referência. O capítulo 10 é um amplo estudo da *orgē*, raiva, tal como foi descrita por Aristóteles. A sua preocupação primária é a de mostrar como somente a compreensão dessa emoção requer um entendimento de quase todo o caráter e também de muitas estruturas sociais do tempo de Aristóteles.

Este capítulo é dividido em quatro seções. A primeira ocupa-se com a preocupação que temos sobre o uso comum na filosofia de *matar uma outra pessoa* como apenas um exemplo ou como o exemplo da ação. A segunda, é sobre algumas relações entre a empatia e a simpatia. A terceira, trata da vergonha. E a quarta é sobre o valor das emoções dolorosas.

## 1. Matar outra pessoa – só para dar um exemplo

O ato de matar e o de deixar morrer estão entre os exemplos mais comuns de atos encontrados na teoria da ação e na ética. Nesta seção vamos discutir o que o uso desse exemplo pode mostrar[1]. Queremos também demonstrar como as emoções entram ou deixam de entrar nesse exemplo, e o que isso significa. E finalmente, queremos impor um fim ao uso desse exemplo como apenas mais um exemplo de apenas um ato a mais. Pelas razões que exporemos, ajudará a nossa apresentação expandir *matar* para *matar uma outra pessoa* ou *matar outras pessoas.*

1. Agradecemos a Elsa First por discussão.

O motivo que temos para impor um fim a se usar *matar uma outra pessoa* como um exemplo geral e neutro de um ato, não é que pensemos que os filósofos deveriam evitar discutir o ato de se matar uma outra pessoa. Porque esta é uma questão vitalmente importante, que devasta o mundo e que certamente deve ser discutida. E nem somos da opinião de que por *matar uma outra pessoa* ser diferente de outros atos, devam os filósofos deixar de usar esse exemplo. Concordamos com a diferença. Mas, em si, isso mostraria que assim como os filósofos não podem depender somente desse exemplo para o entendimento de muitos outros atos, assim também eles não podem depender unicamente desses atos para entender os atos de matar outras pessoas.

O que achamos é que os filósofos, como muitas outras pessoas na nossa sociedade, têm dificuldades sérias para elaborar e sentir com clareza o ato de se matar uma outra pessoa. Por muitos e variados motivos nós nos sentimos inconfortáveis e pouco seguros, sobre esse assunto. E também, e talvez por esse mesmo motivo, pensamos e agimos inadequadamente quando usamos *matar uma outra pessoa* apenas como um exemplo da ética.

Para ver isso, vamos considerar por que os filósofos usam esse exemplo. É difícil aceitar a resposta habitual, que os filósofos apenas buscam um exemplo: como se poderia dizer, um exemplo geral e neutro de atos, de fazer e não-fazer. Para se questionar se isso é tudo o que *matar uma outra pessoa* é – isto é, apenas um exemplo de ação – poderíamos considerar o que aconteceria na e para a discussão filosófica na ética ou na teoria da ação, se o estupro fosse usado como um exemplo geral e neutro. Por exemplo: o estupro por um parente, acaso um pai, de uma criança de três anos, ou, parafraseando uma recente matéria jornalística, o estupro de uma mulher *que estava pedindo isso, usando roupas sexy.* Nesse caso, os terríveis detalhes do ato quase certamente invadiriam e obstruiriam a discussão geral e neutra.

O que está em questão aqui não é a gravidade do estupro. Visto que por mais que possamos comparar a gravidade do estupro ao ato de assassinar uma pessoa, matar é certamente um assunto muito grave. No entanto, nós, filósofos, usamos esse ato como um exemplo geral e neutro. E fazemos isso com muita freqüência. Como é possível isso? O que estamos pensando, ou sentindo, ou não pensando, ou não sentindo, que seria impossível no caso do estupro?

A freqüência com que é usado *matar uma outra pessoa* como exemplo filosófico poderia sugerir facilmente que os filósofos são sedentos de sangue. Ou possivelmente extremamente hostis e coléricos, ou mesmo interessados em eliminar outras pessoas, ou simplesmente em ficarem sozinhos. Pode haver algo de verdade nisto, como é sugerido pela insistência muito marcada dos filósofos em partilhar o seu entendimento, insistir para que os outros aceitem o seu ponto de vista, pela força que existe nas nossas discordâncias, pelo acaloramento e pela duração de nossas disputas, e outras coisas assim.

O que nos preocupa, pelo menos tanto quanto a freqüência com que *matar outra pessoa* é usada como exemplo, é a maneira como esse exemplo é tratado. Quase invariavelmente, os exemplos de matar outras pessoas são apresentados de maneira desnaturada, direta e desprovida de afetividade. Coisa tão comum que poderia bem ser perguntado qual o estado emocional em que os filósofos estão: quais os estados emocionais que são encorajados na sua, e pela sua, disciplina, e que são próprios a ela, ou endêmicos. O que pode levantar tantas objeções e sugestões como as provocadas pela freqüência de uso desse exemplo. Pode também levantar a questão de se saber se estamos sofrendo de um ou mais dos defeitos emocionais, valorativos e epistemológicos, discutidos nesta obra, tais como a dissociação ou a intelectualização.

Pode parecer injusto e inadequado falar somente dos filósofos, nesta questão. Uma vez que a verdadeira resposta, ou pelo menos uma parte considerável dela, poderia ser que os filósofos (como tantos outros) se deixaram colher pela tolerância geral de nossa sociedade, ou mesmo sua preferência pela mutilação, pela violência e pelo assassinato. Não nos interessa discutir se de fato, como uma sociedade, toleramos essas coisas, muito embora o nível de violência atual nos Estados Unidos, as guerras e os conflitos violentos, políticos e sociais que ocorrem em todo o mundo, e a inércia geral, e mesmo a indiferença em relação a isso, possam sugerir tolerância. Nem estamos preocupados em saber se a aparente tolerância nasce da aceitação ou, alternativamente, da resignação. Estamos mais preocupados com a tolerância, que chega até mesmo a ser uma aprovação, da descrição do ato de matar, nos nossos filmes e escritos. A violência, mormente a que se refere ao ato de matar, vende, assim dizem os profissionais da mídia, com conhecimento de causa.

É essencial observar como os atos de matar são reproduzidos. Eles não são apresentados como cotidianos e comuns, o que eles são. E nem são apresentados como terríveis, o fim da vida de uma pessoa, e o fim de muitas outras esperanças das pessoas e das possibilidades de uma vida decente, coisas que eles são. Eles são antes apresentados como algo excitante, pouco comum, diferentes, ou como algo que acontece a pessoas especiais, diferentes, ou em circunstâncias pouco habituais. Matar outra pessoa é, com freqüência, dotado de uma aura romântica, estilizada e estetizada. É até mesmo apresentado como um espetáculo agradável e estético, como na cena final, lírica, em câmera lenta, nos filmes *Buth Cassidy and The Sundance Kid* e

*Bonnie and Clyde*. Ou então, o ato de matar pode ser transformado em macabra pilhéria, como no filme *Harold and Maude*, ou em qualquer outra espécie de pilhéria.

É claro que nós, os filósofos, raramente, se é que alguma vez, usamos *matar uma outra pessoa* nessas formas excitantes, estetizantes, ou em brincadeira. Mas essa diferença é, em nossa visão, muito menos importante do que a maneira comum pela qual nós e o pensamento popular, e o mundo do entretenimento, usamos *matar outra pessoa*. O que é comum é justamente que ambas as descrições são pouco precisas e tão comuns.

Possivelmente o ato de *matar outra pessoa* seja tratado de modo tão inadequado por ter sido, antigamente, um problema tão grave e por nos faltarem recursos emocionais, políticos e sociais para que tratássemos dele de uma forma realista e útil. Os adultos na nossa sociedade parecem não ter meios de fazer isso, seja na fantasia ou na vida real. As crianças pelo menos têm contos de fadas e jogos que lhes permitem lidar com esses temas, resolvêlos e dominá-los.

Poderíamos acrescentar que já foi sugerido que as crianças, como mostram os seus jogos de *bang, bang, você está morto*, podem mesmo brincar de matar esvaziando *matar* do peso emocional que nós achamos que ele contém. Mas pensamos que isso mostra uma séria falta de compreensão, tanto da razão pela qual esses jogos são tão populares, como das crianças. Se a morte não passasse de apenas *um jogo de crianças*, estas não brincariam com ele.

O fato de nós, filósofos, partilharmos a visão da nossa sociedade sobre matar outras pessoas – e seria difícil para nós evitar completamente isso – levanta sérias dúvidas quanto aos nossos estados complexos, emocionais, valorativos e epistemológicos. Deveríamos indagar quais são os custos interiores de desnaturalizar o exemplo de matar uma outra pessoa, tornando-o um tema de diversão ou fascinação, ou frio e não-emocional; e como direcionar nossa atenção para isso nos impede de pensar clara e profundamente sobre o ato de matar em si, ou das razões dele ter sido usado como exemplo.

O que equivale a dizer também que não está claro para nós se seria melhor que os filósofos dessem *pleno peso emocional* aos exemplos de matar outras pessoas. Como é demonstrado pelo uso e abuso de fotografias e filmes de atrocidades de guerra feitos para causar impacto na opinião pública, há muitas dificuldades em se fazer julgamentos adequados quando emocionalmente estamos completamente engajados com tão terríveis acontecimentos. Muitas pessoas não têm um conjunto de capacidades intelectuais, emocionais e valorativas que lhes possibilitasse tratar desses temas dandolhes um completo peso emocional, sem se deixarem levar por eles, ou sem se engajarem, ou sem caírem em dissociação, ou ambas as coisas.

A nossa preocupação com o uso de *matar uma outra pessoa* como exemplo filosófico não é somente especulativa ou teórica. Em várias classes de Stocker – adiantadas, com estudantes bem encaminhados para se tornarem filósofos profissionais – os estudantes têm usado esse exemplo. Um desses estudantes, quando os seus argumentos foram definidos como inadequados por um colega, mudou o exemplo para *esfaquear alguém até a morte*. Quando foram interrogados, esses estudantes, até o que usara o exemplo do esfaqueamento até a morte, negaram ter sentido o que quer que fosse, sobre *matar uma outra pessoa*. Disseram: *Mas matar é somente um exemplo*, esclarecendo que não havia raiva ou hostilidade envolvida, ou qualquer outro sentimento. Muitos pareciam nem sequer compreender por que se deveria pensar que os sentimentos estivessem envolvidos.

No entanto, quase sempre usaram *matar* e raramente *matar uma outra pessoa*. E quando lhes pediram para usar o último exemplo, novamente somente como exemplo, acharam difícil fazê-lo. Eles poderiam usar o exemplo de *matar uma outra pessoa* contanto que não tivessem de explicitar que se tratava de uma outra pessoa. Neste caso, seria somente *matar* e somente um exemplo.

Poderia ser concluído que esses estudantes mostraram que não eram confiáveis para julgarem se algo envolvia ou não a emocionalidade. E os que concordam conosco que as emoções podem ser relevantes para os julgamentos morais, poderiam concluir que esses estudantes mostraram não ser realmente dignos de confiança no que se referia a tais julgamentos, especialmente no que se referia a assuntos emocionais. Assim, somente poderíamos confiar no seu julgamento ético e nos seus argumentos se o tema proposto não desencadeasse emoções.

Pensamos que isso é um erro. A dissociação e a intelectualização não são necessariamente globais. A maioria das pessoas que têm esses defeitos só os apresentam em determinadas áreas, não em todas. Da mesma forma, o fato da nossa sociedade ter tanta dificuldade em entender e lidar com o ato de matar outras pessoas, não mostra que apresente as mesmas dificuldades em relação a outro *problema* qualquer. Em outras palavras, os problemas e conflitos resultantes de se pensar em matar uma outra pessoa – e especialmente em transformar isso numa coisa não-emocional – podem muito bem envolver distorções sobre matar outras pessoas e sobre a questão para a qual se está usando esse exemplo. Mas problemas que são menos conflitantes podem envolver uma distorção muito menor, ou mesmo nenhuma distorção. Dessa forma, esses estudantes e outros filósofos em geral podem ser perfeitamente confiáveis em suas avaliações.

De uma maneira mais genérica, é possível que para alguns filósofos *matar* realmente possa ser apenas um substitutivo para qualquer ação. O que poderia explicar por que esses estudantes não tiveram problemas ao usarem *matar* como exemplo, mas tiveram problemas quando usaram *matar uma outra pessoa*. Pode também ser afirmado que o uso tanto de um como outro exemplo não acarreta necessariamente dissociação, ou algo parecido; nem que isso representa participação na visão falsa da nossa sociedade no que se refere ao pensamento e à visualização do ato de matar uma outra pessoa. Da nossa parte, gostaríamos de acreditar nisso. Mas achamos isso implausível e esperançoso demais, no que se refere à possibilidade dos filósofos se isolarem do mundo que os circunda. Nosso ponto de vista é que quando usamos *matar uma outra pessoa* apenas como exemplo, estamos correndo um risco muito sério e real não somente de tentar esclarecer algo obscuro tornando-o ainda mais obscuro, mas também de tentar isso por meio de algo que, em si, não é somente obscuro mas distorcido e capaz de induzir em erro.

## 2. Empatia e simpatia

Nesta seção examinaremos uma proposição importante, feita com freqüência, fundamentalmente cheia de esperança e acarretadora de melhoria. Isto é: a de que, se tivermos um pleno entendimento empático de outras pessoas, quase certamente viremos a gostar delas e aceitá-las, ou, pelo menos, a diluir o que sabemos de negativo sobre elas. Em termos coloquiais: a idéia de que conhecer as pessoas é gostar delas. Constitui também aquilo em que Sêneca *apostava*, como Nussbaum explica em *Equity and Mercy*:[2]

> A atitude médico-narrativa (empatia plena) pede ao juiz que imagine como seria ter sido aquele delinqüente específico, tendo de enfrentar aqueles obstáculos específicos, com os recursos daquela história.
>
> Na opinião de Sêneca, após esse exercício de imaginação, não seria mais possível a alguém ter uma atitude estritamente revidativa em relação à punição do réu. O juiz tenderia, assim, à brandura, e à desistência do castigo estrito previsto pela lei. (pág. 103)

Resumindo, a *aposta* era a de que a plena empatia levaria à simpatia. Fossem quais fossem as probabilidades de Sêneca ganhar a sua aposta, devemos reconhecer que isso dependeria de elementos altamente contingentes e variáveis, como: por que alguém tem interesse pelo outros; o modo como as pessoas vêem e tratam a si próprias; se os fatos permitem que

2. *Philosophy and Public Affairs*, 22 (1993) 83-125. Sobre esta questão, ver também Max Scheler, *The Nature of Sympathy* (Hamden, Conn.: Archon Books, 1970); e John Deigh, "Empathy and Universalizability", *Ethics*, 105 (1995) 743-763.

alguém se identifique com o delinqüente, se a personalidade do juiz é do tipo paternalista ou do tipo discriminador.

Daremos alguns esboços da maneira como essas considerações são importantes tanto para o entendimento filosófico em geral, como para o entendimento específico de questões sobre a empatia. Nossa opinião sobre essas questões destina-se também a mostrar a necessidade de se dar atenção aos detalhes concretos, e não somente à sua forma abstrata, e também à grande variabilidade das personalidades, das espécies de caráter, das culturas e das sociedades. Atentos a isso, será difícil ficar à vontade com as proposições da filosofia, da psicologia, do pensamento popular, ou com o que quer que seja que as pessoas sempre e universalmente, ou quase geralmente e mesmo tipicamente, fazem, pensam, sentem, de determinadas formas.[3]

O fato de a plena empatia gerar simpatia depende nitidamente *das razões que fazem alguém estar interessado em outra pessoa*. Podemos pensar nas pessoas como os psicanalistas e os professores, cujo trabalho diário pode fazê-los depender de terem um entendimento empático com uma outra pessoa, ao passo que têm de manter a distância necessária. Para atingirem os seus importantes objetivos, eles podem ter de evitar a simpatia, mantendo, contudo, um pleno entendimento empático.

E depende também, claramente, do modo *como a pessoa vê a si própria*. Os que não gostam de si mesmos são, justamente por esse motivo, duros consigo e com quem se parece com eles.

Vamos agora dar *fatos*: há pessoas que chegam a ser vistas como piores e menos merecedoras de clemência, quando as conhecemos melhor. Conhecer essas pessoas significa odiá-las, e conhecê-las melhor significa odiá-las ainda mais. Muitas vezes essa reação deve-se ao fato de se tornar cada vez mais difícil compreender a maneira pela qual elas puderam fazer o que fizeram. Em lugar da simpatia, pode surgir apenas assombro e o sentimento de estar-se confrontado com um ser alienígena, e no pior dos casos um sentimento cada vez mais forte de que estamos confrontados com o mal. Foi isso o que aconteceu com o psicanalista Willard Gaylin ao ficar conhecendo cada vez melhor o assassino condenado Richard Herrin, conforme ele conta em seu livro *The Killing of Bonnie Garland* (*O assassinato de Bonnie Garland*).[4]

Suponhamos, porém, que os fatos permitam uma identificação. Nessa hipótese, Sêneca poderá ganhar a sua aposta, se os juízes tiverem uma

3. Ver também Elizabeth V. Spelman, *Inessential Woman* (Boston: Beacon Press, 1988), especialmente cap. 6, "Woman: The One and the Many".

4. New York: Penguin Books, 1983.

personalidade paternalista: isto é, uma atitude básica de se identificar com os outros, de ser como eles. Então, tomando conhecimento das dificuldades e das tentações enfrentadas pelo réu, e lembrando-se de que eles próprios também enfrentaram dificuldades e tentações talvez até bem parecidas, os juízes poderiam concluir que eles e o réu são realmente muito parecidos, que estão ambos no mesmo barco, e que aí vão eles, protegidos apenas pela graça de Deus; e que, naturalmente, eles podem ser clementes em sua sentença.

Mas se os juízes tiverem tendência a se diferenciar dos outros, se, na terminologia de Nussbaum, tiverem uma *mentalidade nós-eles* (pág. 103), um pleno entendimento empático dos outros lhes fornecerá uma multiplicidade de meios para que eles se julguem diferenciados das outras pessoas, o que produz o efeito, ou o objetivo, de continuarem a não gostar dessas pessoas, ou de tratá-las duramente. Como juízes desse tipo, ao tomarem conhecimento das dificuldades e tentações enfrentadas pelo réu, e lembrando que eles mesmos provavelmente tenham enfrentado circunstâncias semelhantes e tentações, é bem possível que concluíssem que eles e o réu são na realidade inteiramente diferentes, pois eles lutaram e suplantaram as dificuldades, ao passo que o réu a elas sucumbiu. Seria, portanto, de se esperar e até mesmo natural que eles fossem duros na sua sentença.

Da mesma forma, há pessoas que *se identificam com o agressor*. Nos termos da psicanálise clássica, essa identificação é uma defesa neurótica que pode ser caracterizada em relação à sua gênese. Os bebês e as crianças pequenas *concluem* ou *assumem* que certas pessoas – em geral os adultos que cuidam deles – que os tratam com dureza e os agridem têm o direito de fazer isso e que eles devem ser tratados dessa maneira. Mais tarde na vida eles podem continuar a se identificar com o agressor – não apenas com esses antigos agressores, mas em geral – pensando e sentindo que é moralmente necessário e natural tratar os outros, quem sabe até mesmo os seus próprios filhos, de uma forma igualmente agressiva e dura. Ampliando o uso adequado de *identificação com o agressor*, achamos que ele possivelmente descreva de uma maneira útil muitas pessoas que chegaram, não importa de que forma, a pensar que é inteiramente natural e adequado tratar os outros dura e agressivamente. Estenderíamos também esta descrição àqueles que, com prováveis efeitos mais benignos, simplesmente se identificam e querem *basear-se na força*, e a outros que, tão freqüentemente, parecem estar prontos a juntar-se aos *grandes batalhões*, onde quer que estejam e seja pelo que for.[5]

5. Ver, por exemplo, Anna Freud, *The Ego and the Mechanisms of Defense* (Londres: Hogarth Press, 1937); Alice Miller, *The Drama of the Gifted Child* (New York: Basic

Além disso, há pessoas que em geral têm desprezo ou ódio pelos fracos. E também há aqueles que são duros com os outros para não admitirem que na verdade são muito semelhantes a eles. Descrevendo como este último aspecto funciona, escreve Vladimir Jankélévitch:

> Você é quase parecido comigo. A semelhança entre nós é tão clara que aos olhos do mundo você é meu irmão. Mas, para falar francamente, você não é meu irmão. A minha identidade, em relação a você, consiste precisamente nas formas pelas quais sou diferente de você. No entanto, quanto mais você se parece comigo, mais se torna difícil para os outros ver essas diferenças cruciais. A nossa semelhança ameaça extirpar tudo o que é especial em mim. Assim, você é meu falso irmão. Não tenho outra alternativa senão a de odiar você, porque elaborando um sentimento de raiva contra você eu estou defendendo tudo que é único a meu respeito.[6]

Antes de continuar, notaremos como esta última exposição ajuda a explicar a animosidade estranhamente virulenta entre pessoas e grupos que partilham quase as mesmas posições e ideologias, fazendo com que algumas dessas pessoas gastem mais tempo lutando contra os seus vizinhos mais próximos do que contra os que são seus verdadeiros inimigos comuns.

Nossa conclusão abrangente, então, é que muito freqüentemente é falso que o conhecimento de outras pessoas produza em nós simpatia e amizade. Em muitas pessoas, por muitas e diversas razões, o conhecimento produz desgosto e ódio, e quanto mais o conhecimento se aprofunda mais desgosto e ódio produz.

Parece assim que a empatia só conduz à simpatia para os que já são simpáticos. Pode também ser que as pessoas simpáticas fossem realmente aquelas que Sêneca descrevia, por serem parecidas com ele e também pessoas boas. Entendida dessa forma, a proposição de Sêneca, e a de Nussbaum, seriam corretas não em relação às pessoas em geral, mas às pessoas boas. Que essa é a visão de Nussbaum é revelado pelo fato dela mostrar como a demanda de conhecimento de todos os detalhes, feita por Aristóteles, levava-o unicamente a assumir a justiça como eqüidade; ao passo que o particularismo de Sêneca aparece como causa e como efeito, na sua forma bondosa, não-reivindicativa e simpática de justiça. (págs. 97 e seg.) Uma vez mais parece ser verdade que a empatia somente leva à simpatia aqueles que já são simpáticos.

---

Books, 1981), *For Your Own Good* (New York: Farrar, Straus, Giroux, 1983) e *Banished Knowledge* (New York: Doubleday, 1990).

6. Tal como apresentado por Paul Berman em seu instrutivamente intitulado "The Other and the Almost the Same", *New Yorker*, 70, nº 2 (28 de fevereiro, 1994), 61-71, pág. 62.

## 3. Vergonha

Voltamo-nos agora para a vergonha, para mostrar de outra forma como o entendimento de uma emoção requer entender muito mais coisas sobre uma pessoa, e que para esse entendimento requer-se o auxílio de muitas outras disciplinas, além da filosofia. Nossas principais preocupações são estruturais e psicológicas, e por conseguinte será dada uma atenção menor às questões morais e às morais-psicológicas.

No capítulo 2, seção 2, foi dado um esboço da descrição de vergonha de Helen Block Lewis, em seu livro *Shame and Guilt in Neurosis* (*Vergonha e Culpa na Neurose*).[7] Ela afirma que a vergonha é do eu; e que é uma conscientização penosa do eu, despertada pelo medo de que não se tenha correspondido aos ideais e às imagens do nosso ego. (Como foi observado naquela passagem, as imagens são idealizações internalizadas, em particular dos próprios pais.) Nossa intenção agora não é defender a adequação dessa afirmação, mesmo tomando-a como um início para a descrição da vergonha. Para mencionar dois problemas, ela parece incluir algumas formas de raiva e de culpa, como a raiva de si próprio e a culpa por não ter correspondido aos ideais e imagens do próprio ego. Segundo, como foi observado por Daniel Haggerty, o *medo* pode ser cognitivamente fraco demais ou demasiado forte; fraco demais nos casos em que não há incerteza mas sim conhecimento de que se fracassou; e demasiado forte nos casos semelhantes ao em que:

> uma criança pequena que se sinta profundamente envergonhada, 'subitamente', por assim dizer, pelo desprezo zombador (ou alguma outra atitude, como a de divertimento) de um dos pais que 'surpreenda' a criança se masturbando. Esse genitor, investido do poder do narcisismo primário perdido da criança, pode despertar um narcisismo secundário e a vergonha momentânea, sem que a criança tema ou acredite em qualquer coisa em particular, sobre a sua relação com o ego ideal (internalizado).[8]

7. New York: International Universities Press, 1971.
8. Em um artigo inédito sobre vergonha que comenta uma antiga versão desta seção. Ele nos reporta a Sigmund Freud, "On Narcissism, An Introduction", e a Janine Chasseguet-Smirgel, *The Ego Ideal: A Psychoanalytic Essay on the Malady of the Ideal* (New York: Norton, 1984). Para outros motivos para pensar que o medo – para não dizer conhecimento, crenças e pensamentos – pode ser demasiado exigente, ver capítulo 2, seção 3, e, como mencionado ali, Stocker, "Emotional Thoughts", *American Philosophical Quarterly*, 24 (1987) 59-69; John Deigh, "Cognitivism in the Theory of Emotions", *Ethics*, 104 (1994) 824-854; e Jenefer Robinson, "Startle", *Journal of Philosophy*, 92 (1995) 53-74.

Apesar desses problemas, porém, a descrição de Lewis parece correta e importante nas extensão e forma como levanta sérios problemas para outros pontos de vista sobre a vergonha.

Entre eles estão os sustentados por Gabriele Taylor no seu *Pride, Shame and Guilt: Emotions of Self-Assessment* (*Orgulho, Vergonha e Culpa: Emoções de Auto-avaliação*)[9], juntamente com muitos filósofos, psicanalistas e outros. O primeiro desses pontos de vista é o de que a vergonha deve ser entendida na forma de um público: "sentindo vergonha, o ator pensa em si próprio como tendo-se tornado um objeto de observação distanciada, e no fundo sentir vergonha é sentir angústia por estar sendo visto" (pág. 60) e "É pelo que a agente pensa dela mesma em uma certa relação com a platéia, que agora pensa em si mesma como degradada" (pág. 68). Em *Shame and Necessity*, (*Vergonha e necessidade*)[10], Bernard Williams coloca uma proposição semelhante:

> A experiência básica conectada com a vergonha é a de ser visto inadequadamente, por pessoas erradas, numa condição errada. É diretamente ligada com a nudez, particularmente em conexões sexuais. A palavra *aidoia,* derivada de *aidos,* 'vergonha', é uma palavra grega padrão para designar os genitais, e termos similares são encontrados em outras línguas. (pág. 78)

A segunda proposição de Taylor é a de que, especialmente para os que vivem em uma cultura da vergonha, essa platéia deve ser entendida como, ou mesmo constituída por, um *grupo de honra,* real ou imaginário (págs. 54-57). Ela escreve:

> Distinguimos entre as 'externalidades' da honra, a reputação e a distinção que lhe são concedidas (ao homem de honra numa cultura da vergonha), e a possessão real dessas virtuosas qualidades. Um homem deve ter uma ou outra dessas coisas. Mas essas distinções não fazem sentido numa cultura da vergonha ...se um homem perdeu a sua reputação, perdeu também seu valor aos olhos de todos os membros do grupo, e isso inclui a si próprio... O auto-respeito e o respeito público elevam-se e caem juntos... O 'público' neste caso constitui um grupo de honra. (pág. 55)

Se admitirmos que Lewis tem razão sobre o papel dos ideais e das imagens do ego na vergonha, teremos de rejeitar as duas proposições de Taylor e de Williams, ou pelo menos reconhecer que elas não têm validade universal ou provavelmente nem mesmo geral. Como a argumentação de

9. Oxford: Oxford University Press, 1985. Nossa visão sobre a vergonha, incluindo nossa crítica a Taylor, são similares às apresentadas por Sandra Bartky em *Femininity and Domination* (New York: Routledge, 1990) especialmente cap. 6, "Shame and Gender".
10. Berkeley: University of California Press, 1993.

Lewis deixa claro, os ideais e imagens do ego da pessoa envergonhada, e o medo que ela tem de não estar correspondendo a eles, não precisam funcionar à semelhança de um público, nem é preciso que ela se sinta como um objeto de observação distanciada. Mesmo quando provocam uma sensação de vergonha, eles podem ser sentidos de uma maneira tão profundamente internalizada como quaisquer outras partes internas ou internalizadas. As pessoas que sentem vergonha podem ver e sentir a si próprias de uma maneira tão subjetiva e identificada, e mesmo tão aprovadora, como nunca antes o fizeram. Assim, também esses ideais e imagens do ego não têm necessidade de serem sentidos como aspectos ou derivativos de um grupo de honra, seja ele interno ou externo.

Alguns comentários de Andrew Morrison são úteis na apresentação dessas questões e também na forma de advertência para que se use cautela quando se está contrapondo o interpessoal e o intrapessoal:

> Da posição vantajosa da formulação de Kohut (1971), referente à 'grandiosidade dominadora' – ou às demandas ou os objetivos de um estrito ego ideal (o eu ideal) – a vergonha pode ser apreciada como uma experiência essencialmente intrapsíquica e interna. Naturalmente, a internalização de objetos e suas representações na formação do ego ideal e do eu ideal, juntamente com a necessidade da função do eu-objeto no autodesenvolvimento, em última análise colocam essas estruturas intrapsíquicas numa moldura interpessoal, ou intersubjetiva. Mas isso também é verdade para todo o desenvolvimento humano, incluindo as identificações que geram o superego e em última análise conduzem à culpa, bem como à vergonha, com inevitáveis reflexos de um ambiente repleto de objetos."[11]

Duas questões finais devem ser examinadas. A primeira é que Taylor e Williams reconhecem, ou chegam muito perto de reconhecer, que a vergonha não deve ser *entendida* com o propósito de ser vista, mesmo que às vezes seja útil *desenhá-la*. O motivo de pensarmos isso de Taylor é que a parte omitida da sua afirmação: "É pelo que a agente pensa dela mesma em uma certa relação com a platéia, que agora pensa em si mesmo como degradada..." é: "mas ela não pensa nessa degradação como se dependesse da platéia. O seu julgamento final refere-se somente a ela própria: ela se sente degradada não em relação a essa platéia, mas em termos absolutos". (pág. 68)

A razão de pensarmos isso de Williams é que a sua primeira sentença citada "A experiência básica ligada com a vergonha é a de ser visto inadequadamente, pelas pessoas erradas, nas condições erradas", termina com

---

11. *Shame: The Underside of Narcissism* (Hillsdale, N. J.: Analytic Press, 1989) págs. 15-16. Ele está se referindo ao livro de Heinz Kohut, *The Analysis of Self* (New York: International Universities Press, 1971).

uma referência a *Endnote One, Mechanisms of Shame and Guilt (Nota final Um, Mecanismos de Vergonha e de Culpa)*. Nessa nota, ele diz que a sua proposição anterior sobre a vergonha e sobre ser visto, especialmente quando se está nu, era simples demais e induzia a erro; que o ponto de vista mais acurado era que tanto a nudez como ser visto nu são signos de estar em desvantagem e sofrer uma perda de poder; e que o reconhecimento da desvantagem e do sofrimento é fundamental para a vergonha. (pág. 220)

A segunda questão é de que, segundo o critério de Taylor sobre os grupos de honra, seremos forçados a entender, ou desentender, a *Nicomachean Ethics* como se esta não propusesse uma ética baseada na vergonha. Porque ela se dá ao trabalho penoso de distinguir entre prêmios e honras, consideradas como as externalidades da honra e da honra apropriada. (Vide, por exemplo, 1.5, 1095b24 ss. e VIII.8 1159a13 ss. A honra e as honrarias, especialmente como tratadas na ética de Aristóteles, são discutidas no capítulo 10, especialmente na seção 3, *Menosprezo, adulação e reconhecimento pelos outros*.)

Voltando aos temas principais desta seção: Lewis e Morrison são importantes, também, para o aprofundamento de nossas proposições de que um entendimento das emoções requer um entendimento da psicologia das pessoas, e de muito mais coisas sobre elas, e também muito do que é externo a elas no, digamos, seu ambiente social. Mostraremos isto primeiro considerando parte do que Lewis disse sobre o aspecto penoso da vergonha.

Concordamos que é inteiramente natural ser penoso acreditar, ou simplesmente temer, que não se esteja vivendo de acordo com os próprios ideais – neste caso, os ideais e imagens do ego – e que isso resulte em vergonha. No entanto, por mais natural que seja, há outras possibilidades. Queremos dizer alternativas alcançáveis humanamente, e não somente possibilidades lógicas. (Ao dizer isso, deixamos aberta a questão de saber se elas são também desejáveis.)

É certamente possível que, temendo-se não poder viver de acordo com os ideais do ego, não se aceite isso como uma vergonha, mas sim de uma forma neutra, porventura até agradável. Podemos pensar, por exemplo, nas atitudes dos bons pais, dos bons dispensadores de cuidados, bons professores de jardins de infância e outros tipos de bons mestres, notadamente de crianças pequenas; e nas maneiras como eles vêem e lidam com os *fracassos* e *erros* normais, cotidianos, dos seus filhos ou pupilos.[12]

12. Devemos essa imagem de uma professora de uma escola a Marilyn McCord Adams, "Theodicy without Blame", *Philosophical Topics*, 16 (1988) 215-245, onde ela nos pede para considerar como o problema do mal se apresenta se pensarmos em Deus como um professor de uma escola infantil, em vez de como legislador e juiz.

Essas atitudes de aceitação, cheias de amor ou neutras, não se tornarão duras, punitivas ou julgadoras; e nem se deterão, e muito menos enfatizarão o que há de defeituoso nos seus pupilos, ou nas suas ações. É provável que nem cheguem mesmo a ver os seus pupilos e os seus atos como passíveis de defeitos, ou como fracassos. Essas atitudes não envolvem necessariamente uma cegueira em relação ao que foi feito, ou em relação ao caráter da pessoa que praticou esses atos, ou ao fato de que tais atos e caracteres possam, e mesmo devam, ser melhorados. E nem têm necessidade de mostrar complacência; em vez disso, podem acarretar a mais firme resolução de fazer correções. No entanto, essas atitudes não acarretarão zombaria ou desprezo; nem é preciso que o sofrimento quer seja sentido, quer tenha de ser infligido, desempenhe qualquer papel nessas atitudes.

Na seção anterior, foi argumentado que *ver todos os fatos* deve ser acrescido a várias atitudes e tipos de personalidade e de caráter, para que se tenha qualquer esperança de garantir a empatia. Nosso argumento atual sobre a vergonha estabelece uma proposição paralela: a vergonha requer mais, ou outra coisa, do que temer que não se esteja vivendo de acordo com os próprios ideais. Para ter qualquer esperança de se garantir a vergonha, o temor deve ser aumentado por várias outras atitudes e tipos de personalidade e caráter.

Essa argumentação pode ser expressa diretamente contra a teoria de conteúdo, discutida no capítulo 1. Suponhamos que eu tenha desprezo por Jack, e que isso se deva (um teórico de conteúdo poderia dizer que não é mais do que isso) à minha crença de que ele fracassou no esforço de viver segundo os seus ideais, na valorização que faço desses ideais e do fato dele ter de viver segundo eles, no meu desejo de que ele o faça, e assim por diante. Mesmo que o meu desprezo se deva a esses fatores, é sem dúvida possível ter-se todos esses princípios, valores e desejos, mas mesmo assim não ter desprezo por Jack. Para explicar essa diferença, podemos notar que eu assumo o poder de julgar, e que sou duro e punitivo, à medida que você é gentil, menos punitivo e menos disposto a julgar os outros.

Como isso sugere, para ter qualquer chance de sucesso a teoria de conteúdo deve estabelecer propostas ou pressupostos sobre o caráter. Mas, uma vez que o caráter em si é extremamente afetivo e deve ser entendido na forma de afeto, a teoria de conteúdo não pode usá-lo. Se, como pensamos, o caráter deve ser entendido, em si mesmo, como afetivo e emocional, podemos ver por que a teoria de conteúdo é falha: o caráter estabelece mediação entre os julgamentos, que figuram na teoria de conteúdo, e as emoções. Esses julgamentos cedem e constituem emoções especiais somente para os que têm o requerido caráter. Novamente, por eu ser duro e dado a fazer julgamentos, e você mais gentil e compreensivo, o julgamento de que Jack não vivia de acordo com os seus ideais gera desprezo em mim, e não em você.

Queremos agora mostrar uma outra maneira segundo a qual os fatos psicológicos gerais são importantes em relação à vergonha e às formas em que ela é experimentada. Nossa principal preocupação, aqui, é saber se a vergonha é *contida* ou *localizada, ou se* é *globalizada e se espalha por todo o eu*. Muito do que se escreveu sobre a vergonha sustenta que ela é sempre generalizada, isto é, que a vergonha envolve sempre inteiramente o eu, integralmente. É o que se encontra no trabalho de Lewis, em que ela fala da vergonha significando uma "falha de todo o eu" (pág. 40). A leitura que fazemos de Taylor é de que tem a mesma opinião quando, no capítulo 3, do seu *Vergonha*, afirma que precisamente por serem localizados, o que pensamos ser exemplos de vergonha localizada são na verdade exemplos de culpa, e não de vergonha (vide, por exemplo, pág. 53). Em muitos textos de psicologia também achamos essa opinião, como em Merle A. Fossum e Marilyn J. Mason, *Facing Shame: Families in Recovery* (*Enfrentando a vergonha: famílias em recuperação*): "A vergonha é um sentimento íntimo de ser *completamente* inferior ou insuficiente, como uma pessoa."[13]

A seguir nos ocupamos mais em mostrar várias possibilidades do que em discutir qual autor tem este ou aquele ponto de vista. Portanto, falaremos basicamente do que, corretamente ou não, achamos que as suas proposições expressam. Para começar, vamos tomá-los como interessados em sentimentos de vergonha que podem ser expressos por "Eu estou envergonhado *de mim* porque...". As reticências poderiam ser substituídas por (uma descrição de) um aspecto ou um estado, como a minha *mesquinharia de espírito*, quer num dado momento, quer em geral. Poderiam também ser substituídas por uma ação do tipo *pela forma como tratei você,* quer em um dado momento, quer em geral. Correlativamente, assumimos que a proposição de que a vergonha é da pessoa inteira *não* está relacionada com sentimentos de vergonha que possam ser expressos por "Eu me envergonho do *meu*....", onde as reticências podem ser preenchidas por algum aspecto, estado ou ação.

Há, nitidamente, conexões estreitas entre essas duas espécies de expressões e os sentimentos de vergonha que elas expressam. Como há questões valorativas importantes sobre podermos ou não *concluir* uma a partir da outra. Mas, assim como é conceitualmente possível, e também como pode ser moralmente apropriado, odiar o pecado sem odiar o pecador, é também conceitualmente possível, e às vezes moralmente adequado, que os pecadores se envergonhem dos seus pecados sem também se envergonharem de si

13. New York: Norton, 1986, pág. 5; grifo nosso.

mesmos pelo fato de pecarem, ao menos da maneira como a vergonha é entendida por esses que estamos criticando.

Seria melhor que essa argumentação fosse verdadeira. Do contrário, deverão existir diferenças surpreendentes entre vergonha e orgulho, e entre *Eu tenho vergonha de meu...*, *Eu não tenho vergonha de meu...* e *Eu tenho orgulho de meu...*. Visto que com bastante freqüência haverá meios simultâneos de se preencher esses modelos. Assim, se esses modelos dizem respeito a todo o eu da mesma maneira, o eu com bastante freqüência será definido simultaneamente como inteiramente envergonhado, inteiramente não-envergonhado e inteiramente digno de orgulho. (Isso pode tornar-se problemático somente na medida em que as emoções e as suas valorações constitutivas não sejam misturadas ou ambivalentes. Mas, como veremos, é isso justamente o que acontece.[14])

A nossa conclusão, portanto, é que *Eu tenho vergonha de meu... não* expressa necessariamente vergonha do eu inteiro da pessoa, com a finalidade de mantê-lo inteiramente vergonhoso, acima de tudo e sem ambivalência. Primeiro, a vergonha por algum aspecto meu provavelmente não se tenha espalhado para vergonha *de mim* ou do meu *eu,* e muito menos para vergonha de *tudo* o que sou. Podemos pensar em um homem que tenha vergonha de ser careca sem ter vergonha de si próprio, ou sem envergonhar-se de si pelo fato de ser careca. Segundo, quando estou *envergonhado de meu...*, pode ser que aquilo que me torne envergonhado não seja absolutamente *eu*. Posso ter vergonha do meu cachorro, ou do estrago que ele fez no seu quintal, mas sem estar envergonhado de mim mesmo.

Outra forma de entender a proposição de que a vergonha é do *eu* inteiro, é entender *o eu inteiro* em sua totalidade. Entendida assim, a proposição é de que o eu, quando é objeto de vergonha desse modo, *não é passível de fragmentação*. Isto é, a vergonha toma como seu objeto a pessoa *toda*. Isto parece certo, mas somente de uma maneira conceitual, e não moral; mas é o ponto de vista moral, e não o conceitual, que é questionado.

Para definir a nossa posição, começaremos por observar que, assim como a vergonha pode tomar uma pessoa *toda* como seu objeto, muitas outras emoções também podem. Quando fico zangado com John por ter batido o carro, fico zangado com a pessoa inteira de John. Não estou zangado com alguma parte ou aspecto de John. O que queremos dizer, naturalmente, é que não há parte ou aspecto de John com o qual eu possa ficar zangado, *em vez de* ficar zangado com ele. Afinal, eu poderia ficar zangado com o fato dele ser um motorista descuidado, tanto como fico zangado com ele, tomado

---

14. Agradecemos aqui a Daniel Haggerty.

inteiramente. Realmente o seu descuido poderia ser meu argumento para ficar zangado com ele. No entanto, há somente uma diferença de especificidade, e não de objeto, entre *Eu estou zangado com John* e *Eu estou zangado com John por causa do seu descuido*, mas há uma importante diferença de objeto entre qualquer uma dessas formas e *Eu estou zangado com, ou por causa do descuido de John.*

Não são todas as emoções que têm objetos inteiros, não-fragmentáveis. Se você estiver *aborrecido* por causa das roupas que John está usando numa reunião importante, você pode estar aborrecido somente com a cor das meias dele, e não com todas as suas roupas tomadas como um conjunto, nem mesmo com tudo o que se refere às suas meias. Você pode achar o comprimento e o padrão delas, bem como o resto das roupas que ele está usando, perfeitamente aceitáveis. Da mesma forma você pode *admirar* ou ficar *assustado* com algumas partes de uma cidade, sem admirar ou ficar assustado com a cidade inteira.

Como vimos, algumas emoções têm e outras não têm objetos que podem ser fragmentados. Mas ao menos algumas emoções parecem assumir quer um objeto passível de fragmentação, quer um que não o seja. Se você estiver *aborrecido com as roupas de John,* o objeto pode perfeitamente admitir fragmentação. Mas se você estiver *aborrecido com ele* por usar tais roupas, você estará aborrecido com toda a pessoa John. Da mesma forma, você pode admirá-lo ou ter medo dele – novamente, dele inteiramente – e você pode admirar ou ficar assustado somente com alguns aspectos da cidade, não com todos.

Assim, o fato de os objetos da emoção – ou esses objetos dessas emoções – serem passíveis de fragmentação não parece ser devido às emoções. Afirmado de uma forma quase tautológica – somente localizando e não descrevendo os fatos relativos à fragmentação –, saber se um objeto é ou não é passível de fragmentação parece dever-se à natureza do objeto: se o objeto permite a fragmentação ou se deve ser entendido integralmente.

Vamos agora aplicar esse conceito à proposição de que a vergonha é sempre generalizada. Tomamos essa asserção como uma proposição importante, substantiva, valorativa e moral-psicológica sobre o fato de uma pessoa estar envergonhada. Ela é mais do que isso quando o eu é o objeto não-fragmentável da vergonha: por ir além daquele *mim mesmo* em *Eu estou envergonhado de mim mesmo* funciona como *John* em *Eu estou zangado com John* e não como *cidade* em *Eu admiro a cidade, não toda ela, mas algumas de suas partes.* Se o simples exame desses casos não mostra por que achamos que essa proposição ultrapassa o ponto de vista conceitual, este exemplo o fará: absolutamente nada da natureza importante e substantiva em John é mostrado pelo fato da minha raiva ser dirigida contra a sua pessoa inteira. E nem há necessidade de que haja uma diferença importante e substantiva entre a minha raiva das suas meias e a que tenho de todo o conjunto de suas roupas.

O que mais se quer dizer é que o eu, considerado integralmente, é sentido como cada vez mais defeituoso ou indigno. Dizendo isto de maneiras variadas e relacionadas: o eu, de um modo integral, é exatamente aquilo de que nos envergonhamos; o objeto da vergonha é o eu, todo o eu, e nada mais do que o eu; *eu* e *eu mesmo* são integralmente os nomes corretos, ou descrições, daquilo de que a gente se envergonha.

É claro que isso permite que a vergonha seja despertada por motivos particulares ou localizados, como a mesquinharia de espírito de uma pessoa. Mas é possível estender essa idéia sustentando-se que uma pessoa só se envergonhe de seu eu, inteiramente. Entendido assim, quando eu me envergonho pela minha mesquinharia, eu não estou envergonhado da mesquinharia, ou de ser mesquinho, ou de mim como um espírito mesquinho. O meu reconhecimento da minha mesquinharia pode bem ter ocasionado ou fundamentado a minha vergonha. No entanto, a vergonha invade todo o meu ser, à medida que seu objeto vai-se *espalhando* pelo meu eu inteiro.

O problema sobre a proposição de que a vergonha é sempre generalizada é que ela simplesmente parece falsa. Posso me envergonhar somente da minha mesquinharia de espírito, ou mesmo apenas da mesquinharia que mostrei para com Jones, na reunião de ontem. Não é preciso que essa vergonha se espalhe pelo resto de mim, nem de maneira difusa. Não há necessidade de ter vergonha de todo o meu eu, e nem parcialmente. O fato de eu reconhecer que fui mesquinho com Jones, ou com pessoas como ele, ou até mesmo em geral, não significa que eu seja um fracasso como pessoa. Posso ainda me ver e me sentir como uma pessoa moderadamente boa, um bom amigo de Smith, um professor decente; posso ainda ter prazer e orgulho com essas últimas coisas; e posso de maneira geral estar em paz comigo, até mesmo orgulhoso de mim e da minha vida.

A vergonha, então, pode bem acarretar o temor penoso de que não se tenha vivido completamente segundo os próprios padrões ou ideais, que se tenha fracassado *em se aproximar da forma do eu ideal.*[15] Mas é possível temer-se isso sem recear que se tenha deixado completamente de viver segundo os próprios padrões, ou fracassado na aproximação da forma do próprio eu ideal.

15. Morrison, *Shame: The Underside of Narcissism*, pág. 35.

O nosso argumento pode ser considerado como se estivesse marcando uma posição sobre a formulação lógica: argumentando que é inválido fazer derivar "Eu me envergonho por *absolutamente não viver* segundo os meus padrões" de "Eu me envergonho de mim por *não viver totalmente* segundo os meus padrões". Poderia ser levantada a questão de que é uma falácia argumentar que é possível passar de *não totalmente* a *absolutamente não*. Mas essa representação do nosso argumento é errônea. Ela sugere que temos um diagnóstico do motivo pelo qual esses três teóricos e outros afirmam que a vergonha é sempre generalizada: isto é, de que a sua argumentação é uma falácia. Mas não temos nenhum diagnóstico a oferecer. Não sabemos por que esses autores e outros afirmam que a vergonha é sempre generalizada.

Além disso, mesmo que a forma desse argumento seja falaciosa, não são todos os aspectos dessa forma que fracassam. Em alguns casos o sucesso pode ser em razão dos conceitos que preenchem essa lacuna. Pode-se deduzir que *2 + 2 =5 é totalmente incorreto* da frase *2 + 2 =5 não é totalmente certo*; e também que o *número 3 é totalmente ímpar* da afirmação *o número 3 não é totalmente par*. Igualmente, para que um argumento desse tipo funcione, pode ser por uma questão de necessidade empírica, ou alguma forma mais fraca de uma assim mesmo forte generalidade. Suponhamos que certas espécies de papagaios sejam ou completamente vermelhas ou completamente verdes. Do fato de um desses papagaios não ser completamente verde, segue-se que ele é totalmente não-verde. Da mesma maneira, pelo fato de o hélio não formar moléculas com outros elementos, podemos concluir de uma molécula que ela não é totalmente hélio, que ela é totalmente não-hélio.[16]

Aplicando essa assertiva à vergonha, poderia haver razões suficientemente fortes de necessidade psicológica para garantir que todas as pessoas, ou todas as pessoas de uma determinada espécie, que *não estão totalmente satisfeitas* pela forma como viveram em relação aos seus padrões, estão *totalmente não satisfeitas* em razão de idêntico motivo. Para se entender por que todas as pessoas, ou mesmo algumas, são assim, precisamos examinar as pessoas e não o conceito de vergonha.

Talvez algumas pessoas sejam assim. Mas nem todas. A vergonha nem sempre se espalha por todo o *eu*. De um ponto de vista positivo, é possível sentir-se *parcialmente* envergonhado, isto é, somente de uma parte de nós. De novo: posso estar envergonhado de mim pela maneira como trato Jones, mas não estar completamente envergonhado de mim. Isso pode ser uma

---

16. Agradecemos a Daniel Haggerty por este exemplo.

coisa boa ou má. Pode ser por eu ter um conhecimento preciso e uma boa avaliação de mim, o que me ajuda a tomar meus defeitos pelo que são, meros defeitos e não algo típico de todo o meu ser. Ou pode ser por causa do fato de eu não ter capacidade, ou não querer ver como esse defeito é típico em mim, e como ele se espalha por todo o meu ser, ou como prejudica várias partes dele.

O que achamos, então, é que a vergonha parcial concomitante é conceitual e psicologicamente possível. Mas, naturalmente, a vergonha não tem necessariamente de ser parcial. De uma forma demasiada óbvia e fácil, ela pode ser generalizada. Uma explicação psicanalítica para isso é que a vergonha muito facilmente evoca estágios mais jovens do eu; que, contrastados com os pensamentos e sentimentos dos adultos, bebês e crianças são menos diferenciados e menos modulados, e mais do tipo branco-e-preto. A sua vergonha então é assim caracteristicamente intensa e total.

De qualquer forma, a vergonha generalizada é a mais florescente e perturbadora espécie de vergonha. Isso por si só pode ser responsável por ela ser tomada como o paradigma e o melhor exemplo de vergonha.

Além disso, é muito possível e muito fácil que as pessoas passem é possível que mesmo imediatamente da vergonha localizada à total: da, digamos, minha vergonha à mesquinharia que mostrei em relação a Jones à vergonha por mim. Tal facilidade intrapessoal tem uma correspondente interpessoal. É a facilidade com que uma pessoa que está envergonhando a outra chega à globalização, passando rapidamente, às vezes imediatamente, dos defeitos particulares aos mais genéricos, até finalmente chegar a atingir toda a outra pessoa.

Podemos considerar o que os pais, furiosos com uma criança, dizem, ou gritam, para ela: *Você deveria ficar com vergonha do modo como tratou sua irmã esta tarde.* Após uma pausa, no momento que a criança punida olha para eles com olhos subitamente vidrados, podem passar a dizer: *Você devia ter vergonha do modo como a trata sempre.* E em seguida, com ou sem *provocação*, para: *Você deve ter vergonha de como trata todos nós e todos os seus amigos*, e finalizando de uma maneira arrasadora: *Você deve ter vergonha de si próprio*, e mesmo: *Você deve ter vergonha de si próprio, você não presta para nada.*

Essa facilidade está entre as maiores razões pelas quais a vergonha, quer seja interpessoal ou intrapessoal, é tantas vezes uma inimiga das boas relações, da boa administração, do controle sensível, da educação. Para ser mais preciso, essa facilidade de passar do particular ao genérico é um problema, especialmente quando combinada com a maneira tão dolorosa pela qual as pessoas experimentam a vergonha generalizada. Vamos explicar.

Poderia ser pensado que um necessário autoconhecimento, tão importante para viver e proceder bem, deveria ser importante mesmo no caso em que resulte em vergonha. Poder-se-ia dizer também que uma vez que a vergonha é dolorosa, experimentá-la ou temê-la forneceria um forte incentivo para mudanças. Poderíamos acreditar que seria útil dizer às crianças ou aos estudantes qual o motivo de eles terem uma vergonha localizada – ou mesmo neles induzi-la – a respeito de algum aspecto *limitado* do seu caráter, das suas capacidades, do seu trabalho, assim por diante. Visto que, reunindo todos esses pensamentos, é possível que eles levassem a sério o que dizemos, e mudassem.

Pode ser que as coisas aconteçam como pensamos e esperamos. Mas freqüentemente isso não acontece. Com demasiada freqüência, quase no instante em que ouvem que deveriam ter uma vergonha limitada, as pessoas são invadidas por uma vergonha generalizada, que elimina completamente nossas esperanças.

A vergonha generalizada pode fazer isso de múltiplas maneiras e por meio de inúmeros caminhos. Pode ser difícil para os que sofrem de vergonha pensar no que poderiam fazer para melhorar. Possivelmente pensarão que essa é uma tarefa grande demais, que requereria refazer-se por inteiro. Ou podem ficar imersos numa maneira tão completa de ver o eu, que percam a capacidade de pensar de maneira específica, para ver como e por onde começariam a mudar.

Em segundo lugar, a vergonha generalizada pode ser devastadoramente penosa e dominadora. Dizendo isso, estamos supondo que nem toda a vergonha generalizada seja assim. Parece certamente possível ter um sentimento de vergonha fraco, mas abrangente, pelo próprio eu. Porém, a vergonha generalizada forte é comum.[17] Algumas pessoas que se sentem totalmente envergonhadas se desintegram, ou gastam toda a sua energia em tentativas de prevenir a desintegração. Outras, tornam-se zangadas e até mesmo coléricas, mas freqüentemente não com os que provocaram o sentimento de vergonha.

Esses comentários visam a ajudar a entender a vergonha. Também se destinam a ilustrar mais uma vez um de nossos principais pontos teóricos: por que devemos prestar atenção às diferenças individuais, inclusive as de personalidade e caráter, para entender as emoções. Até mesmo, é possível, o que elas são, e certamente como elas podem ser experimentadas e expressas.

Devemos observar, além disso, que o sentimento de vergonha é perigoso não somente por representar o que uma pessoa pode fazer a outra, ou a

17. Agradecemos aqui a David Kim.

si própria, mas também por que ele se aplica a um povo ou nação agindo sobre outro povo e outra nação. É perigoso e certamente errôneo pensar que podemos resolver nossos problemas com os outros envergonhando-os, ou humilhando-os. Podemos expressar isto de uma forma que inverte a ordem da explicação, mas que pode chegar a ordem do desejo do que é certo: pode ser lamentado que o ato de causar vergonha seja tão ineficiente, até mesmo perigoso, uma vez que é muito mais fácil envergonhar os outros do que resolver nossos problemas com eles.

Como contraponto a esses riscos, algumas questões contrárias devem ser também levantadas. Primeira, há formas de se apelar aos ideais – e fracassos em se viver de acordo com eles – que absolutamente não envergonham, mas talvez, simplesmente, sejam encorajadores. Segunda, há também modos de se limitar o ato de envergonhar à questão que está em exame.

Terceira, voltando-nos agora para a teoria ética, queremos oferecer a hipótese seguinte, que liga as questões discutidas na categoria de internalização e externalização com os aspectos das nossas teorias éticas e práticas, em virtude das quais elas são tidas como mais baseadas na culpa do que na vergonha.[18] O que queremos dizer é isto: alguns filósofos contemporâneos acham impossível, ou pelo menos altamente improvável, que as pessoas possam ser motivadas pelo dever, especialmente quando ele esteja ligado com culpa e sentimentos de culpa. Outros pensam que isso é possível, mas somente após uma educação moral que de alguma forma consiga fazer as pessoas se interessarem pelo dever. Mas do início e muito naturalmente, a vergonha obviamente é motivadora. Não há problema em ver como ela é motivadora. Como foi observado, ela pode ser motivadora demais (Isso nos convida a tomar os problemas de motivação moral que ocuparam Sócrates, Platão e Aristóteles, não como problemas sobre a possibilidade de as crenças morais motivarem, mas antes como o problema do que fazer para que as pessoas tenham as crenças morais corretas).

Esses últimos itens e muitos dos anteriores levantam várias questões. A primeira é a de saber se nesses casos diferentes a mesma emoção de vergonha é experimentada. Uma maneira de saber isso é perguntando por que dizemos que essas pessoas têm a mesma emoção de vergonha, e que as suas diferenças na experiência e na expressão são devidas à diversidade de personalidade ou caráter. Por que não dizer, porventura de maneira muito mais simples, que as suas emoções de vergonha são de espécies diferentes? Nossa

18. Isto é sugerido por Bernard Williams em *Shame and Necessity*, especialmente sob o título de "identidades necessárias". Agradecemos a Daniel Haggerty e Sean McAleer por discussão sobre esse ponto.

resposta seria sobre a utilidade de se supor que tanto as emoções como a personalidade e o caráter têm status e importância independentes, ainda que inter-relacionados.

Várias outras questões também surgem naturalmente. De que forma poderemos distinguir entre a raiva significando uma defesa contra um sentimento de vergonha e a raiva como um ataque contra a pessoa que a provocou? O que determina se o produto da vergonha é a raiva, ou um colapso, ou uma reação muito mais controlada e até mesmo razoável? O que define se a pessoa envergonhada permanece em um desses estados, ou varia, ou circula entre eles? O que indica o quão severo e globalizado pode ser qualquer colapso? O que determina o modo como *o eu inteiro* é sentido na vergonha generalizada, e por que as pessoas envergonhadas permanecem com um ou outro sentimento, ou alternam entre eles? Se a vergonha é tão perigosa, como podem, ou puderam, as culturas da vergonha ter sucesso, em vez de se destruírem a si próprias simples, rápida e desastrosamente, ou de sucumbirem aos perigos externos?

Para indicar a forma como responderemos a essas perguntas, voltamos a um tema anterior. Como deveria ficar claro, concordamos que é fácil demais passar da vergonha localizada à generalizada. No entanto, não vemos essa passagem, ou a facilidade com que é feita, de maneira conceitual. Em termos simples, essa passagem não é necessária: não é conceitual de vergonha passar sempre para uma vergonha de todo o eu. Se faz isso – e faz, e com que facilidade! – depende de muitos fatos e estados contingentes e variáveis.

Vamos fazer uma lista deles. Entre os mais importantes está a força do nosso ego: pode ser forte, resistente, basicamente esperançoso, ou fraco, deprimido, frágil e pessimista. Além disso, esses fatos e estados incluem a nossa história e experiência recente, tal como o nosso estado de saúde; se recentemente tivemos várias experiências de fortalecimento do ego, nos sentimos bem amados, participantes de uma família ou comunidade, se tivemos algum livro ou artigo aceitado, se recebemos uma promoção ou prêmio, se fomos correspondidos em nossas tentativas amorosas. Ou se, ao contrário, nos sentimos mal-amados, sozinhos, entregues a nós mesmos, abandonados; ou se tivemos recentes experiências de fragilização do ego, como a morte de um ente amado, ou o fim de uma relação amorosa, a rejeição de algum trabalho ou de tentativas de amor e de intimidade.

Outro elemento determinante para a forma pela qual a vergonha é experimentada é o narcisismo. Segundo as maneiras discutidas no capitulo 10, seção 1, a extensão da vergonha para todo o eu depende do caráter e da força do amor-próprio e do narcisismo; por exemplo, a maneira como nos sentimos *atingidos* ou *expostos*, qual a facilidade com que sentimos que todo o nosso eu foi ameaçado ou questionado, as espécies de defesa narcísica que temos, e se estamos em boa ou em má-forma.[19]

Isso, naturalmente, significa reconhecer que a globalização da vergonha pode ser natural para certos tipos de pessoas, como as que têm um ego enfraquecido e frágil, com problemas graves de narcisismo, sem muita resistência interna ou apoio externo. Na verdade, diríamos que o fato de elas experimentarem vergonha como um sentimento do eu inteiro já consiste em um diagnóstico do que são como pessoas, pois pessoas mais fortes e menos deprimidas não experimentariam vergonha em tais casos, ou experimentariam menos vergonha.

É possível que pudéssemos até mesmo dizer que é conceitual de tais pessoas experimentarem vergonha dessa forma. Vemos pouco risco em dizer isso – contanto que isso não nos encoraje a pensar que a vergonha generalizada é conceitual da própria vergonha, ou da vergonha como é experimentada por todas as pessoas.

Queremos concluir esta seção formulando de maneira abstrata e geral uma de suas questões. Em relação à empatia, ao desdém, ao desprezo e à vergonha já vimos que para se entender tanto por que as pessoas têm essas emoções, como o que essas emoções mostram em relação a essas pessoas, é preciso entender as suas crenças, desejos e valorizações. Mas isso não é tudo. Vimos também que para se entender essas questões, é preciso também entender o caráter, a psicologia e a maquiagem emocional das pessoas. Poderíamos estender este ponto de vista a muitas outras, senão a todas as emoções e estados afetivos.

## 4. Emoções Penosas

Uma grande parte desta obra destina-se a mostrar o valor das emoções, tanto em geral como, certas vezes, em particular. Há, contudo, um grupo de emoções que, na opinião de alguns filósofos, não podem nunca ser consideradas boas e que seria melhor se elas fossem eliminadas da nossa vida. Entre essas estão as emoções penosas. Os limites desse grupo podem não ser definidos, mas sem dúvida eles incluem a vergonha, o remorso e a dor. De acordo com esses teóricos, o problema apresentado por essas emoções pode ser o seguinte: sentir vergonha, remorso ou dor, especialmente no que se

19. Sobre o amor do *self*, ver Pauline Chazan, "Self-Esteem, Self-Respect, and Love of Self: Ways of Valuing the Self", a sair em *Philosophia*.

refere a coisas passadas, não trará vantagem alguma; tudo o que essas emoções produzirão será somar o mau ao pior.[20]

De modo mais brando Sigmund Freud comenta, em "Luto e Melancolia", que "não é nem um pouco fácil explicar por que o luto deva ser tão extraordinariamente penoso".[21]

*O Valor das Emoções* afirma que as emoções são valorativamente importantes e têm um valor enorme.

Mas não está empenhado em negar o fato óbvio de que muitos aspectos, bem como muitas espécies, de emoções são ruins. Poderia assim ser considerada como questão indiferente aos propósitos desta obra saber se as emoções penosas são ruins, como uma categoria. No entanto, não é assim que pensamos. O nosso desacordo não se refere à proposição de que todas ou algumas das emoções penosas são ruins. Mas sim ao fato de os motivos oferecidos por essa proposição negarem importância valorativa às emoções, não entenderem os elementos psicológicos e a estrutura das emoções e não entenderem também as formas segundo as quais as emoções se ajustam em nossa vida.

Pode-nos parecer paradoxal sustentar que as proposições que afirmam a ruindade de certas emoções negam a sua importância valorativa. Tomar alguma coisa por *ruim* é, afinal, uma maneira de estabelecer a importância valorativa. A nossa objeção, porém, refere-se ao fato de essas proposições negarem às emoções as espécies de importância valorativa pelas quais batalhamos extensamente nesta obra. Elas negam às emoções as suas próprias formas particulares de importância valorativa. Estamos pensando aqui sobre as proposições que afirmam que as emoções penosas são ruins, e que são compostas de visões errôneas, valorativas e ontológicas das emoções. Essas visões valorativas errôneas são descrições hedonísticas de valor. As visões ontológicas dizem que as emoções são sensações ou meros sentimentos, muitas vezes corporais, que não apresentam complexidade e significado. Resumindo, essas visões vêem as emoções como valorativas, sem considerarem as suas estruturas significativas complexas.

Embora essas visões sejam conceitualmente independentes, com bastante freqüência são apresentadas e atacadas em conjunto. Podemos reconhecer esse conjunto de pontos de vista nos hedonismos rudimentares e simples que foram atacados por Platão em *Philebus*, por Aristóteles em *Ética a Nicômaco*, e por muitos filósofos contemporâneos anti-hedonistas. Como já

20. Agradecemos a Karen Neander e Georges Rey por discussão sobre este ponto.
21. No volume 14 de *The Standard Edition of the Complete Psychological Works of Sigmund Freud*, org. James Stratchey (Londres: Hogarth Press, 1986), pág. 245.

vimos, as emoções não são sensações ou meros sentimentos, quer envolvam ou não o corpo. E nem, como já vimos também, o seu valor consiste em se apresentarem como simples quantidades de qualquer coisa, mesmo de prazer e de dor. Antes, como vem sendo citado por todo este livro, o seu valor consiste de modo importante na maneira como ajudam a constituir nossa vida pessoal, interpessoal, social e cívica.

Essa visão abrangente do hedonismo não reconhece totalidades orgânicas tanto em geral, como em particular, e aqueles que são óbvios candidatos para emoções penosas que são, no entanto, boas. Óbvios candidatos, então, para aqueles de nós que aceitam tais categorias valorativas. Muitas pessoas pensam que a tristeza experimentada sobre o que é ruim pode formar uma totalidade orgânica: por exemplo, a tristeza experimentada pela perda de uma importante obra de arte numa guerra, ou a perda de uma importante instituição acadêmica, como o incêndio da biblioteca de Alexandria. Por causas retributivas, bem como por mais genéricas considerações de conjuntos orgânicos, muitos sustentam que o remorso pelo mal pode ser bom: afirmando, por exemplo, que se você agiu maliciosamente ou com desprezo, expressando racismo, digamos, pode ser uma coisa boa que você experimente remorso ou pesar por isso.

Muitas objeções a essas proposições sobre conjuntos orgânicos vêm, segundo achamos, daqueles que propõem hedonismos resolutos, diretos mas relativamente simples, quem sabe incorporados em utilitarismos semelhantes, resolutos e relativamente simples. São essas opiniões que *simplesmente* vêem elementos, iguais à dor, por exemplo, como ruins em si mesmos, e não conseguem ver como esses elementos podem deixar de ser ruins quando combinados com outros. Assim, eles sustentam que a punição geralmente – incluindo até uma autopunição do tipo *sentir remorso ou pesar* – será boa somente se ajudar a reformar ou a deter o mal, digamos. Na sua opinião, nunca é boa em si. E também sustentam que nenhum conjunto que a contenha pode ser tornado pior somente pela sua ausência, diferentemente do que acontece com as conseqüências hedonísticas que a sua ausência acarreta.

Não vemos como continuar com os argumentos relativos a emoções penosas expressos no plano de conjuntos orgânicos, exceto se pudermos nitidamente mudar o foco desta obra. Visto que, na nossa opinião, o debate realmente volta-se para questões gerais sobre conjuntos orgânicos, e não para questões específicas sobre emoções penosas ou para qualquer conjunto orgânico que elas ajudem a constituir. E, de fato, pensamos que muitos dos argumentos de que todas as emoções penosas são ruins (e, naturalmente, muitos argumentos de que algumas são boas) parecem ser nada mais do que exemplos de argumentos sobre estruturas maiores, de valor e de valorização.

Também pensamos que, muitas vezes, esses pontos de vista mais abrangentes são tão firmemente defendidos, e tão resistentes a testes detalhados, que parece impossível examinar as emoções penosas em si, e muito mais impossível ainda usá-las para observar essas proposições. Em vez de estarem abertas a exame, elas já são entendidas apenas como exemplos desses pontos de vista, até mesmo como substitutivo para eles. Assim, o que freqüentemente separa de verdade os filósofos que parecem discordar do valor das emoções penosas, pode ter pouco a ver com essas emoções, consideradas em si, e muito mais com esses pontos de vista valorativos. Como poderíamos dizer, um tanto tendenciosamente, muitas dessas discordâncias revelam uma falha em se prestar atenção às emoções em si e à sua especial natureza e importância para a vida e para o valor.

Mencionado isso, continuamos com nossos argumentos de que algumas emoções penosas podem ser justificadas. Começamos por reafirmar o que é óbvio: muitas emoções penosas não são boas. Em muitos casos, essas emoções são más, e passaríamos muito melhor sem elas, por causa do sofrimento que acarretam. (Naturalmente isso é válido também para muitas emoções prazeirosas, como é argumentado em *Philebus*.)

Muitas, porém, podem ser justificadas, como por exemplo o sofrimento do viajante na parábola do Bom Samaritano, ou com o intuito em que as partes ruins do melhor dos mundos possíveis de Leibniz podem ser justificadas. No caso do Bom Samaritano, havia algo bom para o Samaritano realizar, por causa do sofrimento e dor do viajante que fora batido. O sofrimento do viajante era necessário à boa ação do Samaritano e, como o viajante tinha sido ferido, o que o Samaritano fez foi um bem. Dizendo isto, reconhece-se que teria sido melhor que o assalto não houvesse ocorrido, muito embora isso também tornasse impossível a boa ação praticada pelo Samaritano. Esta naturalmente é a lição derivada do *paradoxo* do Bom Samaritano: não podemos inferir que algo é bom do fato de ser necessário para o que é bom.

No caso de Leibniz, é melhor que o mal ocorra junto com o resto do melhor de todos os mundos possíveis. Mas o mal é somente necessário para aquele mundo e para sua bondade: não é uma parte necessária do que é bom sobre aquele mundo.

Considerações similares, com tanto ou com tão pouco poder justificador, são facilmente encontradas em relação às emoções penosas. Um tema geral a ser desenvolvido é que não é possível para as pessoas em geral, ou para as pessoas como nós, evitar as emoções penosas, ao menos não sem abrir mão de muitas coisas mais. Assim, tem sido afirmado que ao menos para as pessoas como nós a capacidade de amar requer a suscetibilidade de lamentar a perda de um amor: nós ficamos ligados às pessoas que amamos de uma forma que ocasiona dor quando temos de nos separar delas. A perda real, imaginária ou temida de um amor não é encarada como, digamos, gratidão pelo que tivemos enquanto o amor durou. Uma vez que não vemos a pessoa amada apenas como um maravilhoso empréstimo. E nem vemos aqueles que amamos da maneira como muitos se sentem em relação ao bom tempo: quando temos bom tempo podemos nos deliciar com ele, mas quando ele vai embora isso pode ser lamentado mas não sofrido como uma perda, muito menos como a perda de algo que possuímos.

De certa forma, tais justificações de emoções penosas podem ser parecidas às do sofrimento do viajante ou da parte ruim do melhor dos mundos, de Leibniz. Mas podem nos dizer que de uma certa forma elas se parecem somente com a do primeiro caso. No caso de Leibniz, a parte ruim é necessária para o melhor de todos os mundos possíveis. Mas no caso do Bom Samaritano, o assalto é necessário somente para um mundo que aceita que a agressão física seja tão boa quanto possível. O que quer dizer que teria sido melhor que o viajante não tivesse sido batido, mesmo que isso tivesse privado o Bom Samaritano de uma ocasião de fazer o bem. Mantendo esta analogia, podem dizer-nos que as emoções penosas são justificadas somente porque não somos tão bons quanto deveríamos ser, ou somente porque somos pessoas más: melhores pessoas, como os sábios estóicos, não necessitarão de emoções penosas para ter emoções boas, como o amor.[22]

Por exemplo, nos dirão que tais pessoas não sentem dor pela perda de uma pessoa amada, tendo antes um sentimento de gratidão por terem-se beneficiado e aproveitado da relação pelo máximo tempo possível. Voltando agora para outra emoção, ser-nos-á afirmado que essas pessoas não terão raiva pela perda de seus bens ou mesmo por alguém os ter roubado delas. Elas poderão, em vez disso, entender e ter piedade do ladrão, e, mais uma vez, ficar reconhecidas por terem podido usufruir desses bens durante o tempo em que os tiveram. (Em uma questão muito menor, pediram a um de nós que não lamentasse ter perdido numa estação ferroviária um suéter muito apreciado, e que, ao contrário, ficasse feliz por um *sem-teto* ter agora um bom suéter.)

Essas pessoas nos preocupam muito. Não sabemos se elas são possíveis, ou se, ao invés disso, elas podem somente ser pensadas como possíveis. Além do mais, não temos um quadro bastante completo do que as suas vidas poderiam ser. Para mencionar somente um ponto, não sabemos se essas pessoas teriam capacidade para manter relações humanas adultas umas com as outras – por exemplo, relações como as descritas e louvadas por

22. Agradecemos a Joseph Waligore por discussão e por seu "The Joy of Torture: The Happiness of Stoic Sages"(dissertação de Ph. D., Syracuse University, 1995).

Strawson – ou se teriam apenas outras espécies de relacionamentos entre si. Nem sabemos como seriam esses outros relacionamentos. Até que saibamos o que está envolvido aqui, não saberemos se essas pessoas são possíveis, ou, no caso delas serem possíveis, como poderemos avaliar as suas vidas.

Temos outra razão para não continuar a debater sobre essas pessoas: *O Valor das Emoções* é sobre nós: para o melhor ou para o pior. E nós não somos estóicos, e muito menos sábios estóicos. Amamos de maneiras ligadas. É básico para o nosso amor que ele envolva ligação com as pessoas, e não apenas o sentimento de gostar delas; e esta ligação deve ser reconhecida como uma forma de possessão da espécie mais profunda. Ao menos, eu possuo a pessoa que amo porque a tornei parte do meu eu; eu possuo essa pessoa tornando-a uma parte de mim.

Mas isso pode ser considerado somente um aspecto do amor narcisista. Pode ser que seja. Porém não achamos que ajude a manter a analogia entre a bondade do que o Samaritano fez e a bondade da nossa dor causada pelo amor perdido. O feito do Samaritano requer algo ruim – o sofrimento do viajante – bem trabalhado por ele. A analogia requer que o narcisismo necessário ao pesar e bem trabalhado, seja mau em si. Mas não acreditamos que o narcisismo de uma mágoa justificada deva ser ruim.

O que queremos dizer é que achamos estranha, e até mesmo capaz de induzir a erro, a afirmação de que tal possessividade seja *apenas* um aspecto de amor narcisista. Em primeiro lugar, não está claro se o amor totalmente narcisista é possível para seres como nós. Em segundo lugar, essa possessividade e narcisismo são aspectos do narcisismo normal e saudável, e não somente do narcisismo excessivo, e muito menos somente do patológico. Essas formas diferentes de narcisismo são discutidas no capítulo 10. Por enquanto, basta lembrar o que Freud sugere em "Luto e Melancolia". Falando do amor narcisista e também do não-narcisista (que chama de anaclítico), ele sugere que é simplesmente uma coisa nossa, embora muito profunda, que *abrir mão* de um amor perdido requeira destacar-se de "inúmeras impressões" e que isso "não é um processo que possa ser realizado em um momento, mas deva certamente...ser um processo em que o progresso seja gradual e de longo termo" (pág. 256).

Assumimos que essa visão queira dizer que a mudança da dor que sentimos por uma perda para um sentimento somente de gratidão pelo bem que tivemos requereria, ao menos, uma mudança extremamente séria e completa sobre a própria natureza do nosso amor, e que alcançasse as partes mais profundas e mais difusas do nosso caráter. Não temos idéia de que essas mudanças sejam possíveis; ou de como poderiam ser efetuadas; e nem do que nos tornaríamos, nós mesmos e nosso amor, se elas fossem feitas.

Assim, não temos a menor idéia de como poderia ser avaliada essa proposição sobre não sentir dor mas somente gratidão.

No entanto, como demonstramos em todo este trabalho, há algumas coisas que pensamos sobre isso. Essas idéias nos provocam idêntico sentimento que temos sobre o uso feito por Spock, de *Jornada nas Estrelas* (como foi discutido no Prefácio de Stocker): não podemos absolutamente avaliar até que ponto isso não seja uma fantasia. Achamos que não tem sentido continuar a discutir até mesmo sobre a possibilidade desses temas bastante limitados, sem que possamos dar respostas realistas e pelo menos um tanto detalhadas sobre eles.[23]

Com isso encerramos esta linha de argumentação. Temos uma confiança razoável nos argumentos apresentados, até o ponto em que eles se desenvolveram. Mas não achamos que tenham ido suficientemente longe. Porque, não importa quão precisos eles sejam, ou bem apresentados, mostram que as emoções penosas somente são necessárias para o que é bom, mas não tocam na questão de saber o quanto possam ser más em si mesmas. Voltamo-nos agora para outras justificativas, mais poderosas, das emoções penosas: justificativas que ultrapassam a demonstração de que essas emoções são meramente necessárias para o que é bom. Esses argumentos usarão de maneira essencial fatos psicológicos, modelos e ideais e, voltando-nos para a psicologia, seremos capazes de mostrar que podemos fazer mais para justificar as emoções penosas do que simplesmente revelar que são necessárias para o que é bom, quer da forma mostrada no exemplo do Bom Samaritano, quer da mostrada no exemplo de Leibniz.

Na nossa opinião, muitas dúvidas e questões sobre a justificabilidade das emoções penosas dependem de um ideal – ou, mais precisamente, de uma *fantasia* – elaborado sobre emoções totalmente positivas. Uma fantasia, ou uma fantasia-ideal de vida e de emoções sem tensão, conflito e ambivalência. Esta fantasia-ideal é encontrada na nossa tradição, pelo menos desde os tempos de Platão. Mas, gostaríamos de lembrar, muitas das emoções mais positivas e valiosas, como as do amor e da amizade, são complexas e ambivalentes, compostas de elementos positivos e negativos interligados, de emoções prazeirosas e penosas, de afetos e de outros elementos. Por exemplo: a maioria das formas de amor, senão todas, são

23. Nós nos perguntamos, portanto, o que R. Jay Wallace tinha em mente quando, sem fornecer qualquer detalhe ou discussão – sem mostrar de qualquer maneira como se pode conceber isso – ele afirma sobre áreas muito mais abrangentes que "é pelo menos concebível que possam existir culturas nas quais as pessoas estão sujeitas a emoções naturais sem estarem sujeitas às atitudes reativas [Strawsonianas]", *Responsibility and the Moral Sentiments* (Cambridge, Mass.: Harvard University Press, 1994), pág. 32.

amálgamas de aproximação e evitação, fusão e distanciamento, rupturas e estabelecimento de limites, possessões e renúncias, e outros modos de conflitos, tensão e ambivalência. A exceção – e é importante que seja uma exceção – podem ser os vários estados *oceânicos* de completa fusão com o outro ou com outros, se não com o universo.

De acordo com essa fantasia-ideal de harmonia completa, as emoções penosas não farão parte de uma vida ideal. Ela também sustenta que uma vida será sempre melhor se as emoções penosas dela estiverem ausentes. Mas, se estivermos certos sobre o fato das emoções tão freqüentemente envolverem conflitos e tensões, e serem complexos conjuntos de elementos de valores diferenciados, uma vida sem emoções penosas seria uma vida sem categorias inteiras de emoções. Poderia até não ser em absoluto uma vida, e muito certamente não seria uma vida ideal, nem mesmo algo que se aproximasse remotamente de uma boa vida.

Não estamos sugerindo a idéia, nitidamente falsa e ridícula, de que uma vez que se abra mão desse ideal de harmonia todas as emoções penosas serão vista como boas. O que estamos sugerindo é que, ao desistirmos desse ideal, estaremos numa posição boa, ou pelo menos melhor, para entendermos as emoções penosas. Teremos a capacidade de ver como elas são expressões, ou causas, ou efeitos, do que é verdadeiramente humano; e também seremos capazes de ver o que é bom e o que é mau, nelas. Por exemplo: seremos capazes de verificar se fazem parte de uma autoconsciência normal e saudável e de uma precisa apreciação do mundo; ou se, ao contrário, são parte de várias distorções, excessos e falhas no entendimento e na auto-avaliação. Tomando um exemplo de Aristóteles, poderemos ver se o medo sentido por um dado soldado é uma expressão de covardia, conjugado talvez com uma superestimação do perigo; ou se é uma expressão daquele amor do perigo que caracterizava os celtas; ou se mostra uma apreciação adequada tanto de si próprio como do perigo que enfrenta (cf. NE III, especialmente 7). Tudo o que teremos eliminado com a fantasia-ideal será a crítica estereotipada das emoções penosas, isto é, que elas são ruins simplesmente por não satisfazerem aquele ideal.

Confiamos ter esclarecido que não estamos dizendo que as emoções penosas sejam boas em si.[24] O que queremos dizer é que elas somente podem ser boas em si quando fazem parte de um todo bom. Observamos que, como foi discutido no *Philebus* de Platão e na *Ética a Nicômaco* de Aristóteles, essa forma de algo ser bom em si mesmo é uma das maneiras mais comuns de algo ser bom em si mesmo. Não é uma maneira que é

24. Agradecemos a Terry Winant por discussão.

reservada – e certamente não é uma forma que é reservada como um derradeiro argumento – para mostrar o modo como o que parece realmente mau é bom, e bom em si.

Observaríamos também que esta afirmação não é uma repetição da afirmação anterior, de que as emoções penosas são necessárias para uma boa vida, como no caso do Bom Samaritano ou do exemplo de Leibniz. Mas sim de que quando essas emoções penosas são boas, elas o são porque constituem meios necessários de se experimentar, lidar e resolver tensões, ambivalências e conflitos necessários. Em relação ao amor, a natureza e o valor do amor, de emoções especiais de amor e de relações amorosas específicas, envolvem experimentar e lidar bem ou precariamente com tensões, conflitos, ciúmes, feridas e lutas. Se houvesse necessidade de explicar isto, poderíamos buscar as teorias que mostram como as formas adultas de amor combinam, reformulam e recapitulam vários aspectos e elementos conflitantes, muitas vezes de estágios primitivos, que dão origem às formas adultas de amor; e como, também, o amor maduro entre pessoas envolve tensões, disputas e até mesmo lutas sobre limites e responsabilidades.

Definindo essas formas como vitais, queremos dizer que são as únicas que temos para lidar com esses problemas. E estabelecendo os problemas como necessários, queremos dizer que tê-los é parte do que é ser pessoa como somos. Por esta última definição, queremos dizer muito mais do que simplesmente que nos *acontece* ter problemas desses e que não conhecemos nenhuma maneira de evitá-los. Queremos dizer também que não tê-los é não ser uma pessoa como nós. E ainda que as tentativas de não se ter, ou não lidar com problemas desse tipo, estão seriamente implícitas em várias das neuroses sérias, condições fronteiriças e psicoses mencionadas ao longo desta obra. E finalmente, queremos dizer mais do que simplesmente que esses problemas devam ser deixados para trás – eles devem *ter sido* resolvidos, contornados ou arranjados de alguma outra maneira – para que as relações amorosas possam ser estabelecidas. Eles não são um obstáculo que deva ser saltado ou evitado. *Continuar* a lidar com esses problemas é parte integrante do que é o amor, e dos motivos pelos quais ele é tão importante para nós.

A nossa proposição é similar à de Mill quanto à indagação e ao pensamento. O esforço e o controle não são meros meios instrumentais para o desenvolvimento de uma boa vida intelectual e do pensamento, mas são seus aspectos essenciais e contínuos. Questões similares podem ser colocadas em teores hegelianos ou marxistas sobre o pensamento e a história. Essas proposições, e as nossas, rejeitam o ideal de harmonia e de toda falta de tensão, em prol de um ideal que envolva ao menos alguma luta e tensão. Do nosso ponto de vista, não temos motivos para acreditar que essa fantasia-ideal possa ser humanamente atingível. Também não vemos motivo para crer que seja atraente.

E temos alguns motivos consideráveis para pensar nela como um ideal que, para nossa felicidade, não podemos atingir.

Gostaríamos de apresentar nossa proposição de duas outras maneiras, correlatas. Não pensamos que as emoções penosas são compreendidas corretamente quando são vistas como defeitos, nem mesmo como defeitos que poderiam, de alguma forma, se transformarem em um bem.[25] Entendê-las assim seria como assumir que a resistência do mármore a ser esculpido é um defeito ou limitação cuja ausência tornaria melhor o ato de esculpir; ou como se o fato dos nossos corpos serem afetados ou *limitados* pela gravidade fosse uma limitação capaz de ocasionar defeitos no balé. Em ambos os casos a resistência e as dificuldades ajudam a determinar as possibilidades e a excelência dessas atividades.

Há uma segunda maneira de cometer um erro sério ao se tomar as emoções penosas como defeitos, e ao basear nossas avaliações em uma fantasia-ideal que requeira a ausência de defeitos. Alguns exemplos ajudarão a esclarecer esta questão. O erro tem ao menos tanto direito como a dor a ser considerado como um defeito. Assim, se as avaliações são baseadas num ideal que requeira a ausência de defeitos, teremos de rebaixar o ensino e o aprendizado, pois eles requerem erros, nem que seja para serem superados. Esse ideal também bloquearia a celebração do triunfo sobre a ignorância, ou de se ter consideração por uma pessoa, um povo ou uma teoria que tenha se sagrado pelo seu triunfo sobre o erro. Eles passariam a serem vistos no máximo como alternativa secundária, e não realmente como bons, quem sabe como fornecedores de uma ocasião de júbilo pelo fato de as coisas não serem piores.

Da mesma forma, uma vida ideal sem defeitos possivelmente seria uma vida sem penúria. Mas então, a liberalidade e a caridade teriam de ser degradadas.

Uma vida ideal sem defeitos teria de ser isenta, também, de perigos naturais ou humanos. Assim, a coragem teria de ser degradada. Se a doença é vista como um defeito, e como tal excluída de uma vida ideal, os cuidados médicos também teriam de ser degradados. O que aconteceria também com o esforço, ou pelo menos com o esforço doloroso. Assim, desejar uma coisa seria suficiente, em lugar do trabalho árduo, e por conseguinte a resistência e a perseverança teriam de ser degradadas.

---

25. Os parágrafos seguintes resumem argumentos apresentados em Stocker, *Plural and Conflicting Values* (Oxford: Oxford University Press, 1990), especialmente cap. 3, "Dirty Hands and Conflicts of Values and of Desires in Aristotle's Ethics", em particular págs. 63-64.

Pensamos que esses argumentos sejam suficientes para rejeitar a afirmação de que uma vida ideal excluiria todos os defeitos, ou *defeitos*, e que uma vida poderia ser sempre tornada melhor pela ausência deles. Se não for suficiente, talvez este funcione: duvidamos que alguém tenha qualquer idéia do que seria essa espécie de vida, ou se ela seria boa, ou mesmo possível, até para um deus, quanto mais para uma pessoa. Dizemos isso estando também certos de que os defeitos em geral, incluindo os que acabamos de mencionar, devem ser combatidos e minimizados, até com o objetivo realístico de eliminá-los, ou ao menos um grande número deles. Mas também temos certeza de que eles são, apesar de tudo, aspectos essenciais da vida humana, ao menos em relação ao que sabemos e ao que imaginamos da vida humana.

Poderia parecer que, em um ou dois pontos, nosso argumento comete uma falácia não muito diferente da falácia de composição. A primeira e não muito séria objeção é termos argumentado que uma vida ideal possuiria emoções penosas, em razão de ela ter *aspectos* emocionais penosos. Mencionamos esta objeção nem tanto por que deva ser levada a sério, mas sim para usá-la como ponto de encontro de algumas questões correlatas.

Nosso argumento não pode ser atacado por cometer a falácia de apresentar os aspectos penosos como se fossem, eles próprios, emoções penosas. E muito freqüentemente os aspectos penosos das emoções são também emoções de pleno direito. Assim, por exemplo, a raiva que eu tenho de você por ter roubado meu carro pode ser composta de *subemoções* como a frustração antecipada, ou já sentida, de ter de se envolver com a polícia e com a companhia de seguros, e o sentimento de ter sido traído por alguém que era considerado um amigo. É claro que as emoções não são tão bem, ou tão nitidamente individuadas. Em geral não podemos dizer: *Quantas emoções ele está experimentando agora?* (Com exceção do sentimento um tanto especial de se perguntar sobre os elementos constituintes e sobre a pureza de uma emoção. Por exemplo: se a minha raiva de você é ou não é também composta de desejo sexual frustrado ou de ciúme.) Não obstante, está bem claro que algumas emoções podem conter outras emoções e não apenas aspectos de emoções.

Assim, aqueles que concordam que vidas boas ou ideais podem conter aspectos penosos de emoções, sustentando ao mesmo tempo que essas vidas não podem conter emoções penosas, deverão nos dizer qual o tamanho das emoções em que estão pensando. Devem igualmente nos contar por que estão preocupados somente com emoções dessas grandezas, e por que não estão preocupados com os aspectos penosos das emoções, a menos que esses aspectos sejam, eles mesmos, emoções.

Vamos agora examinar a segunda objeção, mais séria, de que teríamos cometido uma falácia de composição. A *área* desta objeção pode ser vista como correlata à que acabamos de discutir: se as emoções contêm subemoções, estas fazem parte de emoções maiores. O que acarreta a segunda objeção: que nós ilicitamente argumentamos com a proposição de que uma vida boa conterá emoções penosas, porque uma vida se torna boa por saber lidar com os problemas, chegando assim à conclusão de que essas emoções penosas não são más.

Essa objeção tem validade em um aspecto. Realmente, assumimos que toda uma vida, ou uma grande porção de uma vida, tenha primazia avaliadora sobre as suas partes menores, os seus atos especiais. Redirecionando a questão, sustentamos que as partes menores de uma vida, inclusive os atos, freqüentemente devem ser avaliadas segundo as partes maiores ou da vida inteira que ajudaram a constituir, em vez de se avaliar as partes maiores de acordo com o valor – ou da soma de valores – dos atos que elas contêm.[26]

Além disso, queremos admitir que grandes períodos da vida – como a adolescência, o tempo gasto no ginásio, ou sendo pai ou mãe de crianças pequenas –, ou mesmo uma vida inteira, possam ter somente poucos temas e tons emocionais dominantes. O que estamos dizendo pode ser visto examinando-se novamente a proposição de Angell, sobre aqueles que encontram "*uma qualidade crepuscular e rotineira* em tudo o que fazemos na meia-idade, por mais sucessos que tenhamos. Há uma perda *de luz e de naturalidade, e da antiga alegria.*"[27] As frases em itálico caracterizam toda uma vida ou uma grande parte de uma vida marcada por um tom ou estado emocional abrangente e difuso.

Esta forma de pensar no *tamanho* das emoções não as vê como eventuais, ou não apenas como eventuais, mas como se tivessem uma vida inteira ou um grande período de uma vida como sua sede, e possivelmente também como seu objeto. Para aqueles de nós que querem enfatizar a

26. Pensamos aqui em Aristóteles. Ver também Bernard Williams em muitos de seus escritos, incluindo (com J. J. C. Smart) *Utilitarianism, For and Against* (Cambridge: Cambridge University Press, 1973), e "Persons, Character and Morality", in Amélie O. Rorty (org.), *The Identities of Persons* (Berkeley: University of California Press, 1976); Alasdair MacIntyre, *After Virtue* (Notre Dame, Ind.: University of Notre Dame Press, 1981); Margaret Walker, "Moral Particularity", *Metaphilosophy*, 18 (1987) 171-185; Russell Hardin, *Morality within the Limits of Reason* (Chicago: University of Chicago Press, 1988), especialmente cap. 5. As discussões de Stocker a respeito são encontradas em *Plural and Conflicting Values*, especialmente cap. 10, seção 2, e em "Abstract and Concrete Value: Plurality, Conflict, and Maximization", em Ruth Chang (org.), *Incomensurability, Comparability, and Practical Reasoning* (Cambridge, Mass.: Harvard University Press, 1997).

27. "The Sporting Scene – Distance", *New Yorker*, 56 (22 de setembro de 1980) 83-127, pág. 127, grifo nosso.

importância valorativa das emoções, isto combina bem com ver uma vida, ou grandes períodos dela, como algo que é valorativamente importante, e até mesmo como prioritariamente valorativo a suas partes menores, incluindo os atos. Isso nos dá uma maneira de ver os valores das emoções como valores de uma grande parte de uma vida, ou mesmo de uma vida inteira, difundindo-se e espalhando-se por toda a vida ou parte dela. O que contrasta com vê-los, de alguma forma, dispersos aqui e ali, em pequenos bocados e pedaços, e na seqüência avaliados considerando uma soma dos valores desses vários itens.

Enfaticamente não sustentamos que toda e qualquer emoção penosa seja boa, mesmo que as emoções penosas em geral sejam partes do que é bom. Sequer que toda e qualquer emoção penosa que queiramos justificar seja boa. E nem que um estado emocional de grande-escala, ou uma porção de uma vida, dependa de emoções penosas para o seu valor, e que a ausência de qualquer dessas emoções penosas resulte em uma perda abrangente de valor. Assim, no que se refere a uma boa relação de amor, que em parte é constituída pelo modo como enfrenta algumas lutas e disputas especiais, a nossa proposição não é que, por ser sobretudo boa, a relação amorosa tenha que piorar pela ausência de apenas qualquer uma dessas lutas.

Naturalmente, sustentamos que a constituição de um determinado relacionamento amoroso pode envolver profundamente tantas lutas, que, sem elas, ele não seria a mesma coisa. O que queremos dizer é que a falta dessas lutas seria responsável por uma relação diferente. Mas não dizemos que essa falta seria responsável por uma relação pior.

Nossa suposição básica é que a eliminação de *todas* as lutas e sofrimentos pode muito bem não tornar as coisas melhores. A questão não se refere apenas a sofrimento, lutas e emoções, o seu valor e a sua avaliação. Ela abrange também uma questão filosófica muito maior. O que temos aqui é muito similar ao que a relação INUS de Mackie queria nos fazer entender sobre a causalidade. (C está em uma relação INUS para *e* só para o caso de *c* ser parte insuficiente, mas necessária, de uma condição que é desnecessária, mas suficiente, para realizar *e*.) O problema relativo à causalidade é que considerações como essas que acabamos de esboçar nos impediriam também de sustentar uma causa de algo que esteja em questão. Visto que é freqüentemente possível que um efeito tenha aparecido sem a causa que, de fato, o causou.

Além disso, o nosso problema é muito similar, se não for simplesmente um seu aspecto, do *paradoxo da loteria*: mesmo sabendo, de cada bilhete, que ele não tem probabilidade de ganhar, sabe-se também que é pouco provável, senão impossível, que ninguém ganhe. De uma maneira esquemática, mesmo onde vemos que não podemos deduzir aquele *todos os x são*.... de *cada x é*..., pode ser difícil ver como é possível justificar uma proposição do tipo "*um x particular*, xj. *não é*.....". Acreditamos que esse argumento seja, ou esteja muito perto de ser, a questão que enfrentamos aqui sobre as emoções negativas e penosas. Podemos não ter capacidade para demonstrar que uma determinada emoção penosa é justificada pela argumentação de que a sua ausência iria piorar as coisas. Não obstante, podemos ver que sem um número suficiente dessas emoções, as coisas seriam piores. Além disso, podemos ver que não existe uma maneira não-arbitrária de se distinguir aquela determinada emoção penosa daquelas que seriam suficientes.

Resumindo, o que viemos dizendo foi que, tomadas em geral e integralmente, as emoções penosas podem ser boas: é possível que não por conta própria mas em si, como partes de um todo maior. Mesmo sendo penoso, isso não precisa tornar esses *todos* ruins, sequer em parte; e nem será preciso considerar esses *todos* melhores, sem essas emoções. Estas são justificadas de maneiras diferentes daquela do sofrimento do viajante. Uma vez que naquele caso, mesmo se o sofrimento fosse necessário para o bem, teria sido melhor que aquele bem não tivesse sido possível. Essas emoções também podem ser justificadas de maneiras diferentes daquela do mal que era necessário para o melhor dos mundos possíveis de Leibniz. Porque naquele caso, o elemento mau não entrava na bondade daquele mundo, a não ser quando necessário a ele. Sugerimos também que provar isso nos levaria a vários problemas filosóficos e psicológicos, muito difíceis e muito generalizados.

Pensamos ter *provado* que para entender e avaliar as emoções devemos também entender e avaliar muitas coisas mais. Nestas *muitas coisas mais* se incluem caráter, personalidade, muitos outros estados e entidades psicológicas, relações interpessoais e sociais, particularidades e similaridades dos indivíduos e dos grupos – e, como também vemos agora, grandes e difíceis questões genéricas valorativas.

# 9

# *Afetividade e auto-estima*

Este capítulo e o seguinte têm vários objetivos interligados. Um deles, é o de continuar a apresentar casos de estudo de várias conexões entre emoções e valores, discutidos nos primeiros capítulos. Outro, é o de examinar alguns dos pontos de vista de Aristóteles sobre o assunto. Farei isso simultaneamente. Tenho vários motivos para usar este enfoque conjunto. Ele me permite propor o estudo do modo como as emoções são essenciais aos valores e à avaliação. E também me permite fazer isso sem me basear no seu ponto de vista, considerado controverso por muitos, de que as emoções são necessárias e em parte constituintes da virtude e da *eudaimonia*.

Além disso, ele também me permite mostrar a maneira como um entendimento das emoções, mesmo um único aspecto ou uma espécie das emoções de uma pessoa, ou de uma determinada espécie de pessoa, requer os recursos e as técnicas da filosofia, da psicanálise, da sociologia, da antropologia e da história, para nomear somente algumas das disciplinas necessárias. Isso nos ajudará a ver algumas diferenças entre nossas emoções e as das pessoas citadas por Aristóteles. Este enfoque também nos ajudará a ver a forma como essas diferenças são devidas aos diferentes valores, que também ajudam a constituir; e também são devidas às diferentes relações e estruturas sociais e interpessoais, às diferentes formações e características psíquicas, ou a alguma combinação desses e talvez de ainda mais fatores.

Os detalhes e a complexidade do que será discutido aqui são tão importantes que estes dois capítulos apresentarão, na melhor das hipóteses, somente um esboço de alguns aspectos das pessoas apresentadas por Aristóteles, e de somente algumas relações entre valores e emoção.

---

Grande parte deste capítulo é uma versão abreviada e revisada de "Affectivity and Self-Concern: The Assumed Psychology in Aristotle's Ethics", *Pacific Philosophical Quarterly*, 64 (1983) 211-229. Por ajudar-me em relação a este artigo, agradeço especialmente a John Campbell, K. R. Jackson, Brian Loar e Graeme Marshall. Por ajudar-me com este capítulo, meus agradecimentos vão para Norman Dahl, Aryeh Kosman e Charles Young.

Neste capítulo e no próximo, usamos extensivamente a *Retórica*. Podem achar estranho que se possa encontrar a psicologia de Aristóteles na *Retórica*, uma vez que, segundo pensam, ele não apresenta nela a sua visão de conjunto e as suas opiniões mais consideradas, mas somente o que julga útil para os retóricos. É claro que a *Retórica* pode oferecer somente uma caracterização geral do que é tratado mais longamente e mais detalhadamente em outros lugares. No entanto, isso está ligado profundamente com o restante dos escritos éticos e políticos de Aristóteles.[1] E, de qualquer forma, é difícil ver como Aristóteles poderia considerar a *Retórica* útil para os retóricos, se achasse que ela se baseava em uma psicologia pouco precisa.

O plano do capítulo é o seguinte: a seção 1 dá um pequeno resumo das doenças espirituais que conhecemos bem demais, mas que estão ausentes da psicologia atribuída por Aristóteles às pessoas que apresentou. A seção 2 considera as discussões sobre a raiva e o orgulho feitas por Aristóteles, e as seções 3 a 5 examinam a sua descrição de medo e piedade, para mostrar como a psicologia que ele atribui às suas pessoas explica por que ignorava ou rejeitava essas doenças espirituais. Essas seções são muito independentes umas das outras. Quando consideradas em conjunto, ajudam a preencher os detalhes da psicologia e da psique do homem de Aristóteles.

## 1. Doenças espirituais

Em poucas palavras, a psicologia que Aristóteles atribuía às pessoas – geralmente aos homens – definia-os como orgulhosos, dispostos, cheios de espírito e ativos, gostando muito de si mesmos e tomando-se a sério, imediatamente e pessoalmente. Esta não é uma psicologia universal e filosoficamente neutra, mas sim particular e altamente determinada. Sabemos muitíssimo bem, pelos romances, pela literatura psicológica, e pelas nossas próprias vidas, que o estado de atenção, de preocupação e de interesse pode ter vicissitudes, chegando até mesmo a ponto de total ou parcial eclipse. Pode-se *cair* em depressão ou *acidia* (indolência, ou cansaço espiritual), ou em desespero, ou em falta de esperança, ou em tantas outras doenças espirituais. Quando somos *tomados* por essas doenças espirituais, em geral perdemos o estímulo, o interesse e a preocupação.[2] Para uma descrição daquilo

1. Isto é vigorosamente exposto em Eugene Garver, *Aristotle's Rhetoric: An Art of Character* (Chicago: University of Chicago Press, 1994).
2. A seguinte discussão sobre ausência de cuidado e outras doenças mentais se baseia em "Desiring the Bad", *Journal of Philosophy*, 76 (1979) 738-753 e em "Psychic Feelings: Their Importance and Irreducibility", *Australasian Journal of Philosophy*,

com que se pareceria a melancolia e a depressão, não poderíamos encontrar nada melhor do que esta passagem, de "Luto e Melancolia", de Sigmund Freud:

> As características mentais que diferenciam a melancolia são um abatimento profundamente doloroso, a cessação do interesse pelo mundo exterior, a perda da capacidade de amar, a inibição de toda atividade, e um rebaixamento dos sentimentos de auto-estima, chegando à auto-incriminação e ao auto-aviltamento, e culminando com uma expectativa imaginária de punição.[3]

É claro que sem a atenção, a preocupação e o interesse podemos continuar a planejar e procurar, e certamente a ter vontade e esperança e, ao menos de algumas formas, a ter desejos. Além disso, podemos continuar a agir, possivelmente apenas por hábito. Assim, é possível agir sem ter interesse nisso. Mas sem suficiente interesse, podemos *desistir*, achar que as coisas são *muito difíceis*, que *não valem a pena*, e assim deixamos de agir. Quando *não ligamos para nada*, ou mesmo ligamos só um pouco, não aproveitamos as oportunidades, nem preenchemos as demandas. Simplesmente, não colocamos o coração nas coisas que fazemos.

Devemos enfatizar que mesmo quando deixamos de agir por insuficiência de motivação, podemos continuar a conhecer o que é a melhor coisa. Realmente, um dos aspectos que podem tornar a perda de motivação tão angustiante é o conhecimento continuado do que seja o bem. Assim, não podemos tomar as frases *difícil demais* , *não vale a pena*, geralmente usadas na descrição de falta de motivação, como indicadores de uma mudança de valores, e muito menos de uma perda de valores, ao menos no que se refere aos valores mundanos.

(Eu digo *ao menos valores mundanos* reconhecendo que as pessoas que sofrem dessas doenças espirituais podem sentir uma perda de valor em si mesmas. Podem sentir-se desvalorizadas. Como também diz Freud em "Luto e Melancolia": "No luto, é o mundo que se torna pobre e vazio; na melancolia, é o próprio ego. O paciente nos apresenta o seu ego como sem valor, incapaz de realizar qualquer coisa e moralmente desprezível." [pág. 246])

Se eu estiver certo, vários pontos devem ser levados em consideração. Podemos deixar de nos importar com as coisas mesmo conservando o moral próprio e outros pontos de vista valorativos, inclusive as crenças e o conhecimento. Podemos perder o engajamento ativo no mundo sem perder a

61 (1983) 5-26, que, em forma revisada, aparece como "The Irreducibility of Affectivity", capítulo 1 deste livro.

3. Do volume 14 de *The Standard Edition of the Complete Psychological Works of Sigmund Freud*, org. James Stratchey (Londres: Hogarth Press, 1986), pág. 244.

visão moral e valorativa dele. Correlativamente, a ausência de motivação torna compreensível que não se faça aquilo que se acredita ser o melhor. Assim, para explicar o fato de uma pessoa fazer o que é melhor, precisamos pressupor um interesse suficiente.

Por 'suficiente' quero dizer o bastante para um engajamento ativo. Isso cobre um campo muito grande e exclui muitas espécies diferentes de falta de atividade. Para mencionar algumas dessas espécies que já foram observadas, há o isolamento neurótico ou psicótico do mundo, mostrado no homem descrito por Clara M. Thompson, que tem "uma personalidade marcadamente destacada", e que é "inconsciente de qualquer contato pessoal emocional com outros seres humanos. Ele é um observador da vida."[4] A falta de engajamento ativo pode também aparecer sob outras formas, como a espécie de inércia de Oblomov, o sentimentalismo, o esteticismo, ou a visão de que os próprios sentimentos e o modo de sentir são tudo o que é importante. (Isso foi mencionado no capítulo 6, seção 3.) A falta de engajamento ativo pode também aparecer sob esta forma: que os desejos próprios sejam somente aspirações vagas.

As pessoas descritas por Aristóteles são, ao contrário, ativas e engajadas ativamente nas coisas do mundo. Realmente, Aristóteles parece nem mesmo reconhecer, e muito menos discutir, essas formas de falta de vontade e falta de engajamento ativo nas coisas do mundo. O que ele sustenta, que para se ter virtude é preciso ter emoções e engajamento, amor daquela virtude em particular e da virtude no geral, muito claramente exclui a falta de vontade nas pessoas boas. É por isso que não discute essas falhas, nas pessoas que não são boas. No entanto, ele passa uma parte considerável do seu tempo discutindo as emoções, o caráter e o desenvolvimento de ambos, e faz isso sutilmente, dando a eles um papel fundamental na sua ética.

Por que ele não as discute e nem as reconhece? Acho que deveríamos considerar seriamente a possibilidade de procurar a explicação disto no fato dele ter uma visão diferente da nossa, da psicologia e da psicologia moral, especialmente das emoções e da afetividade. Já que, como observamos, isso não pode ser atribuído a uma falta de interesse em questões emocionais, ou a uma falta de sutileza em relação a elas.

O que deveria também ser explicado é a ausência total, ou quase, de doenças espirituais, na literatura clássica grega. Seria muito difícil para nós

4. De "Development of Awareness of Transference in a Markedly Detached Personality", cap. 13 de *Interpersonal Psychoanalysis: The Selected Papers of Clara M. Thompson*, org. Maurice R. Green (New York: Basic Books, 1964), pág. 111. Originalmente publicado com o mesmo título em *International Journal of Psycho-Analysis*, 19 (1938) 299-309. Isto também é mencionado no capítulo 3, seção 2.

descobrir alguma pessoa caracterizada como depressiva, digamos, nessas obras. No entanto, essas questões culturais maiores ultrapassam a finalidade deste livro, ainda que a sua exploração nos levasse a entender melhor as proposições psicológicas de Aristóteles. Elas poderiam também nos ajudar a determinar se o fato de ele não lidar com essas doenças espirituais mostra que a sua visão estava errada, ou se ela era certa em relação às pessoas que examinou.

## 2. Raiva e orgulho

Aristóteles escreve em *Retórica II.* 2: "A raiva (*orgē*) pode ser definida como um desejo acompanhado de dor, de uma vingança conspícua ou de um dano conspícuo, nas mãos de homens que não têm vontade de prejudicar a si mesmos ou aos seus amigos". (Ret. II.2, 1378a31 ss.) Essa *orgē* é fundamental para o homem de Aristóteles, no modo como é descrito na *Ética a Nicômaco* e na *Retórica,* e é o tópico central do próximo capítulo. Para os objetivos deste capítulo, devemos fazer três observações sobre a caracterização da raiva na *Retórica*. Primeira: a raiva se refere somente a um grupo muito limitado de pessoas: o agente, ou uma pessoa próxima a ele, tal como um amigo. Segunda: é a reação a uma ofensa imerecida, a um ato de desprezo não merecido, ou de despeito, ou de malícia (*Ret.* II.2). Terceira: a resposta a essa ofensa é desejar vingança ou reparação. Devemos perguntar que espécie de pessoa é a que assume as ofensas feitas somente a um grupo de pessoas, e que responde a tais ofensas com desejos desse tipo.

Podemos começar a responder com duas passagens de *Ética a Nicômaco* – passagens essas que, nessa obra, se aproximam mais do reconhecimento de pessoas com as doenças espirituais mencionadas anteriormente. Daqueles que têm o defeito de sentir tão pouca raiva, diz Aristóteles em IV.5: "Pensa-se que eles não sentem *(aisthanesthai)* ou não se ressentem *(lupeisthai)* de uma injúria, e que se um homem não sente raiva nunca, ele não pode responder por si mesmo; e é considerado servil agüentar um insulto a si próprio ou sofrer se um amigo é insultado" (1126a6 ss. tr. Rackam). E em IV. 3, lemos:

> O homem de alma pequena [*mikropsuchos*] priva a si próprio das boas coisas que merece; e a sua incapacidade de reivindicar as coisas boas faz parecer que haja algo de ruim nele... pois (dizem as pessoas) se ele merecesse algo bom, tentaria obtê-lo... as ambições dos homens mostram o que eles valem e se eles se mantêm afastados de bons empreendimentos e causas, e esquecem as boas coisas da vida, presumivelmente pensarão que não são dignos delas. (1125a19 ss.)

Mesmo que Aristóteles admita que haja homens de alma-pequena, devemos notar a espécie de coisa que ele diz sobre eles e o que é pensado deles. Geralmente esses homens não tomam conhecimento das injúrias e nem as sentem. Quando tomam conhecimento delas, não se ressentem nem sofrem por sua causa. Supõe-se que se as pessoas ficam ressentidas com as injúrias, ou sofrem com elas, reagem colericamente. Portanto, mesmo aqui não temos uma pessoa que sofra com as injúrias mas que, em razão de uma doença espiritual, não as ressente ou não procura uma desforra. (Para nossos propósitos, não há necessidade de optar entre entender '*lupeisthai*' com o significado de '*ressentir*', conforme Rakjhan, ou '*sofrer com*', segundo Ross.)

É possível que o homem de alma mesquinha deixe de assumir as injúrias, e de sofrer ou não com elas, ou de ressenti-las, *porque* tem muito pouca consideração por si mesmo. Essa possibilidade é sugerida pela passagem de IV 3. No entanto, presume-se que se as pessoas sofrem por causa de uma injúria, elas se ressintam disso; e se ficam ressentidas, procuram revidá-la.

Consideremos o homem que para Aristóteles é capaz de ter um sentimento de raiva. Este homem não é um homem de alma pequena. Ele se esforça para conseguir os bens que julga merecer. Ele não é servil. Ele valoriza a honra (*tima)* própria e a dos seus amigos. Ele se considera bom e importante. Ele se interessa por si e pelo seu ambiente, até o ponto de exigir reparação se for insultado. Em resumo, ele é um homem orgulhoso, mas não precisa ser um homem de grande alma, um *megalapsuchos*. Além disso, ele é um homem que agirá em defesa da sua honra, por ser orgulhoso.

Para entender melhor isto vamos examinar o orgulho: primeiro, o orgulho expresso em *Ele está orgulhoso de si mesmo, pelos seus feitos*, após o orgulho expresso em *O seu poderoso senso de orgulho explica por que ele preserva tão ciumentamente a sua honra*. É minha intenção mostrar como o orgulho pelas próprias qualidades difere de simplesmente afirmar que se tem qualidades admiráveis. Começarei por algumas das maneiras em que o orgulho envolve identificação.[5]

Eu posso ter orgulho de mim pelos meus feitos; e posso ter orgulho de minha irmã pelos seus feitos. Afinal, ela é minha irmã. Posso também ter orgulho dos revolucionários americanos pelos seus feitos. Afinal, eu sou um americano e me identifico como tal. Mas, mesmo se reconheço e sou grato pelos grandes feitos de vários franceses, tanto na Revolução Americana como na deles mesmos, eu não me sinto, nem acho que poderia me sentir orgulhoso dos franceses por esses seus feitos. Porque de jeito nenhum me identifico com um francês. No entanto, posso me sentir orgulhoso de ser um

5. Agradeço a Brian Loar por discussão sobre este ponto.

filósofo, em virtude dos vários papéis desempenhados pelos filósofos franceses na política francesa e na sociedade. Assim, também, posso me sentir orgulhoso de vários filósofos franceses por terem resistido às tentações às quais muitos outros intelectuais sucumbiram. Eu me identifico com os filósofos.

Poderíamos então pensar que para entender o orgulho devêssemos entender a identificação. De minha parte, acho que devemos entender as duas coisas em conjunto: uma discussão sobre o orgulho iluminará e será iluminada por uma discussão sobre a identificação. (Esta seção continua a anterior; a última é o tópico do capítulo 10, seção 6.)

Vamos iniciar com alguns casos de orgulho em outras pessoas. Suponhamos que eu tenha orgulho do meu sobrinho porque, penso, ele tirou a melhor nota num exame de sua classe. Ao descobrir que eu entendera mal e que sua irmã é que fizera isso, eu posso, ou não, *transferir* o meu orgulho para ela e tornar-me orgulhoso dela. Eu posso ter uma opinião tão desfavorável dela, possivelmente por achá-la convencida demais, que nada que ela possa fazer me fará mudar de opinião. Ou eu posso não ligar nada para ela. Eu posso *apenas* não me entusiasmar, ou não me identificar com ela. Ou eu posso pensar que para o meu sobrinho, que nunca foi um bom estudante, tirar o primeiro lugar seria um feito, ao passo que para ela sair-se bem seria muito fácil.

Em um exemplo muito diferente, suponhamos que tudo o que você acha que sabe da avó do seu pai é que ela fez algo digno de muita admiração ao salvar a sua casa, e que, pelo fato de ela ter feito isso você sente orgulho em ser um dos seus descendentes. É provável que você já tenha algum orgulho dela. Como isto é tudo que você sabe dela, poderíamos pensar que o seu orgulho é realmente apenas o de alguém, seja lá quem for, que era um próximo ancestral paterno seu, e que fez tal coisa. Conversando com seu pai, de repente você descobre que a mulher que tão admiravelmente salvou a família foi a bisavó dele, e não a sua. Para completar a história, suponhamos que esta seja a primeira vez que você se lembra de ter ouvido algo a respeito disso, e de mesmo ter pensado na bisavó do seu pai. Então, tudo o que você sabe agora sobre ela é o que você *sabia*, tudo o que você acreditava a respeito de sua própria bisavó.

É claro que, de uma certa maneira, durante todo o tempo você estava se orgulhando da bisavó do seu pai. E naturalmente, ao inteirar-se da verdadeira história da família, você pode ter orgulho dela, ou ao menos de descender dela. Mas isso também pode não acontecer. Há um grande número de explicações e de motivos para isso. O seu sentimento de orgulho poderia ter sido baseado na idéia de que a sua bisavó salvara a casa durante uma guerra, convencendo os soldados inimigos a poupá-la. Você pode descobrir que a bisavó do seu pai salvou a casa muito antes da guerra, andando várias quadras até o banco para pagar uma hipoteca, quando o carteiro deixara de entregar a correspondência na casa. (O que levanta dúvidas sobre o motivo desta história ter sido passada de geração a geração. Porventura ela testemunhe a vida cotidiana extremamente confortável da sua família.)

A explicação do fato de você não transferir o sentimento de orgulho pode também estar em você mesmo. Talvez você estivesse embaraçado por não se lembrar de que alguém, mais provavelmente o seu pai, deveria ter contado antes esse fato, ou por lembrar mal disso, de modo que pode sugerir que você se teria colocado na posição dele, na família. Ou acaso você pudesse experimentar esse sentimento de orgulho por um ancestral somente quando era mais jovem e mais influenciável. Agora, você pode aproveitar a oportunidade para reavaliar o assunto e abrir mão de qualquer sentimento de orgulho pela família, especialmente no que se refere a parentes distantes. Ou é possível que você apenas tenha descoberto que a sua tataravó está muito distanciada de você, e que não se identifica com ela.

Esses vários fatores podem também desempenhar um papel no orgulho por si próprio. Suponhamos que eu ouça alguns colegas falando de uma pessoa de maneira que me leve a admirá-la, e a pensar que essa pessoa deveria estar orgulhosa de si, concordando com as opiniões dos colegas. Somente mais tarde percebo que sou eu a pessoa de quem se falava. Posso então ter orgulho de mim mesmo, talvez até admirar-me, por causa dessas qualidades elogiadas. Mas isso pode também não acontecer. É claro que tanto os meus colegas como eu mesmo podemos dizer verdadeiramente que a pessoa admirada era eu, e dessa forma eu pensara que deveria sentir orgulho de mim. Não obstante, é inteiramente possível que isso não aconteça.

Por muitas razões eu posso não querer, ou mesmo não ter capacidade para me orgulhar de mim mesmo, ou me admirar, ainda que possa ter orgulho ou admirar uma outra pessoa, pelos mesmos motivos. Para mencionar algumas dessas razões: posso ter padrões muito mais elevados, no que se refere a mim mesmo. Porventura como uma variação disso, ou mesmo por outras razões, posso pensar que seja lá o que for que eu tenha feito bem, na realidade isso não tem valor, e certamente não seria suficientemente bom para despertar orgulho e admiração. Ou é possível que eu me deteste o suficiente para não me permitir sentir admiração e orgulho seja lá pelo que for que eu tenha feito, e muito menos de mim mesmo, ainda se considerar que o feito em si foi muito bem realizado e é muito digno de consideração. Ou eu posso também ser dado a ter uma atitude de ceticismo, uma espécie de autonegação. Ou posso sofrer de anti-hedonismo, ou de disforia, ou de deficiência afetiva generalizada.

As pessoas orgulhosas não pensam simplesmente que têm boas qualidades. E nem pensam simplesmente que são boas por terem as boas qualidades que acreditam ter. Mesmo quando essas convicções são essencialmente auto-referenciais e as pessoas em questão sabem que *elas* são as pessoas envolvidas, essas convicções não se somam necessariamente ao orgulho. E nem têm, essas pessoas, a necessidade de sucumbir ao orgulho. Para se usar um termo que figurou nos argumentos contra a teoria de conteúdo – um argumento estabelecido aqui por estes comentários sobre o orgulho – essas convicções podem ser *meras cognições sem afeto*. As pessoas que têm essas convicções podem estar profundamente desinteressadas pelas suas boas qualidades. Elas podem não sentir orgulho, e nem se assumir de uma forma orgulhosa.

O orgulho, geralmente, envolve *sentir prazer*, deleitar-se com as próprias qualidades. Mas isso não é suficiente para se sentir orgulho. As pessoas que se sentem *felizes* ou *gratas* por terem boas qualidades e por serem o que são, também se regozijam consigo ou com as suas qualidades. Mas apesar de tudo isso, não são necessariamente pessoas orgulhosas.

O orgulho também não é garantido pela adição de responsabilidade a esse prazer. As pessoas podem ter prazer e se sentirem gratas mesmo pensando que são moralmente responsáveis por se tornarem boas. Mas podem também, sem orgulho, sentir satisfação com o seu trabalho – o qual inclui a elas próprias – pelos bons resultados obtidos. Assim, lembrando um 'jogo' usado por alguns filósofos medievais, uma pessoa pode ter prazer em ser humilde sem contraditoriamente 'cair' em orgulho. De uma forma mais geral, uma pessoa pode reconhecer que é boa, e como é boa, sem ser orgulhosa. Para ser humilde e ter humildade, não é preciso ver mal, ou *não* ver as próprias boas qualidades.[6]

Por outro lado, as pessoas podem ter orgulho de si em relação a coisas que, na sua opinião, não dependeram delas para acontecer. Algumas pessoas têm orgulho de sua linhagem e da história da sua família. Assim, devemos nos perguntar de que o orgulho é constituído, uma vez que ele definitivamente não consiste somente das condições que acabamos de mencionar.

As pessoas orgulhosas podem se sentir estufadas com o orgulho, pavonearem-se ou se jactarem. Isso as distinguiria das pessoas que simplesmente ficam felizes ou gratas. Mas essas noções parecem ser mais explicadas pelo orgulho do que capazes de explicá-lo.

---

6. Ver porém Julia Driver, "The Virtues of Ignorance", *Journal of Philosophy*, 86 (1989) 373-384. Agradeço a ela por discussão sobre isto e muito mais neste livro. Lembro com prazer as discussões que eu e Norman Kretzmann tivemos nos anos 60 sobre este quebra-cabeças.

Poderia parecer natural dizer que a pessoa orgulhosa, mesmo o homem orgulhoso de Aristóteles, relaciona-se com a honra. Isso bem pode ser verdade. Mas as nossas pessoas satisfeitas ou gratas podem também se relacionar com a honra, e realmente com a sua própria honra. Por exemplo: protegendo-a. Elas poderiam pensar que as suas qualidades, e não elas próprias, merecem reconhecimento e proteção, assim como Sócrates falou de sua sabedoria e de si próprio, na *Apologia* (30c. ss.). Assim, novamente, devemos perguntar-nos como as pessoas orgulhosas assumem a si próprias, e à sua honra, de modo diverso do assumido pelas pessoas gratas. A resposta que segue deveria ser útil, ainda que incompleta. Tanto as pessoas orgulhosas como as gratas estão preocupadas com o complexo constituído por elas próprias e pelas suas boas qualidades. Mas somente as pessoas orgulhosas vêem – ou melhor, *assumem* – essas qualidades *pessoalmente*.

Essa afirmação traz à cena o que é fundamental no orgulho dos homens de Aristóteles, que são capazes de ter raiva. Eles assumem as injúrias pessoalmente. (Quem sabe o uso de *assumir pessoalmente alguma coisa* nos seja mais familiar do que aquele que se refere a insultos.) Eles assumem pessoalmente a sua honra. Mas essa resposta, embora nos ajude, levanta duas questões similares à questão original o que é esse enfoque diferencial, e o que é assumir algo pessoalmente? Como veremos, responder à segunda pergunta ajuda a responder também à primeira.

Para assumir algo pessoalmente não é suficiente dizer *isto é meu* ou *isto me afeta*. Podemos reconhecer que algo bom é nosso, sem nos importarmos com isso. E nem é suficiente dizer que assumir uma coisa pessoalmente é vê-la de um ponto de vista pessoal. Como já observamos antes, o próprio ponto de vista apresenta variedades. Por exemplo: os que têm orgulho e os que são gratos. O desenvolvimento desse raciocínio se encaminha para mostrar que a noção de se tomar as coisas pessoalmente não pode ser explicada no modo de um entendimento unicamente cognitivo de uma relação estrutural, ou seja, ver algo como próprio. Essa noção deve antes ser entendida como formas pelo menos parcialmente afetivas de se assumir essas coisas. (Esta é uma continuação do argumento do capítulo 1 contra a teoria de conteúdo. É também similar ao argumento do capítulo 8, seções 2 e 3, sobre partir de *ver todos os fatos* para se chegar à empatia, e sobre partir de *ver que não se está vivendo segundo os ideais do próprio ego* para se chegar à vergonha.)

É possível apoiar essas várias idéias observando que as pessoas podem tomar uma afronta de maneira desapaixonada, embora mostrem uma paixão terrível no que se refere a uma afronta à sua religião. Poderíamos sugerir que elas não se *sentem* atingidas por uma afronta pessoal. Mas essa sugestão nos envolve diretamente com a afetividade, e não unicamente com o que é cognitivo e estrutural. Esses dois últimos elementos envolvem as pessoas, fazendo com que elas se situem numa certa relação estrutural com a afronta: esta é dirigida a elas, e as atinge. O primeiro elemento, a afetividade, compreende o fato de elas sentirem isso. (Como foi demonstrado em toda esta obra, e discutido explicitamente no final do capítulo 1, a afetividade compreende muito mais do que sentimentos simples. Compreende também as maneiras totais das pessoas se *assumirem.*)

Consideremos o que faz as pessoas se sentirem insultadas a respeito de sua religião. Podemos dizer que elas tomam essa afronta pessoalmente, ou que se *identificam* com a religião.

O que se passa mais ou menos assim: essas pessoas tomam a afronta à sua religião da mesma forma como esperamos que tomassem uma afronta pessoal. Por sua vez, isso parece significar que a pessoa normal, como seria de se esperar, tem precisamente a psicologia que queremos explicar: a de uma pessoa orgulhosa.

Para ajudar a entender melhor os aspectos discutidos nesta seção, vamos considerar a espécie de distanciamento que, na opinião de alguns, os mestres Zen costumam ter. Embora não costumem tomar nada pessoalmente, nem a si próprios, não têm, entretanto, necessidade de um objetivo, um ponto de vista que fosse como um olho-de-Deus. Podem assumir que o que diz respeito a eles não diz respeito a ninguém mais, ou a nada mais. Podem sentir satisfação com suas boas qualidades, e mesmo consigo mesmos, por as possuírem. Podem achar que muitas coisas merecem ser preservadas, ou atacadas, mas não são necessariamente condescendentes com os insultos pessoais, ou com outras coisas erradas. O que não significa, porém, que tenham de assumir isso de uma maneira pessoal. E não há motivo para se pensar que o distanciamento do mestre Zen seja uma doença espiritual. Se esta for a verdade, temos de reconhecer que há muitas espécies diferentes de distanciamento.

Seria bom considerarmos, também, a possibilidade de entender as boas pessoas que, como o mestre Zen, não sentem facilmente que a sua honra foi desafiada, mas que, ao contrário do que acontece com esse mestre, são assim por serem bondosas, por não gostarem de julgar ou punir os outros, agindo mais ou menos como uma carinhosa professora de escola maternal (exemplificada no final da seção 3 do capítulo 8). Devemos observar que se uma pessoa que tem reações tão pouco passionais e não-coléricas a insultos pode ser uma boa pessoa, então Aristóteles e muitos dos seus modernos discípulos estão errados ao afirmarem que a raiva é essencial à boa vida humana. Na melhor das hipóteses, a raiva é essencial a várias formas da boa vida humana. O que pode não ser tão descartável como poderia parecer. Visto que a raiva realmente pode ser essencial para uma boa vida humana, tal como a conhecemos.

Para encerrar a nossa discussão sobre raiva e orgulho, o que segue, embora incompleto, pode ser útil: as pessoas orgulhosas tomam as coisas e a si mesmas pessoalmente, sempre que entendemos aquela noção à luz de nossa pressuposta psicologia (isto será mais discutido no capítulo 10). Apesar do seu *status* promissor, esta proposição nos permite distinguir a pessoa orgulhosa e, portanto, a pessoa capaz de ter raiva, da pessoa que tem um ponto de vista igual ao olho-de-Deus, da pessoa grata, do mestre Zen e – o que é mais importante para nós – das pessoas que apresentam doenças espirituais.

Porque seria fundamental a essas doenças que as pessoas afetadas por elas não se importassem com as coisas, especialmente consigo próprias. Talvez essas pessoas não tenham uma boa opinião de si. Ou, pensando bem de si, não pensem que possam ou mereçam ser protegidas e defendidas. Ou, mesmo que pensem, não tenham energia e interesse em fazer algo nesse sentido.

## 3. Dano, medo e piedade

Na sua discussão sobre o medo, em *Retórica* II.5 (1382b26 ss. Tr. Roberts), Aristóteles escreve: "Falando em geral, tudo o que nos faz sentir medo, quando acontece ou ameaça os outros, nos faz sentir piedade". Ele repete esse ponto de vista na sua discussão sobre a piedade, na *Retórica* II. 8. No entanto, ele nos dá ao menos três razões para não se afirmar que medo e piedade diferem apenas em relação à pessoa que esteja em perigo, isto é, a própria pessoa, ou outra.

Primeiro, embora o temor por si próprio receba quase toda a sua atenção, admite que se possa sentir medo também pelos que estão *bastante próximos* de nós. O pai ou a mãe pode temer que alguma coisa aconteça a um filho. (*Ética a Nicômaco*, III.6, 1115a22 ss. e *Retorica* II.8, 1386a19 ss.) A piedade também requer uma aproximação. A pessoa que sente piedade precisa estar bastante próxima da pessoa por quem experimenta a piedade (*Retórica* II.8, 1386a27 ss.), mas também suficientemente afastada para que não caia dentro do alcance do medo.

> Os motivos para que sintamos piedade são estes, ou outros semelhantes a estes: as pessoas de quem nos apiedamos são aquelas que conhecemos, mas somente se não são nossos parentes muito próximos. Neste caso o que sentimos por eles é o mesmo que sentiríamos se nós mesmos estivéssemos em perigo. Por esse motivo Amasis não chorou, segundo dizem, vendo o seu filho ser levado à morte, mas chorou quando viu seu amigo pedindo esmola; esta última cena despertou a sua piedade, ao passo que a primeira foi terrível, o que é diferente do que despertar a piedade; (o que é terrível) tende a afastar a piedade e freqüentemente ajuda a produzir um sentimento oposto à piedade. Porque não sentimos mais piedade quando o perigo se aproxima de nós." (*Retórica*, II.8, 1386a17 ss.)

A proximidade requerida pelo medo e pela piedade envolve a aproximação emocional. Assim, o interesse é essencial para *engajar* os valores e ações dessas emoções, e elas próprias. Posso sentir medo de alguma coisa somente em relação àqueles a quem estou muito ligado – eu mesmo, ou os que me são muito próximos. Assim, também, só me encolerizo por causa dessas pessoas. Tenho piedade daqueles que sinto não estarem muito distanciados de mim. As noções operacionais aqui são afetivas e emocionais – engajamento, sentimento, ligação – e não meramente cognitivas. Uma vez que mesmo que você esteja demasiado distanciado de mim para que eu sinta piedade de você, posso assim mesmo ver que você está em perigo.

Segundo, a piedade pode ser manifestada em relação a algo que se sabe que aconteceu. Mas o medo só pode acontecer em relação a algo que, como se pensa, ainda não aconteceu. Terceiro, a piedade pode ser experimentada somente pelo que, do ponto de vista daquele que sente piedade, não é merecido: não se tem piedade de criminosos que são punidos justamente. Mas os criminosos podem temer o seu castigo, quer creiam ou não que o mereçam. As nossas noções de medo e de piedade chegam perto da satisfação do segundo e do terceiro requisitos.

## 4. Medo

Aristóteles assume que medo, *phobos*, seja *ativo*. Podemos observar que "*phobos*", bem como suas formas verbais, "*phobeo*", "*phobeomai*", tinham ainda na época de Aristóteles como um de seus significados principais o mesmo que tinham na época de Homero – *ser posto para correr*, mais do que o estado interior que poderia levar à fuga.[7]

A atividade do medo aparece em proposições da *Retórica* e da *Ética a Nicômaco*. Na *Retórica* II.5, lemos que "aqueles que pensam que já sofreram todos os males e que são friamente indiferentes ao futuro, como os que são açoitados até a morte" não terão medo do que está para lhes acontecer, pois, para temer, é necessário "que remanesça alguma esperança [*elpida*] de ser salvo do que causa a sua desgraça. Um sinal disto é que o medo torna os homens capazes de deliberar, ao passo que ninguém delibera sobre coisas que não têm esperança [*anelpiston*]. (1383a3 ss. tr. Freese) Na *Ética a Nicômaco* III.6, lemos que "No mar também o homem corajoso não sente medo [*adees*], mas não da mesma forma que os marinheiros; pois ele desistiu de ter

7. Ver Georg Autenrieth, *A Homeric Dictionary* (Norman: University of Oklahoma Press, 1958).

esperança [*apegnokasi*] de segurança, ao passo que os marinheiros, devido à sua experiência, estão esperançosos [*euelpides*]." (1115a35 ss. tr. Ross.)

Poderia também ser citado que, ao contrário, essas pessoas estão todas exaustas e não têm energia suficiente para assumir o medo ou sequer um mero desejo de escapar do perigo (sobre esse desejo, ver *Ética a Nicômaco*, III, 2). Mas a existência desta outra explicação, que provavelmente seja melhor do que a anterior, é relevante para se compreender Aristóteles, unicamente pelo fato de ele *não* a apresentar, acaso por que ele não reconheça tal falta de interesse e energia, ou as doenças espirituais associadas com isso. É importante observar que o que não é discutido é somente a perda *total* ou *quase total* de interesse e energia. Tanto no tratamento da catarse, na *Poética*, como na tipologia da raiva dada na *Ética a Nicômaco* IV. 5, são discutidas as mudanças abruptas e os revertérios da energia emocional.

Durante muito tempo achei que estava errada a idéia de que o medo requer esperança, digamos, de fuga. Para nos certificarmos disso e para entender Aristóteles, devemos averiguar a razão por ele ter mencionado isso e se, no seu entendimento, havia bons motivos para que pensasse assim. Outra razão para investigarmos essa proposição é que eu próprio não estou mais muito certo de que ela esteja errada.

O motivo que me levava a crer que estivesse errada é que as pessoas, mesmo *sabendo* que algo terrível está para acontecer, podem ter medo. Mas como poderiam então ter esperança? A dificuldade está em se definir o que seja esperança. Eu posso acreditar sinceramente, ou mesmo saber, que não há possibilidade alguma de escapar da situação. Mas mesmo assim, ainda estar esperançoso. Posso *esperar contra a esperança*, fugir. (Para nossos propósitos não há necessidade de diferenciar entre estar esperançoso e esperar.) Mesmo uma pessoa que esteja sendo açoitada até a morte pode esperar por uma suspensão da pena no último minuto. E definitivamente essa pessoa pode estar com medo.

Se essa atitude eqüivale a ter esperança, não podemos requerer que o agente *acredite* que o perigo será evitado. No máximo, isso deverá ser visto como uma possibilidade. Mas *ver isso como possível* não pode ser explicado ou mesmo tornado obrigatório como requisito de uma probabilidade admitida. Pode-se estar esperançoso em relação ao desfecho do que se acreditou muito ou até se soube ser muitíssimo menos provável do que o seu contrário, digamos, ganhar na loteria. E pode-se perder a esperança de algo que sabemos ter muita probabilidade de acontecer: que um filho entre em uma boa universidade, digamos. Como poderíamos então caracterizar as diferenças entre a pessoa esperançosa e a que perdeu a esperança? Acho que para fazer isso devemos abandonar o raciocínio probabilístico, nítido mas inadequado, do componente *crença* da esperança, em favor do seguinte raciocínio, pouco nítido mas mais adequado: a diferença entre essas duas espécies de pessoas consiste num *estado de espírito*.

As pessoas que podem sentir medo vêem o mundo com a perspectiva de possibilidades, de que as coisas possam melhorar. São portanto cheias de esperança. Vêem o mundo do ponto de vista de uma pessoa ativa, e não de um espectador passivo, desinteressado ou exausto. Enxergam o mundo com a expectativa do que podem, também, fazer para melhorá-lo. Além disso, *levam a sério* a possibilidade de efetuar essas mudanças. É nisso que consiste a natureza ativa do medo.

Será plausível esse requisito de esperança e atividade em relação ao medo? Não estou certo disso. Mas Virgil Aldrich me convenceu de que é possível estabelecer argumentos convincentes para a proposição de que o medo requer esperança. Em poucas palavras, a esperança é necessária para distinguir entre alguém que está *estupidificado* diante de um perigo iminente e alguém que está *com medo*. As pessoas que ficam estupidificadas são aquelas que ficam paralisadas, imóveis diante do perigo, e não as que estão com medo. E são também as que vêem a si próprias apenas como sujeitas ao que está por acontecer. Considerações similares podem ser feitas sobre a distinção entre resignação e medo.

O que nos preocupa nesta proposição é que podemos pensar que seja verdadeira, todavia, dizer que as pessoas sentem medo, quando na verdade sentem terror, é simplesmente muito mais do que mera inadequação de linguagem, quer essas pessoas fiquem ou não estupidificadas. Eqüivaleria a dizer que o estupro é grosseiro.[8]

Outra preocupação é que a situação que se segue possa descrever um caso de medo. Uma pessoa atormentada por dores periódicas sabe que elas são recorrentes. Essa pessoa não tem expectativa – não revela qualquer esperança – de que isso não aconteça. Mas assim mesmo podemos dizer que tanto a dor em geral, como o seu próximo ataque, são temidos. Porém, mesmo sem esperança de que a dor não volte, o paciente pode esperar que o próximo acesso seja adiado, ou abrandado, por algum remédio que o doutor tenha acabado de ministrar. E não está claro que, se essas esperanças fracassarem, a emoção seja o medo, e não a resignação ou a estupidificação.

Contudo, mesmo se considerações como essas mostram que o medo requer esperança, não revelam que o medo deva ser ativo. Na realidade, sugerem o contrário. A pessoa pode esperar que a dor seja menor da próxima vez, graças ao remédio que acaba de ser ministrado. Não há nenhum requisito ao qual se atribua a esperada diminuição da dor, ou que se acredi-

8. Isto é discutido no capítulo 2, seção 4. Agradecemos aqui a Lynne McFall.

te ser atribuível a uma ação do paciente. Portanto, mesmo que o nosso medo requeira esperança, não requer atividade. Mas Aristóteles requeria tanto a esperança como a atividade para *phobos,* ou mais exatamente esperança por causa da atividade de *phobos.*

Como poderemos explicar essa diferença entre nós e Aristóteles? Algumas explicações óbvias são a de que eu esteja errado na interpretação das idéias de Aristóteles, ou que a nossa idéia dele esteja errada, ou que *medo,* como usado por nós, é uma tradução muito estrita de *phobos.* Quero, no entanto, oferecer uma outra explicação, que reforça a minha proposição geral de que Aristóteles assume que os seus homens tenham um caráter ativo.

A minha explicação é a seguinte: para determinadas psicologias, até para certos valores, é muito natural para as pessoas que não acham que podem fazer diferença, pensar que não há, por conseguinte, esperança para elas. Essas psicologias incluiriam idéias como *o mundo é extremamente indiferente ao destino das pessoas* e *os outros muito freqüentemente são indiferentes ao destino das pessoas.* A essas posições, juntam-se visões avaliadoras, como *tomar conta de si é um papel que deve ser assumido por uma pessoa, ou pelo homem,* ou *um homem bom é aquele que pode e toma conta de si próprio.* Essas idéias pressupõem a de que as pessoas são, ou seria melhor que fossem, ativas. Podem também formar a base de um ponto de vista que afirme que a principal ou única esperança que alguém possa ter está em si mesmo.[9]

Eu gostaria apenas de sugerir que essas idéias sobre a *benevolência* do mundo e os requisitos de auto-suficiência podem ser visto em Aristóteles.[10]

Além disso, até mesmo nós achamos que é bastante comum e inteligível que as pessoas que não acreditam em seus próprios poderes devam se sentir abandonadas, sozinhas e desesperadas.

A minha proposição, então, é de que o tratamento dado por Aristóteles ao medo mostra que ele assume que as pessoas sejam ativas. Mas poderia também ser discutido se – uma vez que inventei esta proposição – não provei demasiado e fiz com que ela se tornasse auto-refutável. A objeção seria que Aristóteles realmente vê que aqueles que têm medo são ativos, mas somente na medida em que eles devam ser assumidos como tendo

9. Inicialmente, eu havia qualificado isto com "pelo menos se for um homem", pensando no período histórico com o qual se ocupava Aristóteles. Lynne McFall notou que isso é assim para muitas mulheres hoje, especialmente para aquelas que não podem contar com um homem – "o seu homem" – para abusar dele, muito menos para cuidar dele.

10. Ver Arthur W. H. Adkins, *Merits and Responsibility* (Oxford: Oxford University Press, 1960), e "'Friendship' e 'Self-Sufficiency' in Homer and Aristotle", *Classical Quarterly,* n.s. 13 (1963) 30-45.

medo. Assim, o suposto ponto metapsicológico sobre as pessoas que têm medo seria somente um ponto conceitual sobre o uso de *medo*.

Se a minha proposição se baseasse somente no que Aristóteles diz daqueles que têm medo – que são ou vêem a si mesmos como ativos, naquele momento e naquele lugar – esta objeção seria importante. Mas ela se baseia também no que afirma Aristóteles: que a reação ao perigo que se sente é o medo. Dessa forma, ele assume que as pessoas em geral – e não simplesmente as que experimentam, e quando experimentam, medo – são ativas.

Sugiro que este entendimento pode ser visto em várias das discussões de Aristóteles sobre o medo. Em *Ética a Nicômaco* III.7, ele diz que a coragem representa um meio termo, no *continuum* das reações a certas espécies de perigo. (vide também *Retórica,* II, 5, 1382b30 ss.) Numa das extremidades do *continuum* estão os que se precipitam destemidamente para a batalha, tendo muito pouco medo, como os celtas; na outra extremidade, estão os covardes, que sentem demasiado medo e fogem. Em nenhum lugar encontramos estupidificação, resignação ou inatividade, diante do perigo.

Poderíamos observar então que várias doenças espirituais podem explicar a falta de bravura, uma espécie de reação ao medo que é discutida por Aristóteles. No entanto, ele não a descreve dessa maneira, mas sim na forma de uma falta de confiança ou de ousadia, *tharsos* (*Ética a Nicômaco,* III. 7, 1116a1), e talvez também como brandura e falta de perseverança (idem, VII, 5). Falta de confiança ou de ousadia, e brandura e falta de resistência, podem também ser explicadas na acepção de várias doenças espirituais. Mas essa explicação também não é dada.

Pode ser que Aristóteles reconheça uma doença espiritual que possa explicar a covardia e também o que ele oferece como explicação disso. Mas na *Ética a Nicômaco* III.7, 1116a3, ele diz que um covarde é *duselpis,* desesperado (segundo Ross), ou desalentado (segundo Rackham). Mas ser *duselpis* não é assumido e usado como explicação direta da covardia, ou das suas explicações. E, segundo, até mesmo a pessoa *duselpis* não é tida como estupidificada, resignada ou inativa diante do perigo. Ao contrário, podemos assumir que ser *duselpis* leva ao sentimento e à ação dos covardes: medo excessivo e fuga. Portanto, mesmo que a doença espiritual do desespero ou do desalento seja reconhecida, ela não desempenha um papel, ao menos não um papel importante.

É duplamente importante para a minha proposição, que Aristóteles não ofereça explicações baseadas em doenças espirituais. Primeiro, isso apóia minha proposição geral de que ele não reconhece as doenças espirituais. Segundo, sustenta a minha proposição específica de que ele vê apenas respostas ativas aos perigos e ao medo.

Concluindo, Aristóteles defende que o medo – a reação a um perigo sentido – é ativo. Além disso, como já foi sugerido anteriormente, o interesse é necessário para o medo: a preocupação consigo mesmo para que se tenha medo por si, e a preocupação por outros, para que se tenha medo pelos outros. Assim, Aristóteles assume que as suas pessoas tenham uma atitude ativa de espírito e que se preocupem consigo e com os que lhes são próximos. Elas não têm essas doenças espirituais que se fundamentam na falta de auto-estima e falta de um sentido de si como agente, ou das que se fundamentam num sentimento de desesperança, de ter sido capturado em um mundo do qual não podem fugir.[11]

## 5. Piedade e autopiedade

Na discussão sobre a raiva e o medo tive a preocupação de desenvolver vários aspectos da atitude ativa da mente do agente, especialmente o envolvimento cuidadoso e ativo com o ego e com os assuntos que a ele se referem. Nesta seção, discuto a autopiedade. Ela é uma maneira não-ativa de assumir a si próprio, que conhecemos bem, mas que não é discutida em Aristóteles.

Na *Retórica*, Aristóteles diz, com algumas qualificações, que o medo é auto-referente e a piedade, *eleos*, é altero-referente. Essa caracterização da piedade exclui a autopiedade. Além disso, a descrição de medo em *Ética a Nicômaco* III tem reações covardes, corajosas e *célticas* ao medo, não deixando espaço algum para a autopiedade. (Também estão excluídos vários outros modos destacados de assumir ou não assumir o perigo.) A questão para nós é saber por que Aristóteles permite somente uma piedade referente aos outros, enquanto nós admitimos tanto tal piedade como a autopiedade.

Para tornar mais clara essa questão, deveria ser observado que '*eleos*' pode significar piedade, bem como compaixão ou misericórdia. Tanto ter piedade de uma pessoa em razão de alguma característica sua, como sentir compaixão ou um sentimento de misericórdia por ela, envolvem focalizar no complexo daquela pessoa e das suas características. Como acontece com várias outras emoções aqui consideradas, um enfoque diferenciado é

11. Para uma discussão correlata de ver a si mesmo como agente, e também tomando-se a si próprio em caráter pessoal, ver David Sachs, "Self-Respect and respect for Others: Are They Independent?", em O. H. Green (org.), *Respect for Persons, Tulane Studies in Philosophy*, 31 (1982), 109-128, especialmente págs. 122-123, e também "How to Distinguish Self-Respect from Self-Esteem", *Philosophy and Public Affairs*, 10 (1981) 346-360.

importante. A compaixão ou a misericórdia significa focalizar na característica má, especialmente como é vista e sentida pela pessoa: sentimos com a pessoa, tendo em vista que, até certo ponto, entendemos e sentimos essa sua característica da mesma forma como ela o faz. Quando se está entristecido em virtude de alguma característica de uma pessoa, também se está triste por causa da pessoa. Quando é distinguida da compaixão e da misericórdia, a piedade envolve focalizar na pessoa e sentir tristeza por ela, em razão da característica que apresenta. Essa piedade pode, desse modo compreender: ter em baixa conta, e até mesmo desprezar, a pessoa de quem se tem piedade.[12] Isso é expresso em epítetos construídos sobre *piedade*: *Eu tenho pena de você, você é digno de pena, não serve para nada*.... Em relação à *compaixão* e *misericórdia* não existem epítetos comparáveis, que acorram rapidamente à minha mente.

É claro que essa forma de entender a piedade não corresponde ao que Aristóteles entendia por '*eleos*'. Afinal, ele sustenta que somente podemos sentir *eleos* por pessoas que nos são muito próximas. Mas há outras formas de entender 'piedade' que a aproxima da compaixão e da misericórdia, e que implicam uma identificação muito maior entre o que sente piedade e o que é objeto desse sentimento. O que pode sugerir que podemos traduzir *eleos* por 'compaixão' ou 'misericórdia'. Não faço isso em parte para evitar conotações especiais para os termos 'compaixão' e 'misericórdia', mas sobretudo para facilitar a comparação entre piedade e autopiedade. Visto que, mesmo quando a piedade da autopiedade envolve maneiras degradadas de ver a si próprio, não implica necessariamente em ter uma idéia ruim de si mesmo.

No entanto, meu argumento não depende de traduzir *eleos* como 'piedade', mais do que significando 'compaixão' e 'misericórdia', pois estou preocupado com duas questões. A primeira é a ausência de uma forma auto-referente dessa emoção, em Aristóteles. Que eu conheça, não há na sua obra discussão de *eleos* auto-referente, seja como autopiedade ou como compaixão auto-referente ou misericórdia auto-referente. A segunda questão é a distinção entre o que chamarei de piedade e de autopiedade. Essa distinção pode ser efetuada em vista da compaixão ou misericórdia: tomando-se autopiedade como o correlato auto-referente de compaixão ou misericórdia altero-referentes.

Uma vez esclarecido o que se quer dizer com *eleos*, e o termo 'piedade' que usarei para o traduzir, vamos investigar como piedade e autopiedade

12. Para essas explicações, ver Lawrence Blum, "Compassion"em Amélie O. Rorty (org.), *Explaining Emotions* (Berkeley: University of California Press, 1980).

entram nos nossos temas. Para evitar questões referentes ao papel do tempo e do abandono, em relação à piedade e ao medo, vamos supor que amanhã eu tenha de ter um dente obturado, um processo bem doloroso para mim. Há um número de reações emocionais que posso associar com isso. Uma delas seria a do medo. Outra, a autopiedade. Quais são as diferenças relevantes para nós entre tal medo e a autopiedade?

A coisa mais natural seria observar qual o objeto da emoção. Mas tanto o medo como a autopiedade parecem aqui focalizar no mesmo objeto: o de ter de sofrer com a broca do dentista. Ambos parecem basear-se num único pensamento: vai doer; e nos mesmos sentimentos: eu sofro ao antecipar o fato. Se isso for verdade, devemos procurar outro exemplo para estabelecer a distinção entre medo e piedade.

Pode ser afirmado, no entanto, que aspectos diferentes desse complexo estão focalizados em: o medo focaliza a dor, a autopiedade focaliza o ego. Isso é bastante verdadeiro, mas temos de descrever essa diferenciação de focos. Como vimos em relação à raiva, pode ser difícil chegar a essa descrição.

Para extrair o que é relevante tanto para a distinção entre o medo e a autopiedade como para uma descrição desses focos diferenciados, vamos ver três descrições de autopiedade, feitas por David Milrod em *Self-Pity, Self-Comforting, e o Superego (Auto-Piedade, Autoconforto e o Superego)*:[13]

> [1]...casos de difusa autopiedade e autoconforto são caracterizados por retraimento e isolamento que interferem profundamente com relações objetais, muitas vezes chegando a ponto de uma grande decatexia de representações objetais (págs. 505-506).
> [2] Na autopiedade, o indivíduo trata o ego como o objeto que sofre e volta a atividade confortadora para o ego (pág. 509).
> [3] O ferimento ou injúria, tão importante na gênese da autopiedade, em condições ordinárias evocará uma resposta inteiramente diferente. A resposta habitual seria um movimento ativo de autoproteção ou um ato retaliatório da mesma espécie. A ausência dessa resposta esperada, na autopiedade, sugere que a expressão da agressão foi controlada (págs. 515-516).

Em [3] Milrod nos apresenta como respostas *habituais* aquelas encontradas nas discussões de Aristóteles sobre medo e raiva: autoproteção e retaliação. Mas, como os dois outros exemplos mostram, os que têm autopiedade se afastam do envolvimento ativo no mundo e do perigo, voltando-se para si próprios. Não agindo sobre o mundo, os que têm autopiedade agem sobre si mesmos, confortando-se.

---

13. *Psychoanalytic Study of the Child*, 27 (1972) 505-528. Este trabalho também contém uma útil bibliografia sobre estudos psicanalíticos sobre a autopiedade.

Não há dúvida de que algumas pessoas desse tipo tentam vingar-se dos seus atormentadores. E assim, tornam-se ativos. No entanto, a proposição que apresento, de que os que têm autopiedade não têm uma atitude mental ativa, não depende deles fazerem algo no mundo exterior. Depende antes das formas particulares de sua atividade, dirigidas para o interior. Em outras palavras, mostra que a sua atividade de alguma forma é realmente uma forma de passividade e que a sua passividade é, de alguma forma, uma atividade.

Mostra também as complexidades existentes nas noções de atividade e passividade e nas suas inter-relações. Complexidades que devemos ter em mente para entender a frase anterior, e paradoxos similares aparentes, ou aparentes contradições sobre, digamos, agressividade passiva.[14] Essa agressão dificilmente é passiva, em um sentido metafísico. A sua passividade reside 'somente' no fato de ser encoberta, escondida até mesmo do agressor. As suas manifestações superficiais não são agressivas e nem expressões típicas de agressão. Disfarçam-se como outra coisa, freqüentemente como algo que seja o próprio oposto de agressão, e às vezes como algo que é, novamente de uma maneira superficial, mera ausência.

Podemos aplicar essas últimas proposições e descobertas sobre a autopiedade em nosso entendimento de Aristóteles: a importância de entender quais são as espécies psicológicas discutidas e as não discutidas por ele é mostrada também por esse ressentido agente de autopiedade. Uma vez que o ressentimento gerado pela autopiedade é muitíssimo diferente do que o encontrado na indignação raivosa dos homens descritos por Aristóteles. E o caráter do ressentido cheio de autopiedade tem conexões importantes com a possibilidade de fraqueza de vontade e de assumir prazer na ação. Mas esta espécie de pessoa não foi discutida por Aristóteles.

O meu objetivo até agora tem sido mostrar que a espécie de auto-estima em relação ao perigo que a autopiedade requer é muito diferente da espécie de auto-estima requerida pelo medo e pela raiva. No entanto, outra maneira de focalizar a espécie particular de auto-envolvimento da autopiedade é contrastá-lo com a piedade dirigida para os outros.

Se eu tenho piedade de alguém, pode haver uma forte presunção de que tentarei ajudar essa pessoa. Mas posso ter pena de alguém que eu não

14. Para uma discussão muito útil sobre essas complexidades, ver David Rapaport, "Some Metapsychological Considerations concerning Activity and Passivity", publicado originalmente (em inglês) em *Archivos de Crimonología, Neuropisquitaria Disciplinas Conexas* (Equador), 9 (1961) 391-449, e republicado em *The Collected Papers of David Rapaport*, org. Merton M. Gill (New York: Basic Books, 1967). Agradeço a Elizabeth Hegeman e ao psiquiatra Howard L. Berkowitz por discussão sobre o que é passivo na agressão passiva.

possa sequer confortar ou ajudar. Por exemplo: alguém que esteja morto. Segundo, a presunção de ajuda é somente uma presunção. Para que a minha emoção dirigida a alguém que eu possa ajudar seja descrita como piedade, não tenho necessidade de ajudar aquela pessoa. Mas não tenho piedade de mim mesmo, a não ser que me conforte, talvez por meio das formas sugeridas por Milrod. Basta considerar a diferença óbvia e importante entre as pessoas que, sem autopiedade, ficam lembrando com tristeza da maneira como foram tratadas quando crianças, e as pessoas que sentem autopiedade por causa disso.

Assim, de sua própria maneira a autopiedade pode ser ativa, por envolver o autoconforto. Mas a piedade dirigida a outros não precisa absolutamente ser ativa, e muito menos de maneiras similares às da autopiedade. O fato de a autopiedade ser ativa não significa que eu não possa ter em relação a mim mesmo o que eu tenho em relação a outros, quando eu sinto uma piedade inativa em relação a outra pessoa. Antes, significa somente que este autoconhecimento inativo não é autopiedade. Pode ser meramente um registro de pena por eu ter sido atingido.

Aqui estão, portanto, esboços de algumas das importantes diferenças entre a autopiedade e a piedade dirigida a outros. Podemos observar, em relação a nós, um ponto que foi revelado por esta discussão. A autopiedade e a piedade pelos outros, como entendemos e experimentamos, diferem se a pessoa em perigo é a própria pessoa, ou outra. Elas também diferem de várias maneiras que fluem dessas diferenças de, digamos, mera identidade. Mas, naturalmente, não há, na diferença entre a própria pessoa ou uma outra, algo que possa ser adjetivado como *mera*. Esse argumento pode ser demonstrado pelo fato de que nossas preocupações com o ego são de espécies marcadamente mais diferenciadas do que as preocupações que temos com os outros. Também é mostrado em miríades de estruturas psicológicas que tratam do ego ou de outros, ou de ambos.

Poderíamos até sustentar que as diferenças entre o ego e o outro são tão grandes, especialmente no que se refere a autopiedade e piedade dirigida a outros, que é um erro pensar que haja entre elas um elemento comum: o da piedade. No entanto, não temos necessidade de assumir essa sugestão para ver se a piedade dirigida a outros e a autopiedade são muitíssimo diferenciadas. Uma das maneiras de ver isso é observar as maneiras diferentes pelas quais cada uma dessas coisas é, ou deixa de ser, pouco atraente ou até mesmo repulsiva.

Na caracterização feita por Milrod, a autopiedade é nitidamente feia e repulsiva. Não acho que isso se deva ao fato de referir-se ao ego. Afinal, a compaixão dirigida a si próprio não é necessariamente feia ou repulsiva. Mas devemos lembrar também, como sugeri, que a compaixão dirigida a si próprio – pelo menos quando não é feia e repelente – não é autopiedade. A piedade dirigida a outros, e mesmo a compaixão dirigida a outros, pode também ser feia ou repulsiva. Por exemplo: quando envolve uma condescendência feia ou repulsiva.

Mas – e isto ajuda a estabelecer meu argumento principal – a condescendência em si não é o correlato típico, em relação ao outro, do que é fundamentalmente feio e repelente na autopiedade. O que penso é que fundamental ao caráter desagradável da autopiedade é em parte o fato de ela envolver um abandono da preocupação ativa por si mesmo e consigo próprio. Mais significativamente, essa característica desagradável refere-se à natureza de tal abandono, e em particular a forma como ele é expresso e efetuado. Relaciona-se com o que as pessoas que têm autopiedade fazem, em vez de se engajarem na atividade. É a maneira como essas pessoas se confortam a si mesmas, e com quem elas se assemelham quando estão engajadas no autoconforto.

Focalizando neste comportamento como o elemento que diferencia a piedade da autopiedade, e esta da piedade pelos outros, não estou negando que possa haver maneiras muito similares, muito desagradáveis, de se engajar na piedade sentida pelos outros. Poderíamos pensar nas pessoas que simplesmente 'confortam' os outros: aqueles que, digamos, em lugar de ajudar os outros, como poderiam fazer, os embalam em seus braços e os acalentam. Essa é uma forma desagradável mas pouco típica assumida pela piedade em relação a outros. Da mesma forma, mesmo quando uma pessoa pode tratar-se de maneiras parecidas com a condescendência, não é isso que é tipicamente desagradável na autopiedade.

Não acho que deveria haver muita discordância com a minha proposição de que as preocupações e as estruturas de caráter dos que se engajam em manifestações desagradáveis de piedade pelos outros sejam tipicamente muito diferentes das apresentadas pelas pessoas que assumem a autopiedade. Quero dizer que essas duas espécies de pessoas têm formas diferentes de preocupações e engajamento com pessoas em geral, e também que as formas de engajamento que as pessoas que sentem autopiedade têm em relação a si próprias são diferentes das formas de engajamento que assumem em relação aos outros, quando sentem piedade por eles.

O que nos traz de volta a uma preocupação anterior: temos necessidade de entender tal expressão e realização, juntamente com essas estruturas profundas, para compreender o que seja a autopiedade, e o que é uma combinação particular de abandono e autoconforto. Isto é, temos de ir além de uma descrição estrutural-cognitiva – uma versão da descrição de conteúdo – do abandono e do autoconforto. É, claramente, não apenas simplesmente não tomar conta de si próprio de maneiras habituais e efetivas, abraçando-se e embalando-se; neste caso, como em tantos outros já discutidos nesta obra, o entendimento da natureza e do valor desses fenômenos humanos requer um recurso à afetividade e às estruturas afetivas.

Podemos extrair isto *do outro lado.* Eu posso ver você como outra pessoa, mas tomar como pessoal o que interessa a você e lhe acontece. Assim, eu poderia não ter piedade de você, mas sentir com você. No entanto, tenho necessidade de não ter ilusão alguma de que sou você. Poderia ser afirmado que eu, portanto, não vejo *realmente* você como uma outra pessoa. Mas para que isso não indique loucura, deve ser entendido mais ou menos como: eu vejo você e me importo com você da maneira normal que as pessoas vêem e se importam consigo próprias. Correlativamente, cair numa atitude de autopiedade freqüentemente envolve *tomar* a si mesmo de uma forma que normalmente as pessoas tomam as outras – como objetos que devam ser confortados – sem, entretanto, realmente acreditar que se é uma outra pessoa. Envolve, portanto, uma espécie peculiar de autodistanciamento.

## 6. Observações finais

Neste capítulo mostrei algumas das maneiras pelas quais as idéias éticas de Aristóteles se estruturam, de acordo com a psicologia e a psicologia moral de seu povo, e das suas emoções. Isto, além do interesse que elas apresentam em si próprias, levaram-me a discutir algumas das implicações não vistas por Aristóteles, que ignorou ou dispensou apressadamente muitos aspectos importantes de nossa psique: em particular, as muitas doenças espirituais de que sofremos.

Sejam quais forem as formas que em última análise usamos para explicar as *omissões* de Aristóteles, devemos reconhecer que as espécies de pessoas que ele descreveu em seus escritos éticos e psicológicos diferem de nós, no que se refere tanto às suas emoções e valores como às avaliações. Assim, se quisermos usar as suas obras na psicologia moral e na ética, devemos tomar muito cuidado. Grande parte de suas descrições e prescrições éticas e morais destina-se aos que têm a psicologia que Aristóteles assumiu como válida para as pessoas que descreveu. Questões tão difíceis quanto importantes são as de saber se, e em que medida, devemos modificar ou rejeitar a sua ética e a sua psicologia moral, no que se refere à nossa própria ética e psicologia moral.

# 10

# O complexo mundo avaliador dos homens coléricos de Aristóteles

O tema deste capítulo é *orgē,* a cólera, especialmente como é discutida na *Retórica.* Este capítulo tem vários objetivos entrelaçados: apresentar um estudo de muitas das proposições apresentadas nos primeiros capítulos; examinar o que Aristóteles diz ou demonstra sobre as emoções e as suas conexões com os valores; e fazer cada uma dessas coisas, fazendo a outra.

Este capítulo também permitirá uma ilustração melhor da proposição de que um entendimento das emoções – mesmo uma emoção de uma determinada espécie de pessoa – requer os recursos e técnicas da filosofia, da psicanálise, da sociologia, da antropologia e da história, para apontar apenas algumas das disciplinas necessárias. Elas são necessárias para se apresentar uma descrição de *orgē*; para mostrar como ela difere da nossa raiva; e também para ver se essas diferenças mostram somente que 'cólera' não é uma tradução perfeita para 'orgē', ou se isso implica também diferenças entre nós e os homens descritos por Aristóteles. (Dizemos *homens* e não *pessoas*, porque, como deverá ser discutido, o tratamento dado por Aristóteles à cólera se restringe aos homens.)

O plano deste capítulo é o seguinte: a seção 1 tece alguns comentários gerais sobre a *orgē,* e a seção 2 discute as maneiras pelas quais a *orgē* mostra como os homens de Aristóteles são narcisistas. A seção 3 examina a natureza das ofensas e da adulação, e o que elas demonstram sobre a preocupação que as pessoas têm em serem reconhecidas pelos outros. A seção 4 examina algumas das maneiras que tornam as categorias do pessoal e do impessoal importantes para as emoções e para os valores. As seções 5 e 6 exploram duas questões interpessoais, adicionais, que são importantes também para as emoções e os valores; quem fica raivoso e por causa de quem, e aproximação e ligação. O formato geral destas seções será a apresentação de algumas proposições feitas por Aristóteles, com posterior discussão, e também das questões mais gerais por elas levantadas sobre as emoções e os valores.

## 1. *Orgē* e valores

Muitos de nós não têm em alta consideração a cólera, nem as pessoas que mostram cólera, e muito menos ainda as pessoas coléricas. Podemos assim diferir de Aristóteles, que afirmava que uma boa pessoa, uma *phronimos*, deveria ser capaz de ficar encolerizada. Como diz em *Ética a Nicômaco,* não ficar com raiva, e simplesmente "suportar ser insultado e aceitar os insultos dirigidos aos próprios amigos, é próprio dos escravos" (IV.5, 1126a8). E também, é digno de louvor e virtuoso ficar "encolerizado com as coisas certas e as pessoas certas, e, além disso, quando se queira, como se queira e por tanto tempo quanto se queira". (IV.5 1125b32 ss.)

Assim como afirma que é possível a alguém ficar encolerizado corretamente, também afirma que é possível – e realmente é até mais fácil para a maioria das pessoas – ficar encolerizada incorretamente, e assim permitir que a própria raiva mostre que não se é uma pessoa totalmente boa. Realmente, pensamos que muito do que ele diz sobre a cólera na *Retórica* se refere ao fato de as pessoas poderem errar com a raiva e a respeito dela, ou serem conduzidas, pela retórica, a errar. Em qualquer caso, pensamos que a descrição da *Retórica* nos mostrará muito sobre a raiva que nós – quer em conjunto com Aristóteles, quer não – pensamos ser questionável, senão desconceituada.

Na *Retórica* diz Aristóteles que "A cólera [*orgē*] pode ser definida como um desejo, acompanhado por sofrimento, de uma vingança conspícua de um desprezo conspícuo expresso por homens que não têm motivo para desprezar aquela pessoa ou os seus amigos". (II.2, 1378a31 ss.) A *orgē,* deve ser entendida em parâmetros avaliadores, e até mesmo morais. Por três motivos: primeiro, porque essa descrição de *orgē* diz respeito aos homens, e não às mulheres. Podemos esclarecer isso observando que a *orgē* envolve o que Aristóteles vê como assuntos de homens e não de mulheres. Esse enfoque nos homens, e não nas mulheres, mostra que uma compreensão da *orgē* requer uma compreensão das diferenças de gênero, e por conseguinte o uso da filosofia, da psicologia, da psicanálise, da antropologia, da sociologia, da história e da literatura.

O segundo motivo é que o desprezo que gera a cólera é tido como sem causa, não merecido. A *orgē* é assim, em si mesma, uma noção moral. O terceiro motivo: ser desprezado equivale a ter sido privado da importância devida, da honra e do respeito.[1] É ser tratado com desrespeito, malevolência

1. Para um estudo da honra e do desrespeito, e de outras noções importantes para *orgē*, ver Douglas L. Cairns, *Aidōs: The Psychology and Ethics of Honour and Shame in Ancient Greek Literature* (Oxford: Oxford University Press, 1993).

ou insolência. (*Ret.* II.2, 1378b14.) É ser tratado como pessoa má ou desprezível: "Desprezar é a opinião ativamente sustentada de que algo obviamente não tem importância". (II,2, 1378b10 ss.) A chave aqui é *importância denegada*: "...pois é o não-importante, para o bem ou para o mal, que não merece o tributo da honra". (II.2, 1378b31.)

A raiva e as ofensas, então, não têm relação alguma com o mero prejuízo ou privação de benefício, como acontece quando se perde lealmente para um competidor justo, ou o ato não-negligente, não intencional e acidental de estragar algo que se valoriza, efetuado por outra pessoa, ou um ato de retaliação, ou um ato realizado por ser lucrativo. (II.2, 1378a31.) Qualquer um desses atos, quando reconhecido como tal, poderia bem despertar a inimizade, *echthra,* o tópico tratado em *Retórica* II.4. Mas se a natureza dessas ofensas capazes de despertar inimizade, incluindo as intenções e os direitos da pessoa que causa o dano, fosse reconhecida, elas não poderiam despertar a cólera, *orgē*. Nenhum desses atos, como deveríamos observar, é necessariamente uma denegação de importância.

Podemos colocar isso de maneira a nos ajudar a ver as inter-relações desses dois pontos sobre a natureza moral da cólera: a descrição da cólera e dos que ficam encolerizados, feita por Aristóteles, mostra-nos homens que se preocupam com a sua importância, a sua dignidade, e com a honra e respeito que todos os demais homens lhes devem. De acordo com essa descrição, um desprezo gerador de cólera atinge, e pode muito bem danificar, o núcleo moral desses homens, precisamente por atingir o seu senso de importância, dignidade, respeito e honra. Causa vergonha.

Essas proposições sobre importância, dignidade, respeito, honra e vergonha não são somente sobre a maneira como o homem de Aristóteles se sente. Elas também mostram as relações sociais e se referem a elas. Portanto, diz Aristóteles, uma pessoa só pode ser desprezada pelos seus iguais e pelos seus superiores: "Assim, novamente, um homem procura o respeito daqueles que ele pensa lhe deverem um bom tratamento, e esses são os que ele tratou bem ou está tratando bem, ou tem a intenção de tratar bem, quer ele próprio quer por meio de seus amigos, ou por meio de outros, a seu pedido". (II.2, 1379a7 ss.) E também: "Um homem espera ser especialmente respeitado pelos seus inferiores". (II.2, 1378b35.) A inferioridade aqui pode ser relativa à questão em foco, como a habilidade oratória de alguém que critica um discurso de uma pessoa, ou pode ser mais geral, como o nascimento ou a riqueza. (II.2, 1379a1 ss.) Os inferiores devem, no entanto, ter posição suficiente para que possam ser tomados a sério. O desprezo imerecido manifestado pelas crianças não instruídas pelo discurso proferido em público por um homem, digamos, pode não ser capaz de despertar *orgē* em um adulto bondoso.

A importância, o *status* e a reputação devem, portanto, ser investigados, para mostrar a ordem social – a sociologia – da sociedade de Aristóteles, e também para se entender a *orgē*. Entre essas questões está a da reputação: quem é mais importante do que quem, quem deve o quê para quem, quem pode provocar cólera em quem, quem são aqueles por cuja causa os seus homens podem mostrar cólera e "como homens honrados (são) obrigados a defender: nossos pais, nossos filhos, esposas ou súditos". (II.2, 1379b28 ss.) Essas coisas devem ser estudadas para mostrar as circunstâncias sociológicas e sociais dos homens de Aristóteles. Assim também devemos investigar a questão conjunta, tanto histórica como sociológica, de saber se há características especiais da sociedade ateniense que trouxeram à luz questões de posição. Por exemplo: se as mudanças de maneiras mais tradicionais a formas mais democráticas de poder tornaram essas relações mais incertas e perigosas, mesmo nos seus limites e requisitos.[2]

Na nossa opinião, essas investigações, especialmente as sociológicas e psicológicas, diferem sobretudo em ênfase e não em espécie. Para mencionar somente dois pontos: primeiro, o fato de algo ser a expressão de um desprezo não merecido e sentido como danoso, depende muito das expectativas e das relações sociais. Segundo, como diz Bernard Williams sobre algumas emoções relacionadas: "elas são sentimentos partilhados... e servem para ligar as pessoas, juntando-as em uma comunidade de sentimentos".[3] Assim, mesmo se no texto a seguir enfatizamos como a cólera dos homens de Aristóteles mostra o seu caráter, também estamos interessados – algumas vezes explicitamente e com mais freqüência implicitamente – no fato disso mostrar a sua sociedade. Muito do que dizemos sobre uma dessas coisas, também vale para as outras.

## 2. O narcisismo e os homens coléricos de Aristóteles

Se um dos homens de Aristóteles não atinge a categoria e o respeito que pensa que lhe são devidos – de maneiras adequadas a ele, ao que está fazendo, à outra pessoa, e assim por diante – ele sofre. Experimenta a falta de respeito como um profundo golpe contra si mesmo, isto é, contra o seu ego. Para entender essa ofensa, devemos entender o seu ego. Uma chave para se entender essas ofensas, e por conseguinte os homens de Aristóteles, é vê-las como feridas narcisistas, ver esses homens como narcisistas, e ver a

2. Agradecemos ao psiquiatra Ronald Filippi por levantar esta questão.
3. *Shame and Necessity* (Berkeley: University of California Press, 1993), pág. 80.

sua sociedade e ordenações sociais como capazes de permitir, e até mesmo de estimular, o narcisismo.

Ao dizer isso seguimos de modo geral Freud e a psicanálise, e entendemos o narcisismo como uma profunda falha, um esvaziamento do ego, um sentimento profundo e inalterável de não ser bom, de não ser adequado, e certamente de não ser digno de amor.[4] Não entendemos o narcisismo como auto-amor excessivo. Na realidade, entendemos que as atividades e atitudes freqüentemente assumidas como demonstradoras de excessivo auto-amor, realmente são tentativas de se esconder de si próprio essas falhas e procurar compensá-las. Os narcisistas são incapazes de manter o auto-respeito e a auto-estima. Eles precisam de outros para reassegurá-los de sua bondade, e de que são o que realmente gostariam de ser. Eles são como uma peneira, sempre necessitados de nova afirmação de sua bondade, porque não mantêm essa *crença* em si mesmos. Assim, muito naturalmente, os narcisistas têm necessidade de adulação.

A menos que os outros os reassegurem, os narcisistas dão a impressão de serem incapazes de acreditar, ou de manter a crença de que sejam pessoas de bem. Mas o narcisismo é mal caracterizado como um problema de confiança em si. Não é essa confiança que é problemática, mas os próprios narcisistas. Eles precisam de apoio e não de provas, para manter essa confiança em si, e não de provas que a justifiquem ou que os levem a mantê-la. Nisso, eles se parecem com aqueles que precisam de encorajamento e apoio – novamente, não de provas – para serem capazes de abraçar, ou mesmo apenas de sustentar, modos de pensar que sejam impopulares. Os narcisistas precisam de ajuda para se tornarem aptos a aceitar e manter a confiança em si: assumi-la, aceitar as suas provas como tais, torná-la viva, efetiva e mantê-la como tal.

---

4. Narcisismo é uma das principais preocupações teóricas e terapêuticas da psicanálise, e uma bibliografia adequada incluiria uma grande parte de tudo o que se escreveu em psicanálise. Entre os trabalhos clássicos, consideramos os seguintes como especialmente úteis: "Mourning and Melancholia" (Luto e melancolia), no volume 14 de *The Standard Edition of the Complete Psychological Works of Sigmund Freud*, org. James Strachey (Londres: Hogarth Press, 1986); Otto Kernberg, *Borderline Conditions and Pathological Narcissism* (New York: Jason Aronson, 1975); e Heinz Kohut, *The Analysis of Self* (New York: International Universities Press, 1971). Antologias úteis são encontradas em Andrew P. Morrison (org.), *Essential Papers on Narcissism* (New York: New York University Press, 1986); e Joseph Sandler, Ethel Spector Person e Peter Fonagy (orgs.), *Freud's "On Narcissism: An Introduction"* (New Haven: Yale University Press, 1991). Boas bibliografias e discussões são encontradas em Sheldon Bach, *Narcissistic States and the Therapeutic Process* (New York: Jason Aronson, 1985); e em Andrew P. Morrison, *Shame: The Underside of Narcissism* (Hillsdale, N. J.: Analytic Press, 1986). Sobre o narcisismo na Grécia clássica, ver Philip Slater, *The Glory of Hera* (Boston: Beacon Press, 1968).

Há mais uma razão para que os filósofos não vejam o narcisismo como um problema de confiança em si mesmo, especialmente não um problema que inclua a crença de ser bom, honrado ou respeitado. O que os narcisistas querem, com isso, não é o que os filósofos discutem nesses tópicos, mas o que, na melhor das hipóteses, são os seus precedentes não-diferenciados e primitivos, em seu desenvolvimento.

Queremos continuar esta discussão sobre o narcisismo fazendo três advertências. Primeira: até mesmo na psicanálise o narcisismo não é completamente e finalmente articulado. Há um acordo amplo sobre o seu núcleo e seus aspectos principais. Mas muitas coisas, mesmo as suas variações, constituem assunto para a pesquisa ativa e a controvérsia. Assim, tomando-se tanto os homens de Aristóteles como a sua cólera como narcisistas, não fica inteiramente esclarecido o que se segue. Além disso, mesmo que o narcisismo fosse completamente articulado, o que apresentamos é, na melhor das hipóteses, somente algumas evidências, mais do que uma prova, de que os homens de Aristóteles e a sua cólera eram narcisistas.

Segunda advertência: o narcisismo aparece em diferentes variedades e forças. Pode ser grave e patológico, servindo como a estrutura fundamental organizadora de uma personalidade. Pode também ser muito menos grave, servindo para diferenciar e caracterizar outras estruturas fundamentais organizadoras, digamos, em uma forma narcisista de obsessão ou de histeria. Assim também pode ser muito mais saudável, talvez inteiramente saudável.[5]

Deve ser enfatizado que não temos interesse em propor algo em que não vejamos prova alguma a favor, mas sim muitas provas em contrário: que os homens coléricos de Aristóteles são patologicamente narcisistas. Por exemplo, não há motivo para se pensar deles o que foi descrito por Otto Kernberg como próprio de todos os narcisistas patológicos:

> A sua vida emocional é rasa. Eles têm pouca empatia pelos sentimentos dos outros, obtêm muito pouco prazer da vida, a não ser o que resulta dos tributos que recebem dos outros ou de suas grandiosas fantasias, e se sentem inquietos e entediados quando o brilho externo se extingue e não há novas fontes capazes de alimentar a sua auto-referência. (pág. 213)

Não obstante, os homens de Aristóteles realmente parecem ser narcisistas, de muitas maneiras importantes e que devem ser frisadas.

Terceira advertência: há uma dificuldade considerável no entendimento de outras pessoas e de suas emoções. Se as pessoas pertencerem à nossa

5. Para discussão breve e útil dessas questões, ver Kernberg, "Factors in the Treatment of Narcissistic Personalities", republicado em Morrison, *Essential Papers on Narcissism.*

cultura, nós poderemos usar significados partilhados e dados fundamentais, ajudando a constituir modelos semelhantes, sociais e psicológicos. As dificuldades se multiplicam muitas vezes se esses que nós estamos tentando entender pertencem a outras culturas; mais ainda se estamos tentando entendê-los utilizando técnicas e categorias desenvolvidas dentro da nossa cultura e voltadas para ela; e mais ainda se essas técnicas e categorias não forem completamente definidas. Há também um perigo real de simplesmente não conseguir entender essas pessoas, ou de sermos levados a pensar que elas estejam ou muito afastadas ou pouco afastadas de nós, porque as formas de pensamento que aplicamos a elas são concebidas para trabalharem por nós.

Seria possível, por exemplo, pensar que, ao invés de considerarmos narcisistas os homens de Aristóteles , devêssemos vê-los como vivendo em uma sociedade constituída por várias estruturas, as quais, se fossem 'vividas' por nós, *nos* tornariam narcisistas, mas que, vividas pelos homens de Aristóteles, não *os* mostram como tais. Por exemplo, o fato de eles terem sido desprezados poderia não ser visto como capaz de gerar os *sentimentos* relativos a feridas narcisistas, sentimentos de terem sido tratados como inferiores. Ou melhor, o fato de eles terem sido desprezados realmente os mostra como inferiores, ou que foram tratados como inferiores. Isto é, inferiores segundo os padrões da sua sociedade, da forma como esses padrões eram constituídos e ajudavam a constituir a sua sociedade. Deveríamos lembrar a proposta de Gabriele Taylor, de que "se um homem [de honra, em uma cultura da vergonha] perdeu a sua reputação, perdeu também o seu valor aos olhos de todos os membros do grupo, e isto inclui a si próprio... O auto-respeito e o respeito público elevam-se e caem juntos".[6]

Essa objeção de anacronismo seria facilmente refutada se sustentasse apenas que nós injustificadamente temos assumido que os homens de Aristóteles e os nossos contemporâneos narcisistas têm *os mesmos sentimentos,* sempre que 'os mesmos sentimentos' seja entendido como 'apenas os mesmos sentimentos', com o significado das mesmas peculiaridades, ou seja, sempre que 'os mesmos sentimentos' tenham somente a acepção de como eles são experimentados *pela* pessoa, ou *na* pessoa em questão. Esta tem sentimentos senão privados, pelo menos quase totalmente íntimos. A resposta fácil a essa objeção é encontrada nos vários argumentos dados contra os sentimentos, quer tomados como dor, quer entendidos como falhos quanto aos aspectos interpessoais e sociais significativos.

---

6. *Pride, Shame, and Guilt: Emotions of Self-Assessment* (Oxford: Oxford University Press, 1985), pág. 55. Agradecemos a Joel Garver por sustentar que nosso uso de narcisismo é anacrônico exatamente neste sentido – um sentido que trata o *self* de maneira não-histórica. Ele defende, em vez disso, a explicação histórica de Michel Foucault, especialmente em seu *The Use of Pleasure* (New York: Vintage Press, 1985).

Mas esta objeção pode ser tomada como uma proposição muito mais séria. Isto é, a de que o máximo que mostramos é que os sentimentos são seriamente inter-relacionados com as estruturas interpessoais, sociais, políticas e outras. A objeção poderia apontar para o fato de que quase tudo ainda está para ser afirmado sobre essas inter-relações sérias. Mas a crítica principal levantada por esta objeção é que ainda está para ser dada qualquer razão para que se creia, de uma forma ou de outra, que as pessoas que vivem em sociedades diferentes podem ter os mesmos sentimentos. Particularmente, não demos nenhuma razão para que se acreditasse, de uma forma ou de outra, que os sentimentos que apresentam uma dada estrutura – na explicação em que uma estrutura é descrita ou oferecida pela psicanálise, digamos – são realmente os mesmos sentimentos, sem considerar as sociedades das pessoas que têm esses sentimentos estruturados. Dessa maneira, por exemplo, não temos razão para crer que importe ou não que esses sentimentos sejam ou não representações adequadas dos valores encontrados na sociedade em questão.

O que vai mais além do que dizer que um mais que moderado narcisismo seria considerado como uma patologia, em relação a nós, mas provavelmente não em relação aos homens de Aristóteles. Também diz que essa diferença se apresenta na própria natureza desses sentimentos, contanto que sejam descritos adequadamente: mesmo se, de várias perspectivas, parecer que os nossos narcisistas e os homens de Aristóteles têm a mesma estrutura de sentimentos, na verdade isto não acontece (novamente, na forma como uma estrutura é descrita e entendida pela psicanálise). Se eles parecem ter os mesmos sentimentos e a mesma estrutura isso é simplesmente um artefato de uma teoria inadequada. A teoria inadequada neste caso poderia ser a psicanálise, ou a teoria que poderia aplicar a mesmíssima psicanálise tanto a nós como aos homens de Aristóteles.

Esta questão é importante. Poderíamos finalmente concluir que qualquer descrição psicanalítica adequadamente refinada e sensível mostrará que os homens de Aristóteles e os nossos narcisistas não podem ter a mesma estrutura de sentimentos. Possivelmente porque tais estruturas de sentimentos devam ser entendidas na forma como estruturas sociais que tornam a estrutura de sentimentos dos homens de Aristóteles socialmente apropriada e encorajada, ao passo que os nossos narcisistas vivem com outras estruturas sociais, menos favorecedoras. Poderíamos, de outro lado, concluir que tais fatos *externos* não aparecem em estruturas de sentimentos de modo geral, ou do narcisismo em particular: que até mesmo se a estrutura emocional dos homens de Aristóteles é favorecida pela sua sociedade – e se reflete e reproduz precisamente os valores dessa sociedade –, pode ainda ser uma estrutura de narcisismo, e na verdade a mesmíssima estrutura do mesmíssimo narcisismo mostrado pelos nossos narcisistas. A única diferença – como poderíamos dizer, brincando um pouco – é que os nossos narcisistas sofrem com essa estrutura, ao passo que os homens de Aristóteles nela se compraziam.

Mas já que nos ocupamos nesta obra mormente com pessoas parecidas conosco, não continuaremos a discutir essas questões sobre as inter-relações com a filosofia, a psicologia, a psicanálise, a história, a sociologia e a antropologia.[7] Reconheceremos simplesmente a possibilidade de mostrar neste capítulo não o que os homens coléricos de Aristóteles eram, mas o que nós seríamos se (mesmo vivendo aqui e agora) fôssemos semelhantes a eles. Não achamos que isto seja fazer uma concessão ou fugir do tema. Uma vez que consideraremos que nossos argumentos terão muito sucesso se mostrarem somente o que seríamos, ou o que somos, quer estejam ou não errados sobre os homens de Aristóteles. Eles nos mostrariam muito de nós mesmos. E também nos mostrariam como ler, ou não ler, Aristóteles, e como aplicar ou não a nós mesmos o que ele diz dos seus homens.

Mencionado isso, vamos considerar alguns motivos que nos levam a pensar que os homens coléricos de Aristóteles são narcisistas. Entre esses motivos estarão ver como eles são colhidos pela incerteza, pela comparação e pela classificação, e como são vulneráveis ou dependentes de outros para estabelecer e confirmar o seu *status* e, portanto, como sentem as coisas, os seus valores. Começaremos com a observação de Aristóteles de que nessas áreas, nas quais as pessoas se mostram inseguras, provavelmente até duvidando da sua qualidade, as expressões de desprezo podem ferir e podem ser especialmente contundentes:

> Nós nos sentimos particularmente coléricos por causa disto [menosprezo] se suspeitamos que de fato somos – ou que as pessoas pensam que somos – completamente desprovidos, ou desprovidos de modo eficiente, das qualidades em questão. Porque quando estamos convencidos de que nos destacamos pelas qualidades pelas quais somos ridicularizados, podemos ignorar o ridículo. (II.2, 1379a36 ss.)

É de pouca monta que essas pessoas estejam encolerizadas porque as estão ridicularizando. Na verdade, seria digno de nota – sugerindo algo especial sobre o seu caráter, tal como grande humildade ou desconsideração

---

7. Essas questões são discutidas por muitos autores, entre os quais Arthur Kleinman, *Patients and Healers in the Context of Culture: An Exploration of the Borderland between Anthropology, Medicine, and Psychiatry* (Berkeley: University of California Press, 1980); Alan Roland, *In Search of Self in India and Japan: Toward a Cross-Cultural Psychology* (Princeton: Princeton University Press, 1988); e Richard A. Shweder, *Thinking through Cultures: Expeditions in Cultural Psychology* (Cambridge, Mass.: Harvard University Press, 1991).

desdenhosa dos outros – que elas não se importassem com isso. O que há de notável sobre essas pessoas é que o fato de terem sido escarnecidas desperta mais raiva, é mais doloroso, quando pensam que essa crítica provavelmente possa ser justificada.

Uma das maneiras de se interpretar esta passagem é explicar como a *orgē* é despertada pela vergonha ou por algo muito semelhante a ela. Entendida assim, a proposição é que a dor provocada pelo escárnio é, potencialmente, composta de dois elementos, cada um deles podendo, sozinho ou em várias combinações, ajudar a constituir uma forma de vergonha. O primeiro elemento é *simplesmente* o ser escarnecido por outros: por certas pessoas especificamente ou por apenas qualquer outra, em qualquer momento dado. O segundo é o sofrimento experimentado por alguém que se conscientiza de que realmente tem o defeito que constitui o objeto de escárnio. O primeiro elemento rapidamente conduz a uma forma mais direta de vergonha: a de que alguém seja mal visto pelos outros. O segundo elemento rapidamente leva a uma espécie de vergonha mais intimamente direcionada: a de que alguém fracasse em corresponder a seus próprios padrões.[8]

Mas, além disso, podemos pensar que haja algo excessivo ou não muito correto, em relação a isto. Os homens coléricos de Aristóteles parecem sofrer por se verem como são, e parecem exigir que os outros os ajudem, ou pelo menos não os prejudiquem, que *não* olhem para eles e *não* os vejam como são. Além disso, e como uma espécie de explicação do que acabamos de dizer, é especialmente penoso para essas pessoas serem lembradas de um defeito que possuem. É extraordinariamente envergonhador.

Outras espécies de pessoas – incluindo, achamos, as melhores pessoas de Aristóteles, as que são *phronimos* – podem muito bem não ficar encolerizadas pelas zombarias que identificam corretamente as suas deficiências. Elas podem, ao contrário, olhar para si mesmas com candura e honestidade; e podem aceitar a crítica, especialmente quando justificada, sem raiva.[9] Contrastando com as pessoas coléricas descritas na *Retórica,* as que são *phronimos* são auto-suficientes e autoconfiantes – e fortalecidas por si mesmas e pelo seu próprio julgamento – ou pelo menos mais do que as pessoas encolerizadas, tal como as descrevemos. Voltaremos a isto.

Vamos agora examinar a insolência, um dos motivos da cólera. Diz Aristóteles que as pessoas são insolentes pelo prazer que experimentam ao pensar que são melhores do que as outras (II,2, 1378b27). Ser melhor do

---

8. Devemos realmente à discussão de Bernard Williams em *Shame and Necessity*, cap. 5, "Shame and Autonomy", especialmente págs. 95-98.

9. Agradecemos a José Benardete por discussão sobre este ponto.

que as outras pessoas, no seu pensamento, ajuda a constituir ou fundamentar o sentimento de serem pessoas boas. Mais substancialmente, ajuda a constituir a sua bondade, tal como a sentem. Estão satisfeitas não apenas com o que pode ser revelado pelo fato de serem melhores do que as outras, mas também por serem melhores do que as outras pessoas.

Muitas pessoas são assim. Há quem pense que todas as pessoas são assim. Discordamos disso. No entanto, os que são assim podem nos apresentar conexões interessantes, ainda que não universais, entre os valores e formas de pensamento e de sentimento. O narcisismo envolve poderosos mecanismos psíquicos que tornam completamente natural passar de *Eu sou mais importante do que os outros* para *Eu sou importante* e de *Eu não sou mais importante do que os outros* para *Eu não sou importante* e, ainda mais genericamente, de *Eu sou melhor do que os outros* para *Eu sou bom* e de *Eu não sou melhor do que os outros* para *Eu não sou bom*. Explicando melhor: o narcisismo compreende como coisa natural tratar comparativamente o que chamaremos de valores auto-referenciais, mais ou menos esses valores que os agentes vêem e sentem como dependendo de si mesmos.[10]

Mas por mais natural que seja para muitas pessoas tratar os valores dessa maneira, não há necessidade conceitual, e nem qualquer necessidade psicológica geral, para que se faça isso. É tanto conceitualmente como humanamente possível tratar alguns valores, até mesmo alguns valores auto-referenciais, de maneira não-comparativa. A gramática reflete isso na distinção que estabelece entre valores *relativos* e *absolutos,* especialmente os que são encontrados em comparativos e superlativos gramaticais. Relativamente: pode haver somente uma pessoa *mais sábia,* que pode ser mais sábia do que todas as demais. Absolutamente: muitas podem estar entre as mais sábias, e algumas delas podem ser menos sábias do que as outras. Da mesma forma, tendo um melhor amigo, você pode também ser o melhor dos amigos em relação a várias pessoas, algumas das quais são menos boas amigas suas do que outras; assim também você pode ser um excelente amigo, sem ser o amigo mais excelente.

O fato de você ser bom ou mau e sentir-se assim pode ser independentemente de você ser bom ou mau para os outros. Você pode ser melhor do que outros, mas todos vocês, até os melhores, podem ser ruins. Você pode

10. Para uma discussão de como avaliações comparativas e não comparativas, especialmente do *self,* são importantes nas obras de Rousseau: *Do contrato social, Considerações sobre o Governo da Polônia e Carta a D'Alembert,* ver Charles Taylor, "The Politics of Recognition", especialmente seção 3, em seu *Multiculturalism and "The Politics of Recognition"* (Princeton: Princeton University Press, 1992), republicado em David Theo Goldberg (org.), *Multiculturalism* (Oxford: Blackwell, 1994).

ser pior do que outros, mas todos vocês, até os piores, podem ser bons. E o fato de alguém ser melhor do que você necessariamente não tira o seu valor; nem precisa mostrar um padrão que você não consegue atingir.

Não estamos sugerindo que seja sempre narcisista tratar os valores, ou simplesmente os valores auto-referenciais, de maneira comparativa. Em alguns casos, se alguma pessoa atinge um valor, adquire um bem, outros não farão isso: se eu ganho uma corrida ou obtenho a mão de uma pessoa, você não o fará. Alguns padrões são estabelecidos pela forma boa ou má estabelecida por alguns exemplos, e alguns padrões são inerentemente competitivos. Pode ser que o fato de você ser um bom corredor dependa de como você se comportaria numa corrida com bons corredores. E geralmente a competição e o prazer da competição não são necessariamente narcisistas. Podem expressar uma plenitude do ser, e um desejo de glória, de jogar de maneira livre e aberta, mais do que uma falha do ser. (Ao dizer isso, queremos também chamar atenção para o fato notável, mas pouco discutido, de que os filósofos na nossa tradição não tiveram coisas muito boas para dizer a respeito da competição, se é que tiveram algo a dizer sobre ela.)

Além disso, o utilitarismo e a teoria dos jogos em suas várias formas encorajam uma espécie de avaliação comparativa, mais do que uma avaliação absoluta, seja ou não o valor auto-referente. Fazem isso sustentando, de diversas maneiras, que escolher o que é menos em lugar do que é melhor, é agir imoralmente ou irracionalmente. Assim, eles requerem uma avaliação comparativa, mais do que absoluta, em relação ao que é certo, se não em relação ao que é bom, isto é, em relação a qual bem almejar, mesmo que não em relação ao que é bom.[11]

Desse modo, não estamos propondo que se deva ser narcisista para tratar os valores comparativamente. E nem precisam os narcisistas tratar todos os valores auto-referentes comparativamente. Eles podem achar que uma refeição que estejam fazendo é boa, e podem se deleitar completamente com ela, mesmo se pensarem que os outros estão fazendo uma refeição melhor.

Poderíamos dizer que é característico dos narcisistas tratarem comparativamente os valores que atingem o ego. No entanto essas regras excluem

11. Argumentos de dentro da teoria moral tradicional contra tais avaliações comparativas e em favor de avaliações absolutas são fornecidos em Stocker, "The Schizophrenia of Modern Ethical Theories", *Journal of Philosophy*, 73 (1976) 453-466; *Plural and Conflicting Values* (Oxford: Oxford University Press, 1990), especialmente sob os títulos de "valor comparativo"; e "Abstract and Concrete Value: Plurality, Conflict, and Maximization", em Ruth Chang (org.), *Incommensurability, Comparability and Practical Reasoning* (Cambridge, Mass.: Harvard University Press, 1997).

alguns poucos valores, se é que excluem algum. Porque a ausência da maioria desses valores pode atingir o ego de um narcisista em certas circunstâncias. O que poderia ser um problema para a nossa caracterização. Ou poderia ser tomada, essa ausência, como uma demonstração das conexões muito íntimas entre os valores de uma pessoa, como essa pessoa os trata, e o senso de ego dessa mesma pessoa. Essa é, como pensamos ser claro, a posição geral de Aristóteles. E, inspirados por ele, podemos oferecer o que segue como uma caracterização de um tratamento narcisista de valor: é tratar os valores errados como auto-referentes e comparativos, tratá-los com muita freqüência assim, no momento errado, nas circunstâncias erradas, e assim por diante.

Uma forma parecida de se colocar essa questão é reconhecer que a *importância*, que é tão essencial à *orge*, é facilmente e naturalmente vista como comparativa, envolvendo categorias de importância, de quem é mais importante do que quem. Ao menos, tantas práticas nossas, instituições e relacionamentos que dão atenção à importância dizem respeito a uma importância comparativa. É possível ver que todo o mundo tem não apenas importância mas importância igual, ou ver que todo o mundo tem importância no que não se refere à quantidade da importância. Mas freqüentemente isso requer um esforço especial ou um modo de pensar. Por exemplo: ver a todos nós como filhos de Deus, ou como cidadãos, ou como membros de um reino, ou apenas como uma pessoa entre as outras. Se a importância é tão fácil e naturalmente envolvida na classificação e na preocupação de classificar, podemos ver por que a importância é para os narcisistas uma noção valorativa fundamental; por que a preocupação de ser mais importante, e não apenas importante, é tão fundamental para o narcisismo.

Os homens insolentes de Aristóteles – juntamente com muitos de nós – são também interessantes pelas maneiras como tais valores comparativos tornam-se envolvidos em vantagem comparativa e tratamento. Eles maltratam aqueles a quem julgam inferiores, quer somente não demonstrando o respeito devido a eles, quer dominando-os com a sua suposta superioridade. Agem como se o fato de ser melhor do que os outros resulta ter poder sobre eles e também lhes dar autoridade para tratá-los mal.

Vários mecanismos psíquicos podem realizar essa união. Para nossos propósitos, um dos mais importantes é o narcisismo, e envolve uma mudança de sentir-se bem consigo mesmo a não sentir mais necessidade dos outros, e, por conseguinte, assumir que será correto tratar esses outros como se quer. A essa situação, pode ser juntado o fato de ser doloroso, e até mesmo humilhante, que anteriormente se tivesse de confiar nessas pessoas para se sentir bem; e de que agora é possível exigir uma recompensa por isso. Essa condição é especialmente importante para os homens de Aristóteles. Ser auto-suficiente é uma parte importante do seu entendimento do que é ser um homem bom (ver, por exemplo, *Ética a Nicômaco*, I.7). Portanto, ser vulnerável aos outros e depender deles deve certamente constituir uma fonte de tensão considerável e, do mesmo modo, uma parte importante do mecanismo psíquico conecta a superioridade sentida com o tratamento insolente.

Outro mecanismo bem conhecido – o qual, em si mesmo, pode ligar-se ao narcisismo – é o do *direito maníaco*. Podemos, por exemplo, pensar nos rituais do dia da formatura, ou nas celebrações tumultuosas de um time quando vence um campeonato; ou nas *inocentes* depredações das alegres bestas louras de Nietzsche. Podemos também pensar na mania que substitui ou se alterna com a depressão. Em relação a esta última, e também para algumas conexões gerais entre mania e direito maníaco, devemos considerar a sugestiva proposição de Sigmund Freud, no parágrafo final de "Luto e Melancolia", de que "A acumulação de catexis que primeiro está bloqueada e em seguida, quando o trabalho da melancolia termina, se libera e torna possível a mania, deve ser ligada com a regressão da libido ao narcisismo". (p. 258) Do mesmo modo, também deveríamos considerar a sua proposição sobre a mania em "Psicologia grupal e análise do ego": "O Ego e o ego ideal (tendo sido) fundidos, de modo que a pessoa, numa manifestação de triunfo e autonarcisismo, não perturbada pela autocrítica, possa ter prazer na abolição de suas inibições, e nos seus sentimentos de consideração pelos outros, e nas suas autocensuras".[12]

Os que experimentam essa mania tão prazerosa podem sentir-se bons, poderosos e satisfeitos consigo mesmos. Podem também, como conseqüência, sentir-se livres de todas as restrições e autorizados a fazer o que queiram. Tanto eles como os seus interesses tornam-se o mundo inteiro: as outras pessoas e os seus interesses não contam, e podem até nem ser notadas. O que ajuda a explicar alguns dos delitos em que incorrem os atingidos pela mania em questão. A isso podemos juntar ressentimentos e ódios, muitos baseados em injúrias reais ou imaginárias, que podem então ser resolvidos. Mais uma vez, sentir-se melhor do que os outros pode levar uma pessoa a sentir-se capaz e autorizada a tirar desforra.

Pode ser bem difícil ver como essas conexões são feitas. Mas também é penoso entender as profundas conexões entre poder e valor, em todo o nosso pensamento moral, político e teológico. Cumpre lembrar, entretanto,

12. Volume 18 de Strachey, *The Standard Edition of the Complete Psychological Works of Sigmund Freud*, pág. 132. Morrison, em *Shame: The Underside of Narcissism*, do qual retiramos esta citação, pág. 27, contém uma boa discussão a respeito.

que em várias manifestações da primeira infância há conexões profundas, aparentemente naturais, entre o poder que se sente e a liberdade de se fazer o que se quer. Devemos então chegar à conclusão de que essas conexões entre o poder e o valor parecem básicas e primitivas, tanto moralmente como no seu desenvolvimento. Com isto terminamos a nossa discussão sobre a mania.

A psique do homem colérico de Aristóteles é, além disso, constituída por um desejo, que atinge o nível da demanda, de que ele se torne um centro, ou mesmo o centro de atenção, cuidado e compreensão. Como sabemos pelo estudo psicanalítico de bebês, o bebê muito pequeno e narcisista *exige* tornar-se um centro, ou mesmo o centro da atenção, cuidado e compreensão dos pais. Assim, exige-se que os amigos dêem muita atenção aos outros amigos: "Novamente, nós nos sentimos zangados com os amigos...se eles não percebem quais são as nossas necessidades... pois essa falta de percepção mostra que eles estão nos menosprezando, nós não deixamos de perceber as necessidades daqueles que amamos". (*Ret.* II.2. 1379b13 ss.)

Mais uma vez essa percepção sugere que deve haver uma tensão considerável entre as demandas de auto-suficiência e a vulnerabilidade aos outros e dependência deles, neste caso, dos amigos. Desse modo, há uma tensão real e séria, e não apenas conceitual, no que Aristóteles entende como uma boa vida, uma vida de *eudaimonia*. Porque essa vida deve ser ao mesmo tempo auto-suficiente e também uma vida com amigos.[13]

Consideremos o choque gerado pelas seguintes proposições sobre a cólera:[14] a cólera compreende "um desejo ...de uma vingança conspícua"; ela "deve ser sempre acompanhada de um certo prazer, que é despertado pela expectativa da vingança" (II.2, 1378b2 ss.); "é também acompanhada de um certo prazer, porque os pensamentos se demoram sobre o ato da vingança, e as imagens então evocadas causam prazer" (II.2, 1378b8 ss.); e "nós ficamos zangados com os amigos... se eles não percebem as nossas necessidades". Igualmente, exceto que nossos amigos se mostrem atentos às nossas necessidades, desejaremos nos vingar de modo prazeroso e conspícuo deles. Deveríamos comparar o que Kernberg diz dos narcisistas patológicos: "Quando são abandonados ou se desapontam com as outras pessoas, podem apresentar o que superficialmente pareceria uma depressão, mas que, examinado mais atentamente, emerge como raiva e ressentimento,

13. Ver, por exemplo, NEI.7, 1097b10. Sobre a questão da amizade e da auto-suficiência em geral, ver Arthur W. H. Adkins, "'Friendship' and 'Self-Sufficiency' in Homer and Aristotle", *Classical Quarterly* n.s., 13 (1963) 30-45.

14. Agradecemos a Barbara Stock por chamar a atenção para esse conflito.

carregado com desejos de vingança, mais do que uma verdadeira tristeza pela perda de uma pessoa que eles apreciavam".[15]

Poderíamos nos perguntar como Aristóteles – e, na medida em que ele é um relator confiável, como a sociedade grega – podia admitir tal tratamento inamistoso entre amigos, se ao lado disso tinha em tão alta conta a amizade, considerando-a mesmo necessária para uma boa vida. Podemos sugerir que a mesma razão que faz a amizade ser tão importante e tão valorizada torna também insuportáveis, sérias e dolorosas as traições à amizade, as quais exigem uma vingança conspícua e prazerosa. Um homem depende dos seus amigos para ser capaz de ver a si próprio como uma boa pessoa e sentir-se como tal. Depende deles para prover a essas suas necessidades, especialmente a necessidade de não se sentir dependente deles. Se os seus amigos deixam de prover às suas necessidades, golpeiam-no de maneira séria e profunda: mostram que ele não é auto-suficiente e que, portanto, não é uma boa pessoa. Mostram também, ou pelo menos sugerem, que é fraco demais e sem importância para impor respeito e uma consideração atenta e respeitosa. De modo mais forte – para expressar o temor profundo que isso envolve – ele não é simplesmente esquecido ou abandonado pelos amigos que deixaram de prover às suas necessidades, mas sente-se diminuído e ameaçado, e todo o seu ser e o seu bem-estar são questionados.

De maneira que, somente se os amigos de um dos homens de Aristóteles percebem as suas necessidades e agem de maneira a satisfazê-las antes dele ter de pedir que o ajudem, é que ele será capaz de evitar o sofrimento ocasionado por suas necessidades não terem sido satisfeitas. Visto que tais necessidades incluem a sua necessidade de não ter de pedir ajuda para satisfazer outras necessidades, e não somente estas últimas. Desse modo, quer seus amigos satisfaçam as suas necessidades, quer ele sofra por isso não ter acontecido, uma lúcida compreensão da amizade mostrará a ele que essa amizade é perigosa e, realmente, é uma espécie de esquema que favorece o desapontamento e a desilusão. Um esquema que questiona, ou corre o risco de questionar a auto-suficiência.

Os amigos e as amizades fazem isso, porém também são necessários para alimentar a crença errônea – a ilusão – de que uma pessoa pode ser auto-suficiente. A amizade, portanto, é igualmente necessária e altamente problemática no que diz respeito a essa crença. Amigos atenciosos são necessários para se preservar a ilusão da auto-suficiência, pela atenção amigável que nos dão. Fazem isso de maneira bem semelhante à tornada possível

15. "Factors in the Treatment of Narcissistic Personalities", tal como republicado em Morrison, *Essential Papers on Narcissism*, pág. 213.

por um alto *status* social, assegurando que as necessidades serão satisfeitas bem rapidamente, senão antecipadas e realizadas antes mesmo de exigirem atenção. Fornecendo um *serviço de apoio* altamente atento e discreto, tanto a amizade como uma alta posição social ajudam a manter as ilusões narcisistas de auto-suficiência. Somos levados a pensar que a vida boa para Aristóteles, uma vida de *eudaimonia,* só possa ser desfrutada por muito poucos.

Portanto, as relações de amizade reveladas pela *orgē* não são em absoluto relações de amizade. E nem são, talvez, as espécies de relações que temos com os nossos amigos. Mas nós as conhecemos bem. Basta-nos somente considerar as nossas reações típicas à perda de alguém que amamos para algum rival, ou por traição, ou pela doença e pela morte. Como sabemos pelas nossas experiências amargas ou tristes – e estudando o profundo "Luto e Melancolia" de Sigmund Freud – a perda de um ser amado para um rival ou por uma traição, ou até mesmo o temor de que isso aconteça, pode resultar em melancolia, depressão, bem como em raiva e em desejos de vingança. Pode fácil e naturalmente acarretar, ou entreter, fantasias prazerosas de vingança, sem falar da execução de atos vingativos prazerosos. E tanto a melancolia como a raiva podem freqüentemente ser explicadas pelo narcisismo e pela ferida narcisista causada por uma perda real ou temida, de tal natureza. Isso para se dizer pouco mais do que "O Inferno não conhece fúria maior do que a de um amante desprezado". Do modo como acontece com o amor, também acontece com a lealdade e a confiança. Esses sentimentos também podem facilmente transformar-se em ódio naqueles que sentem ou temem ter sido abandonados ou traídos por movimentos políticos ou religiosos. Dessa maneira nós também parecemos os homens de Aristóteles, e as nossas amizades e amores são iguais aos deles.

Continuemos com a cólera, focalizando o seu envolvimento com o sofrimento. Aristóteles reconhece que pessoas diferentes são atingidas pela cólera e pelo desprezo por coisas diferentes.

> Assim, um homem doente fica encolerizado pela desconsideração à sua doença, um homem pobre pela desconsideração à sua pobreza, um homem que está empenhado numa guerra pela desconsideração por essa guerra, um amante pela desconsideração ao seu amor, e assim por diante, em outros casos também. Cada homem está predisposto a uma forma particular de cólera, segundo a emoção que o controla no momento. (II.2, 1379a19 ss.)

Aquilo que nos encoleriza pode diferir de acordo com o que nos provoca o sofrimento: essa é a estrutura mental pela qual uma pessoa, que não esteja encolerizada, está mais disposta a se encolerizar. (II.2, 1379a10 ss.) Isso significa que quando um dos homens de Aristóteles está sofrendo, mais facilmente ele se encoleriza. Provavelmente quando esteja sofrendo tenha mais possibilidade de notar uma ofensa e tomá-la como tal, ou como algo a mais do que uma ofensa. Ou mesmo o seu sofrimento torne-o suficientemente sensível para que erre ao considerar como ofensa o que não é. Desse modo, ele poderia tomar a preocupação dos outros com os seus próprios projetos como um indicador, quando não como uma conseqüência da sua falta de preocupação com ele; ou como indicador, se não motivo, de uma "opinião ativamente mantida" a seu respeito dando-o como "obviamente sem importância". A sua raiva encarna e torna atuante o pensamento – explícito ou não – "Eu estou sofrendo e se essas outras pessoas não tivessem uma 'opinião ativamente mantida a meu respeito', considerando-me 'obviamente não importante', notariam isso e dariam atenção a mim e às minhas necessidades".

Esse argumento poderia ser visto como expressão, mais uma vez, das excessivas expectativas ou demandas de atenção desses homens, especialmente em relação a seus amigos. Poderia também ser visto como a expressão da expectativa ou demanda de que os seus amigos *vejam dentro deles*, saibam o que eles querem e do que necessitam, mesmo – e especialmente – sem que alguém lhes diga isso. Essa visão se situa perto de expressar expectativa ou mesmo demanda de uma união mística de cuidado e de compreensão. O narcisismo dessas expectativas e demandas é óbvio.

Pode ser que isso seja certo. Mas não deveria ser tido como pouco habitual, ou meramente como uma patologia, especialmente não apenas uma patologia peculiar aos homens encolerizados de Aristóteles. Não querer ser compreendido é que seria não-habitual e patológico. Para verificar essa afirmação, vamos começar com uma preocupação correlativa a querer ser compreendido e querer compreender. Quando não entendemos uma coisa, podemos sentir-nos perdidos, desorientados, excluídos, e até mesmo desesperados e ultrajados. Poderíamos considerar agora tudo o que é afirmado quando um filósofo diz: *Eu não entendo a sua proposição* (discutido no capítulo 5, seção 5). Particularmente, deveríamos examinar por que esta é uma forma – para muitos, a forma favorita – de anunciar um desacordo e lançar um ataque, um pedido de justificação. Assim também, deveríamos examinar por que esses desacordos, na qualidade de falta de entendimento partilhado, são tão perturbadores. Afinal, eles poderiam ser vistos como uma forma de se evitar a monotonia estupidificante, e uma maneira de se mostrar uma maravilhosa e instigante pluralidade de modos de viver, e de ver e entender o mundo.[16]

16. Agradecemos a Lleni Pach por esta observação.

É possível que se queira entender sem querer ser entendido. E, de uma maneira limitada, não há nada de estranho nisso. Afinal, ocorre às vezes o prazer aceitável de se fazer comentários irônicos que somente nós entendemos. Mas quando se supera o círculo íntimo, as coisas mudam. A solidão, o solipsismo, ou a auto-suficiência assumida de uma pessoa que em geral quisesse entender mas não ser entendida, seria de se estranhar. Podemos pensar em alguém que pensasse que viver como um espião seria a única forma de vida: não apenas em dados momentos ou lugares, para se atingir propósitos certos mas limitados, porém em geral. Ou poderíamos considerar alguém que pensasse que usar o anel de Gyges em todas as ocasiões seria uma forma de se viver. Talvez até mesmo mais estranha e perturbadora seria a pessoa que nem quisesse entender nem ser entendida.

Portanto, não se trata somente de saber por que os homens coléricos de Aristóteles esperam e exigem ser entendidos. Mas sim de saber por qual razão tantas pessoas, inclusive muitos filósofos, preocupam-se tanto em entender e também em ter as suas idéias aceitas como corretas; e por que tantas pessoas, até muitos filósofos, preocupam-se tanto em ser entendidas.

Alguns pontos especiais podem ser levantados sobre o motivo pelo qual queremos ser compreendidos. Vamos começar pela observação do que as crianças podem fazer quando são contrariadas e bloqueadas no seu cotidiano trabalho de crescimento, como ao serem ignoradas ou insultadas pelas crianças mais populares das suas classes. Com desespero e raiva, tendo ultrapassado totalmente a possibilidade de serem confortadas, elas gritam *Você não me entende* ou *Se você me entendesse, você me ajudaria.*

A questão que queremos discutir neste ponto não é a da justificativa dessa raiva e desse desespero. Ela se refere à completa adequação da expressão de raiva e desespero não-compreendidos. Para ajudar a esclarecer a demanda de compreensão e o considerável sofrimento acarretado pela incompreensão, queremos perguntar por que o sofrimento das crianças leva-as ao sentimento de serem incompreendidas, ou ao menos mal entendidas. A questão levantada é a de saber por que esse sofrimento tem tais conseqüências: qual o caminho entre o sofrimento sentido e o sentimento de não serem compreendidas? Não podemos responder a isso, mas podemos fazer algumas sugestões que nos ajudem a entender a necessidade de compreensão.

É possível que o sofrimento levante a questão da maneira como os outros se situam em relação à própria pessoa, conforme sugerido por Aristóteles: se eu realmente partilhasse um mundo comum com os outros, eles teriam cuidado comigo; assim, se eles não estão tendo cuidado comigo, então ou não estamos nesse mundo ou eles não se importam comigo. Ou é provável que o fato de não receber cuidado seja ressentido como não ser entendido. E realmente isso pode acontecer na lembrança que se tem da própria vida de bebê, quando éramos de maneira similar desprotegidos e não-compreendidos, uma coisa resultando da outra. Como uma terceira possibilidade, que pode valer por si e também mediar entre as duas possibilidades anteriores, pode ser que os que sofrem pensem que os outros têm a responsabilidade de entendê-los, já que são responsáveis por cuidar deles, especialmente se estão sofrendo e necessitam de cuidados. O pensamento poderia ser assim: se você fosse realmente meu amigo, meu pai, ou mãe, alguém que me ama você teria prestado atenção suficiente em mim para notar o meu sofrimento, e, tendo notado, teria cuidado de mim.

A conexão entre o sofrimento e o entendimento poderia também ser vista como expressão de um aspecto profundamente conceitual da vida humana; revelando o que é viver de uma forma cheia de amor e carinho, ou simplesmente de uma forma aceitável, com os outros; e revelando também por que queremos essa espécie de vida. Estamos falando de proposições de que somos seres sociais e de que a nossa sociedade torna-se possível pelo entendimento, e não apenas por hábito e reflexo. Somos seres que, seja por nossa conta, seja com os outros, tentamos entender não tanto alguma coisa em particular, mas antes qualquer coisa e todas as coisas. Queremos tanto nos juntar aos significados partilhados como impor os nossos próprios significados. Apesar da grande obscuridade da estrada, esses significados conduzem inevitavelmente e naturalmente aos pensamentos de que se você não me entende, não podemos viver juntos ou partilhar uma vida social, e de que se eu sou suficientemente mal compreendido por um número suficiente de pessoas, não posso viver uma vida humana e não posso mesmo ser um ser humano.

Muitas dessas razões se referem à vontade de entender. E também se colocam firmemente contra a tentação filosófica do solipsismo.

Vamos agora ver como os homens coléricos de Aristóteles reagem às ofensas. Devemos antes de qualquer coisa notar que não é causa suficiente para a cólera que uma ofensa tenha provocado sofrimento: ficar zangado, em um determinado momento, exige um sofrimento naquele momento. Aristóteles não diz que a raiva é apenas causada pelo sofrimento, mas sim que "a cólera pode ser definida como um desejo acompanhado de sofrimento". Ele também diz que "a raiva pode ser curada pelo tempo" (*Ret.* II.4, 1382a6-7). Poderíamos dizer que o que é curado é o que acompanha o sofrimento, e não que este tenha certos efeitos. Em outras palavras, o tempo pode apagar os efeitos do sofrimento: não por mudar a história e apagar o fato do sofrimento ter provocado aqueles efeitos, mas impedindo que o sofrimento continue a ter esses efeitos e que o doloroso continue a sê-lo.

Os homens de Aristóteles não sofrem assim. Eles querem e tentam tirar revanche e restabelecer a sua posição: consigo mesmos, com a pessoa que os insultou e com o "seu público". Fazem isso golpeando os que os insultaram e fazendo-os sofrer, e não apenas prejudicando-os, mas sem lhes infligirem o "extremo" dano, que seria a morte (II.4, 1382a 8 ss.)

Podemos ver essa última forma de tomar revanche da pessoa como indicadora de que a posição restabelecida deve ser conhecida e sentida, e por isso, pública. E podemos vê-la como indicadora de um desejo infantil dos homens coléricos, o de pagar com a mesma moeda o sofrimento que lhes causaram.

Em relação a esta última modalidade, devemos nos lembrar das palavras de abertura da *Ética a Nicômaco*: "cada ato e cada objetivo proposto são tidos como visando algum bem". No caso da cólera, o objetivo bom a se conseguir é o sofrimento do outro. O que levanta a questão do modo como deve ser uma pessoa cujo objetivo é o sofrimento alheio. O narcisismo nos dá uma resposta poderosa: a psique narcisista é frágil e primitiva, o narcisismo não constitui uma defesa muito bem-sucedida dessa psique; as raivas narcisistas são poderosas, primitivas e ocasionadas por feridas narcisistas.

Devemos também lembrar que a cólera é provocada pela dor resultante do menosprezo. Ninguém se sente desprezado por um mero dano ou por privação de um benefício, nem por um ato que pode ser visto e sentido como uma perda justa em favor de um competidor leal, ou pelo estrago acidental, não-intencional e não-negligente causado por uma outra pessoa a algo que tem valor para nós, nem por um ato de retaliação, ou por um ato realizado com fins lucrativos. Uma ofensa envolve desprezo, rancor ou insolência, coisas que envolvem uma desconsideração pela dor da pessoa desprezada, da pessoa que sente raiva. E a raiva sempre, bem como às vezes a sua causa, envolve prazer na dor antecipada, ou até mesmo na dor que se tem a intenção de infligir à outra pessoa.

Os homens de Aristóteles não sofrem a dor causada pelas ofensas de uma maneira que envolva autopiedade. Eles não se voltam para si, nem para uma terceira pessoa, procurando alívio e conforto. Essa é uma reação típica daqueles que assumem a ofensa como causadora de vergonha, e não de raiva. Estamos falando, é claro, da vergonha que está mais associada à autopiedade do que daquela que desperta e pode ajudar a *orgē* a se constituir. Isso, como muitas coisas mais que são discutidas aqui, mostra que há conexões estreitas e grandes sobreposições entre a vergonha e a culpa, especialmente se esta é entendida como correlativa da cólera.[17]

Os que são colhidos na vergonha da autopiedade assumem que a discrepância existente entre a maneira como avaliam a si e a maneira rebaixante

17. Ver Williams, *Shame and Necessity*, cap. 5, "Shame and Autonomy".

pela qual são tratados é um sinal de que são deficientes, que não estão com a razão e que possivelmente até mereçam a ofensa. Os homens de Aristóteles, ao contrário, tornam-se coléricos graças a essa discrepância de atitudes. Os seus homens ficam com raiva pela discrepância e assumem que foram prejudicados, que a ofensa era imerecida e que o ato de ofender uma pessoa é errado e merece ser condenado.

Temos então diferenças na direção do objeto de culpabilização: os homens coléricos de Aristóteles criticam os seus atormentadores, jogam a responsabilidade neles e procuram puni-los. Mas outras espécies de pessoas, mais dadas à vergonha, criticam a si mesmas, julgam-se responsáveis pelo acontecido e punem-se, ou aceitam o seu sofrimento como um castigo merecido.

Essas diferenças podem ser ilustradas e iluminadas por três psicanalistas: Helen Block Lewis, Melanie Klein e Harry Stack Sullivan. Lewis escreve:

> A vergonha é a experiência vicária do significante desprezo do outro. Uma "tendência a endireitar as coisas", freqüentemente evocada pela vergonha, é a de "virar a mesa". A hostilidade evocada se encaminha para o triunfo ou humilhação do "outro", isto é, para a experiência vicária da vergonha do outro.[18]

Essa reação hostil pode parecer muito semelhante ao que acontece com a *orge*. Até certa medida ela é parecida e isso ajuda a responder a questão anterior: por que os homens coléricos de Aristóteles querem retaliar de uma forma aberta e pública. Mas, até certo ponto, a vergonha e a *orgē* diferem, de duas maneiras importantes e relacionadas, formas que expõem a nossa proposição sobre a diferença entre os homens de Aristóteles e as pessoas que sentem vergonha. Em muitos casos, o *outro* do qual Lewis fala é, nos seus próprios termos, o superego, e mais particularmente o ego ideal ou a imagem da pessoa que se sente envergonhada. E quando o *outro* é realmente uma outra pessoa, como diz Lewis, 'os impulsos de retaliação ... rapidamente sofriam um curto-circuito motivado pela culpa, recaindo sobre o ego".

Segundo Melanie Klein, as diferenças entre a *orgē* e a vergonha são mostradas nas distinções entre a forma esquizóide-paranóide de culpabilizar os outros pelo próprio sofrimento e a forma depressiva de culpar a si mesmo por isso.[19] Essas diferenças entre a *orgē* e a vergonha podem também ser vistas como mostrando a maleabilidade e a indeterminação sugeridas por Harry Stack Sullivan, quando diz:

18. *Shame and Guilt in Neurosis* (New York: International Universities Press, 1971), pág. 42.
19. Ver *Love, Guilt and Reparation, and Other Works, 1921-1945* (New York: Delta Books, 1977), e *Envy and Gratitude and Other Works 1946-1963* (New York: Delta Books, 1977).

que a tranferência da culpa, ou atribuição de causalidade, poderia resgatar o ego de ter de admitir atributos dolorosos ou envergonhadores. A culpa poderia ser transferida, seja (1) para fora do ego, jogada sobre o destino e forças impessoais, ou (2) em um Outro personificado de uma forma paranóide, ou (3) para o ego, como quando é mais fácil para as pessoas culparem a si mesmas por doenças e/ou desgraças do que terem de enfrentar a impressão de desvalimento, provocada pela ansiedade.[20]

Essas diferentes modalidades são de importância significativa para muitas questões sobre emoções, psicologia moral, ética e teoria política, e para várias questões práticas. Alguns breves comentários deverão ser suficientes para ilustrar isto.

Primeiro, *emoções:* como vimos, questões de culpa e atribuições de responsabilidade são fundamentais para muitas emoções. A esse respeito, essas modalidades podem-nos mostrar tanto a natureza como a localização de algumas diferenças entre vergonha e culpa. Uma vez que uma das diferenças mais marcantes entre culpa e vergonha é que a culpa, ao contrário do que acontece com a vergonha, envolve uma acusação e atribuições de responsabilidade. Estamos falando sobre estruturas, e não aspectos, da culpa e da vergonha. Afinal, eu posso sentir culpa a respeito de algo e também ficar envergonhado pelas mesmas falhas, ou por certos aspectos delas. Aqui poderíamos também notar que os fracassos e outros atos e estados que fundamentam a culpa, a vergonha, ou ambas, podem ser vistos pelo agente e outros como controlados, ou não, por eles.

Segundo, *psicologia moral*: essas diferentes modalidades ajudam a mostrar que os homens de Aristóteles não sofriam de doenças espirituais, como a depressão. E até certa medida, elas ajudam a explicar isso.

Terceiro, *teoria ética e política:* essas modalidades ajudam a mostrar, mais uma vez, os problemas que as pessoas emotivas e expressionistas enfrentam ao terem de fazer descrições reducionistas de noções éticas, em vista da cólera. Já que elas ajudam a mostrar apenas como a cólera sempre foi e é imbuída de valores éticos. Elas fazem isso ajudando a denotar os fundamentos da responsabilidade e da acusação para a cólera, e as formas diferentes ou localizações de responsabilidade para diferentes espécies de acusação.

A observação dessas modalidades também nos ajuda a entender e construir relatórios de direitos, responsabilidade e punição, ajudando-nos a ver de que espécies de perigos a lei e a moralidade deveriam nos proteger, quais são os nossos direitos *naturais*, quem é presumivelmente inocente e

20. A citação é de Elizabeth Hegeman, "World View As Cultural Parataxis", *Contemporary Psychoanalysis*, 30 (1994) 424-441, 426. Sullivan discute isto em *Personal Psychopathology: Early Formulations* (New York: Norton, 1965), págs. 66-71.

quem é presumivelmente culpado nas lutas e nos conflitos. Assim, na medida em que vejo a mim mesmo como culpado pelos meus infortúnios, será muito pouco provável que possa ter o mesmo entendimento de meus direitos em relação aos outros, como eu faria se *naturalmente* e geralmente visse os outros como culpados pelos meus infortúnios. Para se dar um exemplo de um caso menor, mas indicativo: podemos aprender muito estudando as diferenças entre as pessoas que esperam que os outros lhes cedam a passagem, quando estão andando pelas ruas, esperando um pedido de desculpas se são bloqueadas ou se alguém as empurra, e uma outra espécie de pessoas, aquelas que pensam que devem ceder a passagem e pedir desculpas. (Talvez essas pessoas apresentem diferenças também no seu próprio entendimento ou conceito de justiça.)

Quarto, *questões práticas:* essas modalidades – direcionamentos de acusações e atribuições de causalidade – são também um sinal importante para várias questões práticas. A um alto nível de generalidade, que afeta toda a nossa cultura, há maneiras muito difíceis e muito embaraçosas de nos relacionarmos com a culpa, como *jogando o jogo do culpado* e como a agressividade, para mencionar somente dois aspectos muito perturbadores, se não formas, da vida contemporânea.[21] Num plano mais pessoal, há as dificuldades experimentadas pelas pessoas que são, ou vivem com outras que são incapazes de aceitar responsabilidade pelo que fazem e pelo que acontece com elas. Encontramos aqui, de um lado, aqueles que com muita freqüência conseguem encontrar outros a quem culpar pelo que eles próprios fizeram; e, de outro, os que nunca podem assumir, e muito menos procurar, crédito pelo bem que fizeram.

Num plano conjunto, pessoal e político, um dos graves efeitos da opressão é que muitos dos que são oprimidos não pensam que o sejam, mas sim que os seus infortúnios se devem à natureza – *é assim que as coisas são* – ou a alguma falta deles mesmos. Além de ser um efeito da opressão, essa maneira de ver as coisas também mantém e permite que a opressão continue.[22] Assim, a cólera à maneira de Aristóteles é uma parte importante da liberação da opressão, seja ela psicológica, econômica ou política. Uma vez que o que é necessário é deixar de ver o comportamento ruim e opressor como natural ou merecido, vendo-o, ao invés, como um mal cometido sem justificação, e que por isso merece provocar um sentimento de cólera.

21. Agradecemos a Bonny Kent por discussão sobre este ponto.

22. Ver Frantz Fanon, *The Wretched of the Earth* (New York: Grove Press, 1965), e *Black Skins, White Masks* (New York: Grove Press, 1968), e Sandra Bartky, *Femininity and Domination* (New York: Routledge, 1990), especialmente cap. 2, "On Psychological Oppression".

## 3. Ofensas, adulação e reconhecimento pelos outros

Os homens de Aristóteles podem sentir-se ofendidos pelos seus inferiores, iguais ou superiores. Nesses diversos casos, o fundamento da ofensa é diferente, de maneira a tornar distinta a espécie da ofensa. Ser ofendido é, desta forma, paralelo a ser adulado, conceito para o qual queremos voltar rapidamente a nossa atenção.

Aristóteles diz, na sua discussão da amizade em *Ética a Nicômaco*, que temos prazer em ser adulados pelos nossos inferiores, não por tomar essa adulação como demonstração do que somos – e não mostrando, assim, que merecemos a honra –, mas por indicar o seu amor por nós. (VIII.8, 1159a13 ss.) Ele deve estar referindo-se a uma certa espécie de adulação, e não simplesmente aquela que reconhece nosso poder sobre os inferiores e a sua dependência de nós.

Em compensação, as pessoas gostam de ser aduladas "por aqueles que estão em posição de autoridade, por causa de suas esperanças (já que elas pensam que, se querem alguma coisa, é deles que a obterão; portanto, comprazem-se com a honraria como um penhor do favor vindouro)" (VIII.8, 1159a19 segs.) E, finalmente, "aqueles que desejam honrarias vindas dos bons e dos que sabem, visam a confirmar suas opiniões que possuem sobre si mesmos; portanto eles se deleitam em honrarias por acreditarem em sua própria bondade, baseados na força do julgamento daqueles que falam sobre eles". (VIII. 8,1159a22 ss.)

Devemos notar neste ponto a proeminência que esses argumentos dão às visões avaliadoras de uma pessoa; nós queremos e valorizamos a adulação porque queremos e valorizamos a alta opinião em que tanto os outros como nós mesmos, nos temos. Queremos e valorizamos a adulação pelas boas pessoas não porque isso prenuncie favores vindouros, mas uma vez que nos permite ter uma boa opinião de nós mesmos. E queremos e valorizamos a adulação que vem de nossos inferiores porque ela mostra que eles têm uma boa opinião de nós, e que é possível que nos amem.

As ofensas são naturalmente contrárias aos atos de adulação. Quer sejamos ofendidos por um inferior, por um igual ou por um superior, as ofensas mostram que não somos amados e respeitados e que os outros não pensam que somos importantes, ou que porventura mesmo pensem que não temos importância. Isso é doloroso em si. E também acrescenta um caráter especial ao desespero e à dor, ao choque e à mágoa pelo ataque pessoal que se pode sentir ao ser ofendido. Além disso, as ofensas destroem a esperança pessoal, não apenas no que se refere a ser bem cuidado pelos outros mas simplesmente a sentir-se seguro, com os outros e por causa dos outros. Quando uma pessoa sente-se ofendida, ela pode ver-se e sentir-se direta ou indiretamente ameaçada – nos olhos e nos corações dos outros – ou pelo menos exposta ao ataque, vulnerável por não ter força, amor ou respeito.

E mais: assim como acontece com os benefícios da adulação, há também danos causados por ofensas que se ligam mais ao *status* dos que ofendem e dos que são ofendidos. As ofensas causadas pelos inferiores constituem uma negação prejudicial e magoante de sua inferioridade. Entre outras coisas, questionam o fato de se confiar neles para executarem ordens, manterem o seu devido lugar e tratarem dos próprios assuntos, em lugar de interferirem com os assuntos dos seus superiores. As ofensas causadas pelos iguais, constituem uma negação prejudicial e magoante da sua igualdade conosco. Entre outras coisas, questionam o fato de sermos um deles, capazes de contar com a sua boa vontade e o seu desejo de manter relações recíprocas conosco, baseadas em respeito mútuo. Podemos passar a temer que eles nos tratem como um inferior, uma pessoa sem importância, sujeita a ver os seus favores e boa vontade considerados pelos seus camaradas como indignos de retribuição, e, ao contrário, vistos como coisas que lhes são devidas, como as que são devidas a eles por um inferior. Se formos ofendidos pelos que consideramos superiores, a autoridade da má opinião que têm de nós leva-nos a ter uma baixa opinião de nós mesmos.

Vamos agora voltar à adulação, por si mesma e também pelo que nos mostra sobre as ofensas, em particular salientando o que as pessoas tanto apreciam nela. Aristóteles observa que um dos motivos de gostarmos de ser adulados é que queremos que os outros pensem bem de nós, e que nós mesmos assim pensemos. Mas, como Aristóteles reconhece, isso não é apenas um desejo. Muitos desejos diferentes – alguns mutuamente excludentes, outros não – são corretamente descritos como "querer ser tido em boa conta pelos outros e por si mesmo". Aqui vão algumas possibilidades. O que se quer, quando se deseja tanto ter uma boa idéia de si mesmo como que os outros pensem bem de nós, pode ser a prova de um ponto de vista: o fato de me adularem prova que eu sou bom. Pode ser um desejo relacionado com a verdade de uma proposição: que eu, a pessoa adulada, sou bom. Pode ser um desejo pela existência de uma certa crença ou atitude: que eu sou amado pelos que me adulam. Pode ser um desejo que demande realização: que aqueles que me adulam me mostram respeito e me prestam honrarias ou uma atenção particular.

Esses diferentes desejos tipificam e expressam espécies diferentes de caráter e de personalidade. Também nos permitem estabelecer algumas das principais diferenças entre as pessoas que Aristóteles considera boas e aquelas que considera más, e entre os que são bons devido à sua atividade contemplativa, na forma como é discutido no final do livro X de *Ética a Nicômaco*, e aqueles que são bons por causa da sua atividade mais prática, na maneira como é discutido anteriormente, naquela obra.

Para ver isto, vamos considerar uma proposição sobre a honra, estabelecida antes, na *Ética a Nicômaco*:

> Além disso, os homens parecem almejar as honrarias para se certificarem de seus próprios méritos: pelo menos procuram ser honrados pelos homens de sabedoria prática, e pelos que os conhecem e conhecem os fundamentos da sua excelência; é claro, portanto, de acordo com eles, que a excelência seja melhor [do que a honra]. E pode-se até supor que esta [isto é, a excelência], mais do que a honra, seja o objetivo da vida política. (I.5, 1095b27 ss.)

Se nos concentrarmos na primeira e na última cláusula – "homens parecem almejar as honrarias, para se certificarem de seus próprios méritos" e "pode-se até supor que esta..." – poderemos construir um argumento dialético sobre o valor da honra e de receber honrarias. O que se quer mostrar com isso é que o desejo de receber honrarias corresponde realmente ao de querer ser virtuoso. A estrutura dialética do argumento seria semelhante ao argumento da escalada do *Symposium* de Platão: ao atingirmos um nível superior vemos o que não conseguíamos ver no nível inferior, isto é, que o que realmente queríamos nesse nível inferior somente pode ser atingido por algo que esteja no nível superior; e que, não somente não queremos mais agora o que queríamos quando estávamos no nível inferior mas que, mesmo nesse nível inferior, apenas pensávamos que queríamos esse algo.

Muitas pessoas em nossa cultura – estabelecendo uma conexão entre ser uma pessoa de bem e ser modesto e humilde – sustentam que esse argumento dialético está certo quanto ao motivo pelo qual uma pessoa de bem deseje honrarias. A idéia é que as melhores pessoas não se importarão, ao menos não muito, se receberem ou não honrarias por causa de suas virtudes. Há duas qualificações a serem estabelecidas aqui: essas pessoas podem desejar receber as honrarias se as receberem por sua virtude, por um motivo importante; precisamente porque se preocupam em serem boas, e também porque querem ser - e é possível que sejam - modestas e humildes, elas se sentirão inseguras por realmente serem boas. Assim, elas podem desejar honrarias *para assegurar a si mesmas do seu mérito*. Mas é o papel epistemológico das honrarias, das provas e da asseguração que as interessa, e não as honrarias como tais. Desse ponto de vista, as melhores pessoas desejam as honrarias somente por motivos epistemológicos: para que lhes dêem uma prova verdadeira de que realmente são pessoas de bem.

Provavelmente a virtude então seja o seu próprio prêmio, ao menos para as melhores pessoas. Mas tanto Aristóteles como nós sabemos que não é assim que a virtude é vista, por muitas pessoas. Elas querem ser reconhecidas pela virtude, em formas de honrarias e elogios. "Elas procuram ser honradas... pela sua excelência". O que é diferente de desejar ser reassegurado de que você é bom, com o objetivo de fazê-lo pensar – pensar o pensamento – de que você é bom.

Pode ser questionável e pouco atraente o fato de se desejar esse reconhecimento. Há um sério risco de orgulho inadequado. Mas há outros riscos também, como poderemos ver nos exemplos que seguem.

Muitos dos que desejam reconhecimento por sua virtude são muito parecidos com as crianças que vivem perguntando aos seus pais: *Veja como sou bonzinho. Não sou mesmo bom?*, esperando que a resposta seja *Você é bonzinho. Você é o queridinho do Papai e da Mamãe.* Além disso, todos nós conhecemos pessoas que *nunca* são capazes de fazer o que é bom, e nem se preocupam com isso; e quando se preocupam em praticar o bem, essa preocupação atinge também o desejo de que seus bons atos sejam reconhecidos, quando não celebrados. Como se diz, às vezes mais por fastio do que por se preocuparem com o que é literalmente verdadeiro, algumas pessoas parecem tão preocupadas com o reconhecimento das suas boas ações como com a sua realização. Podemos lembrar os homens públicos, que parecem *sempre* estar ao alcance da mídia para registrar seus atos bons, ou parecem querer um reconhecimento agradecido pelos presentes que dão.

Essas descrições esquemáticas dos homens públicos e dos seus amigos parecem se representar de muitas maneiras diversas, apresentando uma grande variedade de tipos de pessoas. É provável que a forma mais comum de imaginar essas pessoas seja ver como grosseiro o seu desejo de reconhecimento: elas praticam as suas boas ações com a finalidade principal, e possivelmente única, de extrair delas um benefício para si mesmas. O político, por exemplo, quer publicidade para sua próxima campanha. São muito comuns esses objetivos grosseiros. E onde quer que uma dessas mentiras crassas esteja por trás das boas ações, podemos imediatamente caracterizar e criticar a pessoa, por ter tal desejo e por tentar satisfazê-lo dessa maneira.

Preocupando-nos com a exatidão – e para nos ajudar a apreciar melhor a complexidade das relações entre emoção e valor – devemos reconhecer que há outras maneiras de representar essas descrições e entender o desejo de reconhecimento por bons atos praticados. Por exemplo, os que têm esse desejo podem estar sofrendo de um déficit primitivo e narcisista de espelhamento. É como se as partes deles que não são testemunhadas ou validadas não estivessem ali, mas faltassem e não fossem reais para eles. Para essas pessoas, é natural que seja sentido como uma grave ameaça o fato de não prestarem atenção nelas, como acontece quando não recebem o agradecimento que pensam ser-lhes devido.

Essas pessoas são diferentes das que sofrem do que poderia ser chamado de narcisismo do superego. Elas sentem como uma demanda moral – uma demanda de direito moral unida a uma demanda de exigência moral –

que as suas contribuições sejam minuciosamente reconhecidas. Elas se sentem ultrajadas se as suas boas ações não são reconhecidas, especialmente se as de outras pessoas forem. A sua exigência de reconhecimento, as suas queixas pela falta de reconhecimento, muitas vezes são moralistas e autojustificadas. Portanto, ao ficarem ofendidas quando suas boas ações não são reconhecidas, não sentem essa ofensa somente como algo que as faz sofrer, mas sim como uma afronta à honradez e à própria moralidade: *Não é por mim que quero reconhecimento pelo que fiz, é por um princípio de justiça.* Além disso, não são somente atingidas pela falta de reconhecimento, mas também pelas pessoas que deveriam ser reconhecidas a elas mas não o são. Não se trata apenas de corrigir o reconhecimento inadequado. As pessoas que deixaram de mostrar o reconhecimento devido devem ser censuradas e obrigadas a corrigir tanto o reconhecimento do bem como a si mesmas.

Voltemo-nos agora para o *espectadorismo*: viver apenas como um espectador, ou mesmo um *voyeur*, e não como um agente; ou viver como o paciente de Clara Thompson que tem uma "personalidade acentuadamente destacada" e está "inconsciente de qualquer contato pessoal emocional com outros seres humanos. Ele é um espectador da vida".[23] O *espectadorismo* em suas várias formas, juntamente com o exibicionismo em vários de seus modos, fornece-nos também outro conjunto de modo que tornam inaceitável o desejo de reconhecimento.

Em tais casos, ao invés de eu estar atento ao que estou fazendo ou experimentando, concentro-me no fato de os outros estarem vendo o que estou fazendo ou experimentando, ou no fato de eu próprio estar vendo isso. Pode-se pensar que esse desejo envolva atividade, não em si mas apenas pelo fato de se ser visto fazendo tal coisa. Um outro modo, quem sabe até melhor, de fazer essa observação, é que a atividade e o seu objetivo neste caso consistem apenas em exibir-se e ser visto, e assim obter reconhecimento.[24] Mesmo quando esse exibicionismo não é um objetivo, pode expressar uma preocupação: em vez de o objetivo consistir em dar uma boa

---

23. De "Development of Awareness of Transference in a Markedly Detached Personality", cap. 13 de *Interpersonal Psychoanalysis: The Selected Papers of Clara M. Thompson*, org. Maurice R. Green (New York: Basic Books, 1964), pág. 111. Originalmente publicado com o mesmo título em *International Journal of Psycho-Analysis*, 19 (1938) 299-309.

24. A questão aqui é similar à discutida sobre atividade e passividade em relação à autopiedade no capítulo 9, seção 5. Como citado ali também, ver David Rapaport, "Some Metapsychological Considerations concerning Activity and Passivity", publicado originalmente (em inglês) em *Archivos de Criminología, Neuropisquitaria Disciplinas Conexas* (Equador), 9 (1961) 391-449, e republicado em *The Collected Papers of David Rapaport*, ed. Merton M. Gill (New York: Basic Books, 1967).

idéia de mim, posso preocupar-me somente com o que estou mostrando de mim, e essa exibição pode ser em meu próprio benefício, no dos outros, ou as duas coisas. Portanto, quer haja objetivo ou preocupação, estamos envolvidos com estruturas de auto-referência, vergonha e mais uma vez, narcisismo.

Poderíamos continuar a esboçar outras maneiras pouco atraentes de preocupação com o *self*. Mas não há necessidade disso. Mesmo se pudéssemos produzir listas exaustivas – o que duvidamos – não é nosso propósito mostrar todos os tipos pouco atraentes de preocupação demasiada com o *self*, ou mesmo todos os modos pelos quais este possa desejar reconhecimento pela virtude. O que queríamos demonstrar é que há uma multiplicidade de maneiras, com o objetivo secundário de mostrar que nem todas essas formas envolvem orgulho ou um auto-interesse grosseiro.

Ver isso é importante. É também importante ter consciência de que o fato de se desejar reconhecimento pela virtude não deve necessariamente ser condenável. Comecemos pela observação de que nós queremos, e pensamos ser coisa boa e até necessária, ser aceitos e admirados numa vida partilhada com aqueles de quem temos uma boa opinião. É difícil exagerar ao pensarmos nos efeitos devastadores que a exclusão desse tipo de vida poderia acarretar. Além disso, queremos também ser tratados bem mesmo por aqueles dos quais não temos uma boa opinião, em razão de eles terem uma boa opinião de nós. Do mesmo jeito, a importância de se pensar bem de si mesmo ultrapassa em muito o fato de apenas se acreditar – tendo a idéia ou mesmo o conhecimento – que se é bom. Envolve também a aceitação de si mesmo, a auto-estima, o auto-respeito, sentimentos de ter direitos, de estar em paz consigo mesmo e de estar em casa. E essas coisas, mesmo se envolvem crença, a ultrapassam.[25]

Essa situação nos ajuda a ver como o reconhecimento pela virtude pode ser parte integrante do desejo de se viver uma vida responsável e integrada com os outros. Pode ser o desejo de viver em uma comunidade de pessoas

25. Sobre essa distinção entre preocupação consigo mesmo e a crença de que se é bom, ver Pauline Chazan, "Self-Esteem, Self-Respect, and Love of Self: Ways of Valuing the Self", a sair em *Philosophia*. Ver também seu "Pride, Virtue, and Selfhood: A Reconstruction of Hume", *Canadian Journal of Philosophy*, 22 (1992) 45-65, e sua dissertação de doutorado, "Moral Theory, Moral Understanding and the Moral Self" (University of Melbourne, Victoria, Austrália, 1992), que com grande prazer Michael Stocker orientou em seu estágio inicial. Sobre a distinção geral entre ter uma crença de modo emocional e sustentá-la como verdadeira, ver Stocker, "Affectivity and Self-Concern: The Assumed Psychology in Aristotle`s Ethics", *Pacific Philosophical Quarterly*, 64 (1983) 211-229, agora capítulo 9, e "Emotional Thoughts", *American Philosophical Quarterly*, 24 (1987) 59-69.

que reconhecem *as virtudes da busca comum*[26], que estão vivas e apreciam umas às outras, incluindo nisso a contribuição de cada uma delas; e que, como parte dessa vida de comunidade, agradecem e reconhecem, asseguram-se e apoiam-se mutuamente. Essas coisas podem ter um caráter cotidiano e de pouca monta, não mais do que um sorriso ou um *obrigado* em troca de um favor ou de um trabalho cooperativo. Podem ser expressas também em celebrações de grande escala, alguma forma de ação-de-graças. Não é necessário que haja algo condenável nesses fatos, ou no fato de querê-los. Na verdade, o fato de não ter ou não desejar tal retribuição é que poderia ser questionável ou condenável. (ver por exemplo, *Ética a Nicômaco,* IV. 3,1125a19 ss.)

Na nossa opinião, é isso o que diz Aristóteles. Não há exagero ao dizer que ele gasta a maior parte de *Ética a Nicômaco* – quase todo o livro, exceto a última metade do último livro, X – mostrando como é possível atingir a *eudaimonia,* tornar-se uma boa pessoa e levar uma boa vida em formas práticas, políticas e sociais combinadas. Para usar nossos termos, essas formas envolvem viver e participar de uma sociedade responsável e compreensiva, na qual estão envolvidos o reconhecimento e o respeito aos outros pela sua virtude, e o desejo de reconhecimento e respeito pelas próprias virtudes. Essas formas de viver com os outros envolvem o estabelecimento de várias relações emocionais e inter-relações com os outros, ser capaz de ter certas posições emocionais em relação aos outros e a si mesmo, e vê-las apoiadas e validadas pelos outros. Esses modos de emoções e de emocionalidade são possíveis somente em um quadro social, na verdade em um quadro que em parte é constituído por essas mesmas relações.

Não é somente por causa da verdade, ou somente para assegurar a verdade, que essas pessoas de bem querem ser reconhecidas pela sua virtude. A aprovação e o reconhecimento que desejam envolve algo que é feito em consideração *a* elas, e muitas vezes *para* elas. Elas querem aprovação traduzida em elogios e honrarias. Elas querem o reconhecimento público. Elas querem um reconhecimento falado, atuado e assumido[27].

Resumindo, essas pessoas querem ser tratadas pelas outras de determinadas formas. Querem viver de maneira emocionalmente engajada, com os

26. Para usar o título do artigo de Nancy Sherman, "The Virtues of Common Pursuit", *Philosophy and Phenomenological Research*, 53 (1993) 277-299. Agradecemos também a Sherman por discussão. Ver ainda Charles Taylor, "The Politics of Recognition, em *Multiculturalism and "The Politics of Recognition"* (Princeton: Princeton University Press, 1992), republicado em David Theo Goldberg (org.), *Multiculturalism* (Oxford: Blackwell, 1994).

27. Ver, por exemplo, NE IV.3, especialmente 1123b17-24 e 1124a5-9. Agradecemos a Margaret Walker por discussão sobre esse ponto.

outros e consigo mesmas. Elas não querem apenas ter uma prova para o que acreditam, e nem apenas ter crenças.

A mesma coisa vale para a adulação. Para ver isto, deveríamos indagar porque gostamos de ser adulados. Será que gostamos da adulação que nos vem de nossos inferiores porque ela mostra que eles nos amam, isto é, porque os seus atos nos dão um motivo, talvez um motivo bom e suficiente, para pensarmos que eles nos amam? Ou será que nós também gostamos de que seja feito conosco o que eles fazem ao nos mostrarem o seu amor por nós? E gostamos também da adulação que recebemos dos nossos iguais pelo que ela nos faz pensar a respeito de nós mesmos? Ou será que nós também gostamos do que eles fazem conosco nos tratando como iguais, por exemplo nos incluindo nas suas atividades como participantes igualitários? Pensamos que em todos esses casos o que é feito a nós e conosco – visto como expressão desses pontos de vista – é motivo importante para gostarmos de adulação.

Achamos difícil chegar a essa percepção sobre os motivos que – segundo Aristóteles – nos fazem gostar de ser adulados pelas pessoas de bem: "os que desejam ser honrados pelos homens de bem, e pelos homens que têm conhecimento, têm como objetivo confirmar a opinião que têm de si mesmos; eles se regozijam com as honrarias, portanto, por acreditarem em sua própria bondade, baseados na força do julgamento dos que falam sobre eles".(*Ética a Nicômaco,* VIII.8, 1159a22 ss.) Nisso parece que os outros são importantes, mas somente por estimularem e apoiarem esse ponto de vista. Dizemos *somente* para localizar o que é importante, e não para denegrir o que foi localizado. Acreditar na própria bondade é vital para muitas coisas importantes e boas.

A virtude, portanto, segundo Aristóteles, não é a sua própria recompensa para ao menos uma das duas espécies de pessoas de bem: aquelas para quem a *eudaimonia* é prática, e não-contemplativa. Mas para as duas espécies de pessoas de bem, a virtude regula os desejos de honrarias de duas maneiras, e nesse aspecto é maior que as honrarias. É somente pela virtude que essas pessoas desejam as honrarias. E elas as desejam somente na medida, nas formas, circunstâncias, etc, que tornam virtuoso seu desejo de honrarias. Assim, elas não querem honrarias ganhas por outra pessoa, nem desejam mais honrarias do que as merecidas, ou as que são concedidas de maneiras divididas ou inadequadas.

E mais: as duas espécies de pessoas de bem se preocupam com o *self.* Elas não querem, simplesmente, que existam pessoas virtuosas. Querem elas próprias ser virtuosas. No entanto, essas espécies de auto-referência são virtuosas pelas formas que a virtude assume nas suas vidas, mesmo nos seus desejos de honrarias. E esses modos não incluem especialmente uma preocupação egoísta e excessiva com o *self.* Se isso acontecesse, estaria envolvido o desejo e o esforço para se conseguir algo ruim, ou formas não-válidas de querer e de esforçar-se. (Vide *Ética a Nicômaco,*IX,8). Dessa maneira, nenhuma espécie de pessoa de bem quer ou esforça-se para conseguir uma vida de honrarias na forma como é entendida popularmente: honra sem virtude, e um desejo de honrarias a todo custo, quer elas se incluam em um processamento ou sejam demasiadas, pelos motivos errados, na época errada, etc.

Deveríamos falar mais sobre o desejo de reconhecimento público, especialmente se nos preocupamos com os perigos do narcisismo. Como vimos, esse desejo é muito comum entre as pessoas de bem, seja ou não entre as melhores pessoas. Além disso, esse desejo, no modo como é mantido pelas pessoas de bem, pode parecer moralmente inócuo e quase como uma questão de necessidade. Porque se essas pessoas forem de bem, não farão seja lá o que for para serem reconhecidas. Elas podem ainda manter os mais altos padrões, querendo elogios por serem boas, e somente por isso. São essas as razões que levaram Bernard Williams a afirmar que não há nada de epistemologicamente perigoso ou suspeito no fato de um cientista querer tornar-se famoso, ao menos se o que se almeja é a fama graças a descobertas importantes. Esse cientista será tão guiado pela ciência, pela verdade e pela evidência quanto um cientista que, desprovido de egoísmo, vise somente a ciência.[28]

Temos aqui um paralelo com as proposições sobre o prazer, feitas por Aristóteles. Partindo do seu ponto de vista de que as pessoas de bem somente terão prazer em atividades boas – uma vez que o prazer é intrínseco e individuado segundo a sua atividade – tem-se concluído que, na opinião de Aristóteles, as pessoas de bem não podem errar ao buscar os prazeres, pois, para elas, buscar o prazer é buscar e realizar boas atividades. Por esses motivos, Julia Annas sustenta que "o homem de bem não deve evitar o prazer, e sim procurá-lo de maneira positiva, se for da espécie certa".[29]

Mas não cremos que as coisas sejam tão claras assim, quer em relação à verdade, quer em relação ao prazer. Há possibilidade de erro, tanto no que se deseja como na forma como se deseja. Comecemos pelo perigo que surge se tomarmos a proposição de Williams sobre o *desejo de ficar famoso por uma descoberta* de uma maneira não pretendida por ele. Pode-se pensar

28. Em suas Woodbridge Lectures de 1993, na Columbia University. Agradecemos a Max Deutscher por discussão a respeito e por muito mais em seu trabalho, e a Linda Alcoff por discutir esta questão.

29. "Aristotle on Pleasure and Goodness", in Amélie O. Rorty (org.), *Essays on Aristotle's Ethics* (Berkeley: University of California Press, 1980), pág. 291.

que ele reconhece a validade da pessoa ter tal desejo de fama, sem se preocupar com o fato dela ter ou não feito a descoberta, ou com a questão da descoberta merecer ou não a fama. Movida pelo desejo de ficar famosa por uma descoberta, uma pessoa poderá roubar ou apropriar-se de qualquer outra maneira dessa fama. Pode-se querer ficar *conhecido* ou *reconhecido* como o descobridor de alguma coisa, mesmo sabendo-se que não se descobriu nada. Em relação à coisa descoberta, as pessoas que têm esse desejo podem permitir ou encorajar uma visão falsa ou exagerada sobre o que foi descoberto, mesmo sobre a coisa que *elas* descobriram. São óbvios os riscos epistemológicos desse desejo.

Há também riscos epistemológicos se tomarmos o *desejo de ficar famoso por uma descoberta* de uma maneira diferente daquela não pretendida por Williams: como o desejo pela fama merecida ao descobrir que a merece por ter sido descoberto *por aquela pessoa*. Afinal, descobridores podem sofrer com uma desvantagem que torne a sua *descoberta* de algo insignificante ou de uma verdade já evidente, notável ou merecedora de fama. Podemos pensar em um *idiot savant* (sábio idiota) ou em pensadores desprovidos de talento. *O que* eles descobrem pode não ser, em si, notável, mesmo que o fato de *eles* terem descoberto isso seja notável. Ou podemos pensar na fama que uma criança de quatro anos consegue, e até merece, pelo menos na sua família, por ter descoberto que a nata batida se transforma em manteiga. Ou podemos considerar uma situação um tanto parecida com essa em que o trabalho, e não a pessoa, torna-se famoso, por ter sido realizado por uma pessoa famosa. Por exemplo, qualquer esboço ou rabisco feito por Picasso, ou qualquer carta, escrito ou até mesmo a assinatura de Napoleão.

Um risco epistemológico sério dessa espécie de desejo é o de que as pessoas, e não somente as que procuram fama, vejam o campo da pesquisa como um lugar para o engrandecimento pessoal ou o exibicionismo. Assim, por exemplo, o campo da pesquisa pode ser considerado interessante, e até privilegiado, pela pessoa que *trabalha* nele. Pode ter um valor *projetado* nele pela pessoa que está nele, da mesma forma como projetamos valores naquilo que é amado, usado ou tocado pelas pessoas pelas quais estamos apaixonados. De uma maneira menos perigosa, aquele campo pode ter um valor projetado nele, no modo como acontece quando os narcisistas projetam valores no que lhes pertence – o seu trabalho, os seus bens, os seus.... – só porque são *seus*.

Outro perigo epistemológico de tal desejo é ver o campo da pesquisa como algo que deve desenvolver, sustentar ou até glorificar as pessoas que realizam a pesquisa, ao invés de vê-lo como, realmente, um campo de pesquisa. Nosso ponto de vista pode ser esclarecido com o seguinte contraste: nas escolas primárias o ensino da matemática é muito adequadamente focalizado nos alunos, no seu desenvolvimento e na sua capacidade, ajudando-os a se tornarem capazes de aprofundar seus conhecimentos da matéria e certamente impedindo-os de fugir dela. Mas em uma instituição de pesquisa matemática, o foco é muito maior, senão exclusivo, na matemática como objeto de pesquisa. Seriam justificadas as dúvidas sobre uma instituição de pesquisa que tivesse menos interesse em encorajar o trabalho do que em tecer glórias aos seus membros ou benfeitores.

Há um perigo um tanto relacionado com isso quando pessoas desprovidas de talento, embora famosas, têm poder institucional ou político. Podemos lembrar o exemplo de Lysenko e do que ele fez em relação ao estudo da biologia, na União Soviética.

Como já dissemos, Williams não se preocupava com qualquer dessas espécies de desejo de ser famoso por uma descoberta. Mas somente com o desejo de *ter uma fama ganha e merecida honestamente,* por uma descoberta. Para que se tenha esse desejo, é preciso querer merecer fama por descobrir algo que mereça a fama por ter sido descoberto. Esse desejo *respeitador da verdade* deve parecer, na pior das hipóteses, inócuo e provavelmente muito útil. Poderia parecer que um cientista não cometeria um erro baseado nesse desejo, e realmente que os cientistas que tivessem tal desejo tentassem naturalmente fazer o melhor possível pela ciência, contribuindo assim para o seu progresso.

Concordamos que esse desejo possa ser bom para a ciência. É isso o que acontece geralmente, ou na maioria das vezes. Mas esse desejo pode ser, e às vezes indubitavelmente é, perigoso. O cientista que tenha esse desejo pode ficar preocupado demais com um tipo de ciência fácil de ser demonstrada e que receba grande publicidade, com um trabalho que atrairá a fama quando tiver sucesso, até mesmo a fama merecida. Outro perigo diz respeito à má-vontade de assumir um trabalho árduo ou riscos, pois assim pode-se falhar e ser conhecido somente como um fracassado, ou simplesmente não ser conhecido como uma pessoa bem sucedida. Ambas as coisas podem levar a um desenvolvimento precário e desigual da ciência, para se mencionar apenas um problema.

Há também perigos sociais, pessoais e interpessoais de se ficar demasiado concentrado até mesmo com a fama e o reconhecimento corretamente merecidos. Todos nós sabemos como é difícil trabalhar quando estamos superpreocupados com o reconhecimento, e como é difícil trabalhar com outras pessoas que têm esse mesmo problema. Essa preocupação – *Eu descobri isto, Eu disse isso primeiro, Isso é meu, Você tirou isto de mim* – pode ser ridícula ou feia, sem falar do seu aspecto dispersivo. E pode facilmente trazer perigos para a ciência e para outras formas de pesquisa, quando são consideradas como conjuntos de proposições, e também quando são consideradas como disciplinas e realizações garantidas por pessoas.

Essas preocupações freqüentemente causam grandes tensões, até mesmo destrutivas, em realizações conjuntas de caráter cooperativo, na forma como acontece no campo da ciência e em outros empreendimentos grupais, interpessoais e cooperativos. E já que uma parte tão grande da vida humana é constituída por esse tipo de empreendimentos – e, correlativamente, já que tão pouco pertence exclusivamente à área dos empreendimentos individuais –, essas preocupações criam tensões grandes e até mesmo destrutivas em quase tudo na vida.[30]

Ao apontar esses perigos sociais e interpessoais, não estamos pregando a auto-abnegação. Esta também apresenta muitos perigos. E nem estamos ignorando os riscos de não se dar reconhecimento aos outros, porventura até roubando-os. Essa atitude pode forçar as pessoas a se tornarem desconfiadas dos colegas, em vez de se abrirem com eles, e a serem zelosamente insistentes em exigir reconhecimento para si mesmas, se quiserem receber até mesmo parte do reconhecimento merecido. E nem estamos rejeitando o valor de se dar atenção à questão de se saber a quem pertence o reconhecimento devido. Em tudo e em todos os lugares há dificuldades muito reais em avaliar, modular e dirigir a preocupação que temos em obter atenção e reconhecimento.

A ciência é apenas um exemplo do que já vimos. Em todos as áreas da vida há problemas sérios de reconhecimento e atenção: quem deva dar ou receber, em que ocasião, quais são os estímulos para dá-los ou as sanções por não dá-los... Os narcisistas ampliam tais problemas, com a sua premência de que os outros os assegurem e reassegurem do seu valor, mostrando por meio de atos e atitudes de respeito, amor e obediência que eles são pessoas de bem. Não podemos saber de maneira geral por exemplo, por quais arranjos sociais, distribuição de poder e cuidados tudo isso possa ser realizado. Mas podemos saber que as formas de sua realização terão implicações sérias para os que se deixarem colher nelas.

A mesma coisa vale para o prazer, mas talvez de uma forma mais intrapessoal. Vamos supor que concordamos com Aristóteles sobre as conexões extremamente íntimas entre prazer e atividade. O prazer é atividade,

30. Uma preocupação em distinguir e destacar os próprios feitos em relação aos do grupo é central em muitos tópicos discutidos como problemas de sorte moral. Esses tópicos são discutidos por Maurice Merleau-Ponty em *Humanism and Terror* (Boston: Beacon Press, 1971); Sherman em "The Virtues of Common Pursuit"; Margaret Walker, "Moral Luck and the Virtues of Impure Agency", *Metaphilosophy*, 22 (1991) 14-27, republicado em Daniel Statman (org.), *Moral Luck* (Albany: State University of New York Press, 1993); Claudia Card em "Responsibility for Moral Luck", a sair em seu *Character and Moral Luck* (Philadelphia: Temple University Press); Susan Wolf em "The Moral of Moral Luck", manuscrito inédito.

ou é um aperfeiçoamento que se acrescenta à atividade; os prazeres são individuados *como tais*, de acordo com a sua atividade; e as pessoas de bem terão somente atividades boas e almejarão somente prazeres bons. Há, no entanto, perigos mesmo para essas pessoas. Até elas podem ficar demasiado interessadas nos prazeres. Possivelmente restrinjam suas atividades às que são prazerosas. Em vez de trabalharem em frustrantes problemas filosóficos, digamos, trabalharão somente naquilo que possa ser manipulado com prazer. Ou ao contrário de trabalharem com estudantes problemáticos, gastarão o seu tempo somente com aqueles estudantes aos quais ensinam com prazer. Ou, em vez de gastar seu tempo com uma pesquisa difícil, ficarão entretendo discussões prazerosas.

Mesmo se não restringem as suas atividades, podem mudar o seu enfoque, o ponto de vista dessas atividades. Por exemplo, quando estou me sentindo um tanto deprimido, posso encetar uma atividade que sei que faço bem e que, ao fazê-la, me dá prazer. Suponhamos que isso se torne um meio de vida para mim e que quase sempre me envolva com essas atividades para escapar da minha vida – que, de outro modo, seria infeliz - e que vá ao encontro do prazer. Ou que, porventura de um modo mais autoglorificador, ou por uma autocongratulação, eu me envolva nessas boas atividades que, se eu as realizar bem, me darão prazer. Eu as realizo para me sentir, como Jack Horner, *que bom rapaz eu sou.* Vemos aqui uma espécie de exibicionismo auto-referente similar ao exibicionismo referente aos outros, no qual realizamos atividades boas para receber a muito agradável admiração dos que queremos impressionar, para que eles possam nos admirar.

Vemos assim como o prazer pode ser perigoso. E também como, contrariamente ao que diz Annas, podemos aceitar tanto a advertência que nos faz Aristóteles sobre o prazer, no início da *Ética a Nicômaco* – que devemos sentir-nos em relação ao prazer como os antigos se sentiam em relação a Helena (II.9, 1109b7-12) – como as idéias expressas mais tarde, nos livros VII e X, que alguns prazeres são bons, na verdade excelentes.

Podem algumas pessoas objetar que, segundo a nossa argumentação, ocupar-se de filosofia pelo seu próprio prazer seja, ou possa geralmente ser, a mesma coisa que se ocupar dela pelo seu valor em si. Mas achamos que o argumento pode ser visto como uma *reductio ad absurdum* da proposta de que essas duas coisas são, ou geralmente possam ser, a mesma coisa. O problema surge ao especificar-se o que seja realizar um ato pelo seu próprio valor, especialmente para nos ajudar a entender as proposições de Aristóteles sobre o benefício de se agir assim. Talvez devêssemos contentar-nos em seguir Aristóteles no que diz sobre a virtude, expressando-nos em termos nossos: as boas ações devem ser praticadas como as pessoas de bem – boas em fazer essa espécie de atos – as praticariam. Isso expressa que essas ações são realizadas pelos motivos presentes nas ações das pessoas de bem, e com as suas emoções.

Resumindo, as pessoas de bem de Aristóteles não têm necessidade de agir, e geralmente não devem agir apenas pelo prazer. Isso, mesmo se – como afirma Aristóteles – uma pessoa de bem pratica boas ações pelo que essas ações representam em si, e tiram prazer disso. É também, mesmo se – como muitos afirmam – *Eu faço isto porque me agrada fazê-lo* equivale a *Eu faço isto pela coisa em si.* Porque, ao menos quando expresso por pessoas de bem, *Eu faço isto porque me agrada fazê-lo* não é a mesma coisa que, e até pode ser incoerente com *Eu faço isso por prazer.*[31]

## 4. O pessoal e o impessoal em algumas emoções

Quando começamos a discutir os homens encolerizados de Aristóteles, dissemos que é possível estudar a cólera, ou raiva, seu envolvimento com *status* e preocupações com a importância, o respeito e a honra mostrando tanto a sociologia como o caráter daquelas pessoas. Também dissemos que essas investigações diferem em especial quanto à ênfase. Esta seção e as duas seguintes comentarão algumas das complexas relações entre o psicológico e o sociológico. A presente seção discute o pessoal e o impessoal nas emoções; a seção 5 discute quem pode encolerizar-se por causa de quem, e a seção 6 discute o fechamento emocional.

Aristóteles escreve que a raiva "deve sempre ser sentida em relação a uma pessoa em particular, por exemplo, Cleon, e não em relação ao homem, em geral". (*Ret.*II,2, 1378a34 ss.) Antes de qualquer coisa, sugerimos alguns motivos que nos levam a pensar que a *orgē* é uma questão muito mais pessoal para os homens de Aristóteles do que a raiva é para nós. Posteriormente, vamos sugerir algumas razões contrárias ou moderadoras que nos levam a pensar que a nossa raiva pode não ser uma questão tão pessoal para nós como a *orgē* de Aristóteles era para os seus homens. Estamos interessados em saber se há uma diferença na forma pessoal tanto da *orgē* como da raiva. Para mencionar uma preocupação menor, isso nos ajudará a ver algumas conexões a mais entre a vergonha e a raiva. E para mencionar

31. Fomos ajudados aqui pelos comentários de Amélie O. Rorty sobre fins (*focus*) em "The Place of Pleasure in Aristotle's Ethics", *Mind*, 83 (1974) 481-497, págs. 494-496. Agradecemos a John Robertson por discussão. Sobre algumas diferenças entre agir *em razão de* e *por* alguma coisa, ver Stocker, "Values and Purposes: The Limits of Teleology and the Ends of Friendship", *Journal of Philosophy*, 78 (1981) 747-765, e "Morally Good Intentions", *Monist*, 54 (1970) 124-141.

uma preocupação maior, isso também nos ajudará a ver algumas das maneiras pelas quais o pessoal e o impessoal são importantes para as emoções e os valores.

Aristóteles afirma que os seus homens têm *orgē* somente quando assumem pessoalmente uma ofensa causada por uma pessoa em particular. Para os nossos propósitos atuais, será útil dividir essa afirmação em duas proposições. Primeira, a *orgē* envolve uma ofensa que seja *tomada pessoalmente*. Segunda, e possivelmente por esse motivo, a ofensa que desperta a *orgē* é feita por uma pessoa. Para ver se a nossa raiva difere da *orgē* devemos perguntar, portanto, se a nossa raiva despertada por ofensas envolve as ofensas que são assumidas pessoalmente, e se essas ofensas devem ter sido causadas por uma pessoa.[32]

É vital ter em mente que a raiva que estamos comparando com a *orgē* deve envolver ofensas. Já que algumas das formas de nossa raiva estão muito próximas, se não forem idênticas, à *echtra,* inimizade, discutida em *Retórica* II.4. O fato da *echtra* não ser necessariamente dirigida a uma pessoa em particular constitui uma das diferenças entre a *echtra* e a *orgē*. Podemos experimentá-la em relação a uma classe de pessoas: "A raiva refere-se sempre a indivíduos – Callias ou Sócrates – ao passo que o ódio é dirigido contra classes: todos nós odiamos qualquer ladrão ou qualquer delator". (*Ret.* II.4, 1382a4 ss.)

De uma forma semelhante, muitos casos da nossa raiva não são necessariamente dirigidos a uma pessoa em particular. E além disso, muitos deles não exigem qualquer alvo ou provocação. Por exemplo, podemos ver que uma pessoa está com raiva – é uma pessoa colérica – mais ou menos como falamos da fúria do oceano: tanto a pessoa como o oceano estão chicoteando o que atingem.[33] Esta não é uma questão de disposições: que se alguém ou algo se atravessa no caminho da pessoa ou do oceano, atrairá destruição e despertará fúria, ou que a pessoa ou o oceano são dados demais à fúria, deixam-se provocar com demasiada facilidade. É uma questão de saber como eles estão agora. Eles (o oceano e a pessoa) já estão furiosos. Mas, como dissemos, esse tipo de raiva não nos diz respeito.

Antes de qualquer coisa queremos considerar o argumento de que *há uma diferença entre a nossa raiva e a orge.* Na nossa sociedade, as pessoas sabem demasiado bem que as instituições, como universidades e corporações, podem despertar a nossa raiva, pelos seus atos. Podemos pensar, por exemplo, nas cotas estabelecidas em uma universidade relativamente a

32. Agradecemos a Eugene Garver.
33. Agradecemos a José Benardete por essa imagem.

raça, a religião ou ao gênero, ou em um banco que se recusa a emprestar dinheiro a quem quer que viva em uma área definida como *de linha vermelha*, ou em uma companhia de seguros que se recuse a assegurar essas mesmas pessoas.

Devemos perguntar se essas ações podem ou não ser tomadas pessoalmente. Para fazer isso, começaremos por perguntar o que seja tomar pessoalmente uma ofensa, da maneira como a *orgē* envolve tomar uma ofensa pessoalmente. Não se pode exigir que a ofensa seja dirigida ao homem ao qual ela enraivece. Quando ofendido, o homem de Aristóteles poderia e deveria – segundo o filósofo – ficar enraivecido por causa dos seus amigos e de outros a quem ele estava obrigado a defender. Nem pode ser exigido que a ofensa seja dirigida a ele ou a qualquer dessas pessoas, se *dirigida a* implicar que elas sejam os alvos da ofensa ou que esta seja intencional. O fato de apenas deixar de mostrar a qualquer dessas pessoas um respeito suficiente – de maneira distinta de mostrar-lhes desrespeito – pode, segundo Aristóteles, ser uma ofensa suficiente para desencadear a cólera.

E nem *tomar pessoalmente* pode ser entendido com o intuito de se saber se a forma gramatical do insulto é pessoal ou impessoal. Poderíamos comparar um insulto a uma pessoa em particular a um......, *você seu sujo, mentiroso.....*, e um insulto a um grupo ao qual a pessoa pertença, *Todos os......são sujos e mentirosos.* Levando em conta a forma gramatical, poderemos dizer que somente a primeira forma é pessoal. O insulto pode ainda ser gramaticalmente impessoal, mesmo quando endereçado a alguém reconhecido como membro daquele grupo, e até mesmo quando é endereçado a alguém pelo fato de ser membro daquele grupo: *Eu deveria ter sabido que você seria sujo e mentiroso, já que é isso o que todos os ... são*, ou mesmo *Todos os...., incluindo você, são sujos e mentirosos.*

Nos casos que são formalmente pessoais, é como se a pessoa insultada fosse diretamente atacada, e o fato de ela ser uma..... é dado como uma racionalização, muitas vezes nem mesmo existindo uma razão para isso. No caso geral, é como se a pessoa insultada estivesse ali somente por acidente: *Todos os... são sujos e mentirosos e, já que é assim, você também é.*

A consideração dessas várias possibilidades mostra facilmente que essa forma gramatical – em particular sendo gramaticalmente pessoal – não é necessária nem suficiente para que um insulto seja tomado pessoalmente. Visto que nenhuma dessas possibilidades – ser atingido, ferido ou prejudicado pelo insulto – é necessária ou suficiente para que ele atinja o seu objetivo. Temos certeza disso, mesmo se ainda não estivermos muito esclarecidos sobre os determinantes gerais e as condições necessárias para que um insulto seja assumido pessoalmente. As questões gerais são demasiado complexas e variáveis, e demasiado dependentes das particularidades de personalidade e caráter para permitirem chegar à generalização e ao esclarecimento.

Para mencionar somente alguns fatores: se um insulto é danoso, e quanto o é, depende das interações entre o caráter da pessoa insultada, a natureza do insulto e como a pessoa *coloca* esses insultos. Assim, podemos facilmente imaginar casos em que o insulto gramaticalmente pessoal fere mais, e outros em que o que mais fere pessoalmente é o insulto gramaticalmente impessoal. É óbvio o que acontece quando as pessoas tomam pessoalmente um insulto pessoal. Mas, mesmo se é menos óbvio, as pessoas também podem tomar pessoalmente um insulto geral. A impessoalidade do insulto pode ser considerada um acréscimo ao insulto: que a sua individualidade não é reconhecida, e que elas estejam sendo insultadas simplesmente como membros de um grupo desprezado.

Elas podem dizer, dos seus atormentadores: *Eles nem sequer tiveram a decência de olhar para mim, de me ver e me odiar como uma pessoa.* Podemos também imaginar facilmente casos semelhantes em que as pessoas não tomam pessoalmente, ou tomam menos pessoalmente, um insulto gramaticalmente impessoal, e realmente conseguem tirar algum conforto da generalidade do insulto: *Eles não estavam realmente falando de mim, mas somente de um grupo de pessoas, o meu grupo, que eles estupidamente não compreendem, por causa dos seus preconceitos.* Podemos também facilmente imaginar casos muito semelhantes, nos quais as pessoas tomam um insulto impessoal muito pessoalmente, ou por elas se identificarem tanto como um membro do grupo insultado, ou talvez pelo fato de ser em si pessoalmente doloroso serem tratadas apenas como membros de um grupo.[34] E podemos também facilmente imaginar casos em que ambas as reações ocorram na mesma pessoa, simultaneamente, misturadas ou seqüencialmente.

É possível também se tomar pessoalmente um insulto dirigido a outra pessoa. Aristóteles observa que os seus homens podem sentir *orgē* quando um de seus amigos é insultado. E nós também podemos sentir, se de alguma maneira nos identificarmos com o alvo de um insulto. Podemos interpretar um ataque como insultuoso – um ataque por alguém que não conhecemos contra alguém que também não conhecemos – por incluir certos pontos de vista políticos, sociais ou filosóficos. Se nós também mantemos ou simpatizamos com esses pontos de vista, podemos assumir esse insulto pessoalmente – provavelmente nos sentindo alvo do insulto –, especialmente se pensarmos que o ataque não era dirigido tanto à pessoa que o sofreu, mas sim ao fato daquela pessoa simplesmente ser um defensor de tais pontos de

34. Nossos agradecimentos a Laurence Thomas por discussão aqui.

vista. Tomando assim o insulto podemos, embora não seja necessário, assumi-lo pessoalmente.[35]

A consideração desses casos e desses fatores mostra uma vez mais que não podemos entender o que seja tomar um insulto pessoalmente em razão de seu suposto objetivo, ou de sua forma gramatical. Esses pontos, sugerimos, são cognatos – ou mesmo ilustrações – do argumento do capítulo 1 contra a teoria de conteúdo segundo o qual não podemos aceitar uma descrição de emoções apenas em vista de seu conteúdo não-afetivo. Como foi observado, considerando o insulto como um ato que atinge qualquer um que sustente esses pontos de vista, podemos tomá-lo pessoalmente, mas não necessitamos fazê-lo. Não há razão para se pensar que deva haver uma diferença em conteúdo não-afetivo entre o caso em que tomamos pessoalmente o insulto e o outro caso, quando não o tomamos pessoalmente. Pode haver somente uma diferença no afeto: no modo como o conteúdo é assumido.

Provavelmente, então, *tomar alguma coisa pessoalmente* seja o que poderíamos caracterizar como uma noção indubitavelmente psicológica: o que é preciso para que eu assuma pessoalmente uma ofensa é que ela seja sentida como um ataque *a mim ou aos meus*. Para esclarecer como essa não é uma forma desprovida de afeto de descrição de conteúdo relativa a se tomar uma ofensa pessoalmente, devemos seguir Aristóteles e dizer algo mais ou menos assim: o que é preciso para que eu tome pessoalmente alguma ofensa é que ela seja sentida dolorosamente, como um ataque prejudicial *a mim ou aos meus*. Mesmo que, como pensamos, isso seja inadequado como descrição, permitirá que continuemos com a nossa investigação sobre as diferenças entre as condições necessárias para que o homem colérico de Aristóteles sentisse *orgē* e as que são necessárias a nós, para que sintamos a mesma coisa.

Suponhamos agora que *sentir, dolorosamente, que eu, ou os meus, fomos atacados e prejudicados pela ofensa* seja suficiente para, ou mesmo se identifique com, sentir a ofensa pessoalmente. O que, então, devemos dizer das pessoas que são ofendidas por terem sido excluídas de vários clubes ou universidades devido à sua raça, religião ou gênero, e as que tiveram empréstimos ou seguros negados devido à sua raça ou pelo lugar em que vivem? Sem dúvida, algumas delas podem sentir dolorosamente que esse ataque é pernicioso e dirigido a *elas ou aos seus*. Podem assumi-lo pessoalmente, mesmo que a ação política seja geral e até agora não tenha sido relacionada pessoalmente com elas, por ter sido efetuada antes mesmo que elas houvessem sido concebidas.

35. Agradecemos a Kirsten Mayer por este exemplo.

Assim, parece que podemos ser ofendidos por uma instituição e que possamos tomar isso pessoalmente. Para ver se a nossa raiva é ou não similar à *orgē*, devemos ainda ver se ela também requer que a ofensa tenha sido praticada por uma pessoa. Antes desse exame, no entanto, poderíamos perguntar por que os homens de Aristóteles não podiam sentir-se ofendidos por instituições.

Pode ser que haja razões particulares, relativas às nossas situações diferentes, que expliquem isso. Provavelmente os seus homens não pudessem, ou não se sentissem ofendidos por instituições por sentirem que isso dificultaria ter a consciência de si mesmos como auto-suficientes, o que também dificultaria que se vissem como homens de bem. Ao menos seria muito difícil para nós nos vermos como auto-suficientes, se tivéssemos consciência da nossa necessidade de instituições, especialmente se nos conscientizarmos da sua indiferença generalizada no que se refere a nós. Talvez, então, a idéia de auto-suficiência requeira ver a nossa vida do ponto de vista de pessoa-a-pessoa, mais do que mediados por instituições.

Em qualquer caso, não pensamos que seja corretamente possível ver nossa vida atual como pessoa-a-pessoa. O motivo disso é que para essa visão ser possível devemos viver em determinados tipos de sociedades ou arranjos sociais, como acontecia no tempo em que havia pouca especialização técnica ou industrial, quando a maioria de nossas necessidades era suprida no lar e pelo lar, pela família, pelos criados e outros trabalhadores. Alternativamente, requer-se um poder suficiente para compelir a que os outros supram de maneira satisfatória essas necessidades, como se elas fossem naturais: como se essas outras pessoas fizessem parte de uma família atenciosa e devessem serviços pessoais e favores às pessoas às quais servem. Ou requer uma ilusão de que assim é a vida, uma ilusão que muitos têm motivos para estimular e manter, para si mesmos e para os outros.

O que nos leva a uma segunda possibilidade sobre os motivos segundo os quais os homens de Aristóteles não podiam sentir-se ofendidos pelas instituições. Ou antes, os motivos que raramente os faziam se sentir ofendidos por elas. Havia pouca probabilidade para esse tipo de ofensa, visto serem pessoas da elite, social e politicamente colocadas no topo da sua sociedade, e como tais improvavelmente capazes de se sentirem ofendidas pelas suas instituições.

Somando essas duas possibilidades chegamos a uma terceira. Pode ser que os homens de Aristóteles não se sentissem ofendidos pelas instituições por verem os funcionários da instituição como indivíduos e agindo como tais, e não agindo institucionalmente, como meros agentes impessoais da instituição impessoal. Portanto, não aceitariam a declaração de um funcionário, mesmo se lhes fosse dada, de que *não há nada pessoal no que estou fazendo.* A conexão de que nos valemos aqui é de que é natural aos membros da elite esperarem obter um tratamento pessoal e especial. Certamente isso é verdade – de fato é um dos aspectos característicos – para os narcisistas. E podemos perfeitamente nos perguntar se essa expectativa é possível para os que nem pertencem à elite, nem são narcisistas.

É possível também que os homens de Aristóteles não se sentissem ofendidos pelas instituições porque geralmente não havia um meio eficiente de se estabelecer uma vingança conspícua contra elas.[36] Alcibíades é uma notável exceção a isso.

Agora, quanto ao argumento de *que existe pouca, se é que existe alguma, diferença* entre a nossa raiva *e a orge*: que a nossa raiva, também, requer assumir as ofensas tanto pessoalmente como causadas por uma pessoa. Pode-se concordar que hoje as pessoas se sentem com raiva, insultadas e ofendidas pela maneira como as instituições as tratam; e sem dúvida alguma elas podem tomar isso pessoalmente. Mas devemos observar como é feito, ou pelo menos qual é uma das maneiras mais habituais e efetivas de se fazer isso. De uma forma ou outra, a instituição é personalizada. Às vezes é tratada como se fosse uma pessoa, e não uma instituição. E às vezes alguém na instituição, ou que a represente, é tido como *fonte* do insulto e alvo da raiva. Podemos considerar como os políticos importantes e os demagogos conseguem fazer para lançar a culpa sobre uma pessoa, ou pessoas, em particular.

Podemos também considerar por que, no treinamento militar, o inimigo é representado como pessoas particulares e desprezíveis. Quem sabe sejam pessoas reais, ou então simplesmente estereótipos. Assume-se, e provavelmente com razão, que é difícil estimular os soldados suficientemente para que se sintam com forças para matar outras pessoas pela *justiça* ou pelo *livre comércio.* Será muito mais fácil – acaso até fácil demais – se eles pensarem no inimigo como pessoas e ações individuais, tais como atrocidades que aquelas pessoas cometeram, ou estarão prontas a cometer se não forem impedidas a tempo.

Do mesmo modo, parece inadequado ou tolo, e não meramente fora de propósito, ficar com raiva do nosso carro por ter tido uma pane, e muito menos por nos deixar em dificuldades ao se quebrar. (Não nos preocupamos com o valor de *deixar sair o vapor.*) Mas provavelmente seja possível lançar a culpa sobre uma pessoa qualquer, talvez o mecânico que trabalhou no carro; ou um amigo que teria a obrigação de levar o carro ao mecânico mas não o levou; trabalhadores irresponsáveis, na linha de montagem; gerentes da companhia, preocupados apenas em vender o produto. Dessa

36. Agradecemos a Christopher Conn por essa sugestão.

forma a raiva provocada pelo carro que quebrou, e pelos problemas causados por isso, poderá ser ao menos plausível.

Não se trata do carro não ser humano. A raiva que sentimos do cachorro do vizinho que sempre late para nós, ou que nos morde quando passamos por ele, pode ser justificada e não parecer tola ou desprovida de razão. Compreendemos como é possível pensar que o cachorro não gosta da gente, ou *tenha uma marcação* com a gente. Os cães são tidos como dotados de *personalidade* e caráter: gostam de uns, detestam outros, têm disposições e emoções, como o ciúme. Os cães não vivem somente justapostos a nós, mas conosco. Eles participam de nossa vida e podemos tomar pessoalmente o que eles nos fazem.

Na nossa opinião, é por esse motivo que podemos ficar com raiva dos cães. Não é pelo perigo ou pela amolação que nos causam. Uma vez que, apesar do perigo muito maior representado pelas serpentes, parece muito mais difícil, senão impossível, entender alguém que fique com raiva de uma serpente, mesmo se for uma que o ameace todas as vezes que você está passeando pelo jardim. O motivo que daríamos para isso é que pensamos que a serpente age por um reflexo natural, sem – e, portanto, não expressando – qualquer personalidade, caráter ou sentimentos. Assim também, para voltar ao caso do carro, é importante compreender que ficar raivoso contra o carro freqüentemente parece envolver pensar nele como se existisse para nos aborrecer, animado por um impulso malicioso ou perverso.

Esses vários casos sugerem que para ficar com raiva temos de sentir o objeto e causa de nossa raiva como ao menos capaz de ter sentimentos correspondentes, humanos, a nosso respeito, tais como raiva ou falta de respeito. O que quer dizer que a raiva requer ver a sua causa como uma pessoa, ou como se fosse uma pessoa, e também como uma pessoa que possamos atacar de volta. Também quer dizer que para ser capaz de experimentar raiva e tomar uma ofensa como pessoal, devemos ver o seu objeto como uma pessoa e a sua causa também como uma pessoa.

Voltando aos casos das instituições, nelas também há pessoas reais ou imaginárias, ou seres com emoções semelhantes às das pessoas. Há os funcionários que reforçam, ou simplesmente mantêm as práticas ofensivas. Há também as pessoas reais ou imaginárias que continuam a manter as mesmas práticas, pelos seus próprios motivos espúrios. Basta ver o poder e a naturalidade das teorias conspiratórias. Há também modos de se ver a própria instituição, ou essas pessoas que agem em seu nome, significando, por exemplo, *o homem rico*, *o homem branco*, ou o fabuloso *eles*, como em: *Eles – e você sabe quem eles são – são os culpados por...*. Igualmente, as pessoas que são objeto de ódio e de preconceito, como os judeus e os negros, freqüentemente são vistas e odiadas como classes e grupos, isto é, *todos* os judeus ou *todos* os negros. Mas isso freqüentemente, se não geralmente, aparece em conjunto com o fato de vê-los e odiá-los de maneiras personificadas, como *o Judeu* e *o Negro.*

Esses casos sugerem que a forma personificada é a mais fácil, se não a mais apropriada, de raiva. Eles indicam que a raiva não é somente uma reação pessoal e uma emoção, mas é uma reação e uma emoção interpessoal. A raiva envolve estar em uma relação interpessoal com um ser real ou imaginário, parecido conosco. Isto é, um ser que, na forma como imaginamos, seja também capaz de estabelecer, e que realmente já esteja em uma inter-relação similar conosco, e que possa causar-nos sofrimento por uma falta de consideração por nós, e ao qual, em retorno, também possamos causar um sofrimento. É isso, naturalmente, o que Aristóteles requer para a *orgē*.

O que quer dizer que a nossa raiva – ou os seus aspectos mais nítidos e fortes – está muito mais próxima da *orgē* do que pensávamos, ao menos quanto à questão do pessoal. Quer também sugerir a modificação de uma proposição feita anteriormente: a razão da raiva envolver tomar as coisas pessoalmente relaciona-se, em parte, com o fato de ela ser interpessoal. Ela só é tomada pessoalmente por causa das relações interpessoais particulares que envolve.

Assim, a nossa raiva, ao menos nas suas formas mais fortes, parece imprópria e literalmente mal dirigida em relação aos danos que sofremos devido às instituições e às partes da nossa sociedade que são institucionalmente mediadas. Ela é mal dirigida e imprópria pelos mesmos motivos que a raiva contra o carro ou uma serpente é mal dirigida e imprópria. Não há pessoa contra quem possamos ficar com raiva e com a qual entremos em um inter-relacionamento de raiva. A mesma coisa deveria valer para os homens de Aristóteles. Mas, se estivermos certos, eles vêem mal as suas relações com a sociedade na forma como cara-a-cara, e não mediadas por instituições. Eles vêem mal as coisas, de uma maneira que, se fosse correta, tornaria a *orgē* apropriada pelo que realmente são os danos institucionalmente mediados que sofreram.

Para terminar de determinar se a *orgē* e a raiva diferem em relação ao pessoal, gostaríamos de repetir e enfatizar três pontos. Primeiro, as categorias do pessoal e do impessoal são de fundamental importância emocional e moral. As diferenças no pessoal ou impessoal são responsáveis por importantes diferenças, emocionais e morais, de espécie, não somente de quantidade. Segundo, como acontece freqüentemente ao se examinar emoções, o pessoal deve ser entendido levando em conta o interpessoal. Terceiro, vemos uma vez mais como é rico o interpessoal, quando considerado como fonte para o que é pessoalmente tão importante nas emoções e nos valores com elas relacionados.

## 5. Quem fica com raiva por causa de quem

Voltamo-nos agora para um aspecto concernente à raiva, porém um tanto diferente: quem fica com raiva por causa de quem. Já vimos em Aristóteles em relação a quem é que a *orgē* é sentida, quem "os homens honrados (têm) o dever de defender", isto é, "nossos pais, filhos, esposas ou súditos". (*Ret.* II,2, 1379b28 ss.) Sem dúvida valeria a pena estudar uma questão paralela, referente a nós: quem estamos obrigados a defender. Mas, em virtude do tamanho dessa tarefa, faremos somente alguns breves comentários sobre a sociologia e as relações interpessoais de nossa raiva: aquelas que nos fazem ficar com raiva.

Vamos começar por observar como as pessoas podem ficar aborrecidas, até mesmo encolerizadas, pelo fato de outros terem ficado zangados por causa delas, pensando que isso é presunçoso. Que não é uma preocupação pertinente aos outros. Ou, se esses outros forem seus pais, pensando que isso mostra que os seus pais estão deixando de tratá-las como pessoas independentes.

Podemos perguntar qual seria a idade das crianças que procedem assim. Quando muito jovens, quase qualquer insulto pode despertar e merecer a raiva dos pais. Uma exceção deveria ser provavelmente feita para os insultos que são parte integrante das brincadeiras das crianças *normais*. Mas se o insulto for relativo ao trabalho escolar e feito por um professor ou outra autoridade – porventura uma que diga *Já que você é uma menina, nada melhor poderia ser esperado de você*, ou *Todos vocês são retardados mentais* –, então a falta de cólera por parte dos pais sugere algo errado, como aceitação forçada ou covarde da inferioridade, ou uma indiferença em relação à criança. As coisas são diferentes quando uma criança cresceu e já está tendo uma vida profissional e, digamos, recebe uma resenha insultuosa a um livro seu, feita por uma renomada autoridade no assunto. Neste caso, se os pais simplesmente mostrarem pena do filho, ou filha, esta poderá ser uma resposta inteiramente adequada, mas a sua raiva, especialmente se expressa em público, será imprópria. Poderia, entretanto, ser completamente apropriado que os colegas do autor ou outras pessoas do seu campo de trabalho ficassem com raiva e a demonstrassem.

Como acabamos de perceber, devemos também nos perguntar quem sente a raiva. Em algumas famílias, somente um dos pais mostra-se zangado com os filhos. De modo geral, talvez somente um dos pais seja emocional. Às vezes é exatamente isso o que acontece, e às vezes o genitor não-emocional torna-se emocional por meio do cônjuge, que é emocional por ambos. Ou pode também haver uma divisão do trabalho emocional que é mais relacionado com determinados assuntos. Em muitas coisas pode ser considerado próprio da mãe ficar com raiva pelo modo como as crianças são tratadas. O pai pode ser chamado para assumir a raiva somente em relação a algumas ofensas provavelmente muito graves. Algumas divisões do trabalho emocional poderiam ser consideradas patológicas. Mas em diferentes sociedades várias dessas divisões constituem também a norma social.

Ao enumerar essas possibilidades, estamos nitidamente estabelecendo pressupostos significativos, entre outras coisas, sobre o que essas pessoas e suas sociedades são. Se puder ser aceito que essa é a nossa tarefa, e os motivos segundo os quais a cumprimos, um dos pontos fundamentais desta obra terá sido estabelecido: que as emoções mostram muito sobre uma pessoa e sobre a sociedade em que essa pessoa vive, e não podem ser entendidas a menos que as vejamos assim. Mesmo se discordamos de Aristóteles a respeito de determinadas condições necessárias à raiva, concordamos com ele que para entender e avaliar a raiva e outras emoções, dependemos de categorias como o pessoal, o impessoal, o institucional e o geral.

## 6. Aproximação e identificação

Nesta seção examinaremos a aproximação, outra das complexas categorias psicológicas e sociológicas exemplificadas na *orgē* de Aristóteles. O que nos envolve, quase imediatamente, com a identificação. Tanto a aproximação como a identificação se apresentam em um grande, provavelmente interminável, e mesmo espantoso número de variações. Para mencionar somente algumas já citadas, há diferentes aproximações e formas de identificação no sentimento de ter sido chamado para responder pelos outros, de se identificar com o agressor, e com a afiliação; e para mencionar duas formas diferentes de aproximação e identificação negativas, temos a do desprezo ou ódio pelos fracos e a da diferenciação. Essa grande variedade é pressuposta: aproximação e identificação são ou constituem aspectos, fundamentos e outras espécies de relacionamentos interpessoais, bem como o que intrapessoalmente ajuda a estabelecer e constituir esses relacionamentos. Ver a sua grande variedade é, realmente, constatar a imensa diversidade de modos de proximidade e identificação; e vice-versa. Correlativamente, reconhecer a importância moral de qualquer desses relacionamentos ou dessas formas é constatar o valor moral da outra, e na realidade de ambas.

Após essas afirmações, vamos estudar algumas maneiras de aproximação e identificação mostradas pela descrição da *orgē* feita por Aristóteles. Ele diz que para um homem sentir *orgē* deve sentir que ele mesmo ou um dos seus amigos foi ofendido por alguma pessoa em particular. Entre outras coisas, isso implica que uma pessoa não pode ter *orgē* em relação a si, por algo que tenha feito, seja ou não contra si mesmo. Dessa maneira, descobrimos que a *orge* é semelhante a algumas de nossas emoções de raiva, ou está ligada a uma delas. Não achamos que uma pessoa possa sentir-se ultrajada ou indignada com justa causa pelo que tenha feito: a si ou a outra pessoa. E nem achamos que seja possível ser insolente contra si mesmo. Mas sim que seja possível odiar, rebaixar e insultar a si mesmo, mostrando desprezo ou desrespeito. E, naturalmente, por tais razões ou por muitas outras, é possível a uma pessoa ficar aborrecida e com raiva de si mesma.

Os motivos pelos quais algumas dessas e de outras emoções se aplicam ou não à própria pessoa, são, em si, de uma espécie mista. As questões aqui parecem as que cercam a doutrina de que *volenti non fit inuria*, isto é, que ninguém pode, voluntariamente, prejudicar a si mesmo ou tratar-se de maneira injusta.[37] Aristóteles sustentava uma versão parecida, como também o fazem muitos outros filósofos. Alguns sustentam esse ponto de vista em razão do fundamental e conceitual papel que dão à vontade em descrições da justiça. Outros, o defendem por motivos mais empíricos, afirmando que os interesses são fundamentais à justiça, e sustentando também que é impossível, ou apenas demasiado improvável, que as pessoas ajam contra os seus interesses de modo voluntário e consciente. Mas nós rejeitamos essa proposição, porque pensamos que com freqüência, e com muita facilidade, as pessoas enganam a si mesmas e deixam-se tratar injustamente. Por exemplo: não insistindo nos seus direitos ou sendo complacentes e acomodadas, ou colocando com demasiada freqüência os interesses dos outros acima dos seus.

Concordamos, porém, que a *orgē* não pode ser sentida em relação a si mesmo, e também sustentamos que não é possível alguém sentir-se ofendido, ou justamente indignado, ou ser insolente consigo mesmo. Estamos certos disso, embora não tenhamos uma explicação muito convincente. Talvez a insolência seja fundamental para esse tipo de raiva. O desprezo e o rancor também poderiam ser importantes, ao menos em suas variações insolentes: rancor e desprezo insolentes. Ou mesmo a dificuldade em se reconhecer um desejo de retaliação auto-referente e vingança seja importante para se explicar por que a raiva do tipo da *orgē* e *auto*-referente não seja possível. Possivelmente o desejo seja conceitualmente essencial para a raiva do tipo da *orgē*: se uma pessoa não desejar vingança e retaliação, então, seja qual for o tipo de emoção experimentada, não será do tipo da *orgē*. Ou porventura a relação seja um tanto mais indireta, mostrando a natureza essencialmente interpessoal da *orgē*, e também a capacidade da pessoa sentir-se ofendida e

37. NE V.11. Agradecemos a Bonny Kent por discussão sobre essas questões.

justamente indignada, para se mencionar somente algumas formas da *orgē*.

Em todo caso, certas manifestações da nossa raiva se parecem com a *orgē*, no que se refere a uma questão de aproximação. Podemos, entretanto, discordar sobre o fato de mesmo essas formas de raiva requererem aproximação da parte injuriada. Afinal, podemos muito bem ficar e realmente ficamos com raiva pelo tratamento dispensado por estranhos. Mas não temos certeza de que isso mostre uma diferença entre nós e o homem de Aristóteles quanto às causas da raiva, ou que mostre que *raiva* às vezes é uma tradução não muito exata de *orgē*.

Para sustentar a última hipótese, devemos notar que ao menos freqüentemente diferenciamos entre raiva pessoal e impessoal. Se ficarmos com raiva por causa de uma ofensa contra um amigo, especialmente um amigo íntimo, podemos dizer: *eu sinto isto pessoalmente, eu estou pessoalmente ofendido, pessoalmente zangado com isso* ou *eu me sinto ofendido por isto*. Não achamos que as mesmas coisas seriam ditas – nem que os sentimentos que elas expressam e relatam seriam provados – se o fundamento da raiva fosse o fato de um estranho ser insultado.

Podemos sentir a ofensa que é feita ao nosso amigo. Às vezes nos sentimos feridos por ele ter sido ferido. Não somente sentimentos pelos nossos amigos, mas sentimos com eles. Podemos partilhar com eles assumir a ofensa como pessoal e sentir-se insultado. Mas com os estranhos é pouco habitual, e provavelmente até difícil, fazer mais do que nos solidarizar pelo seu sofrimento e por terem sido insultados.[38]

Além disso, se todas as nossas formas de raiva fossem indiferentes à proximidade, então o que nos enfurece em relação a um estranho deveria ao menos ser o fato dele ter sido injustificadamente ofendido. Mas achamos que o que nos enfurece, em geral, se não sempre, é o fato de o estranho ter sido injustificadamente *prejudicado:* prejudicado *como acontece* por uma ofensa injustificada. A raiva não parece ser sobre a ofensa injustificada em si. Parece ser uma raiva despertada por danos injustificáveis, quer incluam ofensas ou não.

As únicas exceções admitidas por nós não constituem em absoluto exceções. Eu posso sentir-me agredido e tomar a coisa pessoalmente, no caso de você causar um dano ou insultar um estranho na minha presença. Porque

38. Em "Expressivism, Morality, and the Emotions", *Ethics*, 104 (1994) 739-763, Justin D'Arms e Daniel Jacobson discutem como a raiva pode variar de modos bem sutis. Nós claramente concordamos com isso. E também concordamos com seu argumento de que este é um problema sério, se não insuperável, para a explicação expressivista de incorreção (*wrongness*) fornecida em Allan Gibbard, *Wise Choices, Apt Feelings* (Cambridge, Mass.: Harvard University Press, 1990).

posso tomar a sua atitude como revelando que você pensa que eu não tenho cuidado com essas coisas, ou mostrando que você não me considera importante ou suficientemente bom para que deva comportar-se bem perto de mim. Mas em tal caso, o que eu sinto pessoalmente é a sua ofensa dirigida a mim, e não ao estranho. Desse modo, também posso sentir-me agredido e assumir pessoalmente um dano causado a um estranho se de alguma forma me julgar responsável por ele, e considerar-me agredido por minha responsabilidade não ter sido adequadamente exercida ou respeitada. Mas aqui eu estou diretamente envolvido, pela responsabilidade da qual fui incapaz de me desincumbir.

A proximidade encerrada nesse tipo de raiva que acabamos de discutir é um tanto parecida, mas deve ser distinguida da raiva despertada em mim por atos maus, praticados por pessoas com as quais me identifico, pessoas próximas a mim.[39] Posso estar justificadamente indignado e agredido pelas más ações cometidas pelo meu país ou pelos seus líderes, como a maneira desprezível, odiosa ou insolente que estão usando para tratar um outro país ou uma minoria local.

Neste caso, a raiva não envolve o fato de pensarem que não sou importante; que, não obstante a minha oposição ao que eles pretendiam fazer, ainda assim eles o fizeram. Como, a não ser no caso de megalomania, poderia eu pensar que eles devessem ter prestado atenção em mim e notado a minha importância, e que devessem ter-me ouvido?

Minha raiva é mais fundamentada em dois outros aspectos. O que eles fizeram, a sua má ação. Nesta hipótese, é importante o que *eles* fizeram, e *o que* eles fizeram. Geralmente não ficamos com raiva de más ações semelhantes cometidas por outros países – ou, mais exatamente, países com os quais não nos identificamos – que estejam prejudicando países com os quais também não nos identificamos. Mas no caso dos malfeitos cometidos pelo meu país, eu me identifico com o país e os seus líderes. Eu me sinto muito próximo deles, de modo que o que eles fazem desperta a minha raiva.

Já vimos (no capítulo 8, seção 2) como a proximidade é importante para a raiva, tornando-se uma causa dela. Como já observamos ao discutir as espécies de caráter afiliativo *versus* as diferenciações, algumas pessoas se identificam negativa e hostilmente com aqueles com quem se sentem semelhantes, ficando com raiva deles justamente para diferenciá-los delas mesmas. Como Vladimir Jankélévitch escreveu, sobre o modo de pensar dessas pessoas:

39. Agradecemos a Sidney Morgenbesser por assinalar e discutir esta forma adicional de identificação.

> A minha identidade, em relação a você, consiste precisamente nas formas pelas quais eu sou diferente de você... quanto mais você se parece comigo, mais difícil é para qualquer um ver essas diferenças cruciais. A nossa semelhança ameaça obliterar tudo que é especial sobre mim... eu não tenho outra alternativa senão odiar você, porque elaborando uma raiva contra você eu estou defendendo tudo o que há de único em mim.[40]

Esta, ou outra espécie semelhante de identificação, pode ser ressaltada pelo seu sentimento, correto ou não, de que você é visto e identificado em conjunto com esses outros; e pelo seu sentimento, correto ou não, de que você foi designado para responder por esses outros. Assim, como foi discutido por Sartre em "Anti-semita e judeu", os anti-semitas, do mesmo modo que podem usar os malfeitos de qualquer judeu para rebaixar qualquer outro judeu, podem também pensar que qualquer judeu seja responsável e possa responder pelos malfeitos de qualquer outro judeu. Mas nenhum judeu francês e nenhum católico francês podem pensar que qualquer católico francês possa vir a ser chamado a responder por qualquer outro católico. Igualmente, muitos brancos nos Estados Unidos de hoje apelam aos líderes negros para que respondam, denunciem e reprovem declarações feitas por outros negros, especialmente outros líderes negros. Isso, muito embora os brancos saibam que os negros que eles designam para responder pelos outros negros não têm controle algum, e realmente não têm ligação com estes, a não ser pelo fato de serem todos negros, ou líderes negros; e mesmo assim, geralmente os brancos não vêem necessidade de que os líderes brancos (embora eles próprios sejam, freqüentemente, esses líderes) condenem declarações objecionáveis feitas pelos brancos sobre os negros.

Assim como os que são alvo de preconceito podem ser chamados a responder pelos malfeitos de outros *iguais a eles*, eles podem também, de várias formas, aceitar esse papel. Alguns o aceitam pública e explicitamente, defendendo, explicando, reprovando e atacando os seus camaradas. Outros, mesmo negando qualquer responsabilidade por esses outros, e qualquer obrigação de responsabilizar-se por eles, ao menos parecem aceitar uma ou ambas espécies de responsabilidade, como é mostrado pelo seu embaraço e vergonha pelos malfeitos desses outros.

Sartre sugere que esta espécie de identificação – sentir-se chamado a responder pelos outros – é uma característica das vítimas do anti-semitismo e do racismo; e que não é uma característica dos que são e se sentem total e poderosamente membros da sociedade. Desse modo, os judeus franceses

40. Tal como apresentado por Paul Berman em seu "The Other and the Almost the Same", *New Yorker*, 70, nº 2 (28 de fevereiro, 1994) 61-71, pág. 62.

têm essa espécie de identificação com outros judeus franceses, já os católicos franceses não a têm em relação aos outros católicos franceses.

Não se trata apenas de uma mera questão de identificação, se, realmente, existirem quaisquer casos de *mera* identificação. Os que são prejudicados freqüentemente são extremamente sensíveis e vivem detectando os malfeitos – ou o que pode ser descrito como malfeitos – cometidos por aqueles pelos quais sentem preconceito. Portanto, os anti-semitas podem bem se concentrar nos malfeitos cometidos por um judeu que seja um completo estranho para eles e que tenha prejudicado pessoas que também lhes são completamente estranhas. Eles podem sentir-se felizes e vingados ao terem seus pontos de vista *confirmados*. Também podem sentir-se felizes em desencadear a raiva contra os judeus. Nesse caso, há uma proximidade que nasce não de uma identificação consciente, mas de uma identificação negativa, despertada e alimentada pelo ódio.

Até aqui tudo parece fazer sentido. Mas pode ser útil explicar mais alguns pontos. Primeiro, vamos considerar alguns pressupostos interpessoais, sociais e políticos. Sartre diz que o anti-semitismo francês da sua época pode ser entendido somente como uma interação do individualismo pós-iluminista, de um lado, e do outro formas de pensar atávicas, essencialmente mágicas e não-causais das pessoas que são membros de comunidades, raças, etc. Ele afirma que os franceses anti-semitas pensam em si mesmos como pertencentes a uma união mística dos verdadeiros franceses, e que também pensam em todos os judeus como pertencentes a uma união mística de todo o corpo de judeus. Por outro lado, os que aderem ao individualismo pós-iluminista – segundo Sartre, a maioria dos judeus franceses e muitos outros franceses – pensam em si como indivíduos que por acaso são franceses, ou judeus, ou ambas as coisas.

A identificação de pessoas em conceitos grupais, no que se refere a si ou aos outros, pode dar origem à expressão de preconceitos, como anti-semitismo e racismo. E talvez esse preconceito requeira que se pense de uma determinada forma sobre as pessoas do grupo. No entanto, essa identificação não tem necessariamente relação com o preconceito. Pode expressar alguma outra espécie de solidariedade grupal, não se aproximando de preconceito, quer como vítima, quer como perseguidor. Realmente, se Sartre está certo em sustentar que a identificação grupal era típica do pensamento pré-iluminista, podemos ver que, ao menos naqueles tempos, essa identificação não significava necessariamente preconceito. Poderia *meramente* co-existir com o preconceito, partilhando suas causas e fornecendo um terreno fértil para o seu desenvolvimento.

A identificação, na forma como aparece no preconceito, freqüentemente envolve ser ou sentir-se chamado para ser responsável por estrangeiros que são *como você*. Na verdade, ser ou sentir-se assim chamado é um dos aspectos significativos dessa espécie de identificação. Ela freqüentemente envolve um tipo muito especial de relação de poder. Não é qualquer pessoa que pode me fazer, ou me tornar capaz de me sentir responsável pelos outros, especialmente se forem estranhos: e se eu recuso ou posso recusar ser ou sentir-me responsável por outros, posso também, por conseguinte, mostrar meu poder. Dessa forma o preconceito – com a sua demanda de ser responsável pelos outros, inclusive estranhos – envolve uma relação de poder muito significativa de correlativa superioridade e inferioridade.

Certamente concordamos que a identificação grupal, aliada às demandas de ser responsável por outros, possa mostrar preconceito. Sartre afirma que foi isso o que aconteceu com os franceses anti-semitas e os judeus. Mas há um número variável de explicações dos motivos que fazem as pessoas se sentirem responsáveis pelos outros, incluindo estranhos que são *iguais a elas*. Algumas dessas explicações envolvem relações de poder essenciais ao preconceito. Mas outras mostram relações de poder que não têm relação com o preconceito. Por exemplo, quando um pai ou mãe diz à criança mais velha: *Você vai ser responsável por qualquer malfeito que as crianças menores cometam*. Igualmente, um conquistador pode dizer aos líderes de uma comunidade vencida: *Vocês responderão por todo problema que qualquer um de vocês nos cause*.

Além disso, mesmo quando ser ou sentir-se chamado a assumir responsabilidade pelos outros envolva relações de poder, isso não expressará necessariamente superioridade ou inferioridade. Esse sentimento pode ser assumido livre e voluntariamente por um igual, como um juramento ou empenho, para ganhar posição e poder. Para ganhar uma posição oficial eu poderia afirmar que serei responsável por quaisquer erros que outras pessoas cometam. Pode também ser parte de um projeto de auto-engrandecimento ou de conquistar poder para si mesmo: *Eu sou o representante dessas pessoas*. Embora pudéssemos facilmente estender essa lista de exemplos, não há necessidade de fazê-lo.

Vamos considerar agora algumas outras espécies de determinantes do fato de ser ou sentir-se chamado a responder por estranhos que são *como você*. Muitas pessoas pensam que os alemães, mesmo os nascidos após o término da Segunda Guerra Mundial, deveriam identificar-se e sentir vergonha pelo que a sua pátria e os seus patrícios fizeram naquela guerra. E muitos alemães sentem essa vergonha. Possivelmente o que torne esse sentimento imperativo seja a gravidade do que foi cometido pela Alemanha e pelos alemães. Oferecemos esse argumento como um exemplo psicológico e não moral: podemos ver a gravidade que *força* essa identificação, sem pensar que a sua justificativa dependa de tal gravidade.

Além disso, o contexto pode ser importante para a identificação. Algumas pessoas se sentem embaraçadas quando estão em um país estrangeiro: quando vêem, por exemplo, um cidadão do seu próprio país comportando-se de maneira selvagem, maltratando com desprezo um empregado dos correios. Outras podem ver o seu concidadão se comportando assim e simplesmente dar de ombros ou sentir pena do empregado maltratado. Mas poucas, mesmo pertencendo à primeira dessas categorias, sentiriam muito – se é que sentiriam algo – sobre a mesma espécie de grosseria dirigida a um empregado dos correios no seu próprio país. Elas podem experimentar isso simplesmente como uma coisa um tanto desagradável que de maneira alguma as afeta, e muito menos a todas as pessoas do seu país.

Há inúmeras outras formas em que o contexto se torna importante. Para escolher uma ao acaso, algumas pessoas se sentem embaraçadas, ou até mesmo envergonhadas, se um membro da sua família faz em público algo que, quando feito em casa, é aceito sem nenhum sentimento constrangedor. Por exemplo: contar piadas de mau-gosto, ou arrotar. Outras pessoas são mais *coerentes*, aceitando o mesmo comportamento em ambos lugares, ou rejeitando-o em qualquer deles. O embaraço, quer seja ou não coerente, pode sugerir enredamento, uma espécie particular de identificação excessiva. (O enredamento é discutido no capítulo 3, seção 4, e no capítulo 6, seção 2.) Mas ele é somente uma espécie de explicação da identificação excessiva, embaraçosa ou não. Outros exemplos relacionam-se com a vergonha e as preocupações resultantes da maneira como se é visto em certas arenas públicas.

Como vimos, não há uma espécie única de identificação e de aproximação. Observamos também que há um número variável de fundamentos e fatores sociais, psicológicos e contextuais que são importantes. E também percebemos que os casos diferentes ou formas de raiva podem envolver espécies diferentes de identificação e proximidade, algumas das quais são muito semelhantes e talvez mesmo idênticas às que encontramos na *orgē*, à medida que outras são significativamente diferentes delas.

Uma distinção que vale mais um comentário é a de que, como vimos, em muitos casos da nossa raiva, ao contrário do que acontece na *orgē*, a proximidade está entre a pessoa que tem raiva e a que perpetrou o malfeito, e não entre a pessoa raivosa e alguém que sofre com ele. Possivelmente Aristóteles devesse ter incluído essa espécie de proximidade como mais um fundamento para a *orgē*. Afinal, parece haver outra base para ela, ao menos para as nossas espécies similares de raiva, como ser ofendido ou ficar justificadamente indignado. Dizemos isso sem negar de qualquer maneira que existem também algumas diferenças importantes entre a raiva provocada pelos malfeitos daqueles a quem nos sentimos próximos, e uma raiva nitidamente parecida com a *orgē*, fundamentada nos danos causados aos que nos são próximos.

Vamos focalizar agora aspectos intimamente relacionados com a *orgē* mas diferentes dela. Já vimos como o desejo de retaliação e vingança é importante para a *orgē*, e como é também importante para várias espécies de raivas que temos, parecidas com a *orgē*. Não achamos que um desejo de retaliação e vingança necessariamente tenha de ser parte de nossa raiva aos que estão próximos a nós. Podemos *apenas* nos sentir tristes, embaraçados, pesarosos e cheios de remorsos, envergonhados ou revoltados. Esses sentimentos, combinados com a raiva, dão-nos, por exemplo, uma raiva com nuances de tristeza, ou impulsionada pela revolta. Da mesma forma, ainda que eu não possa me sentir justificadamente indignado ou agredido pelo que *eu* faço aos outros ou a mim mesmo, posso ficar com raiva de mim por isso e, em uma raiva voltada contra mim, ficar triste, embaraçado, pesaroso, cheio de remorso, envergonhado ou revoltado.

Consideremos a raiva dos anti-semitas, como foi discutida por Sartre, e aquela dos que querem diferenciar-se das pessoas que sentem serem muito similares a si mesmos, como discutida por Jankélévitch em *The Other and the Almost the Same* (*O Outro e o Quase-o-mesmo*) de Berman. Esse tipo de raiva freqüentemente, e até mesmo geralmente, inclui o desejo de fazer sofrer as pessoas que são o seu alvo. Na verdade, especialmente para os que são discutidos por Sartre, é quase como se – se não for simplesmente isso mesmo – eles quisessem que esses alvos continuassem a existir para serem odiados e para que o sofrimento lhes seja imposto, ao invés de simplesmente desaparecerem. Nisso, o seu desejo é igual ao que Aristóteles apresenta como envolvendo a *orgē*, em contraste com o desejo que envolve a *echtra*, a inimizade: os que sentem *orgē*, "fariam os seus ofensores sofrer pelo que lhes fizeram", ao passo que os que sentem a *echtra* "fariam com que eles deixassem de existir". (*Ret.* II.4, 1382a15 ss.)

No entanto, podemos não querer reconhecer nesse desejo de sofrimento um anseio de vingança e retaliação. Visto que o malfeito que é tido como o fundamento da raiva pode realmente funcionar como pouco mais do que uma desculpa, ou uma oportunidade bem-vinda de se desejar e mesmo realizar o que é, por motivos desprovidos de princípios, falsamente caracterizado como vingança e retaliação. Tanto a raiva como o desejo de causar sofrimento que a acompanha, variam conforme o momento: são pré-existentes, livres, e estão à mão, esperando apenas uma oportunidade para se mostrarem.

Já vimos o suficiente para reconhecer que a proximidade é necessária para nos ajudar a entender como as pessoas se sentem conectadas e próximas o bastante aos malfeitos e danos praticados a outros ou por outros, para terem raiva desses atos, ou das pessoas que os cometeram. Isso é importante tanto para nosso entendimento geral de nossas formas de raiva, como para nos ajudar a ver que elas, como a *orgē*, requerem proximidade.

Há muito que estudar ainda sobre a proximidade. Examinamos apenas de uma forma muito banal a natureza geral ou detalhada e os papéis da proximidade, até mesmo para o que se refere a uma forma de raiva, quanto mais em relação às variedades de raiva e de outras emoções e relações. E nem discutimos a questão ontológica ou metodológica de saber se a proximidade explica a raiva, ou é antes mostrada por ela. Nem examinamos também se a *orgē* e um ou mais dos nossos tipos de raiva envolvem a mesma espécie ou espécies de proximidade. De modo geral, temos ainda de verificar se a proximidade – talvez da mesma espécie, ou não – figura diferentemente nas emoções descritas por Aristóteles e nas nossas emoções, e, correlativamente, se as pessoas descritas por ele são diferentes de nós no que se refere à proximidade.

Essas questões são importantíssimas. Mas são também enormes. Já que falamos algumas coisas sobre raiva e proximidade – possivelmente o suficiente para mostrar o caminho dessa investigação mais detalhada –, nos limitaremos a fazer breves observações sobre o modo como várias outras emoções, algumas descritas por Aristóteles e outras experimentadas por nós, são sensíveis à proximidade e ao relacionamento. Isso, por sua vez, nos ajudará a ver a forma como essas e outras emoções auxiliarão a explicar, mostrar e constituir estruturas de ligação, proximidade e vulnerabilidade.

Começaremos com a questão que recebeu alguma atenção recentemente, e que apareceu sob várias formas, em toda esta obra: a de distinguir entre vergonha e culpa. Mesmo que seja bastante fácil distinguir qual desses sentimentos está sendo experimentado, é muito difícil descrever as diferenças de um para o outro. Essas diferenças aparecerão, naturalmente, entre as caracterizações e não entre os aspectos da vergonha e da culpa. Afinal, em algum caso posso sentir-me culpado e envergonhado de alguma coisa, pelas mesmas razões.

Certamente, as categorias usadas freqüentemente – responsabilidade e controle, atos *versus* estados de caráter, e identidade do agente – são insuficientes e reiteradamente de pouco ou nenhum uso. *Responsabilidade e controle:* posso sentir pesar e também uma completa culpabilidade por alguma coisa que não fui culpado de não poder evitar, como deixar de cumprir uma obrigação paternal. Assim também, mesmo sabendo que a minha inabilidade não era culpável, posso ainda sentir vergonha por atos ou não atos, como o de não cumprir aquela obrigação; por estados de caráter, como ter medo de alturas; e por outros estados do meu corpo, como uma deformidade física.[41]

41. Ver, por exemplo, Robert Adams, "Involuntary Sins", *Philosophical Review*, 94 (1985), 3-31; Nathaniel West, *Miss Lonelyhearts* (New York: New Directions, 1969); e Erving

Quanto a *atos versus estados de caráter:* posso me sentir ao mesmo tempo envergonhado e culpado pelo que fiz. Também posso possuir esse mesmo sentimento por ter um estado de caráter como a mesquinharia. Quanto à *identificação do agente,* posso me sentir culpado pelo que fiz ou pelo que sou, e também sentir vergonha das duas coisas. Como acabamos de ver, posso também me sentir culpado ou envergonhado de outras pessoas, pelos seus atos ou estados de caráter.

O que pode ser útil, no entanto, são as formas particulares e diferentes segundo as quais nos identificamos conosco ou com outros, para que a vergonha e a culpa sejam possíveis, ou impossíveis. Como obervamos, posso sentir-me culpado ou envergonhado pelos atos ou pelo caráter do meu governo, dos meus filhos, ou, quando estou no exterior, pela grosseria de algum concidadão norte-americano. Mas, deixando de lado histórias especiais, não posso sentir-me culpado ou envergonhado pelos atos de um governo estrangeiro, ou de um completo estranho. Mesmo se pudéssemos fornecer uma relação completa das diferenças entre a vergonha e a culpa, isso nos levaria longe demais. Podemos, no entanto, assinalar vários pontos e fazer sugestões que poderão ser úteis. Há várias espécies de fundamentos para ser capaz, ou ser incapaz, de experimentar semelhante culpa e tal vergonha nesses diferentes casos, e pelo que haveria nessas histórias especiais. Esses fundamentos são também os motivos de diferentes espécies de identificação. As distinções de identificação estão entre as mais importantes diferenças entre a vergonha e a culpa. Por causa das diversas formas em que a identificação envolve o *self,* ou pelos diferentes aspectos ou mesmo variadas espécies deste.

Poderíamos considerar neste ponto as várias maneiras de identificação com os outros, incluindo aquelas em que nos enredamos com eles, para ver como se processa a identificação quando sentimos vergonha por alguém. Podemos também examinar as diversas espécies de identificação e autodistanciamento encontradas na compaixão para consigo mesmo e na autopiedade. Uma vez que, como nos parece, o autodistanciamento é um aspecto de muitas das formas de culpa por se ter determinada característica. (Essa culpa deve ser diferenciada daquela por ter feito algo que gerou essa característica, ou por não fazer algo que a elimine.) Quando nos sentimos culpados por ter determinada característica, muitas vezes estamos – ou é como se estivéssemos – tratando-nos externamente, como se fôssemos outra pessoa, muito à maneira de uma auto-exortação.

Goffman, *Stigma, Notes on the Management of Spoiled Identity* (Englewood Cliffs, N. J.: Prentice Hall, 1963).

Vamos ver agora outras maneiras, mais cotidianas e teóricas, que mostram como a proximidade é importante. Começaremos por emoções menores, mas bastante comuns, que dizem respeito a carros e ao modo de dirigi-los. Aqueles que questionam o uso de tais casos e emoções – pensando provavelmente que são triviais ou demasiado envolvidos com a vida de todo dia – deveriam lembrar-se de que Édipo matou o pai numa briga sobre quem deveria dar a precedência a quem, num cruzamento.

Dificilmente é digno de nota o fato de eu ficar irritado por você me atrasar, por estar dirigindo devagar demais. Mas, deixando à parte as considerações especiais, muito provavelmente não ficarei irritado se você estiver atrasando outras pessoas, por estar dirigindo devagar demais. Algumas dessas considerações especiais podem mudar o caso, fazendo com que eu também me irrite com você. Posso estar esperando as outras pessoas que ficaram atrasadas por sua causa. Outra espécie de consideração desse tipo é muito mais importante para propósitos atuais. Nessa hipótese, devido à importância que dou a essas outras pessoas, até me identificando com elas, fico contrariado por você atrasá-las.

Consideremos outro caso de trânsito: estacionar o carro bem afastado do meio-fio, ou do acostamento, numa estrada. Conhecemos muitas pessoas que reagem com um desprezo meio divertido a qualquer motorista que estacione dessa forma, atrasando outras pessoas. Mas quando elas próprias sofrem tais atrasos, reagem tipicamente com arrogância, mesmo com raiva, raramente com desprezo. E ainda muito mais raramente – e somente segundo estruturas mentais um tanto especiais, como em algumas formas de distanciamento e aflição – reagem com um desprezo divertido.

Nesses casos, as diferenças na distância emocional geram emoções diversas. Aborrecimento se eu ou alguém que me está próximo é atrasado, e talvez nenhum sentimento em absoluto, ou um desprezo divertido, se um estranho é atrasado. O que demonstra que a proximidade e a distância não podem ser vistas simplesmente como elementos de peso na força de uma emoção: como se apenas uma mudança na distância mudasse a força da que é afinal, de outras formas, a mesma resposta emocional.

O medo e a piedade, *phobos* e *eleos,* como entendidos por Aristóteles, são também bons exemplos da forma como a distância emocional e a diferença de emoções estão inter-relacionadas. (Vide capítulo 9, seções 3-5.) Ele sustenta que, em geral e com uma importante ressalva sobre a proximidade, o que quer que me cause medo ao acontecer ou ameaçar acontecer a mim, causa também piedade quando acontece ou ameaça acontecer a outras pessoas. (*Ret.*II,5, 1382b26 ss., e II,8, 1385b27, ss.) O medo e a piedade, portanto, dizem respeito aos mesmos danos e perigos. A diferença é que no caso do medo eu sou a pessoa prejudicada ou ameaçada, enquanto a piedade atinge outras pessoas. Mais exatamente, embora o medo por si mesmo receba quase toda a sua atenção, Aristóteles admite que se sinta medo também pelos que nos estão próximos. Assim, um pai pode sentir medo por um filho. (*Ética a Nicômaco*, 6, 1115a22 ss. e *Ret.* II.8, 1386a19 ss.) A piedade também requer proximidade. (*Ret.* II,8, 1386a19 ss.) A pessoa que sente piedade deve sentir-se o suficientemente próxima da pessoa de quem sente piedade – (*Ret.* II,8, 1386a17 ss.) –, mas distanciada suficientemente para que não caia dentro do alcance do medo.

Desta forma, segundo o filósofo grego, o fato do perigo em que uma pessoa se encontra me despertar medo, piedade ou nem uma coisa nem outra – e até nenhum sentimento, ou somente tristeza e pesar – depende da proximidade dessa pessoa em relação a mim. E essa proximidade é mostrada seja quando o perigo desperta medo, seja quando desperta piedade, ou nenhum desses sentimentos. Da mesma forma, o fato de uma ofensa me enraivecer ou não, depende e mostra o grau de proximidade da outra pessoa em relação a mim.

Para alguns de nós, no entanto, a piedade pode ter uma abrangência muito maior.[42] Pode se estender aos que estão muito distantes de nós. Podemos ter piedade até de animais, como uma andorinha ferida vista no acostamento da estrada. Somos da opinião de que isso mostra que as nossas experiências de proximidade – de sentir-se perto, e portanto de estar perto – difere muito das mostradas pelos homens de Aristóteles.

O que pode sugerir que o nosso mundo valorativo-emocional está muito menos preocupado com a proximidade e os relacionamentos do que o de Aristóteles. É possível que isso esteja certo, ou assim como somos indiferentes a algumas áreas de proximidade que mereciam a atenção dos homens de Aristóteles, eles fossem indiferentes também a algumas áreas que nos dizem respeito. Tais comparações, especialmente quando se detêm em questões quantitativas – quem se preocupa mais com a proximidade – são difíceis, e na maioria das vezes não-gratificantes. Em vez de nos aprofundarmos nelas, queremos voltar-nos para o que pode ser tido como uma razão estabelecida sobre princípios para se rejeitar a importância da proximidade para as emoções. Esta razão compõe-se de duas partes. A primeira afirma a universalidade, sustentando que as emoções deveriam ser mediadas somente pelo valor, não importa de quem. A segunda, afirma a proporcionalidade, sustentando que as emoções deveriam ser proporcionais em força à quantidade de valor envolvido.

42. Agradecemos a Jonathan Bennett por discussão aqui.

(Há uma analogia familiar a esse duplo ponto de vista sobre emoções e sobre atos. É a proposição de que somente o valor e a sua quantidade são relevantes para avaliações de atos, sem referência à sua espécie e de quem seja. Essa visão sustenta que a distinção entre o *self* e o outro não deveria fazer diferença à avaliação de atos, e que a *força* da avaliação de um ato é proporcional à quantidade de valor envolvido. Essa teoria é conhecida como direta maximização conseqüencialista).

Rejeitamos essa asserção da proporcionalidade universalista. E rejeitamos tanto a sua proposição de universalismo como a de proporcionalidade. Entendemos ser uma verdade muito geral que – tanto para nós como para os homens de Aristóteles – as emoções apropriadas, e reveladoras de uma pessoa de bem, não variam necessariamente apenas com o valor daquilo a que a emoção se refere.

Essa afirmação pode ser colocada na forma do que escrevemos. A proposição atual ultrapassa muito o que um de nós discutiu em outro lugar: que a distinção entre o *self* e o outro é fundamental para o pensamento ético e, mais geralmente, para as pessoas; e que, com bastante freqüência o que seria anômalo e necessitado de justificação seria a falta, não a presença, de distinções morais entre o *self* e o outro.[43] Da mesma forma que se quis mostrar em grande parte deste livro, o entendimento das emoções e das avaliações como espécies e graus de distância e de proximidade complementa, e realmente melhora, o entendimento delas no modo apenas da distinção *self*-outro.

Isto já foi discutido de mil maneiras. Mas, para voltar ao argumento, vamos começar por notar que considerando o valor tomado genericamente, atrocidades e massacres são muitíssimo piores do que, digamos, a morte de um dos pais. O ponto de vista de que as emoções deveriam ser proporcionais ao seu valor teria de sustentar então que a reação emocional apropriada para massacres e atrocidades deveria ser muitíssimo maior do que o luto e a sensação de perda adequados. Provavelmente possamos imaginar o que essas emoções muitíssimo mais fortes e maiores deveriam ser. Por exemplo: sofrer longos períodos de intenso autotormento, seguidos por um suicídio doloroso, ou por uma vida inteira devotada ao serviço ou à devoção, em

43. Sobre essa distinção, ver Stocker, "Agent and Other: Against Ethical Universalism", *Australasian Journal of Philosophy*, 54 (1976) 206-220. Ver também Michael Slote, "Morality and Self-Other Asymmetry", *Journal of Philosophy*, 81 (1984) 179-192. Em *From Morality to Virtue* (New York: Oxford University Press, 1992), Slote sustenta que essa assimetria é anômala, e deve ser descartada, ou então vista como não básica. Ver também o comentário de Stocker em *From Morality to Virtue*, "Self-Other Asymmetries and Virtue Theory", *Philosophy and Phenomenological Research*, 54 (1994) 689-694, e a réplica de Slote, "Reply to Commentators", *Philosophy and Phenomenological Research*, 54 (1994) 709-719.

memória das vítimas. Mas tais coisas não são exigidas.[44] E em muitos casos são impróprias: a inadequada dedicação de uma vida, ou uma falta da devida proporção moral e emocional.

Deveríamos acrescentar que essas últimas proposições dizem respeito a pessoas que meramente tomam conhecimento desses eventos, e talvez sofram com eles. Não se referem às pessoas que são responsáveis por essas perdas e esses terríveis eventos. As exigências emocionais dos que têm a responsabilidade por esses eventos podem ser bem diferentes. Para algumas dessas pessoas, pode ser que nada em uma vida humana seja adequado, nem mesmo longos períodos de autotormento, seguidos de suicídio doloroso, ou uma vida inteira de serviço e devoção à memória das suas vítimas, ou a ajudar os sobreviventes ou outras pessoas na mesma situação.

Se as nossas respostas emocionais, ou nossas respostas emocionais próprias e apropriadas, fossem proporcionais ao valor, seria quase impossível explicar como poderíamos, ou devêssemos poder, ler calmamente e sem que nada nos perturbe sobre as atrocidades passadas, como as cometidas por Ghengis Khan. A não ser por alguma razão especial, nós nos envolvemos com a sua história, sem sentirmos medo pelas suas vítimas. Duvidamos de que seja possível sentir sequer piedade por elas. E não é que pensemos que elas não mereçam a nossa piedade. Mas sim que sentimos pouco mais do que um pequeno arrepio de tristeza por causa delas, tão pequeno que seria muito dizer que sentimos mesmo uma pequena quantidade de piedade por elas. Elas estão simplesmente demasiado distante de nós, para que nos afetem mesmo dessa forma.

Mas as coisas são diferentes quando uma pessoa se identifica com essas vítimas como, digamos, os judeus de hoje fazem com as vítimas do Holocausto, ou os armênios de hoje fazem com os que foram mortos na sua diáspora e nos massacres que se seguiram à Primeira Guerra Mundial, e como os afro-americanos de hoje fazem com os que morreram quando eram transportados para serem escravos, ou durante a escravidão. A nossa visão então não é a de que somente aqueles que já se identificaram com essas e outras vítimas podem sentir por elas. Em vez disso, sugerimos que parte do que significa se identificar com esses casos é sentir com essas vítimas, e por elas.

Para tirar várias conclusões sobre distância e proximidade. Primeiro, esses últimos casos não são inteiramente úteis para nos ajudarem com o entendimento literal da questão colocada antes: *podemos sentir algo parecido*

44. Agradecemos a Frances Kamm por este exemplo. Um *locus* clássico do problema geral de o quanto de remorso se sente está em Bernard Williams, "Moral Luck", em seu *Philosophical Papers* (Cambridge: Cambridge University Press, 1982). Sobre luto e seus excessos, ver Sigmund Freud, "Luto e melancolia".

*com a orgē por estranhos, ou podem eles somente nos evocar uma raiva menos pessoal?*". O motivo que nos leva a crer nisso é que essas vítimas podem não ser, no sentido exato, estranhas àqueles que agora se identificam com elas. Mas esses casos podem ser muito úteis para nos ajudar a chegar a um entendimento diferente, e mais profundo, da questão: *O que é ser um estranho, e quem é estranho a quem?*

Segundo, vemos que a distância pode ser tanto uma explicação como uma justificativa para não se ficar emocionalmente engajado com certos valores, ou para não ficar engajado com eles na proporção do valor geral que envolvem. (Para que isso seja mais do que um ponto de definição, distância e proximidade não podem ser consideradas simplesmente como quantidade de engajamento.)

Terceiro, várias emoções que são absolutamente fundamentais e centrais para nossa vida e para nossos valores são sensíveis ao *self* e ao outro, à distância e à proximidade, e não representam apenas valor e quantidade de valores. Isso se transforma em um longo caminho para se demonstrar que alguns de nossos valores fundamentais e estruturas valorativas devem ser entendidos em modos do *self* e do outro, de distância e de proximidade, e não somente como valor e quantidade de valor.

## 7. Tamanho

Esta seção continua nossa crítica do universalismo e da proporcionalidade em relação às emoções. Vamos começar com a proposição de Aristóteles de que "Em relação a certas ações.... é (concedido) o perdão, quando uma pessoa faz o que não deveria fazer sob uma pressão que força a natureza humana e que ninguém consegue entender". (*Ética a Nicômaco*, III.1, 1110a23 ss.) O que pode dizer respeito somente a avaliações e emoções de segunda ou terceira pessoa: as que se referem a outras pessoas e seus atos. Se for assim, uma estreita analogia também vale para as avaliações de atos e de agentes da primeira pessoa, e as emoções que as envolvem. Nos casos de primeiras, segundas e terceiras pessoas, mesmo que um ato que mereça perdão envolva muito mais desvalor do que um ato que mereça culpabilização, o primeiro tipo de ato pode também merecer uma emoção muito mais *branda* do que o ato que envolve um desvalor menor. Isso vale também em relação ao agente: aquele que está sob uma pressão demasiada pode não merecer ser culpabilizado, mas merecer somente piedade ou perdão, ao passo que o outro pode não merecer nem piedade nem perdão, mas somente culpabilização, mesmo que ele possa ter feito algo que envolva um desvalor muito maior.

O mesmo vale para os eventos que *meramente* acontecem às pessoas. Algumas perdas – como a morte de uma criancinha por assassinato, acidente ou doença – podem colocar um tal excesso de pressão sobre uma pessoa que nenhuma correlação precisa pode ser estabelecida entre o valor do que aconteceu e a força da emoção *apropriada*. Pelo menos uma semelhante correlação não pode ser estabelecida tão nitidamente entre o valor do que aconteceu e uma avaliação da pessoa, por ter ou não ter emoções de força *certa*.

Vamos considerar, por exemplo, uma pessoa cujo filho acaba de ser assassinado. Podemos facilmente imaginar essa pessoa em um estado dissociado, silencioso, de choque, ou então louca de dor, ou cheia de um sentimento de raiva vingativa, ou estupidificada ao pensar no que a sociedade humana se tornou, ou entristecida até o âmago. Não podemos achar que qualquer uma dessas emoções seja sequer questionável, quanto mais desfavorável, ou indicadora de um caráter fraco. Na verdade, não temos muita certeza – se é que temos alguma – do que seria a quantidade certa de emoção. Certa, quer em relação ao que foi sofrido, quer em relação às emoções que uma pessoa de bem poderia sentir. Contrastando com isso, no entanto, é fácil imaginar como pensaríamos mal, ou pelo menos como questionaríamos um pai que não sentisse uma preocupação maior, pelo fato de um filho estar em perigo de perder um braço infeccionado, do que a preocupação causada se a criança houvesse sofrido uma queimadura leve. Isso vale tanto para o pai que *rebaixa* o primeiro fato ao nível do segundo, como para aquele que amplia o segundo, elevando-o ao nível do primeiro.

Devemos acrescentar que as nossas proposições relativas às emoções despertadas por acontecimentos terríveis são coerentes com a afirmação de que algumas emoções e reações emocionais a esses terríveis eventos são, na melhor das hipóteses, questionáveis, quando não deploráveis. Poderíamos considerar aqui os genitores que não tendo uma manifestação de choque, mas muito sinceramente e como expressão precisa e direta dos seus sentimentos sobre a morte do seu bebê, dizem: *Bem, algumas vezes a gente ganha, em outras perde.*

Devemos acrescentar também que esses comentários se referem a pessoas como nós. Isto é, pessoas que têm assistência médica adequada, que vivem em um ambiente apropriadamente seguro, etc. Mas na falta desses itens, muitas outras pessoas contam somente com uma pequena porcentagem de seus filhos vivendo até a idade de cinco anos. Para essas pessoas, uma falta de investimento emocional em bebês e crianças pequenas pode ser justamente o que lhes é necessário, e o que mesmo as melhores pessoas, se estivessem naquela situação, sentiriam.[45]

45. Sobre isto ver, por exemplo, Nancy Scheper-Hughes, *Death without Weeping: The Violence of Everyday Life in Brazil* (Berkeley: University of California Press, 1992).

Um elemento comum aos transtornos que acabamos de examinar deve ser levado em consideração. Especialmente nos casos em que as pessoas estavam sob pressão extraordinária, os critérios e a medida de avaliação dos atos e dos agentes não são, pelo menos na maior parte, o valor ou desvalor do que foi feito ou do que acontece. Da mesma forma, os critérios e medidas da adequação das emoções sobre esses atos e as pessoas que os realizam não são também o valor ou desvalor de tais atos. Ao menos numa proporção muito grande isso se relaciona com a pessoa e o modo como ela se viu colhida nesse tipo de situação, como a suporta, etc.

Se as serpentes me aterrorizam, eu posso me sentir sob uma pressão extraordinária, impelido a me distrair e a ficar doido pelo pensamento de ter de continuar por um caminho no qual vejo uma serpente que sei ser relativamente inofensiva. Mas o fato de agir assim dá uma má idéia de mim. Mostra a minha fraqueza, que sou covarde, fóbico, ou que tenho qualquer outro defeito de caráter. Além disso, uma baixa avaliação de mim dá origem, de maneiras complexas, a avaliações do meu terror e de outras emoções paralelas. A situação é bem diferente para os que sentem uma pressão extraordinária causada por coisas que realmente têm esse poder. Como, em certos aspectos, o fato de Agamenon ter sido obrigado a escolher entre a vida de Ifigênia e o avanço de sua esquadra na direção de Tróia. Pessoas como ele devem merecer piedade e perdão, e não culpabilização. Correlativamente, o seu terror ou loucura pode merecer aceitação, ou pelo menos não se tornarem alvo de crítica ou rejeição. Podem até mesmo ser vistos com uma compassiva falta de atenção e de exame acurado.[46]

## 8. Conclusão

O material apresentado neste capítulo é demasiado extenso para que possa ser adequadamente reduzido a um sumário. Mas pode ser útil um sumário mais metodológico. Focalizando a *orgē*, este capítulo apresentou um estudo de muitas das proposições feitas antes, neste trabalho. Entre elas estavam as relativas às relações muito complexas e igualmente importantes entre os valores e a afetividade. E também foram incluídas propostas de que o entendimento das emoções – mesmo de uma única emoção, de uma única espécie de pessoa – requer os recursos e técnicas da filosofia, da psicanálise, da sociologia, da antropologia, da história, para nomear somente algumas das disciplinas requeridas.

46. Ao desenvolver essas considerações sobre o que nos sobrecarrega, acreditamos nos unir a, e sabemos que fomos ajudados por Williams, *Shame and Necessity*, págs. 134-135.

# 11

# *Algumas conclusões*

A questão do *tamanho*, discutida no capítulo anterior, levanta muitas outras questões gerais que devem ser discutidas para que a tarefa proposta por este livro seja completada. Fazemos isso questionando como as emoções, especialmente as emoções adequadas, se relacionam com o que somos e com as nossas possibilidades humanas. Essa é uma das áreas mais importantes e mais difíceis de se examinar, para apreciar – e entender, e avaliar – as conexões entre as emoções, os valores e a avaliação.

Mas se, como acreditamos, essa é uma área de importância fundamental para a ética, não temos outra opção real senão a de enfatizar e investigar a importância das emoções para os valores e a avaliação, e correlativamente nenhuma verdadeira opção exceto a de despertar a esperança, ou mesmo um interesse em muitas outras formas de éticas. Quero dizer, as que procuram, além dos humanos, algum aspecto ou possibilidade de razão, pelo universo, ou seja lá pelo que for. Esta escolha – entre a importância das emoções e uma ética *pura*, ou pelo menos uma ética não baseada nas pessoas – pode ser fundamental para a persistente preocupação sobre a importância das emoções para a ética. Para muitos teóricos as emoções são apenas demasiadamente centralizadas no humano.

É claro que existem muitas outras questões, mesmo para os teóricos que querem lidar com o que é centralizado no humano. Uma das maiores, que apareceu repetidas vezes neste trabalho – algumas vezes explícita outras implicitamente –, refere-se à força probatória, se é que existe alguma, que deve ser ligada às emoções e aos valores que elas ajudam a constituir e revelam, desta ou de outra forma. E como isso deve ser demonstrado, ou provado, mesmo para os que simpatizam com tais respostas?

Acho que é importante, e até mesmo necessário, usar de várias formas o que está por trás da proposição de Strawson, de que "a existência de uma estrutura geral de atitudes em si é algo que já nos foi dado com o fato da sociedade humana".[1] Mas, fazendo isso, devemos também examinar a

1. "Freedom and Resentment", republicado em Gary Watson (org.), *Free Will* (Oxford: Oxford University Press, 1982), pág. 78.

existência da sociedade humana. O que, na minha opinião, requer levantar e tentar esclarecer uma questão geral que me foi colocada por Samuel Lewey, em uma discussão:

> Pode muito bem ser possível que todas as formas de sociedade que possamos imaginar envolvam atitudes reativas, e que os humanos possam ser imaginados somente como seres que vivem em tais formas de sociedade e mostram essas atitudes reativas. Por todos esses motivos, essas formas podem também personificar pontos de vista incompatíveis, isto é, que a responsabilidade moral requer atitudes reativas, mas que o mundo admite somente atitudes objetivas. Assim, nós poderíamos ter de entender Strawson como mostrando que todas as formas de sociedade que possamos imaginar, por requererem atitudes reativas, também necessitam auto-engano, ou outro modo qualquer de não pensar sobre a forma que o mundo assume.

Muitos descartarão a preocupação com esse assunto, achando que é metafísico demais. Muitas dessas pessoas, e também algumas outras, poderão igualmente pensar que esse tema se prejudica a si mesmo assumindo seriamente a eliminação daquilo que o torna de alguma forma possível, como a nossa investigação dele, talvez até mesmo falando de um ponto de vista que requeira essa eliminação. É esse, precisamente, o fato relativo à sociedade humana. Mas numerosas dessas mesmas preocupações com as emoções surgem de um ponto de vista muito menos arrebatador. E mesmo dessa visão, é possível objetar que mais deve ser feito para mostrar o valor dos atos, relações e instituições do que simplesmente dizer que são constituídos por emoções. E nem, para fazer uma proposição correlativa, é suficiente mostrar que as emoções são necessárias para o conhecimento do que nós valorizamos. Em todos os casos, precisamos avaliar tanto as emoções como os atos, relações e instituições.

Podemos ver isso em um nível muito baixo, que esteja seguramente afastado de qualquer suspeita de metafísica, ou de negar ou eliminar o fato da sociedade humana. Muitos de nós pensam que a *orgē*, na forma como descrita por Aristóteles, é em si mesma deplorável, ou que a sociedade grega clássica era em parte deplorável graças aos muitos papéis assumidos pela *orgē* naquele tipo de sociedade. Aqueles que pensam assim muito dificilmente concordariam que os valores que essa raiva revela e ajuda a constituir devam ser vistos como positivos. De uma maneira bem generalizada, sempre que uma sociedade seja deplorável não podemos falar muito, ou qualquer coisa, em favor de valores particulares, dizendo que eles são revelados e constituídos pelas emoções que também ajudam a constituir aquela sociedade.

Essa óbvia questão discute o modo como devemos atingir uma emoção, ou emoções, e de qual ponto de vista supomos fazê-lo. (Essa questão, nitidamente, pode ser limitada a uma emoção em particular, porventura de uma pessoa, em um determinado momento, ou pode ser estendida ao fato da sociedade humana, que é emocional.) Pode-se pensar que se uma emoção está sendo questionada, devemos encontrar um ponto de vista que não envolva emoções: pois julgar uma emoção por meio das emoções seria deixar que o réu também fosse o juiz. Mas, se esta não é apenas uma peça de fundamentalismo, que como tal nunca poderá ser satisfeita, parece apenas outro exemplo de tratamento tendencioso das emoções e, implicitamente, outro exemplo de comparações tendenciosas entre emoção e razão. É afinal necessário, muitas vezes, examinar alguns exemplos de raciocínio, ou de princípios que envolvam razão, talvez por terem falhado conosco. Duvido que fosse sustentado – estando os exemplos ou os princípios do raciocínio sob investigação – que devamos permanecer alienados da razão.

Em todo caso, muitas das mais importantes maneiras de se atingir as emoções usam as emoções. Dizendo isso, reconheço como elas podem ser criticadas pelo sucesso ou pelo fracasso em servir a certos valores, e por perpetuarem determinados valores e desvalores. A raiva descrita por Aristóteles pode bem dar expressão e também perpetuar hierarquias impróprias. No entanto, essas críticas envolvem de uma maneira genérica e importante as emoções, ou o que pode ser entendido somente como emoções.

Baseio-me em duas espécies inter-relacionadas de razões para pensar assim. A primeira fundamenta-se em uma versão ampliada dos argumentos de Strawson e Taylor.[2] Isto é, que muitas de nossas mais importantes avaliações de emoções, e de estruturas sociais e outras, são constituídas, e talvez somente possam ser constituídas, na forma de outras emoções, ou de estruturas constituídas por emoções. A ampliação desse argumento envolveria mostrar que essas estruturas são boas, ou que um número suficiente delas é suficientemente bom.

A segunda – que também desempenha uma função importante nessa ampliação – é a de que muitas críticas das emoções e, de maneira mais genérica, da afetividade, juntamente com a crítica das estruturas que dependem delas, são estabelecidas contra algum conceito da vida humana, tanto na vida intrapessoal como na interpessoal e na social. E a vida humana é completamente afetiva e de uma maneira ampla e importante constituída ou aperfeiçoada pela afetividade. E mais: a vida humana, em suas várias formas, é julgada no modo de afetividade, na medida em que e na maneira como ela tem sucesso ou fracasso no desenvolvimento, na expressão e na satisfação das necessidades afetivas. E tal sucesso ou fracasso é em si mesmo entendido e avaliado como afetividade.

2. "Self-Interpreting Animals", em *Human Agency and Language, Philosophical Papers*, volume 1 (Cambridge: Cambridge University Press, 1985).

A minha resposta à preocupação sobre a necessidade de avaliar emoções e outros estados afetivos é que podemos avaliá-as e realmente o fazemos. Nós podemos e realmente fazemos isso considerando as vidas que as emoções e os estados afetivos estimulam ou bloqueiam. Essas vidas, numa proporção maior ou menor, são constituídas ou aperfeiçoadas, e também avaliadas como estados afetivos. Um modo fundamental de se avaliar essas vidas e os seus elementos consiste na avaliação dos estados afetivos que elas ajudam a desenvolver ou bloqueiam, geram ou excluem. O único meio de fazer isso, portanto, é expresso como necessidades emocionais satisfeitas ou sufocadas.

Concluindo, tanto as emoções como outros estados afetivos são essenciais para os valores, e são, eles mesmos, valorizados e valiosos. São formas de valores humanos vividos e engajados. E assim incluem, em uma seleção casual, o pessoal, o impessoal, proximidade, amigo, vizinho, família, estranho, honrarias e ofensas. Elementos fundamentais não somente para a vida pessoal, mas para a vida interpessoal, social e política. São também fundamentais para tudo o que torna essas espécies e aspectos de vidas bons, maus ou indiferentes. Eles ajudam a mostrar e constituir uma parte considerável de mundos sociais e psíquicos muito amplos e de avaliação bastante complexa. Ao mesmo tempo, eles devem ser entendidos dentro desses mundos. Além disso, o conhecimento emocional – que inclui tanto o conhecimento e o entendimento das emoções, como o conhecimento mostrado nas emoções – é importante, muitas vezes vital, para o conhecimento e o entendimento dos valores. Na realidade, grande parte do conhecimento avaliador é apenas esse conhecimento emocional.

Afirmando que as emoções ajudam a constituir nossos mundos, não estou de maneira alguma dizendo que elas resolvam todas as questões morais sobre esses mundos, e nem mesmo todas as questões morais sobre as emoções em geral, ou mesmo todas as questões morais sobre as emoções questionadas. Certas espécies de raiva – provavelmente até mesmo a *orgē* – podem ser expressões, na melhor das hipóteses, de caracteres e de relações sociais interpessoais duvidosos, se não imorais. E certas emoções, como as que alimentam o racismo, são sempre duvidosas, quando não imorais.

Acho que não deveria haver controvérsia sobre esse assunto, ou sobre uma proposição que naturalmente ocorre juntamente com isso: que os valores humanos e a sabedoria moral requerem mais do que emoções, capacidade emocional e conhecimento emocional. Tanto Aristóteles como os psicanalistas de modo geral, juntamente comigo e com Hegeman, e sem dúvida a maioria dos filósofos, insistem nisso. No entanto – e nisto não são tantos assim os filósofos que nos apóiam, embora *O Valor das Emoções* possivelmente possa acrescentar vários à lista – também insistimos que as emoções são de grande importância moral, e que os valores humanos e a sabedoria moral requerem emoções, capacidade emocional e conhecimento emocional.

# Referências Bibliográficas


Adams, Marilyn McCord. "Theodicy without Blame", *Philosophical Topics,* 16. 1988, 215-245.

Adams, Robert. "Involuntary Sins", *Philosophical Review,* 94. 1985, 3-31.

Adkins, Arthur W. H. *Merit and Responsibility.* Oxford: Oxford University Press,1960.

__________. "Friendship and 'Self Sufficiency' in Homer and Aristotle", *Classical Quarterly,* n.s. 13. 1963, 30-45.

Adler, Jonathan. "Testimony, Trust, Knowing", *Journal of Philosophy,* 91, 1994, 264- 275.

Alexander, Franz. "Fundamental Concepts of Psychosomatic Research: Psychogenesis, Conversion, Specificity", *Psychosomatic Medicine,* 5, 1943, 205-210.

Alexander, S. "Foundations and Sketch Plan of a Conational Psychology", *British Journal of Psychology,* 1911.

Alston, William. "Moral Attitudes and Moral Judgments", Nous, 2, 1968, 1-23. "Feelings", *Philosophical Review,* 78, 1969, 3-34.

Angell, Roger. "The Sporting Scene – Distance", *New Yorker,* 56, 22 de setembro de 1980, 83-127.

Annas, Julia. "Aristotle on Pleasure and Goodness", em Amélie O. Rorty (Org.). *Essays on Aristotle's Ethics.* Berkeley: University of California Press, 1980.

Anscombe, Elizabeth. "Modern Moral Philosophy", *Philosophy,* 33, 1958, 1-19.

Aristotle. *Nicomachean Ethics,* traduzido por W. D. Ross. London: Oxford University Press, 1925.

__________. *Nicomachean Ethic,* traduzido por Harris Rackham, Loeb Library. Cambridge, Mass.: Harvard University Press, 1947.

__________. *Nicomachean Ethic,* traduzido por W. D. Ross e J. O. Urmson, em Jonathan Barnes (Org.). *The Complete Works of Aristotle.* Princeton: Princeton University Press, 1984.

__________. *Rhetoric,* traduzido por John Henry Freese, Loeb Library. London: Heinemann, 1926.

__________. *Rhetoric,* traduzido por W. Rhys Roberts, em Jonathan Barnes (Org.). *The Complete Works of Aristotle.* Princeton: Princeton University Press, 1984.

Armstrong, David. *A Materialist Theory of the Mind.* New York: Routledge e Kegan Paul, 1968.

Arnold, Magda. *Emotion and Personality.* New York: Columbia University Press, 1960.

Aune, Bruce. *Reason and Action*. Dordrecht: Reidel, 1977.

Autenrieth, Georg. *A Homeric Dictionary. Norman:* University of Oklahoma Press, 1958.

Ayer, Alfred J. *Language, Truth, and Logic*. New York: Dover, 1952.

Bach, Sheldon. Narcissistic States and the Therapeutic Process. New York: Jason Aronson, 1985.

Baier, Annette. "Hume's Analysis of Pride", *Journal of Philosophy*, 75, 1978, 27-40. "Secular Faith", em *Postures of the Mind*. Minneapolis: University of Minnesota Press, 1985.

Balint, Michael. *The Basic Fault, Therapeutic Aspects of Regression*. New York: Brunner Mazel, 1979.

__________. *Thrills and Regressions*. Madison, Conn.: International Universities Press, 1987.

Bartky, Sandra Lee. *Femininity and Domination*. New York: Routledge, 1990.

Bateson, Gregory, Don Jackson, Jay Haley, e John Weakland. "Toward a Theory of Schizophrenia", *Behavioral Science*, 1, 1956, 251-264, reimpresso em M. Berger (Org.). *Beyond the Double Bind*. New York: Brunner Mazel, 1978.

Bedford, Errol. "Emotions", *Aristotelian Society Proceedings*, 57, 1956-1957, 281-304.

Benson, John. "Varieties of Desire", *Aristotelian Society Proceedings*, volume suplementar 50, 1976, 177-192.

Berman, Paul. "The Other and the Almost the Same", *New Yorker*, 70, nº 2, 28 de fevereiro de 1994, 61-71.

Bibring, E. "The Mechanism of Depression", em P. Greenacre (Org.). Affective Disorders. New York: International Universities Press, 1953.

Block, Ned. "Troubles with Functionalism", em Wade Savage (Org.). *Minnesota Studies em Philosophy of Science*, volume 9. Minneapolis: University of Minnesota, 1979.

Blum, Lawrence. *Friendship, Altruism, and Morality*. London: Routledge e Kegan Paul, 1980.

__________. "Compassion", em Amélie O. Rorty (Org.). *Explaining Emotions*. Berkeley: University of California Press, 1980.

__________. "Iris Murdoch and the Domain of the Moral", *Philosophical Studies*, 50, 1986, 343-368.

__________. "Particularity and Responsiveness", em Jerome Kagan e Sharon Lamb (Orgs.). *The Emergence of Morality em Young Children*. Chicago: University of Chicago Press, 1987.

__________. "Emotion and Moral Reality" manuscrito não publicado.

Brenman, M. "On Teasing and Being Teased: And the Problem of 'Moral Masochism'", *Psychoanalytic Study of the Child*, 7, 1952, 264-285.

Brennan, William. "Reason, Passion, and 'The Progress of the Law'", *Cardozo Law Review*, 10, 1988, 3-23.

Brentano, Franz. *The Origin of Our Knowledge of Right and Wrong*. New York: Humanities Press, 1969.

Brentano, Franz. *The Psychology of Aristotle*. Berkeley: University of California Press, 1977.

Breuer, Josef e Sigmund Freud. *Studies on Hysteria*. New York: Basic Books, 1957.

Brierley M. "Affects in Theory and Practice", *International Journal of Psychoanalysis*, 18, 1937, 256-268.

Broadie, Sarah. *Ethics with Aristotle*. New York: Oxford University Press, 1991.

Bromberg, Philip. "'Speak! That I May See You': Some Reflections on Dissociation, Reality, and Psychoanalytic Listening", *Psychoanalytic Dialogues*, 4, 1994, 517-547.

Buechler, Sandra. "Emotions", em Donnel Stern, John Fiscalini, Carola Mann e Mary Lou Lionells (Orgs.). *The Handbook of Interpersonal Psychoanalysis*. Hillsdale, N. J.: Analytic Press, 1995.

Bürger Prinz, H. e M. Kaila. "On the Structure of the Amnesic Syndrome" em David Rapaport (Org.). *Organization and Pathology of Thought*. New York: Columbia University Press, 1951.

Burnyeat, Myles. "Aristotle on Learning to be Good" em Amélie O. Rorty (Org.). *Essays on Aristotle's Ethics*. Berkeley: University of California Press, 1980.

Cairns, Douglas L. *Aidõs: The Psychology and Ethics of Honour and Shame in Ancient Greek Literature*. Oxford: Oxford University Press, 1993.

Card, Claudia. "Responsibility for Moral Luck" a sair em *Character and Moral Luck*. Philadelphia: Temple University Press.

Charles, David. "Aristotle and Modern Realism", em Robert Heinaman (Org.). *Aristotle and Moral Realism*. London: University College of London Press, 1995.

Charlton, William. "Force, Form, and Content in Linguistic Expression". *Aristotelian Society Proceedings*, 84, 1983-1984, 123-143.

__________. *Weakness of Will*. Oxford: Blackwell, 1988.

Chasseguet-Smirgel, Janine. *The Ego Ideal: A Psychoanalytic Essay on the Malady of the Ideal*. New York: Norton, 1984.

Chazan, Pauline. "Moral Theory, Moral Understanding and the Moral Self", dissertação de doutorado. Victoria, Australia: University of Melbourne, 1992.

__________. "Pride, Virtue, and Selfhood: A Reconstruction of Hume", *Canadian Journal of Philosophy*, 22, 1992, 45-65.

__________. "Self Esteem, Self Respect, and Love of Self: Ways of Valuing the Self", a sair em *Philosophia*.

Chodorow, Nancy. *The Reproduction of Mothering*. Berkeley: University of California Press, 1978.

__________. *Femininities, Masculinities, Sexualities*. Lexington: University of Kentucky Press, 1994.

Cicero. *Tusculan Disputations*.

Daly, Robert W. "Schizoid Rule Following", *Psychoanalytic Review*, 55, 1968, 400-414.

__________. "The Specters of Technicism", *Psychiatry*, 33, 1970, 417-432.

Damasio, Antonio R. *Descartes' Error: Emotion, Reason, and the Human Brain*. New York: G. P Putnam's Sons, 1994.

D'Arms, Justin e Daniel Jacobson. "Expressivism, Morality, and the Emotions", *Ethics*, 104, 1994, 739-763.

Davidson, Donald. "Belief and the Basis of Meaning", *Synthèse,* 27, 1974, 309-323.

__________. "Hume's Cognitive Theory of Pride", *Journal of Philosophy,* 73, 1976, 733-757, reimpresso em *Essays on Action and Events.* Oxford: Oxford University Press, 1980.

Deigh, John. "Cognitivism in the Theory of Emotions", *Ethics,* 104, 1994, 824-854.

__________. "Empathy and Universalizability" *Ethics,* 105, 1995, 743-763.

__________. Review of Douglas Walton, *The Place of Emotion in Argument, Informal Logic,* a sair.

Dent, Nicholas J. H. "Varieties of Desire", *Aristotelian Society Proceedings,* volume suplementar, nº 50, 1976, 152-176.

Descartes, Rene. *The Passions of the Soul,* em *The Philosophical Works* of *Descartes* traduzido por Elizabeth S. Haldane e G. R. T. Ross. New York: Dover, 1931.

DeSousa, Ronald. "The Rationality of Emotions", *Dialogue,* 18, 1979, 41-63, reimpresso em Amélie O. Rorty (Org.). *Explaining Emotions.* Berkeley: University of California Press, 1980.

__________. *The Rationality of Emotion.* Cambridge, Mass.: MIT Press, 1987.

Deutsch, Helene. "Some Forms of Emotional Disturbance and Their Relationship to Schizophrenia", *Yearbook* of *Psychoanalysis,* 1, 1942, 121-136. New York: International Universities Press, 1945.

Devereux, George. *Basic Problems* of *Ethnopsychiatry.* Chicago: University of Chicago Press, 1980.

Dewey, John. "The Theory of Emotion", em *The Early Works,* volume 4, 1882-1898 Carbondale: Southern Illinois University Press, 1971, originalmente em *Psychological Review,* 1, 1894 e 11, 1895.

Dinerstein, Dorothy. *The Mermaid and the Minotaur: Sexual Arrangements and Human Malaise.* New York: Harper and Row, 1976.

Driver, Julia. "The Virtues of Ignorance", *Journal of Philosophy,* 86, 1989, 373-384.

Dummett, Michael. *Frege: Philosophy of Mathematics,* 2ª impressão. London: Duckworth, 1995.

Duncker, Karl. "On Pleasure, Emotion, and Striving", *Philosophy and Phenomenological Research,* 1, 1941, 391-430.

Epictetus. *Discourses.*

Erikson, Erik. *Insight and Responsibility.* New York: Norton, 1964.

Espinosa, Baruch. *Ethics,* em *The Chief Works of Spinoza,* traduzido por R. H. M. Elwes. New York: Dover, 1955.

Falk, W. David. "Fact, Value and Non-natural Predication", em *Ought, Reasons, and Morality.* Ithaca, N.Y: Cornell University Press, 1986.

Fanon, Frantz. *The Wretched of the Earth.* New York: Grove Press, 1965. *Black Skins, White Masks.* New York: Grove Press, 1968.

Federn, P. "On the Distinction between Healthy and Pathological Narcissism", 1929, em *Ego Psychology and the Psychoses* . New York: Basic Books, 1952.

Fenichel, Otto. *The Psychoanalytic Theory of Neurosis.* New York: Norton, 1954.

Ferenczi, Sandor. "Notes and Fragments II", 1930, traduzido e reimpresso em Michael Balint (Org.) *Final Contributions to the Problems and Methods of Psychoanalysis.* New York: Brunner Mazel, 1980.

Finnis, John. "Intention and Side Effects", em R. G. Frey e Christopher W. Morris (Org.). *Liability and Responsibility.* Cambridge: Cambridge University Press, 1991.

__________. "Bland: Crossing the Rubicon?" *Law Quarterly Review,* 109, 1993, 329-337.

Foot, Philippa. "Moral Arguments", *Mind,* 67, 1958, 502-513, reimpresso em *Virtues and Vices.* Oxford: Blackwell, 1978.

__________. "Moral Beliefs", *Aristotelian Society Proceedings,* 59, 1958-1959, 83-104, reimpresso em *Virtues and Vices.* Oxford: Blackwell, 1978.

__________. *Virtues and Vices.* Oxford: Blackwell, 1978.

Fossum, Merle A. e Marilyn J. Mason. *Shame: Families in Recovery.* New York: Norton, 1986.

Foucault, Michel. *The Use* of *Pleasure.* New York: Vintage Press, 1985.

Frankfurt, Harry. "The Faintest Passion", Comunicação Presidencial da Divisão Leste da Associação Filosófica Americana, 1991, *Proceedings and Addresses of the American Philosophical Association,* 66, 1992, 5-16.

Freud, Anna. *The Ego and the Mechanisms of Defense.* London: Hogarth Press, 1937.

Freud, Sigmund. *The Standard Edition of the Complete Psychological Works of Sigmund Freud,* editado por James Strachey. London: Hogarth Press, 1986.

Freud, Sigmund e Josef Breuer. *Studies on Hysteria.* New York: Basic Books, 1957.

Fridja, N. H. *The Emotions.* Cambridge: Cambridge University Press, 1986.

Garmer, Richard, Dodi Goldman, et al. Carta em *New York Review* of *Books,* 42, nº 1, 1995, 42-43.

Garver, Eugene. *Aristotle's Rhetoric: An Art of Character.* Chicago: University of Chicago Press, 1994.

__________. "Aristotle's Moral Virtues Are Political Virtues", manuscrito não publicado.

__________. "Aristotle's Nemesis: Practical Rationality and the Emotions", manuscrito não publicado.

Gaus, Gerald F. *Value and Justification.* Cambridge: Cambridge University Press, 1990.

Gaylin, Willard. *The Killing of Bonnie Garland.* New York: Penguin Books, 1983.

Gean, William. "Emotion, Emotional Feeling and Passive Bodily Change", *Journal for the Theory of Social Behavior,* 9, 1979, 39-51.

Gibbard, Allan. *Wise Choices, Apt Feelings.* Cambridge, Mass.: Harvard University Press, 1990.

Gilligan, Carol. Em *Different Voice.* Cambridge, Mass.: Harvard University Press,1982.

Goffman, Erving. *Stigma: Notes on the Management of Spoiled Identity.* Englewood Cliffs, NJ.: Prentice Hall, 1963.

Goleman, Daniel. *Emotional Intelligence.* New York: Bantam Books, 1995.

Gorkin, Michael. *The Uses of Countertransference.* Northvale, N J.: Jason Aronson, 1987.

Gosling, Justin. *Pleasure and Desire.* Oxford: Oxford University Press, 1969.

Gosling, Justin. "More Aristotelian Pleasures", *Aristotelian Society Proceedings,* 74, 1973, 15-34.

Gosling, Justin e Christopher C. W. Taylor. *The Greeks on Pleasure.* Oxford: Oxford University Press, 1982.

Grahek, Nikola. "Objective and Subjective Aspects of Pain", *Philosophical Psychology*, 4, 1991, 249-266.

Greenberg, Jay e Stephen Mitchell (Orgs.). *Object Relations in Psychoanalytic Theory.* Cambridge, Mass.: Harvard University Press, 1983.

Greenspan, Patricia. "A Case of Mixed Feelings: Ambivalence and the Logic of Emotion", em Amélie O. Rorty (Org.). *Explaining Emotions.* Berkeley: University of California Press, 1980.

__________. "Emotions without Essences", apresentado em março de 1985 no Colóquio de Filosofia de Cincinnati, e cap. 2 de *Emotions and Reasons.* New York: Routledge, 1988.

__________. *Emotions and Reasons.* New York: Routledge, 1988.

__________. *Practical Guilt.* New York: Oxford University Press, 1995.

Guntrip, Harry. *Schizoid Phenomena, Object Relations, and the Self.* New York: International Universities Press, 1969.

Haggerty, Daniel. "Shame", manuscrito não publicado.

Hampshire, Stuart. "A Way of Seeing", resenha de David Sylvester, *Looking at Giacometti, New York Review of Books,* 42, nº 12, 13 de julho de 1995, 46-49.

Hare, Richard M. "What Makes Choices Rational?" *Review of Metaphysics,* 32, 1979, 623-637.

Hardin, Russell. *Morality within the Limits of Reason.* Chicago: University of Chicago Press, 1988.

Haugeland, John. "Understanding Natural Language", *Journal of Philosophy,* 76, 1979, 619-632.

Hegeman, Elizabeth. "The Development of a Worker Elite in a Cali Barrio", em Elizabeth Hegeman e Leonard Kooperman (Org.). *Anthropology and Community Action.* New York: Doubleday Anchor Press, 1974.

__________. "World View As Cultural Parataxis", *Contemporary Psychoanalysis,* 30, 1994, 424-441.

Hurka, Thomas. *Perfectionism.* New York: Oxford University Press, 1993.

Husserl, Edmund. *Ideas.* New York: Humanities Press, 1967.

Jacobson, Edith. "The Psychoanalytic Theory of Affects", 1951, manuscrito não publicado.

__________. "The Afects and Their Pleasure-Unpleasure Qualities in Relation to the Psychic Discharge Processes", em R. M. Lowenstein (Org.). *Drives, Affects, Behavior.* New York: International Universities Press, 1953.

__________. *Depression.* New York: International Universities Press, 1971.

James, William. "What Is an Emotion?" *Mind,* 9, 1884, 188-205, reimpresso em K. Dunlap (Org.). *The Emotions.* New York: Hafner, 1967.

__________. *The Principles of Psychology.* New York: Holt, 1896.

Kernberg, Otto. "Factors in the Treatment of Narcissistic Personalities", *Journal of the American Psychoanalytic Association,* 18, 1970, 51-85, reimpresso em Andrew P. Morrison (Org.). *Essential Papers on Narcissism*. New York: New York University Press, 1986.

__________. *Borderline Conditions and Pathological Narcissism*. New York: Jason Aronson, 1975.

Klein, Melanie. *Love, Guilt and Reparation, and Other Works,* 1921-1945. NewYork: Delta Books, 1977.

__________. *Envy and Gratitude and Other Works,* 1946-1963. New York: Delta Books, 1977.

Kleinman, Arthur. *Patients and Healers in the Context of Culture: An Exploration of the Borderland between Anthropology, Medicine, and Psychiatry*. Berkeley: University of California Press, 1980.

Kohut, Heinz. *The Analysis of Self*. New York: International Universities Press, 1971.

__________. *The Restoration of the Self*. New York: International Universities Press, 1977.

Krystal, Henry. "Aspects of Affect Theory", *Bulletin of the Menninger Clinic,* 41, 1977, 1-26, reimpresso em *Integration and Self-Healing: Affect, Trauma, and Alexithymia*. Hillsdale, NJ.: Analytic Press, 1988.

__________. "Trauma and Affect", *Psychoanalytic Study of the Child,* 36, 1978, 81-116, reimpresso em *Integration and Self Healing: Affect, Trauma, and Alexithymia*. Hillsdale, NJ.: Analytic Press, 1988.

__________. "The Hedonic Element in Affectivity", *Annual of Psychoanalysis,* 9, 1981, 93-113, reimpresso em *Integration and Sef-Healing: Affect, Trauma, and Alexithymia*. Hillsdale, N.J.: Analytic Press, 1988.

__________. *Integration and Self-Healing: Affect, Trauma, and Alexithymia*. Hillsdale, NJ.: Analytic Press, 1988.

Landauer, K. "Affects, Passions and Temperament", *International Journal of Psychoanalysis,* 19, 1938, 388-415.

Lawrie, Reynold. "Passion", *Philosophy and Phenomenological Research,* 41, 1980, 106-126.

Lazarus, R. S. *Emotion and Adaptation*. New York: Oxford University Press, 1991.

Lazarus, R. S., A. D. Kanner, e S. Folkman. "Emotions: A Cognitive-Phenomenological Perspective", em R. Plutchik e H. Kellerman (Orgs.). *Emotion: Theory, Research, and Experience*. New York: Academic Press, 1980.

Leighton, Stephen. "A New View of Emotion". *American Philosophical Quarterly,* 22, 1985, 133-141.

Leventhal, Howard e Deborah Everhart, "Emotion, Pain, and Physical Illness", em Carol Izard (Org.). *Emotions in Personality and Psychopathology*. New York: Academic Press, 1970.

Lewis, Helen Block. *Shame and Guilt in Neurosis*. New York: International Universities Press, 1971.

Lloyd Antony C. "Emotion and Decision in Stoic Philosophy", em John Rist (Org.). *The Stoics*. Berkeley: University of California Press, 1978.

Luper-Foy Steven. Review of Justin Oakley, *Morality and the Emotions, Philosophy and Phenomenological Research,* 54, 1994, 725-728.

Lycos, Kimon. "Aristotle and Plato em 'Appearing'", *Mind,* 73, 1964, 496-514.

Maccoby Michael. *The Gamesman.* New York: Bantam, 1978.

Marshall, Graeme. "On Being Affected", *Mind,* 77, 1968, 241-259.

Matthews, Gareth. "Ritual and Religious Feelings", em Amélie O. Rorty (Org.). *Explaining Emotions.* Berkeley: University of California Press, 1980; e, em uma versão anterior, "Bodily Motions and Religious Feelings", *Canadian Journal of Philosophy,* 1, 1971, 75-86.

McDougall, Joyce. *Theaters of the Mind: Illusion and Truth on the Psychoanalytic Stage.* New York: Brunner Mazel, 1991.

McDougall, W. *An Outline of Psychology.* London: Methuen, 1923.

McDowell, John. "Are Moral Requirements Hypothetical Imperatives?", *Aristotelian Society Proceedings,* 52, 1978, 13-29.

__________. "Virtue and Reason", *Monist,* 62, 1979, 331-350.

__________. "Values and Secondary Qualities", em Ted Honderich (Org.). *Morality and Objectivity.* London: Routledge e Kegan Paul, 1985, reimpresso em Geoffrey Sayre-McCord (Org.). *Essays on Moral Realism.* Ithaca, N.Y: Cornell University Press, 1988.

__________. *Mind and World.* Cambridge, Mass.: Harvard University Press, 1994.

__________. "Two Sorts of Naturalism", em Rosalind Hursthouse, Gavin Lawrence e Warren Quinn (Orgs.). *Virtues and Reasons.* Oxford: Oxford University Press, 1995.

MacIntyre, Alasdair. *After Virtue.* Notre Dame, Ind.: University of Notre Dame Press, 1981.

Melzack, Ronald e Patrick Wall. "Pain Mechanism: A New Theory", em K. H. Pribram (Org.). *Brain and Behavior 2: Perception and Action.* Baltimore: Penguin Books, 1969.

__________. *The Challenge of Pain.* New York: Basic Books, 1983.

Merleau-Ponty, Maurice. *Humanism and Terror.* Boston: Beacon Press, 1971.

Miller, Alice. *The Drama of the Gifted Child.* New York: Basic Books, 1981.

__________. *For Your Own Good.* New York: Farrar, Straus, Giroux, 1983.

__________. *Banished Knowledge.* New York: Doubleday, 1990.

Millgram, Elijah. "Pleasure in Practical Reasoning", *Monist,* 76, 1993, 394-415.

Milrod, David. "Self-Pity, Self-Comforting, and the Superego", *Psychoanalytic Study of the Child,* 27, 1972, 505-528.

Moore, George E. *Principia Ethica.* Cambridge: Cambridge University Press, 1960.

Moran, Richard. "Impersonality Character, and Moral Expressivism", *Journal of Philosophy,* 90, 1993, 578-595.

__________. "The Expression of Feeling in Imagination", *Philosophical Review,* 103, 1994, 75-106.

Morrison, Andrew P. (Org.). *Essential Papers on Narcissism.* New York: New York University Press, 1986.

Morrison, Andrew P. *Shame: The Underside of Narcissism.* Hillsdale, N J.: Analytic Press, 1989.

Moulton, Janice. "A Paradigm of Philosophy: The Adversary Method", em Sandra Harding e Merrill B. Hintikka (Orgs.). *Discovering Reality.* Dordrecht: Reidel, 1983.

Murdoch, Iris. *The Sovereignty of Good.* London: Routledge e Kegan Paul, 1970.

Neu, Jerome. " Jealous Thoughts", em Amélie O. Rorty (Org.). *Explaining Emotions.* Berkeley: University of California Press 1980.

Nussbaum, Martha. *Aristotle's De Motu Animalium.* Princeton: Princeton University Press, 1978.

__________. *Love's Knowledge.* Oxford: Oxford University Press, 1990.

__________. "Equity and Mercy", *Philosophy and Public Affairs,* 22, 1993, 83-125.

__________. *The Therapy of Desire.* Princeton: Princeton University Press, 1994.

Oakley, Justin. *Morality and the Emotions.* London: Routledge, 1992.

Olafson, Frederick. "Consciousness and Intentionality in Heidegger's Thought", *American Philosophical Quartely,* 12, 1975, 91-103.

O'Shaughnessy Brian. *The Will.* Cambridge: Cambridge University Press, 1980.

Owen, Gwilym E. L. "Aristotelian Pleasures", *Aristotelian Society Proceedings,* 72, 1972, 135-152.

Parfit, Derek. *Reasons and Persons.* Oxford: Oxford University Press, 1984.

Perkins, Moreland. "Emotion and Feeling", *Philosophical Review,* 75, 1966, 139-160.

Person, Ethel Spector e Howard Klar. "Establishing Trauma: The Difficulty Distinguishing between Memories and Fantasies", *Journal of the American Psychoanalytic Association,* 42, 1994, 1055-1081.

Piper, Adrian. "Higher Order Discrimination", em Owen Flanagan e Amélie O. Rorty (Orgs.). *Identity, Character, and Morality.* Cambridge, Mass.: MIT Press, 1990.

Pitcher, George. "Emotion", *Mind,* 74, 1965, 326-346.

__________. "The Awfulness of Pain", *Journal of Philosophy,* 67, 1970, 481-491.

Plato, *Symposium.*

__________. *Republic.*

__________. *Philebus.*

__________. *Phaedrus.*

Putnam, Hilary. *Mind, Language, and Reality.* Cambridge: Cambridge University Press, 1975.

Racker, Heinrich. *Transference and Countertransference.* New York: International Universities Press, 1968.

Rapaport, David. *Emotions and Memory,* 2ª edição inalterada. New York: International Universities Press, 1942.

__________. "On the Psychoanalytic Theory of Affects", *International Journal of Psychoanalysis,* 34, 1953, 177-198, reimpresso em Robert P Knight and Cyrus Friedman (Orgs.). *Psychoanalytic Psychiatry and Psychology: Clinical and Theoretical Papers, Austen Riggs Center,* volume 1. New York: International Universities Press, 1954, e em *The Collected Papers of David Rapaport,* Merton M. Gill (Org.). New York: Basic Books, 1967.

Rapaport, David. "Some Metapsychological Considerations concerning Activity and Passivity" *Archivos de Criminología, Neuropisquitaria Disciplinas Conexas*. Equador, 9, 1961, 391-449, reimpresso em *The Collected Papers of David Rapaport,* Merton M. Gill (Org.). New York: Basic Books, 1967.

___________. *The Collected Papers of David Rapaport,* Merton M. Gill (Org.). New York: Basic Books, 1967.

Rawls, John. *A Theory of Justice*. Cambridge, Mass.: Harvard University Press, 1971.

Reisenzein, Rainer. "Emotional Action Generation", em Wolfgang Battmann e Stephan Dutke (Orgs.). *Processes of Molar Action Regluation,* a sair.

Reisenzein, Rainer e Wolfgang Schönpflug. "Stumpf's Cognitive-Evaluative Theory of Emotion", *American Psychologist,* 47, 1992, 34-45.

Rey, Georges. "Functionalism and Emotions", em Amélie O. Rorty (Org.). *Explaining Emotions*. Berkeley: University of California Press, 1980.

Reich, Wilhelm. *Characteranalyse*. Vienna: Selbstverlag des Verfassers, 1933.

Richardson, Henry. *Practical Reasoning About Final Ends. Cambridge:* Cambridge University Press, 1994.

___________. "The Emotions in Reflective Equilibrium", manuscrito não publicado.

Robinson, Jenefer. "Startle", *Journal of Philosophy,* 92, 1995, 53-74.

Roland, Alan. Em *Search of Self in India and Japan: Toward a Cross Cultural Psychology*. Princeton: Princeton University Press, 1988.

Rorty Amélie O. "The Place of Pleasure in Aristotle's Ethics", *Mind,* 83, 1974, 481-497.

___________. "Explaining Emotions", *Journal of Philosophy,* 75, 1978, 139-161, reimpresso em Rorty (Org.). *Explaining Emotions*. Berkeley: University of California Press, 1980, e *Mind in Action*. Boston: Beacon Press, 1988. (Org.). *Explaining Emotions*. Berkeley: University of California Press, 1980.

___________. *Mind in Action*. Boston: Beacon Press, 1988.

Ross, Colin. *Multiple Personality Disorder*. New York: John Wiley and Sons, 1989.

Sachs, David. "Wittgenstein on Emotion", *Acta Philosophica Fennica,* 28, 1976, 250-285.

___________. "How to Distinguish Self-Respect from Self-Esteem", *Philosophy and Public Affairs,* 10, 1981, 346-360.

___________. "Self-Respect and Respect for Others: Are They Independent?" em O. H. Green (Org.). *Respect for Persons, Tulane Studies in Philosophy,* 31, 1982, 109-128.

Sandler, Joseph, Ethel Spector Person e Peter Fonagy (Org.). *Freud's "On Narcissism: An Introduction"*. New Haven: Yale University Press, 1991.

Sartre, Jean Paul. *Being and Nothingness*. New York: Washington Square Press, 1966.

___________. *Sketch for a Theory of the Emotions*. London: Methuen 1971.

___________. *Anti Semite and Jew*. New York: Schocken Books, 1976.

Schachtel, Ernest. "On Memory and Childhood Amnesia", *Psychiatry,* 10, 1947, 1-26, reimpresso em *Metamorphosis*. New York: Da Capo Press, 1984; reimpressão de New York: Basic Books, 1959.

Schachtel, Ernest. *Metamorphosis.* New York: Da Capo Press, 1984; reimpressão de New York: Basic Books, 1959.

Scheffler, Israel. "In Praise of the Cognitive Emotions", *Thinking,* 3, 1981, 16-23.

Scheler, Max. *The Nature of Sympathy.* Hamden, Conn.: Archon Books, 1970.

___________. *Formalism in Ethics and Nonformal Ethics of Values.* Evanston, Ill.: Northwestern University Press, 1973.

Scheper-Hughes, Nancy. *Death without Weeping: The Violence of Everyday Life in* Brazil. Berkeley: University of California Press, 1992.

Schilder, Paul. *Medical Psychology,* 1924, organizado e traduzido por David Rapaport. New York: International Universities Press, 1953.

Searle, John. "How to Derive 'Ought' from 'Is'", *Philosophical Review,* 73, 1964, 43-58.

Sêneca. *De Ira.*

Shapiro, David. *Neurotic Styles.* New York: Basic Books, 1965. *Autonomy and Rigid Character.* New York: Basic Books, 1981. *Psychotherapy of Neurotic Character.* New York: Basic Books, 1989.

Sherman, Nancy. "The Virtues of Common Pursuit", *Philosophy and Phenomenological Research,* 53, 1993, 277-299.

Shweder, Richard A. *Thinking through Cultures: Expeditions in Cultural Psychology.* Cambridge, Mass.: Harvard University Press, 1991.

Sidgwick, Henry. *Methods of Ethics.* Indianapolis, Ind.: Hackett, 1981.

Slater, Philip. *The Glory of Hera.* Boston: Beacon Press, 1968.

Slote, Michael. "Morality and Self-Other Asymmetry", *Journal of Philosophy,* 81,1984, 179-192.

___________. *From Morality to Virtue.* New York: Oxford University Press, 1992.

___________. "Reply to Commentators [em *From Morality to Virtue]", Philosophy and Phenomenological Research,* 54, 1994, 709-719.

Solomon, Robert. "Emotions and Choice", *Review of Metaphysics,* 27, 1973, 20-41, e em uma versão ampliada em Amélie O. Rorty (Org.). Explaining Emotions. Berkeley: University of California Press, 1980.

___________. *The Passions.* New York: Doubleday, 1976.

Spelman, Elizabeth V. *Inessential Woman.* Boston: Beacon Press, 1988.

Spezzano, Charles. *Affect in Psychoanalysis.* Hillsdale, N J.: Analytic Press, 1993.

Spitzer, Robert, et al. *Diagnostic and Statistical Manual,* III. Washington, D.C.: American Psychiatric Association, 1980.

Sprigge, Timothy. "Metaphysics, Physicalism, and Animal Rights", *Inquiry,* 22, 1979, 101-143.

Stern, Daniel. *The Interpersonal World of the Infant.* New York: Basic Books, 1985. *Diary of an Infant.* New York: Basic Books, 1990.

Stocker, Michael. "Morally Good Intentions", *Monist,* 54, 1970, 124-141.

___________. "Intentions and Act Evaluations", *Journal of Philosophy,* 67, 1970, 589-602.

___________. "'Ought' and 'Can'", *Australasian Journal of Philosophy,* 49, 1971, 303-316.

Stocker, Michael. "Act and Agent Evaluations", *Review of Metaphysics,* 27, 1973, 42-61.

__________. "Agent and Other: Against Ethical Universalism", *Australasian Journal of Philosophy,* 54, 1976, 206-220.

__________. "The Schizophrenia of Modern Ethical Theories", *Journal of Philosophy,* 73, 1976, 453-466.

__________. "Desiring the Bad", *Journal of Philosophy,* 76, 1979, 738-753.

__________. "Intellectual Desire, Emotion, and Action", em Amélie O. Rorty (Org.). *Explaining Emotions.* Berkeley: University of California Press, 1980.

__________. "Values and Purposes: The Limits of Teleology and the Ends of Friendship", *Journal of Philosophy,* 78, 1981, 747-765.

__________. "Responsibility Especially for Beliefs", *Mind,* 91, 1982, 398-417.

__________. "Psychic Feelings: Their Importance and Irreducibility", *Australasian Journal of Philosophy,* 61, 1983, 5-26.

__________. "Affectivity and Self-Concern: The Assumed Psychology in Aristotle's Ethics", *Pacific Philosophical Quarterly,* 64, 1983, 211-229.

__________. "Emotional Thoughts", *American Philosophical Quarterly,* 24, 1987, 59-69.

__________. *Plural and Conflicting Values.* Oxford: Oxford University Press, 1990.

__________. "Self-Other Asymmetries and Virtue Theory", *Philosophy and Phenomenological Research,* 54, 1994, 689-694.

__________. "Emotions and Ethical Knowledge: Some Naturalistic Connections", *Midwest Studies in Philosophy,* 19, 1994, 143-158.

__________. "Some Comments on [Thomas Hurka's] Perfectionism", *Ethics,* 105, 1995, 386-400.

__________. "How Emotions Reveal Value and Help Cure the Schizophrenia of Modern Ethical Theories", em Roger Crisp (Org.). *How Should One Live?* Oxford: Oxford University Press, 1996.

__________. "Abstract and Concrete Value: Plurality, Conflict, and Maximization", em Ruth Chang (Org.). *Incommensurability, Comparability, and Practical Reasoning.* Cambridge, Mass.: Harvard University Press, 1997.

Strasser, Stephen. *Phenomenology of Feeling.* Pittsburgh: Duquesne University Press, 1980.

Strawson, Peter. "Freedom and Resentment", *Proceedings of the British Academy,* 48, 1962, 187-211, reimpresso em Gary Watson (Org.). *Free Will.* Oxford: Oxford University Press, 1982.

Striker, Gisela. "Emotions in Context", proferida no painel: "The Emotions in Greek and Hellenistic Ethics", na Divisão Pacífico da Associação Filosófica Americana, em 1995, manuscrito não publicado.

Sullivan, Harry Stack. "A Note on the Implications of Psychiatry, The Study of Interpersonal Relations, for Investigations in the Social Sciences", em *The Fusion of Psychiatry and Social Science.* New York: Norton, 1964.

__________. *Personal Psychopathology: Early Formulations.* New York: Norton, 1965.

Tawney, R. H. *Religion and the Rise of Capitalism*. New York Harcourt, Brace, 1926.

Taylor, Charles. "Self-Interpreting Animals", em *Human Agency and Language, Philosophical Papers,* volume 1. Cambridge: Cambridge University Press, 1985.

__________. "The Politics of Recognition', *Multiculturalism and "The Politics of Recognition"*. Princeton: Princeton University Press, 1992, reimpresso em David Theo Goldberg (Org.). *Multiculturalism*. Oxford: Blackwell, 1994.

Taylor, Gabriele. "Justifying the Emotions", *Mind,* 84, 1975, 390-402.

__________. *Pride, Shame, and Guilt: Emotions of Self-Assessment*. Oxford: Oxford University Press, 1985.

Thomas, Laurence. "Rationality and Affectivity: The Metaphysics of the Moral Self", *Social Philosophy and Policy,* 5, 1988, 154-172.

__________. *Living Morally*. Philadelphia: Temple University Press, 1989.

Thompson, Clara. M. "Development of Awareness of Transference in a Markedly Detached Personality", *International Journal of Psychoanalysis,* 19, 1938, 299-309, reimpresso em *Interpersonal Psychoanalysis: The Selected Papers of Clara M. Thompson,* Maurice R. Green (Org.). New York: Basic Books, 1964.

Thomson, Judith Jarvis. "Self-Defense", *Philosophy and Public Affairs,* 20, 1991, 283-310.

Thomson, Judith Jarvis e James Thomson "How Not to Derive 'Ought' from 'Is'", *Philosophical Review,* 73, 1964, 512-516.

Tomkins, Silvan. "The Quest for Primary Motives: Biography and Autobiography of an Idea", *Journal of Personality and Social Psychology,* 41, 1981, 306-329.

Waligore, Joseph. "The Joy of Torture: The Happiness of Stoic Sages". Dissertação de doutorado, Syracuse University, 1995.

Walker, Margaret. "Moral Particularity", *Metaphilosophy,* 18, 1987, 171-185." Moral Understandings: Alternative 'Epistemology' for a Feminist Ethics", *Hypatia,* 4, 1989, 15-28.

__________. "Moral Luck and the Virtues of Impure Agency" *Metaphilosophy,* 22, 1991, 14-27, reimpresso em Daniel Statman (Org.). *Moral Luck*. Albany: State University of New York Press 1993.

__________. "Morality and the Emotions: Getting Things Right", manuscrito não publicado.

Wallace, R. Jay. *Responsibility and the Moral Sentiments*. Cambridge, Mass.: Harvard University Press, 1994.

Warner, Richard. "Enjoyment", *Philosophical Review,* 89, 1980, 507-526.

__________. *Freedom, Enjoyment and Happiness*. Ithaca, N.Y: Cornell University Press, 1987.

Weakland, John. "The 'Double Bind' Hypothesis of Schizophrenia and Three-Party Interaction", em Don Jackson (Org.). *The Etiology of Schizophrenia*. New York: Basic Books, 1960.

West, Nathaniel. *Miss Lonelyhearts*. New York: New Directions, 1969.

White, Alan R. "The Notion of Interest", *Philosophical Quartely,* 14, 1964, 319-327.

Wiggins, David. *Needs, Values, and Truth*. Oxford: Blackwell, 1991.

Williams, Bernard. "Ethical Consistency" em *Problems of the Self*. Cambridge: Cambridge University Press, 1973.

__________. "Persons, Character, and Morality", em Amélie O. Rorty (Org.). *The Identities of Persons*. Berkeley: University of California Press, 1976.

__________. *Philosophical Papers*. Cambridge: Cambridge University Press, 1982.

__________. Woodbridge Lectures, apresentada na Columbia University, 1993.

__________. *Shame and Necessity*. Berkeley: University of California Press, 1993.

Willams, Bernard e J. J. C. Smart. *Utilitarianism, For and Against*. Cambridge: Cambridge University Press, 1973.

Winnicott, Donald W. "Countertransference", *British Journal of Medical Psychology*, 33, 1960, 17-21.

__________. *The Maturational Processes and the Facilitating Environment*. London: Hogarth Press, 1965.

Wolf, Susan. "The Moral of Moral Luck", manuscrito não publicado.

Young, Charles. Review of Sarah Broadie, *Ethics with Aristotle, Journal of the History of Philosophy*, 31, 1993, 625-627.

Zajonc, Robert B. "Feeling and Thinking", *American Psychologist*, 35, 1980, 151-175.

# Índice remissivo

# Índice de nomes

# Índice aristotélico e platônico

ARISTÓTELES

Prezado leitor da obra
*O valor das emoções*

Para que possamos mantê-lo informado sobre as novidades editoriais e as atividades culturais da Associação Palas Athena, solicitamos o preenchimento dos campos abaixo, remetendo o cupom para a Editora Palas Athena, Rua Serra de Paracaina, 240 - São Paulo, SP - CEP 01522-020 ou pelo FAX (11) 3277.8137.

Nome . . . . . . . . . . . . . . . . . . . . . . . . . . . . . . . . . . . . . . . . . . .

Profissão . . . . . . . . . . . . . . . . . . . . . . . . . . . . . . . . . . . . . . . .

Endereço . . . . . . . . . . . . . . . . . . . . . . . . . . . . . . . . . . . . . . . .

Cidade . . . . . . . . . . . . . . . . . . . . . Estado . . . . . . . . . . . . . . . . .

CEP . . . . . . . . . . . . . . . . . . . . . . . Fone ( ) . . . . . . . . . . . . . . .

Fax ( ). . . . . . . . . . . . . . . . . . . . Celular . . . . . . . . . . . . . . . . .

E-Mail . . . . . . . . . . . . . . . . . . . . . . . . . . . . . . . . . . . . . . . . . .

Áreas de interesse:

❑ Mitologia ❑ Filosofia ❑ Religiões

❑ Antropologia ❑ Educação ❑ Psicologia

❑ Outras áreas: . . . . . . . . . . . . . . . . . . . . . . . . . . . . . . . . . .

. . . . . . . . . . . . . . . . . . . . . . . . . . . . . . . . . . . . . . . . . . . . .

. . . . . . . . . . . . . . . . . . . . . . . . . . . . . . . . . . . . . . . . . . . . .

. . . . . . . . . . . . . . . . . . . . . . . . . . . . . . . . . . . . . . . . . . . . .

# *Outras obras da editora*

| | |
|---|---|
| Aceitação de si mesmo e As idades da vida, A | *Romano Guardini* |
| Anais de um simpósio imaginário | *Beto Hoisel* |
| Animais e a psique, Os | *Denise Ramos, et al.* |
| Árvore do conhecimento - as bases biológicas da compreensão humana, A | *Humberto Maturana e Francisco J. Varela* |
| Ariano Suassuna – O cabreiro tresmalhado | *Mª Aparecida L. Nogueira* |
| Autobiografia – Minha vida e minhas experiências com a verdade | *Mohandas K. Gandhi* |
| Butoh, dança veredas d'alma | *Maura Baiocchi* |
| Carta a um amigo | *Nagarjuna* |
| Conquista psicológica do mal, A | *Heinrich Zimmer* |
| Coração da filosofia, O | *Jacob Needleman* |
| Cultivando a mente de amor | *Thich Nhat Hanh* |
| Deuses do México indígena | *Eduardo Natalino dos Santos* |
| Ética, solidariedade e complexidade | *Edgar Morin, et al.* |
| Falsafa: a filosofia entre os árabes | *Miguel Attie Filho* |
| Filosofias da Índia (edição revisada) | *Heinrich Zimmer* |
| Forjadores espirituais da história | *Ignacio da Silva Telles* |
| Gandhi: Poder, parceria e resistência | *Ravindra Varma* |
| Grinalda preciosa, A | *Nagarjuna* |
| Livro tibetano do viver e do morrer, O | *Sogyal Rinpoche* |
| Máscaras de Deus, As<br>mitologia primitiva – vol. 1<br>mitologia oriental – vol. 2 | *Joseph Campbell* |
| Mente zen, mente de principiante | *Shunryu Suzuki* |
| Minha terra e meu povo | *Tenzin Gyatso, XIV Dalai Lama* |
| Mitos e símbolos na arte e civilização da Índia | *Heinrich Zimmer* |
| Muito Prazer, São Paulo! - Guia de museus e instituições culturais de São Paulo | *Simona Misan e Thereza C. Vasques* |
| Oração centrante | *Basil Pennington* |
| Paixões do ego – complexidade, política e solidariedade, As | *Humberto Mariotti* |
| Para uma pessoa bonita | *Shundo Aoyama Rôshi* |
| Poder do mito, O | *Joseph Campbell* e *Bill Moyers* |
| Roca e o calmo pensar, A | *Mahatma Gandhi* |
| San Juan de la Cruz, o poeta de Deus | *Patrício Sciadini, OCD* |
| Soluções de palhaços | *Morgana Masetti* |
| Transdisciplinaridade | *Ubiratan D'Ambrosio* |
| Vestígios – escritos de filosofia e crítica social | *Olgária Matos* |
| Yoga – imortalidade e liberdade | *Mircea Eliade* |
| THOT | *Publicação de ensaios* |

Co-edição – Palas Athena/EDUSP:

| | |
|---|---|
| Diálogos dos mortos, Luciano | *Henrique Murachco* |

Acabou-se de imprimir
em dezembro do ano 2002
nas oficinas da Gráfica Palas Athena.